# 조선부락조사보고

한국근대 민속·인류학 번역총서 17

# 조선부락조사보고

## 豫察報告·特別報告(民家)
## 部落調査(火田民·來住支那人)

지음 오다우치 미치토시·콘 와지로
옮김 최석영

민속원

# 빗장을 열면서

## 1.

역자에게 1920~30년대는 일제의 식민지정책 전반을 살피는 데 중요한 변곡점으로 와 닿았다. 그들이 사용한 용어로 1920년대 무단통치에서 "문화통치"로의 이행은 단순히 조선인에 대한 차별 · 억압통치로부터 대등으로의 접근이 반드시 아니었다. 그것은 무단통치에 대한 반성과 함께 조선 통치에 대한 전반적인 재검토 · 궤도의 수정에서 비롯한 과학적이고 철저한 식민지 통치의 선언- 동화同化의 '강화'-이었다.

일제의 군부 세력은 통감부 하에서 1910년 8월 22일에 천황의 재가 없이 독자적으로 긴급칙령 제324호 등 12건을 발포하여 대한제국을 불법적으로 병합 강점하였다. 군부는 제27회 제국의회 회기(1910. 12. 23.~1911. 3. 22)에 긴급칙령건의 사후 승인을 상정하였다. 일제가 대만을 영유하게 되어 통치 기조를 제국의회에서 정할 때 입법권을 비롯한 천황 대권을 군인 총독에게 위임하는 내용의 대만 통치법(통칭 육삼법)이 정당 세력의 반발로 3년간의 유효기간을 설정함으로써 군부 세력과 정당 세력 간 '타협 양보'로 겨우 통과되었다. 그러나 대만 식민지법에 대한 국회승인의 힘겨운 과정을 경험한 군부 세력들은 통감부 하 대한제국의 강점을 위해 제국의회의 회기를 피해 긴급칙령 사전 발포라는 '초강수'를 두었다. 제국의회에서 의원들 사이에 긴급칙령 사전 발포를 놓고 "제국의회를 유린한 처사"라는 등 격론이 있었다. 회기가 끝나가는 다음 해 특별위원회로 넘어갔고 우여곡절 끝에 1911년 3월 25일에 「조선에 시행할 만한 법령에 관한 법률」이 대만의 통치법과는 다르게 유효기간의 설정 없이 법률 제30호로 발포되기에 이르렀다. 이로써 일본 국내의 법역法域과는 독립적인 조선 통치법이 시행됨으로써 외지법外地法 제정을 위한 구관舊慣 조사 기구로 취조국取調局이 처음 설치되었다.[1] 이것이 일제의 외지로서는 대만과 조선에서, 내지 식민지로서는 오키나와에서 구관 조사가 실행된 역사적 배경과 이유이다.

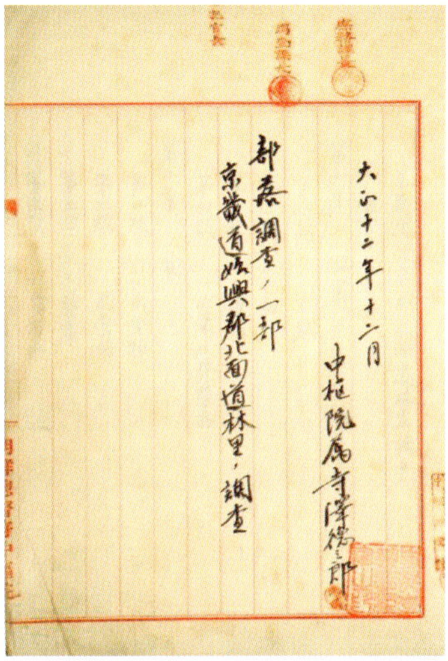

중추원에 의한 부락조사
(수원광교박물관 소장)

조선총독부는 통감부 하에서 내지연장주의內地延長主義의 실현 가능 여부를 확인하기 위한 목적으로 동경제국대학 교수 우메 겐지로梅 謙次郎의 기획으로 이루어진 구관舊慣 조사 성과를 계승하면서 구관 조사를 수행하였다. 구관 조사의 목적은 조선의 전통법 체제, 각종 제도, 친족 및 상속·부동산에 대한 관습·의식, 신앙 등을 전적 조사와 함께 지역의 기관과 유력자들의 협조로 현지조사하여 외지법의 제정에 참고하기 위한 것이었

1) 졸저, 『일제의 조선연구와 식민지적 지식생산』, 민속원, 2012, 30~45쪽.

다. 그들이 제정하려는 외지법의 두 기둥은 조선인에 대한 동화와 함께 조선인을 차별하는 법적 기제의 구축에 있었다. 그 조사 기구는 취조국取調局에 이어서 총독관방참사관실을 거쳐 중추원으로 변화가 일어났다. 1915년 4월 30일 칙령 제62호로 중추원 관제가 제정되었고 총독관방참사관실에서 수행한 구관 및 제도에 관한 조사 업무가 중추원으로 이관되었다.[2] 중추원의 조사 목적은 사법私法에 관한 관습 조사의 완결과 편찬, 광범위한 구舊제도의 조사, 행정상 참고가 되는 풍속 관습의 조사 및 편찬에 있었고,[3] 이러한 구관 조사 사업 가운데에는 조선반도사, 조선지지, 조선인명휘고 등의 편찬 사업과 함께 부락조사가 있었다.[4] 1919년 3 · 1운동을 계기로 1921년에 학무국 안에 종교과 외에 고적조사과를 새롭게 설치하여 중추원과 함께 종교과, 고적조사과가 구관 조사의 기능을 담당함으로써 구관 조사의 무게는 보다 강화되었다. 이렇게 조선총독부에 의한 구관조사사업은 1938년에 『조선구관제도조사사업개요』를 발간하면서 종료되었다. 그 사이에 조선총독부 촉탁들에 의한 조사 활동은 이러한 구관 조사와 짝을 이루면서 상호 보완적 역할을 하였다. 오다우치 미치토시와 콘 와지로의 조사도 그 일환의 하나였다.

이들은 와세다대학의 강사와 교수로서 1920년에 처음으로 밟은 조선에서 현지 관찰 조사를 통해서 조선의 부락, 민가 외에 화전민과 내주 중국인의 생활 실태를 눈으로 목격하고 느끼며 기록하였다. 1920년대는 그 이전과 비교하여 전문가에 의한 조선 조사가 두드러졌다는 특징을 보여준다. 1920년대 초엽에는 동경제국대학과 와세다대학 등을 졸업한 일본 국내의 인재들을 조선총독부 촉탁으로 임명하여 조선인의 심리, 조선 사회의 운용과 그 특징 등을 분석하여 식민지정책과 통치에 반영하고자 했다. 또 1926년에는 중학교 과정 수료자들이 시험을 통해 진학하는 예과(2년제) 외에 법문학부(법학과, 철학과, 사학과, 문학과)와 의학부로 경성제국대학을 설립하여 일제의 수요須要에 부응하는 학술 및 기예 교육을 실행하여 여러 통치 영역에서 서포터supporter 역할을 하는 인재를 양성하고자 했다.

---

2) 이승일, 『조선총독부의 법제 정책』, 역사비평사, 2008, 124쪽.
3) 졸저, 앞의 책, 2012, 117쪽.
4) 이승일, 앞의 책, 2008, 125쪽.

이와 같이 일제는 조선을 통치하는 동안 조선에 대한 각 방면의 조사 연구 활동을 통해서 식민지 지식과 정보를 생산 축적했고 이것을 식민지 통치 이데올로기의 구축과 실질적인 정책의 수립에 참고로 삼고자 하였다. 그렇다고 그 조사 성과가 그대로 일제의 조선 식민지 정책에 반영된 것은 아니었고 정책 입안 과정에서 의견의 차이와 충돌도 당연 있었다. 조선총독부에 의한 조사 활동에 참여한 인물들의 관여 경위와 배경은 다양하다. 대만의 경우 1895년 통치 초기부터 동경제국대학의 인류학교실 출신이나 제국대학 졸업자들이 대만으로 건너가 고고학적 조사와 소수민족에 대해 토속 · 인류학적 조사와 연구를 수행하였고, 더 나아가 대북제국대학에 「토속인종학연구실」을 설치하여 조사와 연구에 종사했다. 조선에서는 1910년대에 동경제국대학의 사학과 · 건축학과 졸업자, 동경외국어학교 조선어학과 졸업자, 1920년대에는 동경제국대학 사회학 · 종교학 전공의 졸업자, 와세다대학 졸업자 및 교수들이 각각 촉탁과 대학 교원으로서 조사 · 연구에 참여하였다. 이들이 채용한 조사 방법들은 식민지 조사 당시 서구와 일본에서의 학적 접근 방식이었고, 오늘날의 관점에서 보면 그 방법들은 시대적 한계를 노정하고 있었다.

역자가 오다우치 미치토시小田内通敏와 콘 와지로今和次郎를 만나게 된 것은 거슬러 올라가면 역자의 박사학위논문 주제와 연결이 된다. 그것은 일제가 조선을 강점한 상황에서 시기별로 조선 통치 기조가 변화되는 가운데 식민지 지식 이데올로기를 어떻게 생산 · 유포하여 전통문화와 역사에 대한 식민지적 인식을 창출하였고 광복 후 그것이 단절되지 않고 재생산된 상황은 무엇이었는가를 고찰하려는 문제의식에서 출발한 것이었다. 즉 그것은'만들어진 식민지 지식'의 연속과 단절 혹은 변용의 문제였다. 역자는 그러한 문제의식 하에서 학위논문을 제출한 후 10여 년이 흐른 2008~2009년에 조선총독부에 의한 조사보고서들을 실제로 해제하는 기회가 있었고 그 과정에서 오다우치 미치토시와 콘 와지로의 조사보고서를 만나게 되었다.

일제의 조사보고서에 대한 역자의 해제 작업은 젠쇼 에이스케善生永助(조선총독부 촉탁)는 참여하지 않았으나 1932년 4월에 창립된 조선민속학회의 활동과 관련된 일본인들이 남긴 아래와 같은 조사보고서에 대한 것이었다. 이마무라 도모今村鞆(조선사편수회 촉탁)의 『이조각종 풍속관계자료촬요』(상 · 하) · 『고려 이전 풍속관계자료촬요』 · 『이조실록 풍속관계자료촬요』, 아키바 다카시秋葉隆(경성제국대학 교수)의 『조선 무속의 현지연구』·『민속지』, 무라야마 지쥰村山智順(조선총독부 촉탁)의 『조선의 점복과 예언』·『조선의 풍수』·『조선의 무격』·『부락제』, 젠쇼 에이스케의 『조선의 취락』(전·후·중편)·『조선의 성姓』·『생활상태조사』(경주, 평양, 강릉, 수원·제주)(이상 모두 민속원) 등이었다.[5] 역자에게 이 해제 작업은 일제가 제국의회에서 "조선사변朝鮮事變"으로 인식한 1919년 3·1운동 이후 일제의 조선에 대한 식민 통치 기조가 어떻게 변하였는가를 고찰하는 과정이기도 했다. 그만큼 1919년 3·1운동은 일제에게 예기치 않은 '충격파'였다. 조선총독부에 의한 조선에 대한 조사보고서들이 1920~30년대에 집중적으로 발간되었다는 것은 당시 일제의 조선에 대한 통치 기조의 변화에 대응하려는 목적에서 나온 것이었다.

그러나 앞서 알 수 있듯이 오다우치 미치토시의 보고서와 콘 와지로의 보고서는 역자의 해제 목록에서 빠졌다. 역자가 해제한 조사보고서의 집필자들은 조선 민속학에 관여한 재조일본인이었다. 한국학계에서는 조선총독부에 의한 조사보고서에 대한 번역뿐만 아니라 그들의 조사에 관한 연구는 그렇게 활발한 상황이 아니다. 역자도 조선총독부의 조사보고서에 대해 해제에만 그쳤지, 그에 대해 번역 또는 연구는 이제 콘 와지로의 보고서와 그에 관한 연구 정도에 머물러 있다.

역자가 조선총독부의 조사보고서 가운데 해제 작업을 미처 하지 않았던 오다우치 미치토시의 보고서와 콘 와지로의 보고서를 역주와 함께 번역하게 되었다. 그 계기는 이마무라 도모 등 조선총독부의 촉탁에 의한 조사보고서와는 다른 느낌을 주었던 콘 와지로의 조선 민가 조사보고서를 고찰하면서부터이다. 역자는 앞서 해제한 조사보고서로부터 조선총독부 관변의 이미지를 크게 받았으나, 콘 와지로의 조선 민가 조사보고서로부터는 그가 조선의 민가를 조사하기 전 1922년에 출간한 『日本の民家』에 이어서 '건축인류학적 민족지'라는 느낌을 크게 받았다. 역자는 그 이유를 알고 싶었고 그는 조선총독부의 관변적 입장과는 일정하게 거리를 두고 가능한 객관적으로 조선의 민가를 관찰하고 느끼며 묘사하

5) 이들에 대한 논고(주영하·임경택·남근우)를 모은 『제국 일본이 그린 조선민속』(한국학중앙연구원출판부, 2006)은 향후 '식민지 민속학'을 연구하는 데 참고가 될 것이다.

려고 노력한 흔적이 역자에게 신선하였다. 우선 역자는 콘 와지로의 조선 민가 조사보고서를 꼼꼼히 읽고 그 배경과 방법, 인식 등을 고찰하여 국제학술대회에서 간략하게 보고하였다. 필자 나름의 콘 와지로의 조사보고서에 대한 고찰은 이렇게 시작되었다. 그 후 역자는 이를 좀 더 다듬어 『史林』 제35호(首善史學會, 2010)에 「일제 하 곤와지로今和次郎의 조선 민가民家 조사방법과 인식 -조선부락조사특별보고 제1책 · 민가朝鮮部落調査特別報告 第1册 · 民家의 분석을 중심으로-」라는 제목의 논고를 게재하게 되었고, 더 나아가 서울역사박물관이 2016년에 해외 소재 서울학자료조사사업으로 일본 도쿄 고카쿠인대학工學院大學 소장 콘 와지로 컬렉션을 조사한 성과를 토대로 『콘 와지로 필드노트』(서울역사박물관, 2016)를 발간할 때 서울역사박물관으로부터 관련 논고의 의뢰를 받고 기존 졸고를 수정하여 「콘 와지로의 조선 민가 조사배경과 방법」을 투고하였다. 또 이번에는 오다우치 미치토시, 콘 와지로의 조사보고서를 역주와 함께 번역하면서 관련 논고에 또 한 번 기존 졸고를 크게 수정 보완하는 기회를 얻었다. 이러한 일련의 고찰 과정은 끝이 아님은 물론이다.

오다우치 미치토시의 조선 부락 예찰 조사는 조선총독부 서무부에서 주관하였고 문서과, 조사과, 내무국과 식산국의 협조와 함께 경기도 사회사무 촉탁 요시다 마사히로吉田正廣가 처음부터 이에 협조하였다. 또 콘 와지로의 조선 민가 조사도 조선총독부 서무부 조사과에서 주관하였고 건축과, 사회과의 협조와 함께 요시다 마사히로부터 여러 교시를 받으면서 진행되었다. 오다우치 미치토시의 화전민 및 내주 중국인에 대한 조사도 조선총독부 서무부에서 주관하였다.

이 책의 관련 논고에서는 각각 오다우치 미치토시의 조선 부락 예찰 조사보고서, 콘 와지로의 조선민가 조사보고서를 고찰하고 있기에 그에 대한 언급은 그 논고로 대체하고 이하에서 관련 논고에서는 다루지 않은 오다우치 미치토시의 화전민 및 내주 중국인에 대한 조사에 대해 간략하게나마 언급하여 독자의 편의를 도모하고자 한다.

이 책은 조선총독부가 조선의 부락조사의 성과를 식민지정책에 어떻게 실제로 반영하였는가에 대한 기초 자료가 될 것이다. 이 책의 부록에 실은 글은 조선총독부가 발행한 오다우치 미치토시와 콘 와지로의 조사보고서 외에 그 조사를 하는 과정에서 파생된 것이다. 「조선부락조사 과정」에서는 일제가 알고자 하는 조선의 실생활을 위해 조사단위로 부락을 선정한 이유, 부락의 종류뿐 아니라, 사전 관찰한 부락의 개요를 사회상 양반이 많은 4개 부락, 교화상 주목할 만한 2개 부락, 경제상 가치가 있는 2개 부락, 역사상 주목할 만한 2개 부락으로 나누어 기술하고 궁극적으로 일본과 조선을 비롯한 동아시아 민족 생활을 비교연구의 필요성을 제창하고 있다. 「조선지지방주가」는 1921년 12월에 조선총독부 제2 회의실에서 열었던 "조선지방생활연구자료" 전시회의 설명자료(이른 바 팜플릿)이다.

그런데 이 책을 마무리하는 시점에 오다우치 미치토시가 조선총독부의 기관지 『朝鮮』에 부락 조사 전후로 관련 글을 발표하였다는 것을 알게 되었다. 그는 1921년 11월호, 1923년 2월호, 1923년 4월호에 「朝鮮部落調査資料」라는 제목하에 조선총독부 보고서의 조사 대상이 아닌 부락을 납세성적이 양호한 9개 부락, 납세성적이 양호하지 않은 10개 부락, 농업 및 부업이 발달한 8개 부락, 농업 및 부업이 발달하지 않은 11개 부락으로 나누고 각 부락의 위치 및 면적, 주민, 경제 상태, 사회 상태로 세분하여 이를 간략하게 요약하는 글을 연재했다. 이 글에서 납세성적 양호 여부나 농업 및 부업의 발달 여부에 초점을 두고 조사하였다는 것 자체가 식민지정책과 밀접한 관련이 있다는 것을 엿볼 수 있다. 1921년 11월과 1923년 2월 사이의 간격(그의 표현대로 "중절中絶")은 오다우치가 조선총독부에 부락조사 보고서를 한창 조사·작성하는 과정을 반영한 것으로 생각된다. 그것을 마친 후 1921년 11월에 이어서 「朝鮮部落調査資料」를 연재하고 있음을 알 수 있다. 또 오다우치는 조선총독부 촉탁의 임무를 마치고 1925년에는 『朝鮮』에 자신의 조선 부락조사 성과를 토대로 「朝鮮の人口地理學的緒問題」(제124호, 1925. 9), 「朝鮮の地方的研究」(제121호, 1925. 6)를 발표하고 있다. 이 자료들은 이 책에 수록하지 못하였으나 향후 조선총독부에 의한 조선 부락조사와 식민지정책을 연구하는 데 참고할 만한 자료라고 생각하여 간략히 소개하였다.

## 2.

오다우치 미치토시는 1921년 10월부터 12월에 걸친 부락 예찰 조사에 이어서 1923년 10월부터 12월에 걸쳐서 조선의 화전민 및 내주 중국인의 실태를 조사하였고 그 조사보고서는 다음 해 1924년 3월에 발행되었다. 1923년의 이 조사는 조선 부락 예찰조사와는 다르게 사전 조사는 없었다. 조선 부락 예찰 조사에서는 1920년 8월 1개월 동안 사전 조사가 있었다.

오다우치는 우선 조선에 화전민이 발생한 역사적 이유에 관심을 보였다. 그는 조선 국유의 임야에 침입하여 그곳의 나무를 태워 일시적 주거를 조성하고 태워버린 토지를 찾아 이동하는 원시적 농업시대에 나타날 법한 화전민이 함경남북도와 평안남북도에 많은 이유를 험악한 지리적 상황과 함께 장기적인 악정惡政에서 비롯된 "병든 조선 사회"에서 찾았다. 그는 그 악정이 조선 산림의 황폐 원인 가운데 하나가 되었다고 보았다.

오다우치에게 부여된 화전민에 대한 조사 · 연구의 이유는 지방 행정적으로 화전민이 조선의 산업 개발에서 근본적으로 중요한 식림이나 치수의 기초적 계획과 밀접하게 관련이 있었다. 이것이 조선총독부가 오다우치에게 화전민 조사를 의뢰한 배경이다.

부전고원 화전민(수원광교박물관 소장)

오다우치는 방법적으로 문헌조사와 실지조사를 병행했다. 문헌을 통해서 토지 제도상 정전正田이라고 할 수 있는 불역전不易田 이외에 재역산전再易山田이 바로 화전이었고 그것의 존재를 "화전이 인정되었다"는 것을 증명하는 것이라고 보았다. 그는 유농遊農으로서 주로 토지에 의존하여 쟁기와 가축을 이용하여 토지에서 얻은 생산으로 자가 충족하는 화전민의 생활에 관한 문헌들을 수집하고자 했으나 겨우 "깊은 산에 사는 백성이 긴 자루의 큰 호미로 경작하고 태우고"(『경세유표』)라는 것 정도였다. 그는 이것을 통해 사대부들이 민중 생활에 관한 관심이 부족한 통폐를 보여주는 것으로 생각하였다. 그렇지만 그는 전체적으로 조선이 문헌이 부족한 것은 아니라고 보았다.

오다우치가 화전민을 조사할 당시 화전민은 이전과는 달리 "보다 진보된 집약적 경작법에 의한, 즉 비료나 농구나 농작물의 종류 등을 많이 고민하여 …(중략-역자)… 유농에서 정착으로 나아간" 상황에 있었다. 당시 조선총독부에서는 화전을 정리하고 이를 금지하는 정책을 폈고 그 결과 화전민들이 유농을 멈추고 정착하는 경향을 보이고 있었다. 오다우치는 조선의 화전 경작 실상을 살피는 데 있어서 관련 문헌이 적어 1918년 9월에 마루야마 산료丸山山兩 기수가 작성한 "평안남도 영원군寧遠郡 화전민 이전 조사서"에 근거하였다. 오다우치는 이것에 토대하여 화전민의 토지 선정과 태우는 방식, 그 계절에 대해 다음과 같은 사실을 확인했다. 즉 발육이 좋고 아직 경작되지 않은 산록의 토지를 선택하고 큰 나무를 선정하여 음수림에서 자라는 활엽수 내지 침·활엽 혼효림을 택하며 산림은 보통 봄과 여름 두 차례 바람이 없는 날에 길게는 2, 3일 동안 낮에 태우고 진화 후 약 3일 태운 나무를 여러 곳에 모아 기경에 편리를 도모한다는 점이다.

오다우치는 듣고 확인한 기경부터 수확까지의 과정을 다음과 같이 정리 기술했다. 기경은 재가 흙에 섞여 들어가는 것이 중요하기 때문에 산림을 태운 후 가능한 한 1회 비가 내린 후에 한다. 원래 화전에서는 시비를 하지 않지만, 영구적인 경지를 위해서는 시비를 하기도 한다. 화전의 경작 연한은 보통 4, 5년이고 휴경의 연한은 보통 짧게는 5년, 길게는 10년이 된다. 파종에서 수확까지 거의 손을 대지 않고 제초도 거의 하지 않는다. 모든 작물의 수확은 서리가 내리기 전에 제초하지 않으면 안 되기 때문에 일정이 매우 바쁘다. 화전의 생산력은 숙전의 그것에 비하여 매우 떨어지기 때문에 화전민은 경지 면적을 넓혀 작물 생산액의 증가를 도모한다. 화전민에게 주된 식료는 귀리, 밤, 감자이고 특용작물로서는 대마나 연초를 재배한다. 부업으로 수입을 올리는데 돼지, 닭 외에 양봉 및 밀납이다.

오다우치는 1923년 10월말에 화전민이 전국의 90퍼센트를 차지하는 함경남북도와 평안남북도의 4개 도에 걸쳐 있는 개마고원의 산허리에 형성되어 있는 화전부락을 여행한다. 오다우치가 개마고원의 화전민에 대해 구장의 집에서 실지조사를 했는데 그 지역은 함경남도 장진군 신남면新南面 서흥리西興里였다.

오다우치는 조선이 안고 있는 화전민의 문제를 해결하기 위한 조선총독부 시책을 다음과 같이 비판하였다. 그는 조선총독부의 화전민 이전 시책은 성공할 수 없는 정책이라고 생각한 이유를 "인간의 향토 관념을 고려하지 않은" 데에서 찾고 있다. 즉 그것은 화전민들의 거주 임야가 국유로 결정되기 이전부터 그들이 무의식적으로 그곳에 정착하게 되었다는 점을 간과했다는 것이다. 따라서 그는 그들을 이주시킬 것이 아니라 "가능하면 현 거주지에 살도록 해야 할 것"이라고 주장한다. 화전민의 역사는 긴 역사의 산물로서 이러한 사회현상을 해결하기 위해서는 단기적이고 국부적인 행정상의 문제로 접근할 것이 아니라 "폭넓은 입장에서 연구"할 필요가 있다고 주장한다.

## 3.

오다우치는 조선 내 화전민 조사와는 차원과 성격이 다른 조선의 내주 중국인의 실태를 조사했다. 그러나 그것은 오다우치에게 생활 민속의 조사라는 관점에서 대상은 다르지만 조사 방법적으로는 같은 차원이었다. 조사 당시 중국인들이 조선에서 경제 · 사회적으로 하나의 큰 힘이 되어 재조일본인의 생활과 접촉하기도 하여 여러 측면에서 그들의 경제적인 우월, 그들의 적극 능률과 관련한 도덕 상태를 조사 연구할 필요를 조선총독부가 느꼈고 그 조사를 오다우치에게 의뢰하였다. 이것은 단기간의 조감Bird's eye view에 지나지 않은 조사였는 데다가 조사 당시 관련된 통계자료나 연구가 없었다. 그나마 1919년에 발간된 고야마 기요츠기小山清次의 『支那勞動者硏究』와 노부오 쥰헤이信夫淳平의 『韓半島』 등이 있어 이를 참조하면서 상인 · 채소 재배자 · 노동자로서 내주 중국인의 삶의 방식과 가치관을 중심으로 살피고 있다.

오다우치는 중국인이 조선에 들어와 살게 된 계기를 인구과잉의 지방 거주자들이 청나라의 악정과 노동계급에 대한 사회적 압박, 거기에다가 국제적으로 세계대전의 발발에 따른 노동의 세계적 결핍에 대한 수요의 증가에서 비롯된 정치 · 사회 · 경제적인 측면에서 찾았다. 그러나 그 원인에 대해서는 상세하게 기술하지는 않았다. 특히 중국인이 조선으로 들어와 살게 된 계기는 1876년 강화도조약 이후 조선의 2개 항(부산과 원산)의 개항이었고 경성과 신의주 다음으로 인천부에 많은 중국인이 거주하게 된 배경에는 지리적으로 인천이 산동반도와 가깝다는 것도 작용했다고 보았다. 중국인이 1911년부터 1922년 조사 당시까지 약 2배의 증가를 보였고 이것은 재조일본인의 증가에 비하여 12분의 1일에 지나지 않는다고 파악한 오다우치는 조선에 거주하고 있는 일본인과 중국인 간 차이를 직업에 비추어 파악하였다. 그 결과 그것은 일본인이 공무 및 자유업에 종사하는 인구가 많은 반면에, 중국인은 상업과 농업, 노동에 종사하는 인구가 많다는 차이였다.

중국의 상인이 우월한 이유를 오다우치는 "자본이 풍부하고 계약을 중시하며 또 금융기관이 발달하고 있는 데에 있고 상점이 많은 것은 합자조직에 의한 것"에서 찾았다. 중국인의 상업방식에서 조선 전국에 걸쳐 있는 자치 조합에 주목한 오다우치는 신의주 외 주 도시에 설치되어 있는 상회총회가 초등학교 경영, 가옥 및 거주인 조사, 상업 쟁의 조정 및 재판, 회원의 의뢰에 의한 재산 정리, 상업 발전 편의 및 기획, 이주 및 생사 사무, 진휼, 영사관으로부터의 통달 고시 등을 관리하고 있음을 통하여 그들의 상업조직이 얼마나 정연한가를 보여주고 있다. 오다우치는 손님 접대 시 점원으로서의 태도와 자세, 사용 언어 외에 상품의 감정 · 매상 · 매매 · 거래처리 등에 관한 일체의 훈련과 학습 과정을 확인하였고 중국인이 종사하는 상업에는 조선인을 대상으로 하는 포목상이 가장 많았으며 일본인을 상대로 해서는 잡화나 식료품을 파는 사람이 많은 것으로 파악하였다.

오다우치에 의하면 채소를 재배하여 판매하는 중국인들은 각각 배열한 경지에 봄 채소부터 여름 채소 그리고 가을 · 겨울 채소를 윤작하는 방식을 취한다. 또 그들은 이러한 경작 면적을 효율적으로 이용하기 위해서는 주택 주변에 흙을 돋아 감자의 양묘로도 사용하고 강낭콩, 완두, 땅 두릅 등을 재배하며 가격의 등귀를 보아가면서 겨울에 저장한 후 봄에 시장에 내다 팔기도 한다. 그리고 중국인들은 인간과 흙 사이의 물질 순환을 잘 이해하여 인분, 돼지분, 퇴비 등이 비료로 사용된다.

오다우치는 중국인의 노동 근성은 "도저히 일본인과 조선인이 상상할 수 없는 것"으로 생각하였다. 그 노동자를 "고력苦力"이라고 부르는데, 이를 보통 숙련공으로 취급받는 고력두苦力頭와 보통 고력으로 구분한다. 고력은 주로 동업 또는 동향 중심으로 조직된 고력방苦力帮과 같은 그들의 자치 조합에 가입하여 고력두 밑에서 수십 명 내지 10명이 일정한 질서를 유지하면서 노동 활동을 하고 있다. 한 고력방에 소속되어 활동하는 것이 관례이다. 고력은 임금의 일부를 고력두에게 납부하면 고력두는 방의 비용을 충당하고 기업가의 단체와 노동계약을 체결하여 고력들의 노동 여건들을 만들어간다. 이렇게 고력들에게는 고력방의 단체적 훈련과 조직하에서 근면성이 크게 요구된다.

비숙련의 고력에게 고력방이 있다면 숙련의 상급 노동자 사이에는 동업 관계상 수공방手工帮이 조직되어 있다. 오다우치에 의하면 고력방은 근대적인 노동조합의 성격을 띠고 있는 반면에 수공방은 12세기부터 18세기 유럽에 있었던 길드와 같은 조직으로 전자가 임금 외 노동조건에 대한 권한을 가지고 있지만 후자의 사부師傅는 그러한 것에 대해 어떠한 권한도 없다. 고력방이 되든 수공방이 되든 그 어느 쪽에 속하지 않아도 중국인 노동자들은 정해진 시간에 노동하는 것이 그들의 특색으로 과격한 노동에도 견디며 보통 10시간 내지 15시간의 노동에 종사한다는 점을 오다우치는 강조한다. 오다우치는 "조선인은 태만하기 쉽고 더욱이 훈련이 충분하지 않은 탓에 중도에 쉬기도 하고 계속 하지 못하기도 하기에 대략 능률이 중국인보다 낮다"며 이것이 조선의 일반 노동자는 물론이고 일본의 특수한 수공업자에 대해 하나의 큰 위협이 되는 이유라고 말한다.

오다우치는 조선에 거주하는 중국인들이 채소 재배자가 되었든 노동자가 되었든 강력한 체력과 근면한 습성과 조합 제도가 복합적으로 작용하여 점차적으로 그들의 지평을 쌓고 있다고 보았다. 음식을 절제하고, 소유를 금욕하며, 비나 이슬을 견딜 정도의 주거에서 버텨 나간다. 또 그들은 생활의 절제뿐만 아니라, 저축을 하는데 그 이유는 구매혼 제도로 인해 노동자가 결혼하기 위해서는 몸값을 내지 않으면 안 되기 때문이기도 하다.

## 4.

역자는 연전에 조선총독부 촉탁을 지낸 동경제국대학 인류학교실의 도리이 류조鳥居龍藏의 조사일기 『人類學及人種學上より見たる東北亞細亞』(岡書院, 1924)를 『인류학자와 일본의 식민지통치』(서경문화사, 2007. 2008년도 대한민국학술원 우수학술도서)라는 제목으로 역주 번역서를 출간하였다. 그것에 이어서 태안문화원에서 지원하여 『安眠島』(林省三, 제국지방행정학회 조선본부, 1933)을 역주 번역하였고, 최근에 태안문화원에서 출간한 『일제 강점기 안면도와 아소상점』(2020)에 역자의 논고 「재조일본인 하야시 세이죠의 이중변주곡」을 함께 실었다. 또 1916년에 교토제국대학에 고고학교실을 처음 창립한 교수로서 영국 등 유럽에 유학하여 런던대학의 이집트학 초대 교수 페트리F. Petrie의 지도를 받았고 조선고적 발굴 사업에도 참여한 하마다 코사쿠濱田耕作가 낸 저술 가운데 『考古學入門』(創元社, 1941)의 역주 번역하여 『일본고고박물관개론』(서경문화사, 2025)으로 내놓았다. 이렇게 보면 역자로서는 일제의 조선 강점하에서 발간된 자료를 역주 번역하는 것은 네 번째가 되는 셈이다.

일제의 조선 강점하에서 조선총독부 등에 의하여 발간된 한국에 대한 조사 자료들은 연구할 가치가 충분하다. 그 연구를 통해서 일제의 조선 강점의 실체를 확인할 수 있을 것이기 때문이다. 민속원의 "한국 근대 민속 · 인류학 자료 번역 총서"시리즈가 일제의 조선 강점하 민속학 · 인류학의 연구에 기반과 토대가 되는 자료 아카이브의 역할을 지속적으로 수행할 것으로 기대한다. 이를 위해서는 정부와 연구자들의 관심과 실행이 중요한 동력이 될 것이다.

역자가 이 조사보고서를 번역하게 된 계기는 앞서 언급했듯이 콘 와지로의 조선 민가 조사보고서에서 받은 '건축인류학적 민족지'라는 느낌이었다. 처음 역자는 오다우치 미치토시의 조선 부락 예찰 조사보고서와 콘 와지로의 조선 민가 조사보고서만을 역주와 함께 번역하여 내놓으려고 생각하였다. 그런데 앞의 두 조사보고서의 번역을 마쳤을 무렵에 홍종화 민속원 대표로부터 오다우치 미치토시가 학술지에 투고한 관련 글과 오다우치 미치토시의 화전민과 내주 중국인에 대한 조사보고서까지 번역하면 오다우치 미치토시와 콘 와지로의 조선 조사를 통합적으로 파악할 수 있지 않을까 하는 제안을 받게 되었다. 역자는 그것이 자료집의 완결성을 고려한 제안이라고 생각하여 흔쾌히 그것을 받아들여 추가 번역에 착수했다. 그 제안을 해 준 홍종화 대표에게 감사의 마음을 전한다. 또 오다우치 미치토시의 조선 부락 조사를 고찰한 옥고를 이 책의 관련 논고로 싣도록 허락해 주신 서울대학교 사범대 김태웅 교수, 문장 중의 한시를 말끔히 번역해 준 공주대학교 사범대학 한문교육과 이동재 교수께 깊은 감사를 드린다.

일제의 조선 강점이라는 상황에서 조선총독부에 의하여 출간된 정책 참고 자료들이 향후 지속적으로 검토 연구되어, 일제의 조선 식민지 통치 역사의 총체적 본질이 점차로 밝혀지기를 기대한다. 이 자료에 대한 번역상 오류는 전적으로 역자의 능력 부족으로 인한 잘못에 기인한 것이다. 독자 제현의 따끔한 질정을 바란다. 독자 제현이 역자에게 큰 스승이다.

끝으로 역사적인 사실들을 연구하고 사라져가는 민족의 역사를 보존하여 올바른 학문적 이론이 확립되어야 한다는 사명 하에서 학문 연구와 그 축적 하나하나가 곧 국가 경영의 흔들리지 않는 초석이 된다는 신념으로 출간을 결심해 준 홍종화 민속원 대표에게 깊이 감사한다. 덧붙여 몇 차례의 교정에도 불구하고 귀중한 문화 자산으로서 이 책을 체계적이고 정연하게 편집해 준 직원들의 노고에도 감사한다.

을사년 8월 22일
역자 최석영

朝鮮部落

## 차례



調査報告

朝 鮮 部 落

『조선부락조사특별보고』 제1책(민가民家)

콘 와지로今和次郎 _ 187

서언序言 / 목차 / 도판 목차



調 査 報 告

朝 鮮 部 落

『조선부락조사보고』 제1책(화전민火田民 · 내주지나인來住支那人)

오다우치 미치토시小田內通敏 _ 303

목차 / 통계표 목차 / 도판 목차

## 화전민火田民



調 査 報 告

# 朝 鮮 部 落

내주지나인來住支那人



# 調 査 報 告

## 일러두기

- 이 책은 조선총독부 촉탁 와세다대학 강사 오다우치 미치토시(小田内通敏)의 『朝鮮部落調査豫察報告 第1冊』(1923)과 『朝鮮部落調査報告 第1冊 : 火田民, 來住支那人』(1924)을, 와세다대학 교수 콘 와지로(今和次郎)의 『朝鮮部落調査特別報告 第1冊(民家)』(1924)를 역주 · 완역한 것이다. 조사 보고서의 이해를 돕기 위해 최석영의 「콘와지로의 조선 민가 조사배경과 방법 그 인식: 1922년 9~10월」(『史林』 제35호, 수선사학회, 2010)과 김태웅의 「일제 강점기 小田内通敏의 朝鮮統治 인식과 '朝鮮部落調査'」(『한국사연구』 151, 한국사연구회, 2010) 두 편의 논문을 실었다. 이 책에 조선부락조사의 이해를 위해 논문을 싣도록 허락하고 교정까지 해주신 김태웅 교수님께 감사의 뜻을 전한다.
- 원문의 보고서 각 페이지의 위에는 독자에게 편의를 제공할 목적에서였는지 해당 페이지 내용의 주제가 될 만한 문장 또는 단어를 적어 두었다. 그러나 이 책에서는 그것들이 많아 번잡을 고려하여 이를 생략하였다.
- 원주는 각주 번호 뒤 [원주] 표시를 하였다.
- 원문 내 1묘(畝)는 30평, 1반보(反步)는 300평, 1정보(町步)는 약 3000평을 말한다.
- 233쪽과 234쪽에는 원문상 같은 제22도가 있어, 이를 본문 내용에 비추어 제22-1도, 제22-2도로 구분하였다. 또 본문 232쪽의 제23도가 233쪽의 제22-1도보다 앞에 배치된 것은 원문의 미주를 이 책에서는 각주로 처리하였기 때문이다.

朝鮮部落調査

# 『조선부락조사예찰보고』

제1책

오다우치 미치토시 小田內通敏

조선총독부(1923)

豫察報告

# 朝鮮部落調査

# 豫察報告

조선총독부는 1920년 8월부터 촉탁 오다우치 미치토시에게 조선 부락을 조사하도록 하였고, 1920년 8월, 1921년 10월부터 같은 해 12월에 걸쳐서 조사한 보고가 이루어져 이번에 서무부 조사과에서 이를 인쇄하여 배포하게 되었다.

1923년 3월 20일
조선총독부

# 서언序言

나는 조선부락조사의 명령을 받은 후 처음 1920년 8월 1개월, 다음 해 1921년 10월부터 12월까지 3개월 동안 조선 부락을 조사하였다. 부락 수는 16개 부락으로 함경북도를 제외하고 각 도에 걸쳐 있다. 이 보고서는 조선부락조사의 성과를 정리한 것이고 특히 예찰보고라는 단어를 붙인 이유는 경기도 개성군開城郡 중서면中西面 여릉리麗陵里에서 4일을 보낸 것을 빼면 일정상 어떠한 부락에서도 이틀 또는 하루 머문 것에 불과하였기 때문이다.

원래 부락이 소재하는 지역의 지세 및 기후와 산업과의 관계와, 부락의 구성, 생활 및 교화敎化 등의 특색에 비추어서 조선 전체를 통해 표식적標式的인 것을 조사해야 할 부락으로 선정하는 것이 이상적이다. 그러나 이번 조사에서는 여러 사정상 그 표식적인 부락을 선택하지 못한 것은 어쩔 수 없었다.

이 보고서에 실린 부락도 및 주거 가옥 평면도는 조선총독부 및 각 도의 군청 직원이 수고한 것이고, 중추원 직원이 주거 가옥 각 부분의 이름을 붙였다. 부락 및 주거 가옥의 사진은 모두 내가 찍었다. 주거 가옥 평면도를 그릴 때나 사진을 촬영할 때 조선의 여러 사람이 조사 목적을 잘 이해하고 주거 가옥의 내부도 보여준 것에 정말 감사한다.

조선의 군별 인구는 1920년 10월 1일에 시행된 임시호구조사 보고를 토대로 내가 작성한 것이다. 이것은 각지의 문화 발달의 차이를 비교하는 기준이 되는 것이기 때문에 특히 권 앞에 놓았다.

나는 처음으로 기획된 이 조사보고를 공개하면서 조선총독 남작 사이또 마코토齋藤實 각하, 전 정무총감 미즈노 간타로水野鍊太郎,[1] 현 정무총감 아리요시 쥬이치有吉忠一[2] 및 나를 추천해 주신 전 총독 비서관 엔도 류사쿠遠藤柳作,[3] 항상 본 조사의 진전에 노력한 서무부장 모리야 에이후守屋榮夫[4]씨와 내가 소속된 중추원 서기관장 오다 미키지로小田幹治

郎[5] 씨, 더 나아가 관계 각 부국(문서과, 조사과, 내무국, 식산국)의 여러분에게 깊은 감사를 표한다. 여러 부락 조사를 할 때 경기도 사회 사무촉탁 요시다 마사히로吉田正廣[6] 씨는 당초부터 진력을 다해 주었고 또 그 군청 및 면사무소 당국자는 편의를 제공하여 조사 작업을 도와주신 점에 감사한다.

1923년 3월<br>동경 조선부락연구실에서<br>촉탁 오다우치 미치토시小田內通敏

---

1) 1868~1949. 동경제국대학 법과대 졸업 후 제일은행, 농상무성을 거쳐 내무성으로 옮겨 사사국장(社寺局長), 내무차관 역임 후 조선총독부 정무총감(1919.8~1922.6)을 지냈다.

2) 1873~1947. 동경제국대학 법과대 졸업 후 내무성 경찰국 서기관을 거쳐 조선총독부 총무부장관, 치바현지사, 미야자키현지사, 가나가와현지사, 효고현지사를 지낸 후 조선총독부 정무총감(1922.6~1924.7)을 지냈다.

3) 1886~1963. 동경제국대학 법과대 졸업 후 조선총독부에 근무하는 중에는 서기관과 비서관을 지냈고 만주국 국무원 총무청장과 조선총독부 정무총감(1944)을 역임했다. 그리고 일본 국내의 아오모리 · 미에 · 가나가와 · 아이치현의 지사를 지내기도 하였다.

4) 1884~1973. 동경제국대학 법과대 졸업 후 일본 내무성을 거쳐 조선총독부에 근무하면서 비서관, 비서과장과 서무부장을 지냈다. 미야기현의 시오가마시(塩竈市)의 시장을 역임하기도 하였다.

5) 1875~1929. 화불(和佛)법률학교 졸업 후 통감부의 부동산법조사회에서 법무보좌관, 법전조사국에 근무하였고 일제의 조선 강점 이후에는 취조국 사무관, 참사관실, 중추원 서기관, 조사과장, 중추원서기관장을 지냈다. 패전 후 일본의 고베(神戶)지방재판소 검사국 변호사로 등록하였다. 김일권 · 최석영 · 정숭교 편, 『한국 근현대 100년과 민속학자』, 한국학중앙연구원출판부, 2014 참조.

6) 1895~1972. 가고시마현립시카야(鹿屋)농학교 농과 졸업(1915) 후 조선총독부 경기도 기수(1917)로 임용되었다. 그 후 조선총독부 기수로 내무부 농무과 근무, 조선총독부 서무과 조사과, 동 식산국 농무과, 부산부 등에 근무하면서 조선인의 소작관행 조사를 하였으며 1930년에는 『조선의 소작관행 : 시대와 관행』을 간행하였다. 조선의 부락조사를 경기도 산업기수로 재직할 때 오다우치 미치토시와 같이 했으며, 경기도 내무부 농무과 기수로 재직할 때 콘 와지로의 민가조사에 협조하였다. 패전 이후에는 일본의 가고시마에 정착하여 가고시마현 촉탁, 주사보, 사무보좌원 등으로 활동하였다. 1967년에는 『가고시마현사』를 간행하였다. 坂根嘉弘, 『朝鮮總督府官吏 · 吉田正廣とその時代』(淸文堂, 2021) 참조.

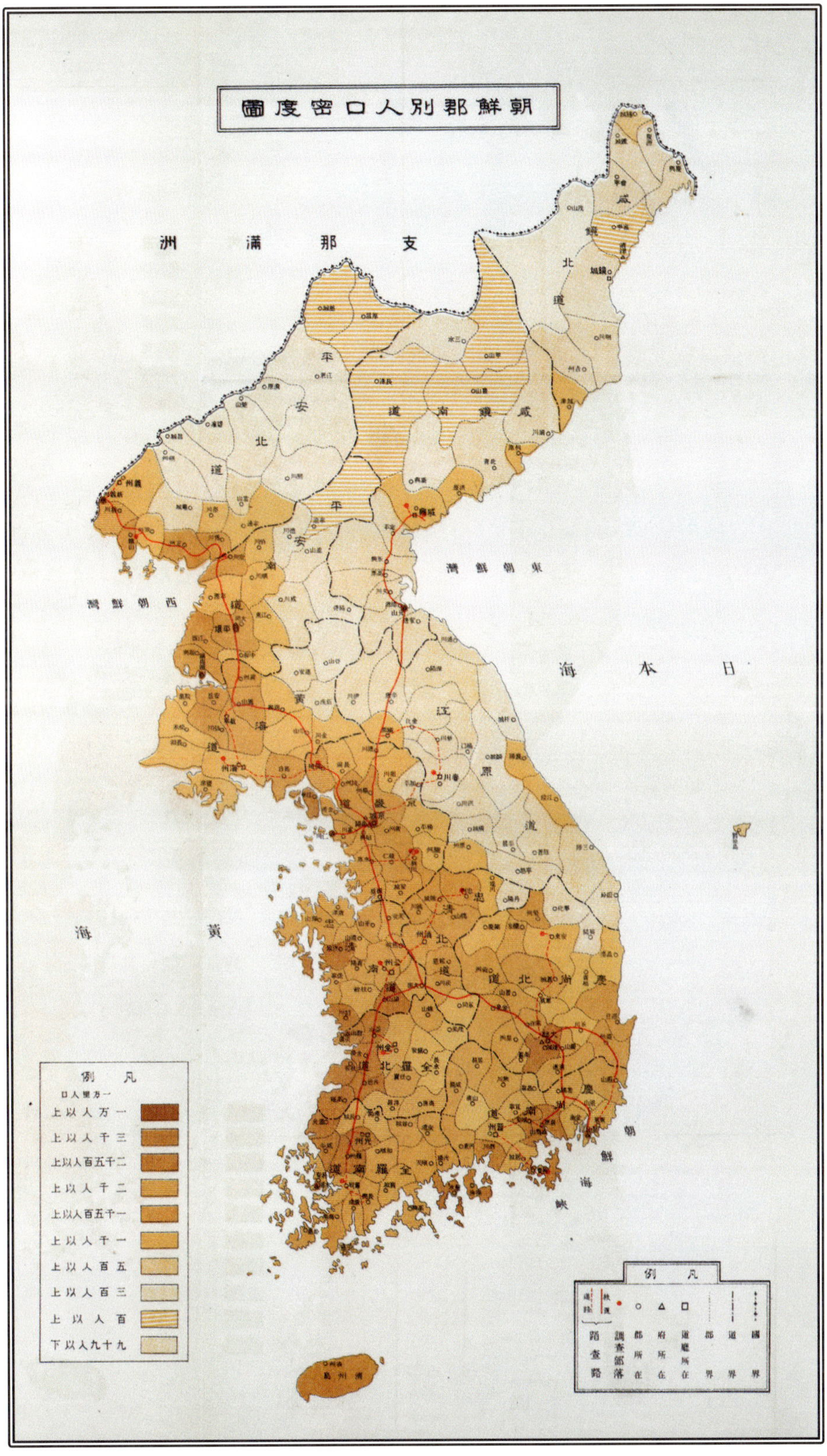
朝鮮郡別人口密度圖
支那滿洲
日本海
黃海
東朝鮮灣
西朝鮮灣
朝鮮海峽
咸鏡北道
咸鏡南道
平安北道
平安南道
黃海道
江原道
京畿道
忠淸北道
忠淸南道
慶尙北道
慶尙南道
全羅北道
全羅南道
濟州島
凡例
一方里人口
一万人以上
三千人以上
二千五百人以上
二千人以上
一千五百人以上
一千人以上
五百人以上
三百人以上
百人以上
九十九人以下
凡例
國界
道界
郡界
道廳所在
府所在
郡所在
調査部落
鐵道
道路

# 목차

# 도판 목차

# 제1장
# 부락 조사

## 제1절 부락 조사의 의의

어떤 나라든 사람들은 일정한 지역에서 집단적 정주 생활을 하는데 그 부락이 있는 지역의 자연적 조건 즉 지세, 기후 등이 생활을 위한 생산 활동에 영향을 끼친다. 그 결과 그 주민은 주거지의 주변 생활 재료에 규정을 받기에 주민의 생업은 지방적으로 특수한 속성을 띤다. 또 부락의 성姓의 계보, 경제 · 사회관계 및 종교, 교화의 왕성 여부 등에 따라 주민의 문화 정도가 다르고 부의 분배에 큰 차이가 나타난다. 그러므로 지방 생활을 연구하는 데 가장 합리적인 방법은 그 지방의 개괄적인 양상을 밝힘과 동시에 그 지역의 자연적 조건과 역사적 발달을 기조로 대표적 부락을 선정하여 조사하는 것이다.

내가 조선에서 진행한 부락 조사에서는 이 입장에 있었다. 조사 연구의 대상을 행정적인 관점에서 정하지 않고 그 일부가 되는 동洞이나 리里 가운데 십수 호 내지 수십 호의 집단부락으로 한정한 것은 이상과 같은 이유 때문이다. 나는 조선 고유의 부락 외에 일본 농민의 이주 부락도 조사하여 양자 간 접촉의 실상도 밝히고자 하였다.

## 제2절 부락 조사의 경과

시장의 부인(함흥)

1920년 8월, 나는 부락 조사의 촉탁을 받고 동경과 조선을 1개월 동안 왕복하였다. 그간 우선 풍토, 산업 및 생활이 다른 북조선과 남조선에서 비교할 만한 부락을 선정하여 조사하였다. 생활양식이 가장 간단한 부락을 조사하는 이유는 조선 부락의 개념을 파악하는 데 가장 빠른 방법이기 때문이다. 산록에 있는 경기도 이천군 신둔면新屯面 장동리長洞里(도판 제1, 제2, 제64)를 조사하였는데 자족자급을 하는 순純 농촌인 만큼 주민들은 순박하고 생활은 매우 간소하였다(부락의 특상特相 제1). 다음으로 같은 군 백사면栢沙面 도립리道立里(도판 제1, 제2)를 조사하였다. 유생 엄씨嚴氏가 은둔한 부락인 만큼 주민들의 태도가 친절 우아(도판 제6)한 것은 물론이고 부락을 둘러싼 산들의 울창한 나무들은 어떻든 풍성한 느낌을 불러일으켰다(부락 특상 제2).

그다음 나는 경성으로 돌아와, 아득히 강원도 고원지대의 적막한 풍경을 차창으로 바라보았고 함경남도의 함흥에 와서 읍내 시장을 돌아보았다. 번창한 시장의 모습과 함께 특히 시장에 부인들이 많이 나왔다는 것뿐만 아니라 그 풍채의 당당함이 시장에 부인들이 드물게 나온다는 남조선 이천 읍내와는 매우 대조적인 것에 놀랐다. 함흥 부근에서는 이성계(태조)를 제사 지내고 있는 본궁의 노역에 종사한 궁서리宮西里(도판 제65)를 조사하였다. 그러나 오늘날에는 특별 보호가 없어져 거주 호수가 현저하게 줄어들었고 생활 정도도 일반 농촌보다 오히려 곤란하였다. 그러나 집의 구조는 남조선의 부락에 비해 일반적으로 컸다. 또 지붕을 이는 방식, 창의 크기 등도 눈에 띄었고 집 뒤로 자연 목재의 연통을 붙인 것 등에서 모두 대범한 느낌을 크게 받았다. 조사한 민가(도판 제11, 제12)는 말끔하게 청소가 구석까지 되어 있었고 택지 안에 사과나 포도 등 과수가 많았는데 후에 선교사의 집이라는 말에 수긍이 갔다.

나는 1921년 3월부터 4월까지 부락 조사를 입안하기 위해 경성에 와서 부락을 아래(원문

: 왼쪽-역자)와 같이 분류하고 예산의 배분과 함께 향후 조사 수행계획을 기획하였다.

조선의 고유 부락

1. 경제상 분류 : 보통농업(곡물과 콩류), 특수농업(양잠, 연초, 면화, 목축, 인삼 등), 부업(농산제조, 목공, 직물, 제지, 제사製絲, 금속공업, 요업, 양조업 그 외 수공업)이 이루어지는 부락. 임업, 어업, 광업, 공업, 개간, 관개灌漑, 수해水害, 시장, 도시 그 외 교통기관의 영향을 받은 부락. 가장 부유한 부락. 가장 가난한 부락
2. 사회상 분류 : 양반, 대물림 양반이 많은 계급부락, 성이 단순 또는 복잡한 부락, 지주 및 소작인 관계가 원만하지 않은 부락
3. 교화敎化상 분류 : 유교, 불교, 기독교, 천도교, 무복巫卜 그 외 특수신앙이 왕성한 부락
4. 내치內治상 분류 : 규약을 잘 지키는 부락, 분쟁이 끊이지 않는 부락, 교화가 특히 낮은 부락, 음주 · 도박 등 풍기가 좋지 않은 부락
5. 역사상 분류 : 개발 연대가 특히 오래 되었거나 또는 새로운 부락, 성城 · 절 · 종묘 · 병영 그 외 사적史蹟의 존재가 부락의 구성 및 현상과 밀접한 관계에 있는 부락

일본인 관계의 부락 : 거주 연대가 오래된 부락, 거주 연대가 새로운 부락(일본인만의 부락, 조선인과 잡거하는 부락)

외국인 관계의 부락 : 중국인이 거주하는 곳으로 경제상, 사회상 일본인에 대한 영향이 큰 부락, 구미인이 거주하는 곳으로 경제상, 사회상 일본인에 끼친 영향이 큰 부락

단, 각 도청에 위(원문 : 왼쪽-역자) 분류에 토대한 간단한 조사 항목을 보여주고 그 회답을 요청하였다. 각 도청에서는 이를 잘 양해하였고 조사가 잘 수행될 수 있기를 바랐다(각 도청 보고 『朝鮮』 1922년, 1923년 게재).

1. 납세 성적이 좋은 부락 및 그렇지 않은 부락

2. 농업 및 상업이 발달한 부락 및 그렇지 않은 부락
3. 역사상 대표 부락
4. 일본인의 잡거(이전부터 또는 새로운) 부락

1921년 10월부터 12월까지 약 3개월 동안 나는 각 도의 지방 생활을 개관하면서 또 도내 12개 부락을 미리 살펴보았다. 이에 그 경과 대요를 서술하기로 한다.

10월 7일에 우선 경기도청에 도착하여 내무부장 사또 시치타로佐藤七太郎씨와 도청 직원들을 만났다. 그들로부터 경기도에는 한강 이북과 이남을 경계로 농업경영상 현저한 차이가 있고, 강화도에는 문화상 많은 특색 때문에 부락 조사에도 적당한 지역이 많으며, 수원군은 경제상 우월할 뿐만 아니라 교화가 진전되어 있고, 개성군의 개성은 조선 전체 문화의 한 중심지이고 이미 경제적으로 자각하고 있는 주민들은 조선 전국으로 행상을 하고 있기에 「송방松房」으로 이름이 높다는 점 등을 들을 수 있었다. 경기도내에서는 개성에 가까운 왕王과 같은 성을 가진 동성족이 집단적으로 거주하고 있는 중서면中西面 여릉리麗陵里 태조능동太祖陵洞(도판 제28, 제29, 제70)을 조사하기로 하였고, 10월 10일부터 4일 동안 그곳을 조사하였다(부락의 특상 제9). 그 사이 개성 북부의 만월대에서 고려의 고도를 뼈아프게 느꼈다. 미국 선교사가 경영하는 송도고등보통학교를 방문해서는 빈곤한 학생들에게 급비를 주고 정교한 기계로 면직물을 짜서 그것으로 만든 와이셔츠를 일본, 중국, 남양제도 등으로 계속 공급하고 있는 경영에 감동하였다.

10월 14일에 경성으로 돌아와 외국인의 조선 생활 연구에 관한 이야기를 듣기 위해 함경도에 사는 프랑스 천주교회의 라리보[7]씨를 방문하였다. 그 자리에서 그는 "같은 것이지만 사람에 따라 보는 방식이 다르므로 당신은 자신의 연구 방법으로 하시는 것이 좋다"라는 말로 답변을 피하였다. 나는 일본인과 만나 조선인에 대해 들으면 결점만을 말하는 사람이 많다. 다만 옛 친구로 교토京都 시외에 여러 꽃과 나무가 있는 묘심사妙心寺의 전문도량주專門道場主 히라모토 도쿠소平元德宗씨만은 내가 조선 연구의 요체에 대해 질문하였을 때 중시

7) Larribeau. 후에 서울 교구장이 되었다.

하여 명심할 점은 조선인의 좋은 점을 보는 것이라고 말하였다. 나는 당신과 같이 포교에 종사하고 있는 사람에게 질문하면 좋은 점을 들을 것으로 생각하여 질문을 던진 것이었다고 하니 그는 회심의 미소를 지으며 "그것은 좋은 생각이다. 조선어를 말할 수 있는 일본인으로 자주 조선 사람들과 접촉하고 있는 여러 직업의 사람들을 조사할 것"을 말하였다. 또 조선에 대한 소견을 물으니 "한 두 시간의 이야기만으로 그것을 유추하는 오해에 빠지기 쉬우니 요점을 정리하여 물으면 답해주겠다"라고 말하였다. 그의 용의주도함에 놀랐다.

다음 15일에 나는 여릉리를 함께 조사한 조선총독부 농무과 기수 안병춘安秉春씨를 데리고 이렇게 일본인과 조선인 두 사람이 함께 전체 조선의 부락을 조사한다고 하여 즐거워하고 있었는데, 그는 공무상 사정이 있어 갑자기 동행할 수 없게 되었다. 이에 조선총독부 식산국에서 소개해 준 통역자 외에 수시로 농업 조사 및 거주 가옥의 평면도를 그릴 만한 사람들의 동행을 각 도청에 요청하여 예정 조사를 하기로 하였다. 또 인천관측소에 들러 나까무라中村 기사에게 조선의 기후 특색을 들으니 일본의 동해도東海道(도카이도) 부근을 표준으로 하여 조선의 기후는 개괄적으로 겨울은 두 계절, 여름은 한 계절, 봄과 가을 합쳐서 한 계절이라고 말하였다. 겨울은 11월부터 3월까지이고 4월에 봄의 기운을 느끼게 되는 것은 대륙성 기후의 특색으로 봄에는 날씨가 자주 건조하고 여름에는 장마가 많다. 장마의 징후는 경상북도 대구 이남에서 나타난다. 함경남도 북부의 고원지대는 대체로 해발 천 미터 이상이기에 장진長津, 삼수三水, 갑산甲山의 3개 군 부근은 차가운 기운이 가장 빨리 나타나고 오래된 기록에 의하면 7, 8월경에 이슬과 눈이 내린 때조차 있다. 또 척량산맥은 북쪽에서부터 조선의 중앙으로 연결되어 있기에 경원선京元線을 따라 강원도의 평강平康, 철원鐵原 두 개 군의 부근은 여름이 오히려 선선한 기후라는 것을 알았다.

각 군수의 선정비

다음 16일에 나는 시흥군청의 옛터에 있는 경찰서장을 방문하여 이 부근의 범죄 상태를 들으니, 절도는 줄었는데 사기를 쳐서 재물을 취하는 사건은 늘었고 특히 미신에 의

한 의료 행위를 하려는 범죄가 많은 것을 알았다. 또 이전 너그러운 정치를 폈던 각 군수의 선정비善政碑를 마을 구석에 세워두는 일반 선정비와는 달리 읍내에 세워둔 것을 호기심 있게 보았다.

18일, 나는 조선총독부의 내무부장 회의에 참석한 자리에서 각도에서 참석한 도청 직원에게 아래(원문: 왼쪽-역자)와 같이 정한 조사 순서를 전달하고 바로 밤에 의주로 출발하였다.

1. 평안북도 2. 평안남도 3. 황해도 4. 강원도 5. 함경남도 6. 충청북도 7. 충청남도 8. 전라북도 9. 전라남도 10. 경상북도 11. 경상남도

19일, 신의주에서 의주로 향하였는데 평탄한 양측은 압록강에 접한 넓은 평야이고 거의 옥수수 밭뿐이다. 농부는 수확에 바쁘고 곳곳에 띄엄띄엄 있는 민가의 낮고 초라한 모습이 특히 눈에 띄었다. 의주에 도착하여 바로 도청에 가서 뒤뜰의 통군정統軍亭에 올라갔는데 압록강을 사이에 두고 만주의 구련성九連城, 봉황성鳳凰城의 장관은 의주義州의 "해동 제1관"다운 형승임에 고개를 끄떡이게 하였다. 나는 도청에서 도지사 이이오또지로飯尾藤次郞 씨를 만나 마주 보이는 만주에 경찰이 없는 상태이기에 불온한 집단이 많다는 점, 이전부터 중국과의 교통이 빈번한데 겨울은 압록강이 얼기 때문에 특히 양쪽 강기슭의 교통이 편리하게 된 점, 따라서 이 부근 주민의 발음이 중국 발음에 가깝다는 점, 마주 보이는 만주에서 밀수입할 염려가 많다는 점 등을 들었다. 또 의주면장 스즈끼鈴木씨로부터는 시골 쪽은 어수선한 상태이기에 최근 많은 지주가 의주로 이주해 오면서 주택이 부족하게 된 점, 일본인은 중국인이나 조선인에 비해 생활 정도가 높기에 동일 상업에서는 그들과 경쟁할 수 없다는 점을 들었다.

20일에는 각 과장과 만나 조사할 만한 부락을 기독교가 성행하는 선천군宣川郡 내에서 찾기로 하고 바로 신의주를 거쳐 선천으로 향했다. 약 20년 전 미국 선교사가 선천에 와서 선교하면서 우선 병원을 짓고 곡물의 씨앗을 많이 가지고 와서 파종법을 가르쳤으며 닭·돼지의 양육과 과수 특히 포도 등의 재배를 장려하였다. 이것이 신자가 늘어난 원인이고 부근 농사도 이 때문에 융성하게 되었다는 것은 우리들이 크게 돌아볼 만한 것이다. 다만

기후와의 관계를 연구하지 않았기에 여러 해 후에 농민은 점차로 부府나 도의 장려지도를 많이 받게 되었다고 한다.

21일, 나는 선천군청에 도착하여 기독교가 성행한 부락을 조사할 목적으로 상담하였는데 일정상 어쩔 수 없이 근처의 선천면 인두동仁豆洞(도판 제17, 제18, 제19, 제20, 제67 부락의 특상 제6)을 조사하였다. 22일에는 선천읍내의 미국 선교사가 경영하는 신성중학信聖中學과 성경학원聖經學院을 참관하였다. 신성중학은 넓은 부지 안에 서양식과 조선식의 보통 학사의 기숙사가 있었다. 단 철공 및 목공을 가르치는 공예부와 농목을 경영하는 농장이 있고 목공 졸업생 중 선천읍내에서 그것을 영업한다는 사람이 있으며 목장에서 짠 우유는 멀리 안동이나 평양으로 판매한다. 성경학원은 여자부로 10년 전부터 이곳에서 교편을 잡고 있는 스테윈[8]양의 조선어 구사는 자국어와 같을 정도이다. 선천읍내에서도 부근의 농촌에서도 신자가 많은 교회에는 일요일에 가족 대부분이 모이며 상인은 장사를 쉬고 예배를 엄수할 정도이다.

평안남도에서는 여행 일정상 23일부터 24일에 걸쳐 안주군安州郡 신안주면新安州面 운학리雲鶴里(도판 제21, 제22, 제23, 제68 부락특상 제7)를 조사하였고 25, 26일 양일에는 평안남도 도청에서 도의 대략적인 상황을 들었다. 운학리는 안주읍내에서 이주한 대지주 이씨와 그 소작인으로 이루어진 부락으로 이씨는 소작인을 위해 특히 설비 등을 만들어 주거나 하는 것도 없는 것 같다. 이씨 일족 이인창李寅彰씨(도판 제22, 제23)는 와세다대학 출신으로 현재 도평의원이다. 그 가옥 구조의 상태, 택지 내 많은 화초와 과수와 택지 주위에 포플러를 방풍림으로 심어 놓은 것 등은 장래 조선의 주택 개량의 좋은 자료라고 느꼈다. 도청을 방문해서는 도지사 시노다 치사쿠篠田治策씨로부터 산간부에 거주하는 화전민에게 소유권 관념이 없고 또 공동 작업에 적합하지 않기에 그들을 지도하는 것이 가장 곤란하다는 말을 들었다. 학무과를 통해서는 사립의 종교 학교 및 교회 분포도에 비추어 대동大同, 강서江西, 용강龍岡, 평원平原, 중화中和 여러 군에 기독교 관련 학교 및 교회가 많다는 것을 알았고

8) 원어는 알 수 없다.

평양 을밀대에서 아래로 내려 본 풍경(대동강 · 능라도와 부벽루)

재령에서 신원으로 가는 길

| 군명 | 학교수 | 교회수 |
|---|---|---|
| 대동군 | 27 | 78 |
| 강서군 | 9 | 46 |
| 용강군 | 8 | 41 |
| 평원군 | 7 | 38 |
| 중화군 | 3 | 39 |

또 천도교는 맹산孟山, 영원寧遠, 성천成川, 강동江東 등 군의 산지에 성행한다는 것을 알았다. 오래 동안 조선인 교육에 종사하고 있는 다나카田中 고등보통학교장과도 이야기를 나누었는데 대화 중 젊은 조선인이 매우 진보하였다는 점, 실력 양성을 자각하여 향학심이 높게 되었다는 점, 공학 문제, 민가의 개선에 관한 이야기 등은 나에게 가장 크게 수긍이 되는 것이었다.

10월 26일, 나는 평양을 떠나기 전에 평양의 옛터를 찾았다. 우선 부벽루의 고아한 건축에 마음을 빼앗겼고 또 위에 올라 을밀대에서 북동의 대동강과 능라도陵羅島와 부벽루의 앞 광경을 밑으로 내려다보면서 고조선의 옛 모습을 보았다. 27일에는 기차로 평양에서 사리원沙里院으로 나와 사리원에서 자동차로 해주로 향하던 도중 재령載寧에서 신원新院사이에 재령강의 지류라고도 느낀 하나의 작은 계곡을 따라 누런 잎의 포플러와 푸른 잎의 버드나무가 나란히 서 있는 광경은 조선의 시골이 아니면 볼 수 없는 풍경이었다. 나는 조선 관광을 하는 사람들에게 조선의 풍물 및 인문에 대한 관찰을 철도 길을 따라 하는 것에만 한정하는 관례를 정말 깨고 싶다.

28일, 황해도청에 도착하여 도지사 박중양朴重陽씨를 비롯하여 각 과장을 만났다. 그 자리에서 곡산谷山, 수안遂安, 신계新溪 3개 군의 화전민의 상황을 들었다. 또 도내에서 장연군

長淵郡이 특히 부富의 평균이 되는 것은 지력이 좋아 전답이 엇비슷하고 또 토지가 한쪽으로 치우쳐 있어 교통의 요충지가 아니기에 자급자족하는 곳이 많기 때문이라고 한다. 도내를 자작 및 소작의 분포에서 보아 산지가 많은 수안, 곡산 2개 군에는 자작이 많고 논이 넓은 안악安岳, 연백延白 2개 군에는 소작이 많으며 재령, 봉산鳳山, 장연, 송화松禾 4개 군은 그 중간에 해당한다는 점 등을 들었다.

29일, 유兪 참여관 외 도청 직원과 함께 해주읍내에서 북서쪽으로 약 4리 떨어진 고산면에 가서 향약으로 유명한 율곡 선생의 터를 방문하고 거기에서 근처의 석동면席洞面 연근리蓮根里 구석동龜石洞을 조사하였다. 율곡 선생은 35세 때 모든 관직에서 물러나 해주로 돌아왔는데, 사방에서 배우러 오는 사람들이 많았다. 어느 날 학생과 함께 석담천石潭川의 깊은 협곡의 풍경을 즐기면서 각 계곡에 이름을 붙이고 5곡의 은병우안애隱屛右岸崖 위에 청계당聽溪堂을 짓고 맞은편에는 은병정사隱屛精舍를 세우고 은둔했다. 은병정사에는 선생이 남긴 저술로 한글로 주석註釋한 중용이 소장되어 있고 선생이 늘 거주한 청계당에는 선생이 지었다고 생각되는 아래와 같은 절구가 있다.

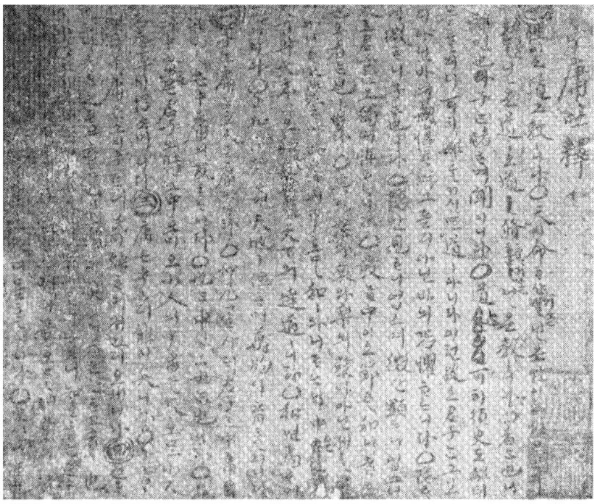

율곡 선생이 남긴 저술(자필)

물가 산 아래에 한 칸 작은 집을 지으니

흙 침상은 따뜻하고 정자는 시원하다네

대문에는 찾는 길손이 없어 마음 쓸 일이 없고

거문고 타고 책을 읽는 맛이 길구나

面水依山一小堂 土牀風樹可溫涼 門無外客心無事 土軫韋編味止長

해주에서 연안으로의 1등 도로

율곡 선생이 중용을 한글로 역주한 것을 보면 그의 견식을 알 수 있다. 단 두 집 모두 황폐되어 지역에서는 향약의 옛 모습도 전해지고 있지 않은 것은 매우 유감이다. 선생의 12대 손에 해당하는 이종문李種文씨도 그렇게 부유한 생활을 하고 있지 않다.

귀석동은 작은 부락인데 현재 도평의원을 하고 있는 오국동吳國東씨와 그 일족 및 소작인이 사는 곳으로 정돈되어 안정된 부락이다(도판 제24, 제25, 제26, 제27, 부락의 특상 제8).

다음으로 30일, 나는 도청 직원과 함께 해주 교외의 명승을 둘러본 후 거기에서 자동차로 청단青丹, 연안延安을 거쳐 예성강을 건너 토성역土城驛으로 나와 기차로 경성으로 돌아왔다. 해주에서 연안까지 1등로路가 경사가 완만한 전답 가운데를 숫돌과 같이 평탄하게 뚫려 있는 것은 실로 좋은 느낌이었다. 조선에서 기차가 통과하지 않는 곳을 자동차로 상당히 이용할 수 있는 것은 이러한 1등로가 생긴 덕분이다. 연안에서는 상점 및 요리점을 하고 있는 중국인을 만났다. 중국 상인이 이렇게 이르는 곳마다 근거지로 삼아 시장에서 시장으로 부락에서 부락으로 행상하는 어려움을 헤쳐 나가는 것은 놀라울 만한 것으로 여기에서 그들의 경제적 발전을 엿볼 수 있다. 해주에서 연백까지는 자동차로 통과한 것에 불과했지만 일본의 세토나이카이瀨戶內海 해안을 지나는 것 같은 느낌을 받았다. 일본의 세토나이카이 해안은 이전부터 중국의 항해가 많았던 곳이다. 오늘날에도 그 내왕이 빈번하고 황해도 초도椒島와 같이 보안상 중요시되는 점에 비추어보아도 황해도 해안의 중국과의 관련에 대한 연구 조사는 중요하다.

11월 3일, 나는 경성에서 춘천으로 갔는데 양주군에서 가평군에 들어가니 산이 점차로 험악해지는 것을 느꼈다. 특히 가평읍내부터 춘천읍내로 가는 길의 양안으로 뻗은 산 사이를 흐르는 북한강은 급류였고 그 오른쪽 해안을 따라 통과하는 새로운 도로를 지날 때는 그야말로 산의 나라로 들어가는 느낌이 들었다. 경성에서 춘천에 이르는 산길이 많은 이 여행은 이전 도보로는 3일이 걸리는 길이었으나 지금은 자동차로 1시간 정도로 갈 수가 있다.

북한강에 접한 산길

강원도청에서는 농무과와 지방과로부터 강원도의 지방적 특색을 들어 그것을 분명히 알 수 있었다. 그러나 그 지리적 위치가 북조선과 남조선 사이이고 더욱이 높은 척량산맥의 동쪽이 북서에서 남동으로 종으로 뻗어 있기에 조선 전체의 남북, 동서와의 교차 상태를 볼 수 있다. 즉 영동의 일본 해안은 지세상 좁고 길며 북부의 통천通川, 고성高城, 양양襄陽의 3개 군은 함경남도에, 남부의 강릉, 삼척, 울진의 3개 군은 경상북도에 접해 있다. 대나무 숲의 분포에 비추어 보아도 중앙의 양양군은 일본 해안의 북쪽 한계이다. 영서는 영동에 비하면 면적이 넓고 임진강과 북한강과 한강의 상류 지역으로 나누어져 있다. 북부 임진강 유역에 있는 철원에는 평안남북도 출신의 사람들이 많이 살고 남부 한강의 지류 섬강 유역에 있는 원주에는 이전부터 양반이 많이 거주하는 점에서 남조선의 읍내와 비슷하다. 춘천은 철원과 원주 중간에 있고 북한강과 소양강이 합쳐지는 지점에 있기에 배로 경성으로 가는 데 가장 편리하여 이전부터 경성과는 관계가 깊다. 전체 도를 통해 산지가 많은 21개 군청 소재지는 사이사이에 있는 작은 평야의 중심이 되어 있기에 경제적이든 교화적이든 강원도에는 큰 중심지가 없다. 인제군은 강원도에서 가장 산지가 많은 곳이다. 양질의 밀봉이 전 조선에서 으뜸인 이유는 벌이 고산 식물의 꿀을 끌어들이기 때문이다. 그 북쪽 백담리百潭里

각 도 화전 면적표(1921년 12월말)

단위 : 반反

| | |
|---|---|
| 함경남도 | 59,4038 |
| 평안북도 | 44,2481 |
| 강원도 | 15,1853 |
| 평안남도 | 10,5368 |
| 황해도 | 7,2462 |
| 함경북도 | 3,2819 |
| 경기도 | 3,4196 |
| 전라남도 | 4930 |
| 경상북도 | 4876 |
| 충청북도 | 3772 |
| 충청남도 | 3472 |
| 전라북도 | 2041 |
| 경상남도 | 447 |
| 합계 | 144,2755 |

에서 생산되는 질 좋은 밀봉은 이전부터 이왕가李王家(조선왕조-역자)에 헌상하는 상품이었다고 한다. 인제군과 양양군의 경계 근처의 국유림은 조선 전체에서도 유명한 큰 삼림인데 그것은 이전부터 「봉산封山」으로서 벌목이 금지되어 있었기 때문이다. 이렇게 산지가 많기에 화전민도 많고 60도 내외의 경사지를 소를 이용하여 경작하고 있는 상황은 기묘하다. 이것을 부업으로 하고 있는 사람은 정주하고 있으나, 이를 전업으로 하는 사람은 여기저기 옮겨 다니기 때문에 산림이 황폐되는 일이 많다. 화전민에 대해서는 평남 도청에 구체적으로 조사서가 있는 것을 보았는데 앞으로 조선총독부에서도 충분히 조사할 필요가 있다고 생각한다. 각 도의 화전 면적을 비교하면 이전 페이지(원문: 왼쪽-역자)와 같다.

나는 조선 전체에서 특색이 있는 강원도에서 표식적인 부락을 조사하고 싶었지만 일정상 할 수 없이 춘천읍내에서 가까운 산촌 서하면西下面, 금산리錦山里 내의 갈둔리葛屯里(도판 제7, 제8, 제9, 부락의 특상 제3)를 조사하기로 하였다.

단 강원도청에서 얻은 자료에서 덧붙일 만한 사항으로 각 군이 지방개량사항이라고 할 만한 것을 조사하여 22항으로 나누어 강원도청의 지방과에 계속 보고하는 것이 있었다. 지금 이것을 적기하면

1. 항간에서 많이 읽고 있는 조선 소설
2. 속요(농부가)
3. 건물의 기둥에 글을 쓰거나 새겨서 거는 주련珠聯에 사용되는 어구語句
4. 속담
5. 미신의 종류
6. 충신, 충의, 효자, 절부節婦의 전형으로서 많은 사람의 화제에 오른 이전 사람의 사적
7. 현존하는 정문旌門, 비각, 서원의 사적
8. 계 · 조합의 종류
9. 현존하는 독행자篤行者의 사적 및 현황
10. 구휼, 자선, 인보, 공조共助 등에 관한 사회사업 시설
11. 소작관습

12. 소작제도 개선에 관하여 지주가 특히 세운 시설의 상황
13. 농민의 상식常食 및 수해, 한발 때 식료의 종류 및 그 요리법
14. 농려農侶(남자 하인 또는 머슴) 고용의 관습
15. 좋은 풍속, 아름다운 풍속 및 악풍의 종류
16. 대전大典기념 시설 사업의 현황
17. 부락의 공동사업에 대한 위반자 및 그 징벌 방법
18. 효자, 절부, 독행자, 고령자의 표창 위안이 되는 지방과 그 방법
19. 산천, 초목이 산업상 또는 풍교상 특히 역사적 혹은 신비적인 것의 연유
20. 내선인內鮮人 융화기관이 설치된 지방 현황
21. 사회사업으로서 긴급시설이 필요한 것으로 인정되는 것 있으면 그 의견
22. 종래의 선전 책자 또는 선전 전단지에 대한 민중의 감상 및 장래에 대한 의견

이것은 10년 동안 강원도에 근무하고 있는 오츠카大塚 속屬이 세운 안이다. 22개항 가운데 조선 고유의 민속 · 관습 · 취미를 권장하여 알려고 하는 것과 선전宣傳에 관한 민중의 감상을 들으려고 하는 것은 강원도에 한정하지 않고 행정에 관여하고 있는 사람이라면 반드시 주의할 만한 것으로 좋은 사항이라고 나는 생각했다.

8일, 나는 춘천을 출발하여 철원으로 향했는데 춘천에 가까운 소양강과 북한강을 건너 화천읍내에 들어가니 사방의 산이 점점 고산高山의 분위기로 나타났고 오엽송 나무가 점점 많아졌으며 화천華川에서 금화金化로 나가는 마현馬峴의 새로운 도로가 험하여 손에 땀을 쥘 정도였고 그 남쪽의 산록 산양리山陽里 부근에는 화전민의 적막한 집마저 보였다. 그날 밤 철원에서 1박을 하였는데 카모타니加茂谷 서무주임으로부터는 조선인의 여행은 일본인보다도 간단하고 1912년 쯤 강원도의 울진에서 간도로 이주하는 부인이라도 야간 여행을 아무렇지 않게 생각하였던 사례나 철원에 사는 일본인들은 2부府 27현縣[9]의 본적을

9) 2부는 교토부와 오사카부이고, 27현이란 야마가타현, 후쿠시마현, 이바라키현, 도츠기현, 사이타마현, 치바현, 가나가와현, 토야마현, 후쿠이현, 야마나시현, 기후현, 시즈오카현, 아이치현, 시가현, 나라현, 효고현, 도토리

가지고 있는 것만으로 융합하기에는 매우 곤란하다는 이야기를 들었다.

9일, 나는 원산에 도착하였고 10일 원산에서 함흥으로 가서 도청에서 도지사 이규완李圭完씨와 만났다. 그는 함흥의 여자가 최근 두드러지게 자각하고 있고 중년 부인이 젊은 부인과 함께 밤 7시부터 10시까지 열리는 강습회에 참가할 뿐만 아니라 부인청년연구회의 설립에 열성이라고 말하였고 일단 좋다고 생각하면 어디까지든 실행하는 함흥 사람의 기풍에 비추어 그 유망한 점을 이야기하였다.

작년 함흥시장에서 부인의 왕성한 활동을 본 나는 그것이 지식적으로 자각한 이 운동도 반드시 실현될 것으로 의심치 않는다. 함흥면장 사다노定野씨를 만났을 때 그는 면으로서는 점점 발전하고 있지만 실업계에서 성공한 일본인들이 4, 5년 동안에 4명이나 일본으로 돌아간 것은 이 지역의 겨울을 버티기가 어려워서였고 장래 이주정책상 주목할 만한 점이라고 말하였다.

다음 11일, 나는 내무부장 미타 요시끼三田善喜씨를 만나 도의 대략적인 상황을 들었다. 이 도는 지세, 기후 및 생산 등의 측면에서 원산, 함흥, 북청, 단천을 중심으로 해안의 작은 4개 구區와, 밖으로 갑산, 삼수, 장진, 풍산의 4개 군과 신흥군의 일부에 걸쳐 있는 고산 지대의 큰 한 개 구가 있는 점, 그리고 이 고산 지대에는 미간척지가 특히 넓기에 다른 지역에서 매년 이주하는 사람이 많다. 주요 작물은 귀리, 감자인데 아무리 많이 생산되어도 운반이 어려워 생산지에서 밖으로 나가는 것이 불가능하다. 또 한 집의 경작지가 4정보 이상이나 되는 것은 기후 관계상 작물의 생육기간이 짧기에 넓은 경작지에 노동력을 적게 들이고 자연에 의지하여 농업을 하기 때문이다. 따라서 부락의 수도 매우 적고 국경 쪽의 경비를 담당하고 있는 경관과 같이 하루 8, 9리를 돌아 겨우 한 두 개의 작은 부락을 흔히 볼 수 있다고 한다. 후지하라藤原 경찰부장이 경관警官의 취미를 키워주기 위해 일본의 소학교 학생이 그린 그림과 화초의 씨앗을 선물하려는 계획을 이야기한 것은 지금도 솔깃한 생각이 든다. 이 산지에 화전이 많은 점은 앞서 본 화전 면적 통계표에서 이 도가 주요한 위치를

현, 시마네현, 오카야마현, 도쿠시마현, 카가와현, 에히메현, 고치현, 후쿠오카현, 사가현, 나가사키현, 오키나와현이다.

차지하고 있는 것으로 분명하다.

이 도에서는 이 고산 지대의 산민山民 부락을 조사하는 것이 가장 적절한데, 일정 관계상 함흥군 주북면州北面 부민리富民里(도판 제13, 제14, 제15, 제16, 제66, 부락의 특별한 모습 5)를 조사하여 모범 마을이 된 실제 상황을 살폈으며 벼 재배 및 짚 세공細工의 성적이 좋다는 것을 알았다.

11월 13일, 나는 함흥에서 바로 경성으로 돌아 왔는데, 원산부터 경성까지 『원산발달사元山發達史』(1916-역자)의 저자 다카오高尾新右衛門씨와 운 좋게 차를 같이 탔다. 그는 1904년부터 원산에서 살고 있고 당시 오사카아사히大阪朝日의 통신역할을 하고 있었는데 함경남북, 강원 여러 도의 읍지 외 역사서도 섭렵하여 조선어도 가능하고 또 실지를 답사하였기에 이 같은 사람은 조선의 지방생활연구의 적합자라고 생각했다. 조선인에게 이동성이 활발한 것은 이전부터 대륙으로부터 위협을 받았기 때문이고 일본 해안의 구석까지 방비가 미쳤던 이유는 봉수대가 많았기 때문이라는 점도 알았다. 경상북도의 영일만 부근에는 시마네島根, 야마구치山口의 2개 현 출신의 어부들이 많이 와서 사는데 조선인과 잘 융화하고 있다는 것 등을 이야기했다. 그의 조선담에는 풍부한 암시와 함께 수긍할 점이 많았다.

17일, 나는 경성에서 조치원에 도착하여 거기에서 자동차로 충청북도 청주에 와서 18일에는 도청에서 요네다米田 도지사를 비롯한 각 과장을 만난 자리에서 충청북도의 특색을 물었다. 면적이 좁기에 지방적 차이가 적고 주요 농산물인 콩 등이 모든 군에서 생산되고 있으며 경성과 가깝기에 이전부터 중요 물자의 공급지였다는 답변을 얻었다. 특히 청주는 요로要路일 뿐만 아니라 경성과 배로 운송이 편리한 한강과도 가깝기에 자주 경성으로 공급되는 공산물 등도 발달하였다. 경성에 가까운 이 도는 문무 양반의 후예들이 많이 살고 있고 특히 괴산읍내에는 집단으로 거주하며 한강 연안에는 여기저기 흩어져 살고 있다. 내가 조사한 한강 왼쪽에 접해 있는 충주군忠州郡 가금면可金面 누암리樓岩里(도판 제48, 제49, 제50, 제51)도 양반 정鄭씨가 이곳에 은거한 것이 부락의 시작이다. 지금 아래(원문: 왼쪽-역자) 표를 보면 양반 수는 청주, 영동, 음성, 충주 여러 군에 많고 성별로 보면 이, 김, 오, 정의 4개 성이 가장 많고 박, 신, 권, 유, 조 등의 여러 성이 다음으로 많다.

양반 수 군별표 (1920년 2월 현재)

| 청주군 | 영동군 | 음성군 | 충주군 | 제천군 | 옥천군 | 진천군 | 보은군 | 괴산군 | 단양군 |
|---|---|---|---|---|---|---|---|---|---|
| 4,022 | 1,644 | 1,549 | 1,481 | 852 | 744 | 676 | 530 | 483 | 114 |

또 이전부터 이곳은 유교가 성행했던 만큼 지금도 북론과 남론의 불화로 서로 결혼하지 않는 곳도 있다고 한다.

20여 년 이래 정치의 중심이 되어 있는 청주는 오늘날 조선 전체 중에서 일본인이 많이 살고 있는 도시의 하나이다. 일본인은 1900년 9월부터 살기 시작하여 지금은 조선인의 704호에 대해 일본인은 560호에 달하고 소유한 가옥의 수 및 평수로 보면 조선인은 479호, 평수 1만 2635평, 일본인은 377호, 평수 6140평으로 되어 있다.

19일, 나는 가금면 누암리를 조사할 목적으로 청주에서 음성을 거쳐 충주로 갔는데 20여 년 전까지 있던 관찰부의 모습이 여전히 군청 청사에 남아 있었다. 조사한 누암리는 한강의 왼쪽에 접하여 풍광이 좋은 곳이다. 정씨가 이곳에 은거하였다는 것도 이를 생각하였기 때문이다. 정씨가 쇠락하면서 동시에 지금은 그 모습이 보이지 않는 빈촌(부락의 특별한 모습 제13)이 되었고 겨우 정상원鄭尙源씨(도판 제50)만 거주하고 있었다.

20일, 나는 충주에서 청주로 돌아와 21일 조치원을 거쳐 오후 충청남도 공주에 도착하여 도청에서 도지사 김관현金寬鉉씨, 내무부장 마츠모토 마코토松本誠, 경찰부장 세끼미즈 다케시關水武 등으로부터 도의 대략적인 상황을 들었다. 충청남도는 농업경영의 측면에서 보면 대지주가 많다. 그 결과 소작농이 50퍼센트를 차지하고 지방적으로는 남부에 자작농, 북부에 소작농이 많다. 또 양반이 많기에 계급적인 관념이 강하고 기독교 신자의 수도 다른 도에 비하여 적은 편이다. 특산은 서천군의 모시가 가장 유명하고 한산을 중심으로 생산되기에 한산모시가 알려져 있으며 부근의 부여, 보령, 청양의 3개 군과 함께 도내의 연 생산액은 70만원에 달한다. 그것은 주로 조선인의 외투용으로 입는 한복에 이용되는데 조선 전체 도를 통하여 90퍼센트가 충청남도에서 생산된다. 양반의 거주 부락으로는 논산군 노성면魯城面의 윤씨 혹은 연산군 연산 김씨를 들었는데 일정 관계상 공주읍내에서 교통편이 좋은 신상면新上面 유구리維鳩里를 조사하기로 하였다. 또, 최근 미신 관계상 여러 도에서 새롭게 이주한 사람이 많아, 보통 신도내新都內[10]라고 이야기되는 부락을 조사하기로 하였다.

22일, 나는 공주에서 북서쪽으로 4여 리에 있는 양반이 많이 거주하는 유구리(도판 제39, 제40, 제41, 제72, 부락의 특별한 모습 제11)를 조사하였는데 동행한 통역자 반潘씨의 이야기에 의하면 집의 구조는 물론 주민의 태도나 말까지도 경성으로 변해 있다고 말했다. 다만, 성은 단일하지 않기에 의견이 일치하지 않아 부락 활동이 생각만큼 되지 않는다고 한다. 이곳에서는 양반 한韓씨를 찾았는데 택지 안에는 수목과 화초가 심어져 있었고 어린 여아를 위한 가정교사가 있었으며, 모든 일이 구석구석까지 미치고 있는 것이 보였다.

13일, 공주에서 자동차로 논산으로 향하였는데 도중 노성면을 통과할 때 오른쪽으로 조선 재래의 민가와는 달리 집의 구조가 다른 한 집을 보았다. 나는 차에서 내려 그것을 보니 그것은 소학교 교장 아이시마相島씨의 가옥이었다. 그것은 재래의 조선 가옥과 일본 가옥

교장 아이노시마씨의 주택

10) 신도안. 이성계가 조선의 첫 도읍지로 정하기 위해 1년여의 궁궐 축조공사까지 진행된 곳이다.

을 절충하여 살기 좋게 지은 것이었다. 객실과 그 사이에는 다다미를 깔고 입구로 들어가면 바로 차 마시는 공간을 온돌로 하였고 욕조나 화장실은 그야말로 일본풍이다. 객실과 그 사이의 창은 조선 재래의 것보다 길고 넓기에 실내는 매우 밝다. 이것들은 일본인의 이주 가옥을 살피는 데 좋은 예이다. 그는 1911년에 조선으로 건너와 교편을 잡았는데, 이 집은 100원으로 논 안에 터를 만들고 700원으로 건축하였다. 단, 논 10두락을 소작하며 영주永住 생활을 하고 있다.

24일, 나는 기차로 논산역에서 두계역으로 나와 남서쪽 약 1여 리 반에 있는 신도안의 이주 부락에 도착하였는데, 부락에 가깝게 되자 밭 가운데에 간단한 민가가 여기저기 신축되어 있었다. 신도안에서 내가 조사한 부락은 논산군 두마면豆磨面 부남리夫南里(도판 제58, 제59, 제60, 제61, 제62, 제63, 부락의 특별한 모습 16)였으나, 60호에 가까운 이 새로운 부락이 1년도 지나지 않는 사이에 생겼다는 말을 듣고 놀랐다. 이것은 일종의 미신으로 멀리는 평안남북도에서 이주해 왔는데 가장 많게는 황해도로부터 왔다. 눈에다가 추위가 대단하여 장시간 조사를 할 수 없었는데, 조선인의 심리적 경향을 연구하기 위해서는 실제로 좋은 부락이다. 이곳에 가장 많은 신도를 가지고 있는 시천교侍天教 교주 김연국金演局씨의 저택(부락의 특별한 모습 제16)은 막 짓고 있었는데, 그야말로 귀족의 저택처럼 웅대했다. 두계역에서는 밤을 싼 많은 보자기나 가구를 쌓아 놓은 것을 보았는데 그것은 모두 이주민이 고향에서 가지고 온 것이다. 황해도청과 같이 적극 이주를 금하는 방침을 취하고 있는데도 이주자가 가구 자재나 식료품을 우선 보내 놓고 자신은 경성을 구경한다는 등의 이유로 고향을 빠져나오는 경우가 많다고 한다.

25일, 나는 이리에서 자동차로 전라북도 도청에 도착하였는데 도청의 사정상 바로 부락조사를 하기로 하고 전주에서 남서 약 4리 떨어져 있는 금구면金溝面 상신리上新里(도판 제32, 제33, 제36, 제37, 제38, 부락의 특별한 모습 제10)를 26, 27일 이틀에 걸쳐 조사했다. 상신리는 장張씨의 일족과 그 소작인의 부락이다. 장씨는 경제 · 사회적으로 상당히 우월한 지위에 있고 일족 중에는 자본가가 많으며 같은 성의 부락으로서는 도내에서 최고이다. 그 중심이 되는 장영국張榮國씨는 최근까지 거의 쇄촌주의鎖村主義를 취하여 일족들을 학교에도 보내지 않았는데 최근 일족 가운데에는 향학을 목표로 통학자도 점점 늘어나고 있었다. 나는 이 부락을 조사하면서 조선의 지방 생활을 이해하기 위해서는 우선 이런 부락을 그 연구 대상으로 할 필요가 있다고 생각했다.

28일, 나는 도청에서 박 참여관, 가타오카片岡 내무부장 등을 만났고 전라도는 남북을 통해 경제가 풍요하여 이전부터 삼남三南의 보고寶庫라고 이야기되었으며 이전에는 세금도 높게 매겨져 왔고, 전북에는 부호가 많았다. 특히 전주에는 대지주가 많기에 생활 정도가 높고 의식주 모두가 경성 다음일 정도이며 인지人智에도 교묘한 지혜가 있어 행정상 매우 성가신 소작문제의 해결 등도 곤란하다. 이 부근은 이른 바 전주全州 평야로 땅이 비옥하고 농업이 가장 발전되어 있다. 서북의 금산군錦山郡은 땅이 비옥한 것은 물론이고 경지와 농가 호수가 균형을 이루고 있어 노동력이 평균적이고 농가에 여유가 있다는 점에서 살펴볼 만하다. 또 농업상 일본인과의 접촉이 많은 곳은 김제군의 월촌면月村面, 익산군의 망성면望城面, 전주군의 조촌면助村面 등이라고 들었다. 야히로八尋 농무과장은 농업에 관해 여러 이야기를 하였는데, 리里를 단위로 하는 공동 작업 즉 농사農社에 관한 것이나 북조선의 농구는 중국풍이고 남조선의 것은 큐슈九州의 것과 비슷하다는 점 등의 이야기는 가장 흥미로웠다. 밤에는 도지사 이스미 쥬죠亥角仲藏(1878~1953-역자)씨와 조선인의 이동 경향에 관해 이야기했고 또 메이지 28년[11](통감부시대)부터 조선에 거주하며 한어연구법을 저술하였고 조선의 민족성에 관한 연구를 게을리 하지 않은 야쿠시지藥師寺씨와 이야기하면서 얻은 것이 많았다. 언어상 북조선과 남조선의 차이, 일본어와 비교하여 동사가 특히 적은 것은 단순성을 보여준다는 점, 시장은 경제상 수급기관일 뿐만 아니라 익히 가는 장소이고 오락 장소인 점, 또 군산에서 미국인이 경영하는 병원이 전주까지 알려져 있다는 점, 미국인이 기술에 우월할 뿐만 아니라 조선인의 마음을 잘 파악하는 재치가 있기 때문이라고 말했다. 야쿠시지씨와 저녁 식사를 하면서 나눈 조선에 관한 이야기는 다카오高尾新右衛門씨와 차 안에서 나눈 이야기와 함께 내가 여행하면서 얻은 조선관 중 가장 되새겨 볼 만한 것이었다.

11) 38년의 오기.

29일, 나는 기차로 이리에서 전남으로 갔는데, 차창을 통해서 각 부락 뒤로 푸른 대나무 숲이 왕성한 것을 보고 일본으로 돌아온 것 같은 기분이었다. 나는 전남으로 들어가 송정리역松汀里驛에서 내려 또 자동차로 도청소재지 광주로 향했다.

30일, 나는 전라남도청에 가서 내무부장 사사키 쇼타佐々木正太 외 여러 사람과 만나 전남의 대체적인 상황을 들었으나 서남 해안은 바다에 접하고 더욱이 섬이 많기에 겨울에도 기온이 높고 특히 무안, 해남, 진도의 3개 군은 경상남도의 통영군 및 울산, 동래의 2개 군의 해안 지방과 함께 따뜻하다. 또 남해의 제주도는 조선의 귤 특산지이다. 따라서 수확 후 보리나 채소 등을 심는 논 이작裏作은 경상남북도와 같이 많고 3개 도의 이작을 1단보(300평-역자)씩 나누는 것[이작반별裏作反別]이 전체 도의 70퍼센트 이상을 차지하고 있으며 한 집의 경영 단보는 전답 각 6반反(1800평-역자)으로 생계를 지탱할 수 있다. 공업도 경상남북도와 같이 왕성하고 직물은 면포가 많고 대나무를 재료로 하는 삿갓, 바구니, 빗 등도 전국으로 공급된다. 지주와 소작인 사이의 마름[舍音]은 이 도에 한정되지 않는데 다행히 그 자료를 얻었기에 아래(원문 : 왼쪽-역자)에 그 수가 많은 군을 소개한다. 도내의 마름 총수는 2천 127명으로 그 관리 면적은 3정보(9000평-역자) 이상의 것을 합치면 논은 2만 7천 508정보에 걸쳐 있다. 마름에 대한 지급은 다양한데, 보통 소작료의 백분의 1 내지 3의 현물을 지급하거나 소작지 중 좋은 토지를 무료 또는 낮은 비율의 소작료로 소작하도록 하거나 소작의 등겨[籾] 1석의 징수에 대해 돈 10전 내지 20전 혹은 월액 7원 내지 15원을 지급하고 게다가 연말 상여를 지급하든가 수당, 등겨 보관료, 상여 등으로 구분하여 지급한다. 마름의 폐해는 개인 사정으로 소작권을 이동하거나 공평성이 결여되기도 하고 지주의 의지와는 다른 과혹한 소작료를 징수하기도 하여 농업의 견실한 발달을 저해하는 일이 많기에 이렇게 소작지의 실권을 쥐고 있는 마름의 폐해를 고치는 계획이나 시설을 시도하고 있다.

**마름 수 군별 표** (1920년 말 현재)

| 해남군 | 무안군 | 나주군 | 실성군 | 장흥군 | 영암군 | 강진군 | 화순군 | 곡성군 | 광양군 | 장성군 | 광주군 |
|---|---|---|---|---|---|---|---|---|---|---|---|
| 332명 | 196명 | 196명 | 178명 | 138명 | 123명 | 118명 | 107명 | 100명 | 93명 | 88명 | 86명 |

이 도에서는 빗을 조선 전국에 공급하는 영암군 영암면 망호리望湖里를 조사하기로 하고 송정리로부터는 기차로 나주에 도착하였고, 다음에 자동차로 영암읍내에 도착하여 밤에 군청 직원으로부터 빗 제조에 관한 자료를 얻었다.

12월 1일, 영암읍내와 가까운 망호리(도판 제52, 제53, 제54, 제73, 부락의 특상 제14)를 조사하였는데 대나무 숲으로 각 집을 둘러싸고 택지 안에는 밭 밖에 대나무를 말릴 만한 약간의 빈터가 있다. 이에 종사하고 있는 이씨는 부락의 대부분을 차지하고 있는데 조상이 경기도 유학생이라고 하기에 이런 수공업을 하는 것에 대한 공개를 꺼려하는 풍조가 있다. 조사의 목적을 밝히고 얼마 안 있어 어느 일가를 조사할 수 있었는데 많은 도구를 능숙하게 사용하여 빠른 빗 제조 기술에 놀랐다. 그러나 최근 생긴 산업조합이 잘 발달하지 않으면 제작자가 오래 동안 공업 노동자를 벗어날 수 없을 것이다.

나는 다음에 자동차로 강진군에 가서 성成 군수로부터는 지방경찰의 상황을 듣고 읍내 부근을 산책하였는데 탐진강耽津江 입구의 남쪽에 가까운 형승지와 민가가 있는 곳에 번창한 대나무 숲의 모습은 12월인데 남국의 느낌이 들었다. 그 밤에 장흥읍내에서 1박을 하고 다음 2일에 고성면에서 병영의 옛터를 둘러보고 당시의 토산물로 유명한 견직물絹織物의 상황을 조사하고 영암읍내를 거쳐 나주에서 1박을 하였다.

12월 3일, 나는 경상북도에 가려고 기차로 나주에서 대전으로 나와 밤이 되었고 대구로 향하던 도중 김천역에서 승객이 많이 승차하여 기차 안이 입추의 여지가 없게 되었다. 이것은 김천시장을 보고 돌아가는 사람들로 이것으로써도 그 시장이 성황하다는 것을 추측할 수 있다. 이렇게 대구에 도착한 것은 늦은 밤이었다.

12월 4일, 나는 경상북도 도청에 들러 도지사 후지카와 토시사부로藤川利三郞, 내무부장 하타 히데사쿠秦秀作씨를 만났고 특히 지방과에서 조사할 만한 부락을 하회의 유씨로 알려져 있고 동성족이 집단 거주하는 안동군 풍남면豊南面 하회동으로 정하였다. 오후에는 대구에서 그렇게 떨어지지 않는 해안면解顔面의 동쪽 마을 즉 금호강琴湖江에 접해 있는 황무지를 새롭게 개간하여 형성된 일본인 농민의 이주 부락을 보았다. 1정보(300평-역자)를 자작 경영하는 하야카와早川씨로부터 채소· 사과 재배를 시도한 이야기와 함께 조선의 농업 노동자와 친해야 하고 사랑해야 하는 심정을 보았다. 금호강을 따른 충적지와 그 부근 가까이에 있는 대구는 채소의 큰 집산지로 농업의 발전과 함께 점점 발달하였는데 지세로 보아 동력을 구하기에 곤란하여 공업은 발달하기 어렵다.

다음 5일, 나는 대구로부터 자동차로 군위軍威, 의성義城을 거쳐 낙동강을 건너 안동읍내로 들어와 군청을 방문하니 풍남면 하회동을 조사할 필요가 있다는 점을 이야기하였다. 종래 도보가 아니면 갈 수 없었던 하회동에 최근 자동차로 가게 되었다는 것을 듣고 안동에서 바로 하회동으로 가기로 하였다. 대구에서 하회동까지 30여리의 육로를 하루에 답파할 수 있는 것은 그야말로 도로가 발달한 덕분이다. 나는 저녁 조용한 낙동강의 오른쪽 해안에 있는 하회동(도판 제42, 제43, 제44, 제45, 제46, 제47, 부락의 특상 제12)을 방문할 수 있었다. 반듯한 기와집이 많은 만큼 언뜻 유씨의 전통적 세력을 상상할 수 있었다. 밤에 면사무소의 온돌에서 만찬을 함께 하면서 면장 유씨를 비롯하여 직원이나 일본인 소학교장, 경찰관 등으로부터 이야기를 들으면서 순純 농촌과는 전혀 다른 상황을 확인하였다. 면장의 양자가 이제 겨우 11살로 놀라울 정도로 글재주가 있다는 것도 이러한 부락이라면 하고 수긍했다.

다음 6일, 나는 아침 일찍 부락을 전체적으로 둘러보고자 산책을 하였는데 사방이 산에 둘러싸여 있는 모습은 종래 조사한 여러 부락과는 전혀 달랐고 스스로 한 작은 천지天地의 느낌을 불러일으켰다. 이 동성족이 집단 거주하는 큰 부락을 하루에 조사하는 것은 아무리 해도 무리여서 아쉽지만 일정상 어떻게 할 수 없었다. 할 수 없이 대략적인 예정을 도청이나 군청의 사람들과 분담하였다. 우선 나는 유씨의 종가 유시만柳時萬씨를 방문하여 그 목적을 말하고 주택 도면에 관해 일본에서도 학술적 입장의 민가도집圖集에 대해 설명하고 그의 양해로 전부(도판 제44)를 그릴 수 있었던 것은 좋은 상황이었다. 그 다음 나는 낙동강의 앞쪽을 건너 부용대芙蓉坮로부터 하회동을 전체적으로 둘러보고 겸암정사謙庵精舍에서 잠깐 쉰 다음 유씨의 당시 생활이 가장 왕성하였을 때를 되돌아보는 감정에 빠져들었다. 오후에 유승우柳承佑씨의 저택을 방문하여 유성룡 선생이 남긴 책 및 유묵을 보았고 더욱이 부락 안에 있는 선생의 학문소를 보았다. 밤에 분담한 조사를 종합하여 이러한 고전적인 부락에도 시대의 그늘이 분명하게 비추고 있다는 것을 느꼈다(부락의 특상 제12).

도산서원

도산서원의 오른쪽에 박약재(博約齋), 그 왼쪽에 홍의재(弘毅齋)가 있다. 박약재 앞에는 광명당(光明堂)이 있다. 원규(院規)을 비롯하여 사물잠(四勿箴: 공자의 사물을 경계하는 말), 숙흥야매잠녹(夙興夜寐箴鹿)[12] · 왈동규(曰洞規) · 국기(國忌)[13] 등을 적어 걸어놓았고, 선생의 기일은 12월 초팔일이라고 써 있다. 도산서원은 온돌 1칸, 마루방 1칸이고 완락재(玩樂齋)나 암서헌(巖栖軒)의 편액이 있었다.

7일, 나는 하회동에서 자동차로 안동읍내로 나와 이퇴계 선생의 도산서원에 참배하였다. 낙동강의 흐름을 소나무 숲 사이에서 밑으로 내려다 볼 수 있는 남향의 서원의 위치는 실로 조용히 수양하기에 적합하다. 선생이 늘 거주한 도산서원에 들어서 그 아끼던 천체기나 베개, 책상을 보고 그 고풍을 우러

종이로 만든 천체기

12) 새벽에서 밤까지 가져야 할 마음가짐에 대한 훈계.
13) 임금이나 왕후의 제삿날.

러 보았는데, 광명당光明堂에 소장되어 있는 서적은 볼 수 없었다. 서원을 물러나 선생의 묘소가 있는 산록의 토계동土溪洞에 묵었다. 토계동은 이전부터 누에치기가 성행한 곳인 만큼이나 큰 누에의 천연목이 곳곳에 서 있다. 조선(원문 : 이조-역자)시대는 이곳에서 명주를 거두었다고 한다.

8일, 토계동에서 예안을 거쳐 안동으로 나왔는데 때마침 정기 시장이 열리고 있었기에 사방의 산촌에서 나온 여러 토산물을 볼 수 있었다. 나무 신발이나 숫돌을 만드는 방식이 특히 조잡한 것은 보통의 읍내보다 소박한 산촌에 가깝다는 점을 보여주고 있다. 안동으로부터는 의성, 군위를 거쳐 대구로 돌아와 다음 9일에 도청에서 도내의 북부와 남부의 차이를 들었다. 북부는 산지가 많기에 밭농사가 이루어지고 부업으로 융성한 누에고치는 특히 상주와 안동이 그 중심지이다. 또 마의 특산지는 북부의 영주榮州, 예천醴泉, 안동安東의 3개 군으로 특히 안동마가 유명하다. 남부는 북부에 비해 논농사가 많으나 부업은 성하지 않다. 축산 특히 소는 산지가 많은 북부에 성행하고 조선 전체 가운데에서도 소가 많고 시장도 이 때문에 활기를 띤다. 도내에서 대나무 숲이 많은 지역은 동해안의 영일군迎日郡과 그 서남의 청도군淸道郡으로 특히 영일군의 동남 해안의 장기면長鬐面에 많다.

9일 오후 나는 대구를 출발하여 신라의 고도로 유명한 경주에 도착했다. 지방사 연구가로서 이름이 있는 오사카(오사카 긴타로大坂金太郎-역자)[14] (경주-역자) 공립보통학교장의 안내로 고적보존회(경주고적보존회-역자)의 진열관을 둘러보았다. 밤에는 그로부터 경주의 주민이 경주 지방의 사적에 대해 강한 자각심을 가지고 있다는 점과 이를 기회로 경주 사람들에게 지방 생활의 학술적 연구를 권장하고 싶다는 것 등을 이야기했다. 경주에 한정하지 않고 동경이나 경성에 유학하여 고향으로 돌아와 비교적 한가한 세월을 보내는 청년에게 경주 지방의 연구를 하게 함으로써 지방 개량의 자각을 촉진하는 것은 가장 필요한 일로 특히 경주와 같이 그것을 선구로 하는 것이 좋다고 생각한다. 오사카씨의 안내로 부인을 위해 열리는 야학교를 엿보았는데 그 가운데에는 아이를 업고 학습하고 있는 것을 보고

14) 오사카(大坂)의 오기로, 경주고적보존회에서 활동을 하고 있던 오사카 긴타로(大坂金太郞)이다. 최석영, 『한국 박물관 역사 100년』, 민속원, 2008 참조.

강한 향학심의 싹을 느꼈다.

10일, 아침 일찍 경주에서 기차로 불국사에 왔다. 우선 불국사의 대웅전에 참배한 다음, 험한 산길을 타고 토함산의 석굴암에 도착하여 석가 불상에 참배하였는데 그 주위의 석벽에 새겨진 관세음, 보살상 등을 보았을 때 신성한 느낌이 들었다. 나는 이 암자가 멀리 일본해를 내려다 볼 수 있는 형승지에 세워져 있는 것을 의미가 깊은 것처럼 생각되었고 특히 이곳에서 전망할 수 있는 계곡이 일본 해안으로의 중요한 통로라는 것을 오사카씨로부터 들었기 때문에 멀리 옥색 빛을 띠는 일본해를 보며 고대의 한일교통의 상황 등을 상상하였다. 이날 오후 오사카씨의 안내를 받고 경주읍내 부근의 사적 계림, 월성, 첨성대, 분황사를 비롯하여 읍내 남쪽의 고분군이나 여러 왕릉 등을 보았다. 이러한 사적이 풍부한 경주는 조선을 연구하고 더욱이 관광하는 사람이 가장 우선 볼 만한 곳으로 특히 일본으로부터 처음 조선에 들어오는 사람은 부산에서 곧바로 경성으로 가지 말고 우선 경주를 둘러보는 코스를 잡을 것을 권장하고 싶다.

마산 부근의 계단식 논

11일, 나는 경주에서 울산을 지나 이날은 동래 온천에서 1박을 하고 여독을 풀 수 있었다. 다음 12일에는 동래에서 마산으로 나와 부산부터는 기차로 삼랑진을 거쳐 더 나아가 마산선으로 마산부에 도착했다. 마산은 조선 전체에서도 가장 기후가 좋은 곳인 만큼 일본으로부터의 이주자도 거의 영주할 계획으로 건너오기에 주거 가옥의 건축도 북조선의 여러 지방의 그것과 비교하면 그야말로 영구적으로 지어져 있다. 마산부의 학무과 직원으로 장기간 강원도 춘천에 살았던 사람은 마산과 춘천의 일본인의 주거 양상을 비교하여 한 가지는 가구, 가정 집기에서도 영주의 기분을 엿볼 수 있지만 또 한 가지는 그와 전혀 반대라고 말하고 있다.

12일, 나는 마산에서 자동차로 함안을 거쳐 진주로 갔는데 도중 산록의 좁은 곳까지 계단식 논이 많은 것을 보고 그야말로 일본의 산요山陽 쪽을 여행하는 것과 같은 기분이 들었다. 진주에서는 임진왜란(원문 : 문록의 역-역자) 당시의 사적을 둘러보고 진주읍내 남강南江에 접한 형승지에 세워진 촉석루矗石樓에 올라서는 아무리 생각해도 「영남 제일의 형승」이라는 생각을 했다.

13일, 나는 경상남도 도청에 도착하여 지방과장, 농무과장 등을 만나 경상남도 가운데 거창居昌, 함양咸陽, 합천陜川, 산청山淸 등 4개 군은 비교적 개발되지 않았으나 그 외는 토지 이용이 매우 발전되어 있고 조선이라고 생각할 수 없을 정도로 논의 이모작 등도 잘 이루어져 경상남북도의 논 이모작 면적은 전국의 약 60퍼센트를 차지하고 있다고 들었다. 동양척식주식회사의 이민도 많고 이로움과 폐단도 있는데 김해군 김해면 남역리南驛里의 이민과 같이 가장 좋은 영향을 조선 농민에게 끼쳐 농사 경영이 거의 일본인과 다르지 않을 정도로 발전하고 있다. 일본인의 농업경영에서 가장 성공시킨 것은 과수이다. 특히 김해의 배와 삼랑진三浪津의 사과는 유명하다. 또 경상남도는 조선 전국에서 수산업이 가장 성행한 곳으로 일본인 어민의 영향을 받아 어선, 어구 등에서 눈에 띄게 개량이 이루어지고 있다. 일본과 가까운 관계로 유학생과 노동자가 일본으로 가장 많이 오기도 한다. 나는 경상남도에서는 어촌 부락을 조사하기로 하고 남해에 가까운 통영군에 가서 그 지점을 정하기로 하였다.

통영항

구 세병관

14일, 나는 진주에서 사천泗川, 고성固城을 거쳐 통영에 도착하여 군청을 찾았다. 북으로 산을 배경으로 하고 남으로는 바다를 앞에 두고 있는 이 항구는 항운상, 어업상 중요할 뿐만 아니라 해방상海防上 중요한 지점을 차지하고 있다. 오늘날 사립보통학교 건물로 이용되고 있는 세병관洗兵館은 대한제국(원문 : 한국시대-역자) 시기의 병사 건물이었다. 왜적이나 임진왜란(원문 : 문록文祿의 역役-역자)에 관해 전해오는 말이 많고 곤산면困山面의 문어만問語灣과 같이 그물을 치면 수십 년 전까지는 인골이나 연초나 다완 등이 올라왔다고 한다. 또 해남의 오래된 섬 매물도每勿島는 60여 년 전까지는 무인도였는데, 처음 개간에 착수하였을 때 일본인이 가지고 있었을 것 같은 젓가락이나 담배 관이나 낚시바늘 등이 나왔다고 한다. 나는 경상남도에서는 거제도의 거제면 죽림포를 조사하기로 하였다.

15일, 나는 통영에서 배로 등대가 있는 방화도放火島를 북으로 바라보고 한산도의 북쪽을 지나 거제만으로 들어가 거제면 면사무소가 있는 곳에서 남쪽으로 수 천 미터 떨어진 죽림포竹林浦(도판 제55, 제56, 제57, 부락의 특상 제15)에 도착하여 오후에 조사를 하였다. 부락의 배치, 주거 가옥의 구조 등이 모두 농촌과 다르지 않으나 어촌에서 사용하는 배나 도구 등이 모두 일본식이 되어 있는 것은 그 이점이 농촌보다도 어업에 직접 영향을 끼쳤기 때문이다. 밤에는 면사무소가 있는 곳에서 숙박하였는데 아침도 저녁도 어민이 길에서 어죽을 끓이고 있는 모습은 일본과 다르지 않다. 16일, 거제면에서 통영으로 돌아와 충렬사忠烈祠에 참배하였는데 큰 참죽나무의 가로수가 충렬사 앞에 서 있는 것은 진기하였다.

17일, 나는 통영에서 진주로 나와 진주에서 마산으로 가서 다음 날 마산에서 경성으로 돌아왔다. 나는 9월 7일부터 12월 19일까지 전후 74일 동안 지금까지 서술한 대로 여러 도의 개관과 부락에 대한 사전 관찰을 시도하였다. 그간 수집한 주거 가옥의 평면도 및 사진을 12월 23일, 24일 이틀간 조선총독부 제2 회의실에서 진열하여 지방 생활 연구의 자료로 제공하였다.

## 제3절 부락 조사의 계획

1920년도와 같이 1921년도에 나는 앞 절에서 언급한 바와 같이 여러 도의 부락을 조사하였고 1922년에는 9월부터 10월까지 1개월 동안 부락 경제의 수급의 역할을 하는 시장에 대해 조사했다. 그 보고는 예찰보고 제2책으로 1923년에 공표할 예정이다.

1923년부터는 5개년을 제1기로 하고 경비가 허용되는 범주 내에서 일반조사와 특별조사를 하고자 한다. 즉 일반조사에서는 전국 도에 걸쳐 지세 · 기후 · 산업 등의 측면에서 표지적標式的 지역의 부락과, 역사상 · 사회상 특수한 의미가 있는 부락을 대상으로 각 도청과 협력 조사하여 부락생활의 기초 · 빈부 및 문화 정도와 존립의 경향과 함께 부락구성의 요소가 되는 농민의 생활상태를 밝히고자 한다. 또 특별조사에서는 각 전문가에게 위촉하여 조선의 지방생활의 유래를 밝힐 만한 사회제도, 경제조직, 토속, 민가, 보건, 촌락 공업 등 그 외에 대해 조사를 하고자 한다. 서로 의존하고 돕는 쪽으로 걸어가야 할 조선에 대해 우리들은 항상 따뜻한 통찰을 해야 하며 도청이나 군청이 있는 이른 바 읍내의 도회都會 생활자만으로 조선을 아는 것이 아니라 다수의 전원田園 생활자를 통해 그 실상을 고찰하는 것이 가장 필요하다. 전원 생활자의 수가 많을 뿐만 아니라 그 생활 가운데 민속을 가지고 있기에 그것을 구명하는 것은 도회 생활자가 힘이 있는 배경을 이해하는 이유이기 때문이다.

# 제2장
# 부락의 고찰

## 제1절 부락의 개요

조선에서는 주민의 일부는 이른 바 읍내라 하는 도회지에 정착해 살고 있지만, 대부분은 촌락에 정착 · 거주하고 있는 농민이다. 이에 조선 부락의 양상은 이들 농민의 생활현상을 귀납함으로써 그것을 밝힐 수 있다. 그러나 이렇게 정착 거주하는 보통 농민 외에 산에는 여기저기 옮겨 다니면서 계속 생활하고 있는 화전민이 있다. 나는 정주 부락의 개요를 서술하기 전에 비교 연구를 위해 화전민의 생활을 잠깐 들여다 보고자 한다.

조선 전체에 분포하는 화전민의 호구 및 그 부락 수를 명기하고 있는 자료는 가지고 있지 않다. 그러나 화전의 총 면적이 14만 4천여 정보(1,400여 제곱킬로미터-역자)라는 점에 비추어 보아도 그 농작에 종사하고 있는 호수 및 그 부락 수가 적지 않다는 것은 상정할 수 있다. 이러한 화전민이 경작할 만한 수목이 많은 땅에 불을 붙일 때에는 우선 면에 허가서를 제출하면 경찰관이 현장에 와서 검토한 후 화재 예방의 조건 하에서 허가를 해준다. 그러나 벽지에서는 그것을 어기는 자가 많기에 임야의 황폐가 많다. 화전민은 고향 사람도 있지만 지역에 따라서는 다른 도나 군에서 이주해 온 사람도 적지 않다. 같은 지역에 정착 거주하면서 보통 농민과 같이 부업을 하는 사람도 있는데 그것은 매우 소수이고 대다수는 2, 3년인가 4, 5년이 지나면 다른 곳으로 옮겨가는 사람이 많다. 특히 심한 것은 봄에 와서 가을에 떠나는 사람도 있다. 식량은 1년 동안 어느 계절의 경우는 스스로 지은 농작물로 버티는데 그 외 풀뿌리, 나무 열매, 나무껍질 등으로 식량을 보충하는 일이 적지 않다. 화전은 일단 경작하면 4, 5년 이상을 경작지로 할 수 없기에 어느 도에서든 현재 화전으로 사용하는 땅 면적 외에 3년 이상을 휴경하고 있는 면적이 상당히 넓다(조선총독부 임사臨事토지조사국, 「서북조선지방의 화전에 관한 조사」, 1916).

화전민은 이같이 이동할 뿐만 아니라 생활 정도가 매우 낮기에 거주 가옥도 보통의 농가보다 한층 단순하고, 가구와 농구 등도 매우 간단하기에 그 가운데에는 한 두 개의 식기를 가족 여러 명이 함께 사용한다. 호미를 끄는 소도 두 마리를 소유하는 집은 약 반수이고 다른 집은 한 마리 아니면 전혀 가지고 있지 않다. 그래서 경작할 때에는 서로 공동으로 사용하거나 자기의 노동력과 교환하여 그것을 빌리는 경우가 다반사이다. 심한 경우 호미, 가래 등도 없다. 그러나 밥을 지을 솥은 꼭 가지고 있으며 옮겨 갈 때에도 그것은 중요하게 등에 지고 간다. 화전에는 부덱이[15](화덕火德), 화전, 산전山田 등 3종류가 있다. 부덱이는 산악지방의 원생림에서 처음으로 하는 것을 말하고, 화전은 최초 1년 동안 이루어진 부덱기에 대해 2년 이후 4, 5년 동안 계속하는 상태를 말하며 산전은 보통 화전에 대해 특히 경사가 심한 곳에서 하는 것을 가리키며 그 경작 상태는 보통 화전민보다도 거칠다(고이즈小泉 기사技師, 「화전민생활에 관한 조사」).

이렇게 옮겨 다니는 부락에서는 생활상태가 모두 일시적이지만, 농민의 정주부락에는 주민들이 영주를 목적으로 하고 있다. 즉 동이나 리에서는 1년에 한 번 부락 부근의 전설이 있는 산이나 형승이 좋은 곳의 산신 혹은 부락의 고목, 진기한 돌, 북서쪽 하늘[유천幽泉[16]]의 마을 신에게 제사를 지낸다. 복지를 기원하고 재난災難·역병疫病을 피할 수 있도록 기원을 하며 제사를 지낼 때에는 무녀에게 부탁하는 일이 많다. 충주의 누암리樓岩里에서는 마을 구석의 길옆의 작은 사당을 부락의 자녀 기복을 위해서 세운 것을 보았다. 묘지에 대해서는 일종의 미신이 있고 부락에서 1리나 2리 떨어진 땅의 모양이 가운家運의 융성을 가져온다고 하여 그곳에 매장하는 풍습이 지금도 있다. 지난 해 공동묘지 제도에 대해 불쾌한

15) 원문에는 부테기(ブテキ)라고 표기하였다. 아마도 현지에서 들은 음대로 표기한 것으로 생각된다.
16) 유천(幽天)의 오기. 유천은 북서쪽 하늘.

산 위의 동신(유구리)

기복 신당

신당의 제신

감정을 표출한 것도 이 때문이다.

그러나 어느 부락이든 그 경제적 · 사회적 존립은 주로 계契의 성립과 그 운용에 의한 경우가 많다. 이 계에는 약속을 어기지 말고 생활을 위해 서로 노동하며 서로 모여 제사나 잔치를 함께 한다는 의미가 담겨있고 두 사람 이상이 계원이 되어 곗돈(또는 곡식)을 갹출하여 그 출자나 이자로 그 목적을 달성하도록 되어 있다(무라카미村上씨 「계의 연구」에 의함).

| 계 | 내용 |
|---|---|
| 동계 | 동리민의 협의로 동민이 필히 계원이 된다 |
| 농(農)계<br>몽리(蒙利)계<br>쇠[牛]계 | 임의적으로 유지가 서로 협력 화합하여 주로 농촌에서 이루어진다.<br>농구의 구입 및 수리 |
| 송(松)계<br>초리(草鞋)계<br>계란계<br>저곡(貯穀)계<br>저금계<br>식산계 | 임의적으로 유지가 서로 협력 화합한다. 농사, 부업의 장려 및 공동 저축, 이식 |
| 양계<br>사문(師門)계<br>사은계 | 임의적으로 유지가 서로 협력 화합한다. 과부를 구제하거나 선생의 은혜에 보답 |

| | |
|---|---|
| 유신(有信)계<br>시(詩)계<br>향약계 | 임의적으로 유지가 서로 협력 화합한다. 동호자의 친목 |
| 종계(宗契) | 일종일문(一宗一門)의 사람이 협력한다. 혈족적 상호 협력 화합의 깊고 두터움 |
| 장계(葬契)<br>혼계(婚契) | 간친(懇親)의 사람들이 서로 협력 화합한다. 일시적 다액의 지출을 용이하게 한다 |
| 이중계(里中契) | 동리민이 모두 계원이 된다. 금전의 융통을 도모한다 |
| 산통계(算筒契) | 유지가 임의적으로 서로 협력 화합한다. 부첨(富籤)[17]과 비슷하다 |
| 농사(農社) | 동리민이 서로 협력 화합한다. 남조선에 많고 단오 그 외 명절에 한다 |
| 장춘계(長春契) | 청년이 서로 협력 화합한다. 청년 동지가 함께 즐긴다 |
| 학계(學契) | 유지가 서로 협력 화합한다. 서당의 경비를 공급한다 |

이러한 계의 발생은 부락의 경제 · 사회적 존립의 필연적 요구에서 나온 것이다. 오늘날 그 정신이 작용하고 있는 부락은 그렇지 않은 부락에 비해 크게 앞서 있다는 점은 실질 조사에서도 주목한 곳이다. 이상 여러 계 가운데 혼장婚葬은 가장 중요한 의례로서 그 비용도 액수가 크며 그 종류도 많다. 식산계는 각지의 특산물에 따라 종류가 다르다. 단, 부락에는 농업노동을 공동으로 할 목적으로 하나의 동리 또는 여러 동리가 합쳐 하나의 조합을 만들어 농번기의 이앙, 피 뽑기[발패拔稗], 제초 등 논밭을 갈고 김을 매는 노동을 서로 돕는 조직이 있다. 이를 농사農社 또는 농기農旗라고 하는데, 이것은 남조선에 많다. 북조선에도 함경남도와 같이 품도리(수고의 교환이라는 의미)라 하는 노동의 상호 협조가 이루어진다.

부락의 근교에서 봄에 이루어지는 공동경작이나 가을 수확기에 벼를 찧어 쌀로 만드는 정미구精米臼에서 큰 독 절구를 돌리면서 곡물을 정백精白하는 모습은 조선의 풍요로운 시골 정경의 특색이다.

17) 경품을 나누어주는 표.

| 1 |
|---|
| 2 |
| 3 |

1. 공동경작
2. 비료(인분과 짚을 섞었다)
3. 정미구

1. 시장(이천 읍내)
2. 우시장(유구리)
3. 부락에서 시장으로 가는 길(갈둔리)
4. 시장에서 부락으로 가는 길(인두동)

부락의 생활은 이렇게 운영되는데 생활에 필요한 물자의 수급은 대체로 부근 시장에서 이루어진다. 즉 시장은 생활의 필수품인 근처 지방의 물산을 비롯하여 수공업자나 소상인이 가지고 나온 물품의 교역이 이루어지는 곳이다. 1일과 6일, 2일과 7일, 3일과 8일, 4일과 9일, 5일 10일로 5일 간격으로 읍내를 비롯하여 근처 교통의 중심이 될 수 있는 부락에서 시장이 열린다. 이러한 지방에서 열리는 시장은 경시京市에 대하여 이른 바 향시鄕市라 하여 물자 매매 외에 금전의 대차도 이루어진다. 조선 전체를 통해 시장 수가 1천을 넘는다는 말을 들었다. 우리들은 그것을 통해 일본에 비해 조선의 경제적 발달에 현저한 차이가 있다는 것을 인정하지 않을 수 없다.

부락에서 농민의 생활은 거주 가옥(부락의 특상 가운데 거주 가옥 평면도 및 거주 가옥 사진 참조)이라는 관점에서도 고찰할 필요가 있다. 소농에서는 온돌 한 칸에 붙어 있는 부엌이 있는

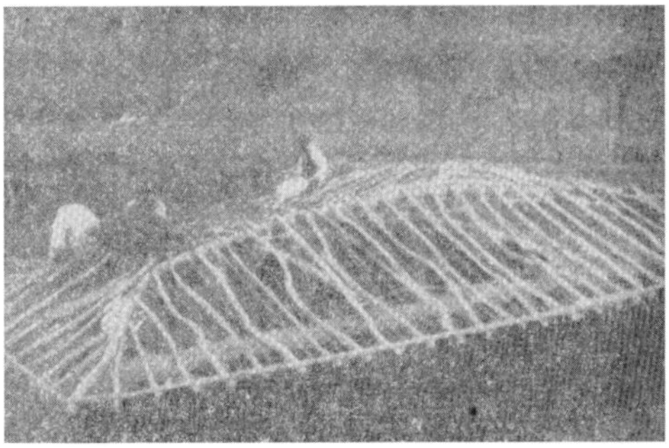

| 1 | 2 |
| --- | --- |
| 3 | |

1. 주택짓기(소농) 2. 사랑방(중농)
3. 담장(벼, 보리줄기)

것에 불과하다. 부엌에서 취사하면 연기가 마루 밑 통로를 거쳐 나가 그 불기운으로 집 안이 따뜻하게 되도록 되어 있다. 추위가 심한 조선에서는 방한 시설이 필요한데 거기에 필요한 많은 연료가 무거운 부담이다. 중농에는 한 칸의 온돌이 두 칸(윗방과 아랫방)으로 되고 특히 리離라고도 말할 만한 건넛방이 있으며 부엌의 솥의 수도 거기에 따라 늘어간다. 부인은 대체로 손님을 접대하지 않기에 주인이 손님을 대접하는 방은 문에서 가까운 곳에 별도로 만든 온돌 사랑방(손님방)이 있다. 손님방 입구는 대문짝[扉]식의 창으로 출입하게 되어 있는데 창이 작기에 방 안이 어두워 그것은 일본의 주거에 비하면 매우 폐쇄적이다. 이 방과 가까운 곳에 농작물을 정돈하는 데 사용되는 마당을 동쪽 아니면 남쪽으로 나란히 두고 거기에 작은 닭장이나 돼지우리 등이 있다. 아랫사람이나 소나 말을 들이는 별도의 공간을 가진 집도 있다. 농작물을 들여놓는 곳간이 없는 것은 매우 건조한 기후가 그 주된 원인이 아닐까. 집 안에는 부엌에서 가까운 곳에 간장이나 된장을 저장해 두는 독을 나란히 놓은 장독대가 있고 또 몇 평인가의 채소밭이 있는 것이 통상적인데 꽃을 그렇게 많이 심지 않

1. 부뚜막(소농) 2. 부뚜막(지주)
3. 우물

은 것은 아쉽다. 집 주변 담의 경우 강원도의 산촌에서는 소나무 가지를, 함경남도에서는 벼, 보리 등의 줄기를, 전라남도에서는 대나무 숲을 해 놓은 것을 보았다. 다른 곳에서는 대체로 담이 나무나 흙이며 입구의 대문도 크게 대문짝을 사용하고 있어 닫혀있는 느낌이 든다. 북조선 특히 함경도의 민가가 이른 바 겹집[兩通](도판 제11 제15)으로 다른 것과 차이가 나는 점은 민족적인 관계 때문인데, 최근 일본 민가와 같은 계통이라고 논하는 사람도 있다. 단지 집안 구조의 차이만이 아니라 택지도 그것을 남조선 지방과 비교하면 대체로 넓은 것은 가족이 적고 토지가 넓기 때문일 것이다.

남북을 통해 집의 구조가 대체로 낮고 작을 뿐만 아니라 가구家具의 종류 및 수도 적고 방의 안과 밖으로 장식이라고 말할 만한 것은 없다고 해도 좋다. 긴 기간의 악정이나 생활 그 자체의 간단함 때문이기도 할 것이다. 거주 가옥뿐만 아니라 의복도 적고 음식물 등도 일반적으로 거칠다(부락의 특상 제9 의식주).

부락에서 거주 가옥의 배치는 일본의 그것보다도 불규칙적이고 하나의 줄기에서 많은 가지가 나오고 있는 것과 같이 나누어지는 길 양측에서 구석까지 거주 가옥이 나란히 있는 느낌이 있다. 특히 동성족의 집단 부락은 밀집하는 정주의 특색을 보인다. 경기도에서 조사한 결과에 의하면 20개 군 가운데 수십 호 이상 동성족의 집단 부락 수는 726개이다. 그 대부분 동성족이 부락 총 호수의 5할 이상을 차지하고 그 가운데 120호도 집단적으로 거주하고 있다. 이런 곳은 종가의 집이 부락의 중심을 이루고 부락의 토지 소유권도 한 두 사람에게 있는 곳이 많다. 이런 부락은 전통적인 보수 사상에 의한 느낌도 있는데 역사적으로 자치적 통제가 가능하고 제사, 노동, 오락 등 모든 것이 공동으로 이루어지며 조선에서는 사교성이 적은 부인의 교제도 원만하고 각종의 계도 운영되고 있다. 나는 경상북도의 하회동과 전라북도의 상신리上新里를 적당한 이런 사례로 보았는데 거주 가옥의 배치 상태는 도판 제71에 보여주고 있듯이 이런 부락의 거주 가옥의 구조는 순純농촌에 비해 규모가 큰 것이 많다.

부락을 거쳐 부락을 답사하면 대체로 그 집단이 일본의 촌락에 비해 적은 것은 인구가 희박한 데도 원인이 있겠지만, 경제적 발달이 충실하지 않은 때문일 것이다. 그러나 동성족의 부락은 상당히 큰 집단을 이루고 있다. 어떠한 부락이라도 가는 곳마다 우물 주위에 일본의 그것에 비해 평탄한 돌을 깔라 놓은 것이 많은 것은 사계절 사용하는 흰옷의 세탁에 부인이 얼마만큼 연중 많은 시간과 노동력을 소비하고 있는가를 보여 준다.

## 제2절 부락의 특성상

예찰한 16개 부락은 경제 · 사회생활상 각각 특색이 있다. 그 가운데 순純농촌이라고 보아야 하는 것은 신둔면新屯面 장동리長洞里, 서하면西下面 금산리錦山里, 주북면州北面 부민리富民里, 심천면深川面 인두동仁豆洞, 신안주면新安州面 운학리雲鶴里, 석동면席洞面 연근리蓮根里 6개 부락으로 그것을 농업 경영의 측면에서 보면 비교적 단순한 곳과 지주와 소작인의 대립이 선명한 곳이 있다. 또 동성족이 집단적으로 살고 있는 부락으로서는 중서면中西面 여릉리麗陵里, 금구면金溝面 상신리上新里, 풍남면豊南面 하회동河回洞, 가금면可金面 누암리樓岩里 4개 부락으로 상신리와 하회동에는 특히 그 종가의 계급적 색채가 농후하게 나타나고 있다. 신상면 유학리維鶴里는 성이 다양한 것이 부락 행정에 영향을 미치고 백사면栢沙面 도립리道立里에서는 유생의 유풍으로 그 기풍을 엿볼 수 있다. 영암면靈巖面 망호리望湖里와 거제면巨濟面 죽림포竹林浦는 그 특산물들이 그 생활에 영향을 끼치며 운전면雲田面 궁서리宮西里는 특수한 보호가 없어져 쇠퇴하고 두마면豆磨面 부남리夫南里는 그것과는 반대로 어느 사정이 있어 전혀 새롭게 계속 형성되고 있는 부락이다. 따라서 각 부락에서 얻은 조사자료는 그 조사 일시의 장단점이 서로 작용하여 치밀하고 조악하며 상세하고 생략하는 것이 일률적이지 않지만, 부락의 형상과 주민 생활을 고찰하기 위해 부락의 그림과 거주 가옥의 평면도는 모든 부락에서도 그것을 수집하려고 노력하였다. 사진과 같은 것도 부락의 특상을 고찰할 목적으로 빠뜨리지 않고 촬영하였다. 독자는 본문을 읽을 때 각 부락 부근 지형도와 부락도, 거주 가옥의 평면도와 사진을 하나하나 대조하기를 바란다. 나는 이러한 여러 부락의 특상을 언급하기 전에 부락이 있는 면의 경지, 영농 상태 및 납세율 등을 비교하여 각 부락의 환경을 밝히고자 한다.

(1920년 말 현재)

| 면의 이름 | 면적(方里) | 인구(명) | | 경지면적(%) | | 영농상태(%) | | | | 직접세(1인당 부담/원) |
|---|---|---|---|---|---|---|---|---|---|---|
| | | 일본인 | 조선인 | 전(田) | 답(畓) | 지주 | 자작 | 자작 겸 소작 | 소작 | |
| 경기도 이천군 신둔면 | 2,364 | - | 4,541 | 45.5 | 54.5 | 3.4 | 6.3 | 31.1 | 59.2 | 7.13 |
| 경기도 이천군 백사면 | 2.099 | - | 5,182 | 37.0 | 63.0 | 9.9 | 5.1 | 29.3 | 55.7 | 4.98 |
| 강원도 춘천군 서하면 | 6,002 | 1,040 | 3,693 | 79.2 | 20.8 | 3.0 | 5.1 | 54.3 | 37.6 | 6.64 |
| 함경도 함흥면 운전면 | 3,516 | 3 | 1,582 | 84.0 | 16.0 | 1.8 | 10.3 | 28.5 | 59.4 | 6.70 |
| 함경도 함흥군 주북면 | 3,366 | 2 | 1,124 | 59.9 | 40.1 | 4.5 | 6.5 | 44.9 | 44.1 | 7.10 |
| 평안북도 선천군 심천면 | 5,548 | 15 | 8,316 | 69.0 | 31.0 | 6.2 | 10 | 11.2 | 72.6 | 6.46 |
| 평안남도 안주군 신안주면 | 4,378 | 1,677 | 9,758 | 43.7 | 56.3 | 2.1 | 7 | 33.4 | 67.5 | 11.70 |
| 황해도 해주군 석동면 | 4,320 | 6 | 4,641 | 56.6 | 43.4 | 1.7 | 19.7 | 5.9 | 72.6 | 18.16 |
| 경기도 개성군 중서면 | 4,127 | 103 | 6,316 | 74.3 | 25.7 | 2.2 | 9.7 | 38.6 | 49.5 | 11.81 |

| 전라북도 김제군 금구면 | 2,644 | 16 | 1,502 | 25.6 | 74.4 | 1.4 | 11.4 | 34.8 | 52.4 | 16.70 |
|---|---|---|---|---|---|---|---|---|---|---|
| 충청남도 공주군 신상면 | 4,510 | 25 | 7,962 | 48.7 | 51.3 | 5.1 | 4 | 31.9 | 59 | 11.05 |
| 경상북도 안동군 풍남면 | 5,011 | 14 | 7,694 | 69.0 | 31.0 | 2.5 | 19.5 | 47.3 | 3.6 | 10 |
| 충청북도 충주군 가금면 | 3,197 | 8 | 5,367 | 57.3 | 42.7 | 2.7 | 5.8 | 7.8 | 83.7 | 11.96 |
| 전라남도 영암군 영암면 | 3,485 | 242 | 8,381 | 24.4 | 75.6 | 4.9 | 12.5 | 51.9 | 30.7 | 13.30 |
| 충청남도 논산군 두마면 | 3,512 | 40 | 6,932 | 34.5 | 65.5 | 2.3 | 4.9 | 20.1 | 71.7 | 12.21 |
| 경상남도 통영군 거제면 | 3,113 | 125 | 6,007 | 69.7 | 30.3 | 0.3 | 3.3 | 61.6 | 34.8 | 11.80 |

### 1. 경기도 이천군 신둔면 장동리長洞里

장동리는 내가 처음 조사한 지역으로 천덕봉天德峰의 남쪽 산록에 드문드문 있는 산촌이다. 남쪽으로 한천漢川 유역을 밑으로 내려다 볼 수 있는 매우 뛰어난 형승지(도판 제1)가 있다. 본래 남천군南川郡 읍내 터로 논밭 사이에는 많은 기와나 도기 파편이 쌓여 있고 가깝게 오래된 우물이라고 생각되는 노파정老婆井이라는 것이 있다. 장동리는 상촌上村(동촌, 서촌)과 중촌中村과 하남촌下南村 3개 부락으로 이루어져 있다. 서촌은 마을 가운데 가장 오래된 부락이다. 그 땅 모양이 북서로 산을 등지고 남동 두 방향으로 펼쳐져 있으며 처음 마을을 열어 시작한 운이 있다고 하는 곳으로 본래 남천군 읍내에서 옮겨 왔다고 하는 곳이다. 수십 대 이전에 이곳으로 거주를 점친 오吳씨는 본래 황해도 해주 출신이다. 그 직계의 재산은 풍요롭지 않았지만 한학의 소양도 있어 주민들로부터 존경을 받았고 그 일족은 상촌과 중촌을 합쳐 37호 가운데 11호를 차지하고 있다.

이 부락은 조용한 산촌(도판 제2)으로 그 배후를 둘러싸고 있는 산지는 그 수풀 모양이 매우 엉성하여 때로 사막이라는 느낌을 불러일으킨다. 토지의 개간 및 토지의 변환은 수십 년 이래 거의 변화가 없을 뿐만 아니라 임야 전답의 소유권도 다른 부락으로부터 침범당하는 일 없이 경작에 필요한 노동력 또한 자급적이다. 이것을 영농 상태에서 보면 자작, 자작 겸 소작 및 소작의 수가 대개 같고 1호보다 없는 지주도 논 5정과 밭 3정을 소유하는데 지나지 않는다. 그러나 소가 2호에 한 마리 꼴이다. 순 농촌인 다른 마을에 비해 그 수가 많은 편이다. 그 이유는 이곳이 주로 겨울의 농한기에 마른풀이나 땔나무의 매출을 부업으로 하는 산촌이기 때문이다. 주민은 모두 농업에 종사하고 있고 다른 부업을 하는 사람은 없으며 철제 기구의 수선을 업으로 하는 단야직鍛冶職조차 1년 동안 어느 때에 멀리 북방의 산을 넘어 다른 부락에서 들어올 정도이다. 농가는 모두 쌀, 콩, 붉은 팥, 쌀보리[나맥裸麥], 보리, 밀, 밤 등을 심는다. 단, 특용작물에는 작은 규모의 재래면綿, 참깨, 들깨 등을 재배하고 무, 배추, 고구마, 감자, 참외 등의 채소 재배는 자가 충족을 하는 데 지나지 않는다. 이렇게 자족 자급의 간단한 생활을 계속 영위하면서 잉여 농작물 및 임산물을 약 2리 떨어져 있는 이천 읍내 시장으로 가지고 나가 팔아서 그 필수품이 되는 직물, 어류 및 소금을 구입한다. 시장으로 파는 물품은 농작물로서는 콩, 밀 , 팥, 임산물로서는 마른풀 및 땔나무이다. 이 부락의 생활이 이렇게 간단할 뿐만 아니라 그 문화 정도도 매우 낮고 한학에 능통한 사람이 적으며 신문 및 잡지를 강독하는 사람은 한 사람도 없다. 일본어를 읽을 수 있는 사람은 겨우 7명이다.

이 부락에서 조사한 민가는 오래 된 집이라고 생각하였다. 서촌의 자작농 이씨(도판 제3, 4)는 경지 1정 5반보를 소유하고 가족 또한 그 경작에 종사하고 있다. 거주 가옥의 안채라고 할 만한 곳은 윗방, 아랫방 두 칸과 밖으로 토당土堂(흙으로 다진 곳-역자)을 사이에 두고 건넛방 1칸 등 세 개의 방으로 구성되어 있다. 부락 안에서도 오래된 집인 만큼 특히 낮고 작으며 토대석에서 처마까지의 높이가 8척 5촌이다. 이전에는 이 한 집뿐이었는데 이씨가 이곳으로 옮겨온 다음부터는 주거의 동남쪽 가운데 뜰 저편에 농업 설비로서 하인방의 온돌 1칸과 땔나무를 들일 땔나무 · 숯 창고와 소를 먹일 우양간을 마련했다. 거기에다가 안채의 남쪽에 손님을 접대할 만한 사랑방을 만들었다. 따라서 가족은 대문으로 출입하지만, 손님은 사랑방 쪽 길로 출입한다. 택지의 주위는 건천乾川(부락 사이를 흐르는 하천-역자)에 있는 둥근 돌을 겹쳐 만든 것이다. 나는 이 민가를 통해 처음으로 조선 농민의 주거를 볼 수 있었는데 집 내외에는 장식이 없고 가구 수도 매우 적다는 느낌을 받았다.

이 산촌을 연 오경吳慶은 건천 수로의 횡단면에서 물과 접하고 있는 벽면에 집을 짓고 계산溪山이라고 이름을 붙이고 이웃 촌 도립리를 연 엄용순嚴用順과 교유가 있었다고 읍지邑誌에 전해지고 있다. 도립리道立里가 오늘날 풍교風敎가 왕성한 부락임에도 장동리의 그것과는 달리 수년 전까지 해 왔던 관혼상제의 계도 폐지되었고 농기, 농악도 없는 쓸쓸한 부락이 되고 말았다.

## 2. 경기도 이천군 백사면 도립리

도립리는 장동리와 같이 북으로 원적산圓寂山을 등지고 있는 산촌(도판 제1)으로 그 사이의 거리가 2천 미터에 지나지 않는다. 산에는 나무가 많고 부락 중앙에는 회화나무로 둘러싸인 서당과 그 옆에 엄씨가 마련한 거주 가옥이 있으며 부락 경관(도판 제2)은 그야말로 장동리와 다르다. 이것은 그야말로 엄씨의 조상 남당南塘선생의 유택이 지금에 이르고 있기 때문으로 그 일족은 부락 총 호수 32호 가운데 17호를 차지하고 있다. 엄씨의 조상은 오래 동안 강원도 영월에 살고 있었는데 남당 선생 엄용순嚴用順(14대 전)이 이곳으로 거처를 정한 데에서 비롯되었다.

나는 부락에서 선생의 유서를 찾았지만, 아무 것도 없고 겨우 다음의 2절로 그 풍회를 생각할 수 있는 데에 지나지 않았다.

漁磯垂釣
携竿終日坐磯邊 坐脚蒼波困一眠
夢與白鷗飛萬里 覺來身在夕陽天

次日本副使
我在天四君海東 相逢談笑酒盃中
男兒壯心寧知老 直到扶桑慾掛弓

낚시터에서 낚시대를 드리우다
온종일 낚시터에서 낚시대를 드리우고 푸른 물결에 다리를 드리우니 곤하여 잠에 빠졌네
꿈 속에서 하얀 갈매기와 만리를 날아 갔는데 깨어 보니 이 몸은 저녁 석양 빛 아래에 있네

육괴정

일본부사 시에 차운하여 짓다

나는 천서에 있다가 그대는 해동 땅에 있어서 서로 만나 술잔 들고 담소를 나누네.

사나이의 장한 뜻을 어찌 노소를 따지랴. 곧바로 일본에 이르러 활을 걸고자 하노라.

나는 면장이나 엄씨 사람들과 함께 육괴정六槐亭에 들어갔는데 정자 앞 고괴주古槐晝는 오히려 어둡고 점차로 선생의 유물을 생각하게 했다. 지금의 정자는 후에 수리한 것으로 걸어놓은 중수기重修記 가운데 임호任鎬가 쓴 원고에 "吾鄕之六槐亭者卽南塘處士嚴公之舊居也 公當仁明之際遭時名盛肥, 遯丘園尙志不仕, 卜築於園積之下, 手植六槐干塘上, 優遊徜徉而終其身焉 嗚呼若公者可謂能守淸苦之節而無愧乎子陵者也"(우리 고향의 육괴정이라는 곳은 곧 남당처사 엄공이 옛날 살던 집이다. 공은 일찍이 인조 때 명성이 자자했으나 자연으로 은둔하여 지조를 지키며 벼슬하지 않고 원적산 아래에 집을 짓고 연못가에 여섯 그루의 느티나무를 손수 심고 유유자적하며 거짓으로 미친 체하며 살면서 그곳에서 생을 마쳤다. 오호라! 공과 같은 사람은 청고한 절개를 지켜서 엄자릉에게도 부끄럽지 않았다고 이를 만하도다.-역자)라는 절구가 있고 또 경연慶延의 원고에 "幸而先生之裔孫慶炫有志, 勤學慨舊業之荒墜, 遂與其宗徒慶根倡率諸宗, 並鳩財, 治其塘其槐, 卽舊址建書齋五六架, 扁以六槐舊號, 不侈不陋, 瀟洒敞豁宛若先生盤訖之日"(선생의 후손인 경현이 (유학에) 뜻이 있어서 부지런히 배우고 구업(유학)이 황폐해져가는 것을 개탄하여, 그의 종도인 경근과 종현들을 이끌고 아울러 돈을 마련하고 옛날 이름대로 육괴라고 하였는데, 사치스럽지도 그렇다고 누추하지도 않아 속기俗氣는 없으나 풍류가 넘치고 넓게 뚫려 있어서 온전히 선생께서 숨어 지낼 때와 같았다)의 절구가 있다.

나는 이 정자에서 엄씨 일족 외 부락의 유지들과 함께 오찬을 했는데 우아하고 접대의 간절함이 장동리 사람들의 소박함에 비해 많은 차이가 있음에 놀랐다. 선생의 직계 엄씨도 상당한 자산과 신망이 있는데 그 일족이 되는 엄기응嚴基應씨는 큰 세력을 가지고 있었고 그 부친 엄리섭嚴理燮(도판 제6)씨는 한학의 소양도 있고 인격도 높고 최근 면의 공립보통학교나 경찰 주재소의 건립에도 가장 많이 기부를 했다. 마을 사람은 물론 소작인들에게도 친절하기에 모두 신뢰하고 있다. 마을에서는 혼례 및 장례에 관한 계가 있고 의복 일체를 가지고 있는데 엄기응씨는 개인적으로 그것을 준비하고 마을 사람들의 필요에도 부응하고 있다. 앞에 언급하였듯이 이 부락은 오래 동안 교화에 힘쓰고 있기 때문에 한학의 소양도 부근의 다른 부락에 비해 깊고 신문이나 잡지의 구독자도 있으며 현재 출세한 사람으로는 이왕직사무관 엄주백嚴柱白씨를 비롯하여 은행, 군아 등에 봉직하고 있는 사람도 있다.

이 부락의 경지는 전 64정 8반, 답 74정 6반으로 영농적으로는 자작 겸 소작과 소작이 부락민의 다수를 차지하고 있는 것은 장동리와 차이가 없지만, 장동리에 비하면 빈곤자가 적고 돈을 빌려 사용하는 사람이 10호 있는데 많은 경우 금융조합으로부터 빌린 농업 자금으로 개인 대차의 경우 10원 내지 20원 이내에 지나지 않는다. 부락 안의 지주는 3호로 특히 임기응씨는 경지 18정 8반을 가지고 있으며 부락의 터는 대개 그의 소유이다. 이렇게 엄씨는 경제적, 교화적으로 세력이 있기 때문에 부락은 통일되어 농기農旗, 농악도 준비되어 있다. 산촌이기 때문에 겨울철 농한기에는 땔나무 및 산의 풀을 파는 일이 많은 것은 장동리와 차이가 없지만 택지 주위에 과수나 한약 재료가 되는 산채예를 심고 또 양잠은 오래 전부터 하고 있고 누에의 고목이 여기저기에 남아 있으며 생활의 요건이 어떻든 준비되어 있다. 산채예와 같은 것은 좋은 종자이기 때문에 멀리 경성이나 대구에 팔고 매년 매상율이 4백원 내외에 달한다.

엄기응씨의 터(도판 제5, 제6)는 육괴정과 작은 길을 사이에 두고 서로 마주 보고 있는 약간 높은 남향의 햇빛이 내리비치는 곳으로 넓이 80평이고, 주위는 돌담을 두르고 육괴의 두 나무는 그 서남쪽 구석에 무성하게 자라고 있어 그 품격을 높이고 있다. 거주 가옥의 방 구조(도판 제5)는 장동리에 비하면 복잡하고 손님을 접대하는 사랑방은 대소로 나누어져 있을 뿐만 아니라 농촌에서는 볼 수 없을 정도로 청결하였다. 곳간이나 헛간도 많고 특히 절구칸[용간舂間]이 있어 가축도 우마와 함께 기르고 있다. 또 터의 한 구석에는 과수원도 있다.

### 3. 강원도 춘천군 서하면 금산리

금산리는 춘천읍내와 소양강을 사이에 두고 있는 산촌(도판 제7)이다. 조사한 갈둔리葛屯里는 그 가운데 작은 부락이다. 금산리의 지목별 면적이 총계 88정보 가운데 밭은 10정, 논은 9정으로 2할 1분에 해당됨에도 산림이 55정보로 그 6할 2분을 차지하고 있다. 삼림 55정보 가운데 45정보가 사유, 10정보가 부락 공유 즉 계의 소유가 되어 있다. 금산리에 있는 계는 리중계里中契, 금송계禁松契, 상포계喪布契, 혼용계婚用契 4종류이지만 삼림을 보호하는 금송계의 원금액이 가장 많은 점이나 소를 기르는 호수가 부락 67호 가운데 40호가 된다는 점에 비추어 보아도 삼림이 부락 생활과 밀접한 관계가 있음을 알 수 있다. 그 연료의 대부분은 산 풀, 솔잎, 솔가지이고 논의 비료에 산 풀을 사용할 수 있는 것도 역시 산림의 덕분이다.

영농적으로 보면 67호 중 자작 겸 소작 30호, 소작 32호로 지주는 5호가 있는데 자작은 1호도 없다. 중농의 경지는 논은 4반, 밭은 1정 2반이고 밖에 산림 1정보를 경영한다. 춘천읍내가 가깝기에 중농 이하는 수확 후 바로 쌀을 시장으로 내다 팔아 그 돈으로 콩, 팥, 보리 외 잡곡을 사서 주로 죽으로 먹는다. 지주, 중농 및 소농의 식물을 계절로 조사해 보면 아래(원문 : 왼쪽-역자)와 같은데 소농이 겨울철 상수리를 부식물로 하는 것도 산림에서 얻은 것이다. 산림의 나무는 주로 적송이고 상수리나무가 그 다음이다.

| | | 1~5월 | 6월 | 7~8월 | 9월 | 10~12월 |
|---|---|---|---|---|---|---|
| 지주 | 주 | 쌀 | 쌀 | 쌀 | 쌀 | 쌀 |
| | 부 | 채소, 소고기, 계란 등 | 닭 등 | 닭 등 | 닭 등 | 닭 등 |
| 중농 | 주 | 쌀, 밤 | 보리 | 보리 | 잡곡 | 쌀, 밤 |
| | 부 | 채소 | 채소 | 채소 | 채소 | 채소 |
| 세농 | 주 | 밤 | 보리 | 보리 | 잡곡 | 쌀, 밤 |
| | 부 | 채소, 들풀 | 채소, 들풀 | 채소, 들풀 | | 상수리 |

시장에 내다 파는 주된 것은 흰쌀, 땔감 나무, 무명석을 넣어 끓인 들기름, 소, 삼으로 만든 신발, 풀로 만든 신발, 왕골자리, 끈이다. 금액에서 보면 제1이 소이고 땔감 나무, 흰쌀이 그 다음이다. 그러나 춘천읍내가 가깝기에 닭이나 계란 등도 내다 파는 경우가 많다. 부락민 가운데 한자로 편지를 쓰는 사람(남자 30인), 일본어를 이해하는 사람(15인), 신문잡지를 읽는 사람이 있는 것도 춘천읍내가 가깝기 때문일 것이다.

내가 이 부락을 조사한 민가(도판 제8)는 자작 겸 소작이다. 주인 부부는 장남 · 차남 부부와 농업에 종사하고 쌀은 10석, 잡곡은 보리 4석, 밀 1석, 조 3석, 콩 3석을 수확한다. 채소로는 가을부터 봄에 걸쳐 농민 유일의 부산물인 절인 음식 재료가 되는 무와 배추가 있고 양잠을 부업으로 하고 있다. 외양간에는 소 1마리, 닭장에는 닭 10마리를 기르고 있었다. 남쪽으로 향한 주거의 칸 구획은 장동리에서 본 중농의 주거와 다르지 않았다. 다만 부뚜막의 입구에 소나무를 때우는 설비가 있었던 점과 터의 경계에 모두 소나무 가지를 사용한 점 등에서는 모두 산촌다운 느낌이 들었다. 또 밭 가운데 싹이 나와 자라는 큰 누에 나무가 있고 부락 뒤에는 오엽송이 무성한 것 등도 산촌다웠다.

## 4. 함경남도 함흥군 운전면 궁서리

궁서리(도판 제10)는 이태조를 제사 지내던 본궁本宮의 북서쪽으로 연결된 부락으로 함경남도 경편철도의 본궁역本宮驛에서 1정 정도의 거리에 있다. 본래 본궁에 예속된 궁리宮吏, 사령使令, 교군轎軍 등이 살고 있던 곳으로 청소, 풀 뽑기, 눈 치우기, 야밤 경비 등의 부역에 종사한다고 하여 면조免租뿐만 아니라 궁리宮吏나 사령使令은 부근 바다의 어업권도 특허로 받아 그 생활은 일반 농민에 비하면 매우 안정적이었다. 범죄도 궁서리의 사람은 어느 정도 중하지 않으면 검거하지 않았기 때문에 와서 사는 사람이 많았고 당시는 150호에 가까웠다. 이렇게 부락은 번창하였고 도박이 크게 일어나 풍기가 매우 좋지 않았다. 그러나 병합[18] 후 국유지에 편입되어 특별한 보호가 없어졌기 때문에 34호로 줄어들었고 남아 있는 74호도 그 반에는 국유지의 소작인이 많다. 따라서 부의 정도도 운전면 36리 가운데 중中 이하이다.

본궁 뒤편
옛 터 흔적

18) 1910년 8월, 일제의 조선 강점.

궁서리 호별 세액 비교표

| 원 | 호 |
|---|---|
| 6,000 | 1 |
| 3,000 | 5 |
| 1,400 | 10 |
| 1,000 | 15 |
| 700 | 23 |
| 560 | 6 |
| 420 | 4 |
| 280 | 5 |
| 210 | 2 |
| 170 | 1 |
| 140 | 1 |
| 10 | 1 |

본래 궁리宮吏를 하고 있던 자작농의 거주 가옥(도판 제11, 제12)을 조사하였는데 집의 구조로서 가장 주의할 만한 것은 소위 겹집이다. 사랑방과 안방이 2중으로 되어 있는 것 외에 부엌으로 연결되어 정주간[鼎只間 : 부엌]의 온돌 1칸이 있다. 가족이 많은 가정에는 이 정주간에서도 생활을 하고 있다. 이러한 칸 구획은 일본해안(동해안-역자)에서는 강원도 강릉군 부근을 그 남쪽 한계로 한다고 이야기되고 있는데 이것을 일본 민가의 칸 구획과 공통 관계가 있다고 말하는 사람도 있다. 이 집에서는 남향의 거주 가옥에 사랑방이 있는 것 외에 문에서 가까운 외사랑방을 두고 있고 택지 안에는 과수원이나 채소밭도 많으며 과수원에는 사과나 포도가 있었다. 특히 변소는 택지와 떨어진 구석에 두고 밖의 민가보다는 눈에 띄게 청소도 하고 특히 부엌 등은 놀라울 정도로 깨끗했기에 조사 후 안내자에게 질문하니 기독교의 신자였고 더욱이 이 부락 안에 작은 교회를 세워 목회를 하고 있다는 것을 듣고 나니 수긍이 갔다. 보통 민가가 겹집의 사랑방에 해당하는 곳이 2칸으로 되어 있음에도 이 집은 그 칸에 벽이 없이 한 방으로 되어 있는 것도 함흥에서 때때로 방문하는 외국 선교사를 맞이하는 편의를 위한 것이 아닌가 생각하였다. 신도 공유의 교회를 엿보았는데 사방에 수목을 심어 만든 울타리로 둘러싼 조선풍의 건물로 남동으로 향하고 가옥 정면의 폭 8칸 반, 가옥의 안길이 3칸의 온돌 장치이다. 8호의 신자들은 이곳에서 매주 일요일과 수요일에 목사로부터 설교를 듣고 있다.

### 5. 함경남도 함흥군 주북면 부민리

함경남도에서 벼 재배나 밀집 세공細工의 성적이 좋기 때문에 도의 모범 마을이 되어 있다고 하는 부민리(도판 제13, 제14, 제15, 제16)는 동쪽으로 산을 배경으로 하고 서쪽은 성천강

城川江이 물을 대는 함흥평야에 접해 있다. 따라서 부락의 경지는 전답이 각각 반이고 더구나 광대한 산림을 경영하고 있다. 부민리는 호수 120호의 큰 부락으로 그 조상은 약 500년 전 황해도에서 이주해 온 임任씨이다. 마을을 개척할 당시에 음료수로 사용된 우물은 지금 여전히 산록(도판 제66)에 남아 있으며 그 밑이 부락으로 개척 당시의 터(도판 제14 위)라고 전해지고 있다. 부락의 북동쪽 두 개의 작은 언덕(도판 제66)은 실제 전망이 좋은 곳으로 임씨의 묘지 여러 기가 그 위에 있고 그 배후에 솟아 있는 여러 그루의 노송은 한층 풍치를 더해 주고 있다.

나는 시간 사정상 부민리의 오래된 22호(도판 제66)에 대해 조사했는데 지목별 면적은 답 23정보, 전 22정보, 산림 120정보에 걸쳐 있으며 농사 1호당 경영반별反別은 논밭 모두 3천 평과 산림 1만 5천여 평이다. 그 경농 상태는 자작농 4호, 자작 겸 소작 8호, 소작 10호로 모범마을에 경종 방식과 같은 것이 크게 발전되어 왔다. 즉 논은 원래 춘경이었던 것에 추경이 증가하게 되고 두둑을 평평하게 낸 이랑[평휴平畦]이었던 밭의 이랑 사이에 다른 작물을 심기도 하고, 습기를 피하기 위해 높은 이랑[고휴高畦]으로 바꾸었다. 또 원래 시비한다는 생각이 낮았는데 최근은 분토糞土, 분탄糞炭, 퇴비를 만들어 더구나 콩에서 기름을 짜고 남은 찌꺼기도 사용하게 되었다. 수확 때도 늦게 잘라서는 너무 익기도 하고 이슬 피해의 염려가 있었기 때문에 일찍 자르게 되었다.

이것을 부의 측면에서 보면, 본 마을은 주북면州北面 25리 가운데 제1위에 있고 계로서는 저금계나 청년의 금주를 목적으로 하는 금주회禁酒會가 있다. 교화 정도는 보통 높다고 말할 수 없다. 조사한 22호 가운데 한문(14인)으로 편지를 쓸 수 있는 남자들은 있는데 여자는 한 사람도 없고 신문이나 잡지를 읽고 있는 사람과 일본어를 이해하는 사람은 한 사람도 없다.

조사한 중농 임회준任晦準의 가족(도판 제16)은 남 5명, 여 8명으로 노모 외 4 부부와 1녀 2손이기 때문에 주거 가옥의 칸 구획도 보통보다 복잡하고 겉 집의 뒤쪽으로 특히 온돌 한 칸이 있다. 또 주가의 왼쪽에는 북에서 남쪽으로 길게 계속된 건물이 있는데 가장 북쪽 창고 칸에는 곡물이나 우비 그 다음에는 며느리들의 옷장류, 다음으로는 곡물, 다음으로는 옷장이나 책장이 들어가 있었다. 공부방의 벽에 크게 쓴 의신義信이라는 두 글자나 오래된 세계 전도 등이 붙어 있었다. 부엌 구석의 소양칸의 입구가 부엌과 연결되어 있는 것은 한기가 강한 북조선에서는 보온의 필요에서 그러한 것으로 일본 동북지방의 부엌 위치와 닮아 있다.

### 6. 평안북도 선천군 심천면 인두동

시골의 다리(선천에서 고군영동으로 향하는)

인두동(도판 제17)은 선천읍내에서 북서쪽으로 약 4리 떨어져 있는 단순한 농촌으로 청강 清江 하류 오른쪽 해안에 있는 구릉 기슭에 집단적으로 존재한다. 이를 영농상태에서 보면 지주 2호, 목작농 4호, 자작 3호, 소작 24호이므로 비교적 정돈된 부락이다. 내가 조사한 곳은 그 가운데 인곡리仁谷里(도판 제18, 제67)로 남향의 구릉 기슭에 있다.

인두동의 호수는 모두 33호인데 그 대부분 25호는 김씨로 경상북도 안동에서 수 10대 전에 이주해 왔다고 하며 그 옛 터는 경성에서 의주義州로 통하는 도로(도판 제17)에서 약 1000미터밖에 떨어져 있지 않은 곳에 있고 부락 중앙의 우물은 당시부터 사용해 온 것이라고 한다. 부락에서 1000미터밖에 떨어져 있지 않은 고군영동古軍營洞은 면사무소 소재지이기도 하고 이곳에는 음력 27일에 장이 열리기 때문에 생산한 농작물 특히 콩, 옥수수, 현미 등을 내다 팔고 시장에서 일용품을 사들인다. 따라서 금융도 고군영동 시장에서 이루어지고 대개 날수로 셈하는 이자로 10전 또는 7전의 비율이다.

인곡리는 소작농이 많은 곳인데 조사한 지주 김씨는 부락 가운데 지주로 그 집터(도판 제67, 조사가옥)는 다른 집터와 비교하면 집 뒤에서 경사진 배수가 좋은 위치에 있다. 주가(도판 제19)의 안채는 안방(상하) 2칸과 건넛방으로 부엌의 위치가 안방에도 건넛방에도 따뜻하게 할 수 있는 집의 구조로 매우 편리하다. 조사 당시는 몰랐는데 지난 가을 조선에 건너

갔을 때 경성 숙덕여학교淑德女學校에서 봉직하고 있는 조선의 여교사에게 조선의 주거에 대해 개량할 점을 질문하였을 때 평양의 주거는 경성의 것과는 달리 부엌이 온돌 2칸의 중간에 위치하여 온기를 내보내는 것은 물론 음식을 온돌로 보내는 데에도 가장 편리하다는 점을 말한 것을 함께 생각하며 이러한 구획은 얼마나 편리하며 다른 지방에서도 채용할 만하다고 생각했다. 이러한 구획 분포 지역은 어디까지나 그 이유는 무엇인가는 연구할 만한 것으로 생각한다. 2개의 창고 사이에 모두 길고 큰 것도 다른 데에서 볼 수 없다.

### 7. 평안남도 안주군 신안주면 운학리

운학리(도판 제21)는 안주읍내에서 서쪽 1리 정도 떨어진 부락으로 청주강淸州江을 배후에 끼고 있는 향산봉香山峰의 남쪽 산록의 경사지(도판 제68)에 집단적으로 거주하고 있다. 안주읍내는 도내에서도 뛰어난 도회지이기 때문에 상당한 지주나 상인이 있고 따라서 그 부근의 토지는 읍내 사람이 소유한 곳이 많다. 내가 조사한 곳은 운학리雲鶴里 가운데 한 작은 부락(도판 제68)으로 본래 안주읍내에 있던 대지주 이을하李乙夏씨 4대조가 마을 가운데 가장 오래된 터이고 주거도 3백 여 년이나 지난 건축이라고 이야기되고 있는 것을 사서 살고 있던 곳이다. 남향의 적송림 숲이 울창한 구릉의 산록으로 살기 좋은 느낌이 드는 곳이다. 이을하씨의 터 남쪽 우묵하게 파여 웅덩이가 된 곳에 집단적으로 살고 있는 것은 2, 3 동족을 제외하고 대부분 그 소작인으로 14호나 된다.

이을하씨는 150정보(약 45만 평)를 가진 지주인데 소작인에 대해서는 특히 설비나 장치 따위를 차려놓거나 일정한 구조물을 만든 것도 없고 마을 주민에게 금전을 융통할 때에는 이율은 연 2할 내지 3할로 다른 부락민과 비교하면 별로 차등이 없다. 내가 조사한 이인창李寅彰씨는 그의 숙부로 와세다대학을 졸업하고 지금은 도 평의원을 하고 있는데 수년 전에 이곳(도판 제22, 제23, 제68 조사가옥)에 분가하여 신축하였다. 그 구획은 종래의 조선 가옥과 그렇게 다르지는 않지만 모든 배치(도판 제22)에 고민한 흔적을 분명히 엿볼 수 있다. 특히 된장이나 간장을 넣은 단지의 2, 3개를 간장 대에서 부엌에 가까운 처마 밑으로 옮긴 것이나 돼지우리를 후문 밖에 둔 것이나 택지의 안팎에 풀과 꽃을 심기도 한 것은 다른 민가에서

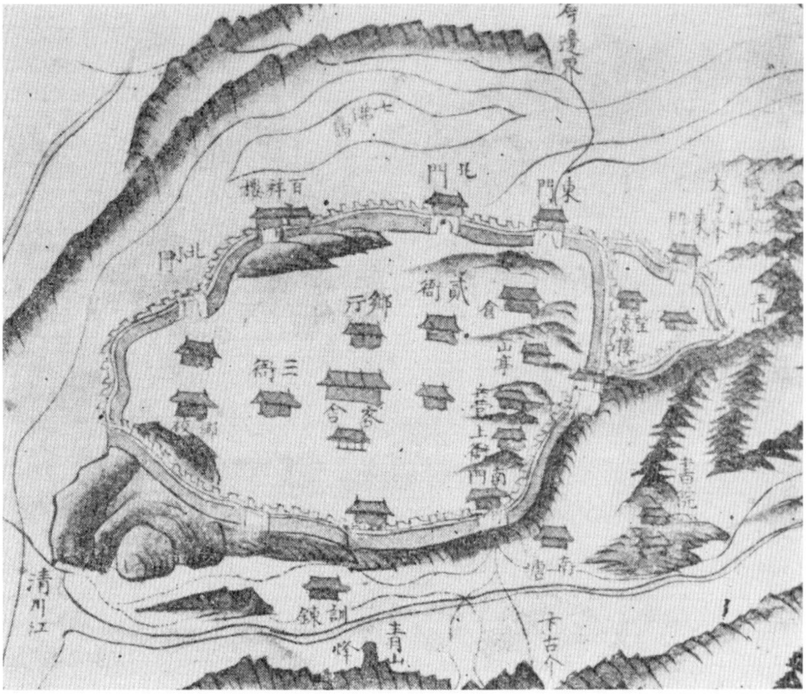


읍내의 한 예(안주의 옛 지도)

부뚜막에 가까운 처마 밑의 장독

는 볼 수 없는 것이고 후원에는 사과 외 과수나 밭까지 만들었다. 오는 손님을 사랑방으로 맞이하기 위한 누마루로 대문 밖에서 들어 오도록 되어 있는 점이나 하인방을 특히 별도로 마련하고 있는 것도 보통 민가의 구도와 다르다. 오는 손님에게 차를 내놓은 것도 조선에서는 볼 수 없다. 지금 이인창씨 소유지, 터 및 가족에 대한 숫자도 이 부락 표준 농가(자작 겸 소농)의 경영 상태를 제시하면 아래(본문: 왼쪽-역자)와 같다.

이인창(李寅彰)씨(가족 7인, 하인 3인)

| 소유지목별 면적 | 밭 | 약 4만 5천 평 | 집터 | 부지 | 300평 |
|---|---|---|---|---|---|
| | 논 | 약 4만 5천 평 | | 누에 밭 | 1200평 |
| | 임야 | 약 6천 평 | | 채소 밭 | 600평 |

표준농가(가족 7인)

| 전 | 6천 평(건답 소작) | 수수 | 3묘보 |
|---|---|---|---|
| 답 | 3정묘(2정보 소작, 1정보 자작) | 피 | 1반 2묘반 |
| 밤 | 1정 5반보 | 보리 | 600평 |
| 대두(콩) | 1500평 | 목화 | 600평 |
| 소두(팥) | 600평 | 연초 | 20평 |
| 옥수수 | 3묘보 | 채소 | 2반 1묘 10보 |

## 8. 황해도 해주군 석동면 연근리

연근리는 황해읍내에서 북서쪽으로 3리 정도에 있는데 조사한 구석동龜石洞(도판 제24, 제69)은 그 중 작은 부락이다. 지주로 도 평의원을 하고 있는 오국동吳國東씨의 한 가족과 그 소작인만이 거주하는 곳이다. 19 호수 가운데 오씨는 10호를 차지하고 영농적으로 지주 5호이고 자작 겸 소작은 1호, 다른 13호는 소작이다.

부근의 높은 산으로 더욱이 신앙의 중심이 되어 있는 일봉산釰峯山(도판 제24) 산록에서 남쪽으로 이어진 구릉을 북서로 안고 있는 본동本洞(도판 제69)은 논보다도 밭이 많고 면적 6만 3천 평 가운데 밭 6정 6반, 논 2정이다. 따라서 농가 1호당 경영 면적을 보면 밭은 중농, 소농 모두 2정보인 것에 대해 논은 중농 9반여, 소농 4반 5정 정도밖에 없다. 그러나 3만 평에 걸쳐 있는 산림에 대해 13호의 소작인들은 동한기에 땔감을 팔아 부업을 하고 있다. 주요 농작물은 쌀, 밤, 보리, 콩 종류이고 부업에는 양잠, 밀집 세공, 깔개 제조, 베틀로 베 짜기 등을 하고 있다. 산에서 나오는 밤이나 터 주위의 대추, 감, 복숭아 등에서의 수입이 상당한 것은 해주읍내를 둘러싸고 있기 때문이다. 경종의 방법은 아직 구관을 벗어나지 못하고 있는데 수년 전부터 지금까지 비료를 뿌린 일이 없는 논에 콩에서 기름을 짜고 남은 찌꺼기나 잣나무의 새로 나온 잎 등을 넣게 되었다.

이렇게 부락민은 주업 외에 부업 등의 수입도 있기에 일상 생계에 곤란을 느끼는 사람은 적고 그야말로 자족 자급의 농촌으로 계에는 상우계尙牛契, 근검 저축계 및 농계農契가 있다. 노동력은 평시에 상호 교환하고 있는데 농번기에 임시 고용의 경우 남자는 1일 70전 내지 80전, 여자는 30전 정도이고 농한기에는 남자는 40전, 여자는 30전이다. 휴일은 음력 12월 29일부터 1월 15일까지로 그 외 2월의 한식절, 5월의 단오, 8월의 추석 등이다.

이 부락에서는 오국동씨 주거 가옥(도판 제25)과 동족의 오씨(도판 제27)의 주거 가옥을 조사하였다. 이 두 가옥(도판 제69)은 주위의 소작농의 작은 거주 가옥을 앞에 두고 성곽과 같이 서쪽에 구릉을 안고 세워진 것이다. 특히 오국동씨의 거주 가옥은 앞서 서술한 도립리道立里의 엄씨의 거주 가옥 등과 비교하여 특히 복잡하고 사랑방도 2개가 있고 부인의 손님에 대해 별도의 객실이 마련되어 있으며 조상에게 제사를 지내는 사당과 제기실祭器室도 마련되어 있다. 창고나 헛간의 수도 많고 하인방도 넓다. 대문을 마주하고 길을 사이에 두어 남으로 정원도 있고 뒤 구릉으로 올라가면 멀리 일봉산釰峯山(도판 제26)의 전망도 형승이 좋다.

오씨가 이곳에 주거하는 점을 친 것은 오국동씨의 조부 오국련吳國蓮씨의 시기이다. 일가 효제一家孝悌의 풍습이 두텁기는 광무光武 연간(1897~1907-역자)에 상을 받은 효자의 정문旌門(도판 제26)으로 알려져 있을 뿐만 아니라 오국동씨를 만나면 온후한 덕망이 있는 사람으로 춘풍을 접하는 것과 같은 생각이 든다. 그의 가족은 그의 부모, 부부 외 장남, 2남, 3남 모두 처와 동거하고 4남, 5남, 장녀와 손 6명을 합쳐 19명의 대가족이고 그 외에 하인 남 1명, 하녀 2명이 있다.

### 9. 경기도 개성군 중서면 여릉리

여릉리(도판 제28)는 개성읍내에서 서쪽으로 약 1리에 있고 개성 북쪽으로 고개가 있는 송악산 산록으로 연결된 구릉지에 있다. 조사한 부락은 동리 가운데 태조능동太祖陵洞으로 그곳에 유명한 고려의 태조현릉太祖顯陵(도판 제29 상)이 있기 때문에 생긴 마을 이름이다. 부락(도판 제70)은 능의 서쪽 남향으로 빛이 좋은 곳에 있는데 뒤 구릉에 있는 고괴古槐(도판 제29 하 오른쪽 끝) 3본은 부락 입구 즉, 축동築洞의 1본과 태조현릉에 있는 2본은 부락이 오래 되었음을 말해 주고 있다.

태조 능동陵洞은 태조의 후예로 일컬어지는 왕기조王基祚 및 그 가족의 부락이다. 왕기조의 터(도판 제70 조사가옥)는 지형상 형승의 위치에 있고 그 남쪽에 어떠한 가뭄에도 마르지 않는 풍부한 수량의 오래된 우물이 있다. 부락의 37 호수 가운데 최근 들어온 정鄭 · 장張 각 2호를 제외하면 모두 동족인 왕씨이다. 따라서 다른 부락에서는 부인은 50세 정도가 아니면 최근친 사람 외는 아침저녁 만나도 이야기도 하지 않는 데 비해 본동에서는 비교적 그 사이가 친하다. 종계宗契는 조상의 제사와 일족의 구호를 목적으로 하고 있는데 그 기본금은 4백원이나 되며 빈촌으로서는 잘 갖추어져 있는 것도 동성만이기 때문일 것이다. 더욱이 장계葬契는 3개조와 그 외 혼계婚契가 있다.

이를 영농상에서 보면 자작은 3호, 자작 겸 소작은 19호, 소작은 15호로 노동력은 대개 자족인데 전답의 갈아엎기나 봄 파종이나 가을 수확기에는 노동력을 서로 교환한다. 특히 북방의 칠능동七陵洞과 서로 돕는 일이 많은 것은 왕王의 성이 많기 때문이다. 부근에 국유 임야가 많기에 농한기에는 땔감을 중개하여 그 대가로 받는 돈을 생활비에 보태는 사람도 있는데 많게는 1년 수입이 20원 내외에 지나지 않는다. 더욱이 인삼을 재배하는 삼포蔘圃의 경영은 개성읍내 사람의 자본을 빌어 3, 4호씩 공동으로 진행하는 약 20호가 있다. 이 부락은 논이 적기 때문에 한층 그 결핍을 느끼고 소작인 등은 반리半里나 떨어져 있는 사직동社稷洞의 경지에서 그 부족을 보충하고 있다. 생활 정도는 대개 낮고 부채가 없는 사람은 37호 가운데 5호 정도이고 많은 경우는 100원 내외, 적게는 10원 내지 20원, 그 이율은 3분 내지 3분 5리이다.

나는 왕기조씨를 방문하여 조사 목적을 말하고 그 주거(도판 제30, 제31)를 낱낱이 볼 수 있었을 뿐만 아니라 그 가족 일동을 촬영하는 것조차 가능하였다. 그의 주거 가옥은 온돌로 안방과 건넛방, 하인방 모두 합쳐 4칸이다. 그 거실 외 농업적 설비가 있는 여러 방은 뜰을 둘러싸고 나란히 있다. 뜰은 비교적 좁은데 농작물의 조제 등은 대문 밖 공터를 이용하는 것 같다. 절인 음식을 넣어 두는 김치 창고나 곡물을 넣어 두는 창고 사이는 물론 외양간이나 돼지우리의 배설물 이용 등이 매우 잘 정리되어 있다. 뒤 간장대의 우측에 유자화를 심어 둔 것도 보기 드물다. 그러나 뒤에 개성읍내를 답사하니 다른 읍내에 비해 꽃을 심어 놓은 것이 두드러지게 눈에 띄었는데 혹 고도古都였던 것이 그 원인은 아닐까. 앞에서도 언급한 바와 같이 나는 각 도의 부락 조사를 하기 전에 부락의 개략을 밝혀둘 필요가 있고 이 부락에 대해서 여러 조사를 하였는데 의식주에 관한 대요를 여기에서 적어 둔다.

의복

그 재료로써 이 부락에서는 각 집에서 짠 목면을 이용하는 집이 10호나 있는데 많은 경우 일본에서 오는 금건金巾을 사용한다. 어릴 적에 적색 혹은 청색으로, 나이를 먹으면서 색을 엷게 하고 30년 이상이 되면 남녀 모두 백색으로 한다. 최근 십 수년 이래 겨울철 솜옷에 한하여 검은 색으로 물을 들여 입도록 되어 있다. 그러나 사계절 남녀 모두 백색의 의복을 입기에 아무리 질박한 농촌 사람이라도 한 겨울 동안 적어도 3, 4회는 세탁하지 않으면 안 된다. 그러므로 부인들은 대부분 일년 내내 세탁하는 데 시간을 보낸다. 어디든 우물 주위에 평탄한 돌을 나란히 놓아둔 것은 세탁용으로 쓰기 위한 것이다.

음식물

주식은 조가 가장 많고 그 다음이 보리이다. 이를 한 사람 하루의 식량으로 하면 쌀은 6합, 보리는 1승이면 조는 5합이므로 쌀이나 콩을 팔아 조를 사들이는 경우가 많다. 부식으로는 절인 음식, 된장, 고추장, 간장인데 특히 콩나물, 두부, 명태, 향신료를 소중히 여긴다. 왕기조씨의 집에서는 1년 동안에 사용하는 고추는 약 1석 5두이고 2두 5승을 가루로 하여 고추장으로 하는 것 외에 연중 부식물副食物의 조리 때 사용한다. 식사는 겨울은 하루 두 끼를 하는 경우도 있지만, 대개는 세끼이고 농번기에는 네 끼를 한다. 식사에는 주인, 그 다음은 자녀, 그 다음으로 부인이라는 순서로 하고 가족이 단란하게 모여 식사를 하는 일은 거의 없다. 어느 교양 있는 조선의 실업가는 조선의 가정생활 개선의 제1보는 이 가족이 따로 식사하는 악풍을 고치는 데에서 착수하지 않으면 안 된다고 말하였다.

주거 가옥

주거 가옥의 칸 구획이 생활 정도에 의하여 두드러지게 차이가 나는 것은 각 부락의 도판에 올린 거주 가옥의 평면도와 그 설명에 대해 언급한 것과 같다. 그러나 어떤 거주 가옥이라도 그 기준이 되는 온돌의 신축에 대해 이 부락에서 조사한 바로는 보통 농가로서는 온돌 1칸의 신축에는 흙과 돌은 스스로 변통하지만, 그 외에 재목(10원)과 짚(1원 50전)과 노동력 연인원 7명을 필요로 한다. 이 부락에서 가장 빈한한 소작농의 거주 가옥은 온돌 2칸과 부엌만이고 솥은 1개, 옹기 3개가 있을 뿐이다. 자작 겸 소작의 어느 집은 온돌 3칸과 창고 1칸 외에 외양간과 돼지우리가 있으며 솥은 3개, 옹기는 8개가 있었다.

## 10. 전라북도 김제군 금구면 상신리

남쪽으로 작은 구릉을 안고, 북쪽으로는 원평천院平川으로 흐르는 계곡을 앞으로 하고 있는 상신리上新里(도판 제32)는 본래 읍내였던 금구리金溝里의 바로 옆이고, 전주에서는 남서 약 4리, 정읍에 가는 1등 도로에 접한 교통이 매우 편리한 곳에 있다.

장張씨가 이곳에 거주하기 이전의 주민에 대해서는 확실히 전해오는 이야기는 없지만, 동쪽의 특수 부락이 아마 오래된 부락일 것이다. 장씨의 거주에서 오래 된 쪽은 약 2백년 전에 경상북도 칠곡군 인동仁洞으로부터 상하리로, 새로운 쪽은 그로부터 백년이나 늦게 하하리下下里로 왔다고 한다. 구신舊新 장씨 사이의 친교에는 전혀 차등 없이 일족으로서 잘 단결하고 조상제사, 장유유서, 동족 간 친목 등 이전부터의 미풍을 가지고 있으며 재력에서도 전북 전체에서 유례 보기 드문 부락이라고 한다.

동족간의 계와 같은 것도 매년 일정한 계 또는 돈을 갹출하여 계원 중 장례가 있을 때 그 이자를 지출하기 위해 친계親契(계돈 금 6백원)를 비롯하여 논밭 및 임야를 구입하여 그것을 다른 데에 빌려주고 얻은 소작료를 순서로 제사비로 건네는 문중계門中契, 공동 작업으로 얻은 품삯을 계원에게 빌려주고 그 이자로 오락을 하는 계가 있다. 또 소작인 중 빈곤자가 불행을 만났을 때는 장씨에게 일체의 비용을 부담하도록 되어 있고 금융도 모두 그 이자로 하기 때문에 다른 마을에서 빌리는 일은 없다. 소작료와 같은 것도 다른 부락의 것보다는 1할 내지 낮추어 계약하도록 되어 있다.

지금 부락을 구성하는 약 2백호의 성별을 보면 장씨가 70호, 그 다음으로 이, 김, 박, 최 등 성의 30호가 있지만 모두 그 사위 아니면 하인이기 때문에 이 부락은 그야말로 장씨의 부락이라고 보아 지장이 없다. 분가는 모두 마을을 벗어나지 않기 때문에 장씨 일족 중심의 인물은 장영국張榮國씨로 수년 전까지는 거의 그 사람의 의견으로 부락이 좌우되고 있었다. 그는 새로운 정치를 기뻐하지 않고 신교육을 싫어하였으며 그 일족 사람이 동경 혹은 경성에서 유학하는 것을 허가하지 않기 때문에 도망갔다가 도중에 붙잡혀 온 사람은 한두 사람이 아니었다. 따라서 지금은 1개 서당과 같은 것도 10년 이전까지는 8개소나 있었다. 나는 금구金溝공립보통학교 교장에게 이 부락의 취학연령에 달한 아동수와 취학 아동수를 질문하니,

| 취학연령 아동수 | | 취학 아동수 | |
|---|---|---|---|
| 남 | 여 | 남 | 여 |
| 715명 | 651명 | 21명 | 2명 |

이라는 것을 듣고 놀랐다. 수년 전까지는 경찰관의 권유로 할 수 없이 반나절 혹은 하루, 이틀의 통학에 지나지 않았다. 그러나 2, 3년 이래 청년 및 장년의 유지자는 신교육에 상당한 이해를 가지게 되었다. 즉 1921년 보통학교 증축사업비 기부금 모집에 7천원을, 면 내에서 1천 6백명 가운데 중류 이상에게 권유한 결과 상신리에서는 이미 전액에 가까운 6984원의 신청을 받게 되었을 뿐만 아니라 그 다음 1922년 4월에는 새롭게 남자 30여명, 여자 10여명의 취학자에 대한 신청을 받게 된 것은 현저한 변화라고 말할 수 있다.

상신리에 한정하지 않고 이 같은 부락은 조선 지방문화의 핵심이라고 말할 만한 것으로 처음은 신교육을 반대해도 일단 그 필요를 느끼게 되면 그 요구는 폭발적이다. 나를 안내한 학무위원 장씨의 경우는 교장에게 내년 4월에는 장남이 취학연령이 되는데 혹시 장영국씨

가 입학을 허락하지 않으면 죽음을 불사하고라도 이를 요구하겠다고 한다. 교장은 빈번하게 신축해야 하는 학교를 이 부락으로 옮겨 새로운 교화의 중심으로 삼고자 힘을 기울이고 있는데, 도청의 의향은 어려울 것 같았다.

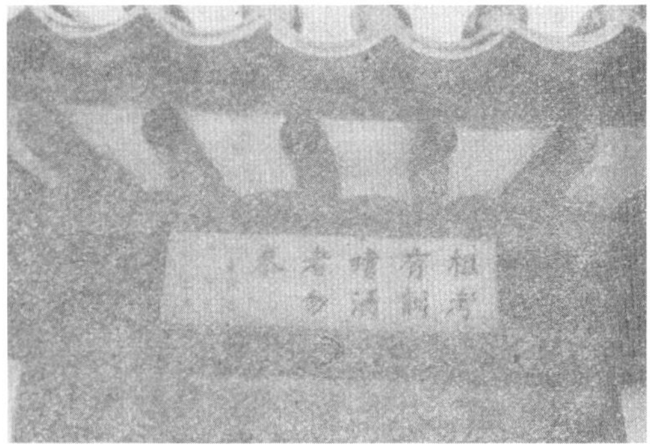

사당의 현판

나는 우선 일본인 공립보통학교 교장과 함께 학무위원 장씨와 만나 양해를 얻어 그의 영형令兄의 거주 가옥(도판 제36, 제37)을 볼 수 있었는데 대문으로 들어가 바깥뜰이 넓고 방 구획이 많음은 물론 그 사랑방 및 우물(도판 제37하)이 신식임에 감복했다. 바깥뜰에 노적露積이 많고 안뜰에 김치칸의 준비가 많은 것 등 가구 규모가 큼과 함께 풍족한 지방 부농의 생활을 보여주고 있다.

장영국씨 거주 가옥(도판 제34, 제35)은 특히 복잡한 구조였는데 다행히 그가 경성에 가고 없었기 때문에 그의 젊은 조카가 양해하여 더욱이 설계도를 작성할 수 있었던 것은 다행이었다. 그 대문짝에 "一闔一闢隨時之義"(한번 열렸다가 닫히는 것은 수시의 일이요), "有出有入履人之道(출입이 있는 것은 사람의 도를 이행하는 것이다)"라고 쓰여 있기도 하고 장영국씨의 손님방(도판 제35)에는 "悠然見南山(유연하게 남쪽의 산을 본다)"의 액자를 비롯하여 6개의 기둥 가운데에는 "重倫彛"(윤리를 떳떳이 여기고), "尙節儉"(절검을 중히 여기다)의 문구가 있고 그 하나에는 "東坡一生是非問士"(동파는 일생 시비문사였다)라고 적혀 있었다. 뒤의 사당에도 기둥에 또 장영국 승承으로서 "祖考有訓嗜酒者勿參"(선조의 유훈에 술을 좋아하는 사람은 참석하지 말라)이라는 액자를 걸어 놓았다.

장영국씨와 젊은 그 일족의 사상적 논쟁은 취학만의 문제로 해결할 수 있을까. 유교가 성한 남조선에는 지금까지 견실한 부락도 이같이 과도기에 있는 곳이 많다. 이것을 어떻게 이끌 것인가는 오늘날 조선 지방문화의 개발에서 중요한 일이다.

## 11. 충청남도 공주군 신상면 유구리

유구리(도판 제39, 제72)는 동쪽으로 구릉을 안고 서쪽으로 유구천維鳩川에 접해 있는 좁은 평지에 생긴 부락으로 호수가 106이다. 이 부락은 동성족이 차지하고 있는 상신리와는 달리 여러 성을 가진 가족이 세력을 형성하고 있고 그 가운데 호수가 많은 것은 이李성 32호, 김金성 31호, 박朴성 11호, 한韓성 5호, 오吳성 5호로 조선시대에 양반으로서 활동한 것은 이성이 가장 많으며 한, 오 두성이 그 다음이다. 이러한 연고가 있는 성이 많기 때문에 일치하기가 매우 곤란하였고 계의 경우도 호별세戶別稅 및 교량비橋梁費에 충당하기 위한 호세계戶稅契(계원 60명, 계원금 100원 내외)가 있는 데 지나지 않다. 부락 안에서 오지영吳智泳씨는 가장 큰 지주로 벼 3천석의 연 수입이 있고 더욱이 많은 임야를 가지고 있으나, 그 의견에 대해서는 반드시 일치하지 않는다.

부락의 영농상태는 지주 20호, 자작 15호, 자작 겸 소작 20호, 소작 51호이다. 지세 관계상 경지가 좁고 논 10정보, 밭 10정보 이내에 지나지 않기에 경지의 대부분은 마을 밖에서 구하지 않으면 안 된다. 즉 마을 안에서 경영하는 것은 자작 3호, 자작겸 소작 15호, 소작 15호이다. 부업에는 양잠, 양계, 양돈, 목면, 마, 돗자리 등인데 목면, 마 및 돗자리는 모두 자가용이고 다른 것은 유구천 앞의 유구시장維鳩市場(음력 3, 8일에 장을 연다)에 내다 파는 일이 많다. 그래서 자작 겸 소작농의 경영 상태를 보면 소유반별反別은 논 1정보, 밭 5반보, 삼림 3반보로 그 외에 논 2반보, 밭 1반보를 소작하고 있다. 논의 1분分 건조양호한 곳(2반보)에는 벼 이삭을 벤 후 보리를 뿌리고 그 외에 자운영紫雲英 2반보를 뿌린다. 부작물의 주요한 것은 콩, 보리, 밀이고 팥, 메밀이 그 다음이고 참기름이나 들기름은 보리 · 밀과 혼작한다. 또 양계(봄 누에알 8두, 여름 누에알 2두)를 부업으로 한다. 부락민의 주거를 보면 기와집은 4호에 지나지 않는데 집 구조가 경성풍京城風인 것은 30호이고 의식을 비롯해 위생에 대한 관심 등도 인근의 부락과는 현저하게 다르다. 우물(도판 제72)도 강가에 있으면서 다른 부락에 비해 현저하게 많다. 경성 및 평양에서 이주해 온 사람을 조사해 보니 이성, 김성, 조趙성 등이고 경성으로 왕복하고 있는 사람도 많다. 따라서 교화 정도는 높고 한문(남 25인, 여 2인) 및 언문(남 70인 여 30인)으로 편지를 쓸 수 있는 사람도 일본어(원문 : 국어-역자)

를 이해하는 사람(남 30인 여 1인)도 상당히 많고 청년의 신교육을 받은 것에 대해서도 기뻐하는 분위기가 있는 것은 상신리에 비해 현저한 차이이다.

내가 조사한 한창수韓彰洙씨는 가계도 올바르고 더욱이 부락 중에서 3위의 지주로 스스로 밭 6정보, 논 12정보, 산림 2반보를 경영하고 있었다. 가족은 남자 3인, 여자 2인으로 그 외에 고용인은 남녀 각 1명. 그 주거(도판 제40, 제41) 및 터는 잘 정돈되어 있었고 공부방과 안방은 넓은 부엌을 끼고 안방에는 잠자는 방이 있고 안방에서 넓은 대청을 사이에 두고 건넛방이 있다. 내가 조사할 때에는 한씨의 부인은 노비와 함께 절인 음식의 준비에 바쁜 모습이었다. 대문에 들어서니 바깥뜰을 사이에 두고 넓은 사랑방에는 흐트러지지 않고 툇마루와 누마루로 연결되어 있으며 집 안에는 허벽장虛壁欌도 있었다. 바깥 뜰 및 뒤뜰에는 나무를 심어 놓은 것 외에 한 켠에는 진달래 등을 심은 화단도 있다.

### 12. 경상북도 안동군 풍남면 하회동

하회동은 "하회의 유柳씨"로 조선시대에 유명한 양반 유씨가 거주해 오는 곳으로 그 중 중핵이라고 할 만한 부락은 낙동강 중류 좌안의 충적지에 136호의 대집단(도판 제42, 제71)을 이루고 있다. 이 부락의 주위는 북동쪽의 고개를 중심으로 화산花山을 비롯하여 거의 산으로 둘러싸여져 있다. 화산에서는 매년 음력 1월 15일에 동신洞神에 제사를 지낸다. 부락의 북쪽 낙동강을 끼고 서로 마주보고 있는 부용대芙蓉抬는 풍취 있는 작은 소나무가 무성한 바위산으로 그 정상의 조망은 실로 좋고 마을 사람들의 행락 장소가 되어 있으며 낙동강의 흐름이나 거기에 접해 있는 하회동을 한 눈에 내려다볼 수 있다. 양춘산陽春山에 철쭉꽃이 피는 계절이 되면 평소 외출하지 않고 안방에서만 생활하던 유씨의 부인까지도 부락으로 나와 낙동강을 건너 이 산에서 오후부터 밤까지 즐기고 밤이 되면 부락에서 산에 걸쳐 친 끈에 제등提燈을 걸고 점등을 즐긴다고 한다. 이 산은 낙동강에 접해 수 십 척에 이르는 깎아지른 듯한 낭떠러지를 이루고 그것을 따라 흐르는 강은 깊고 푸른 물은 연못이 되고 그곳의 큰 붕어는 명산名産이 되어 있다.

부용대의 절벽 밑에는 강과 접하고 고아하게 논밭 근처에 별도로 지은 원지정사遠志精舍

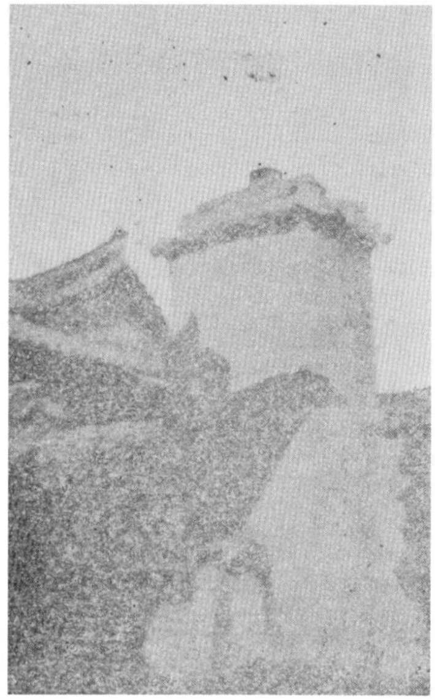

1. 상복 베옷의 유승우씨와 그 두 동생
2. 장대한 연통(유시일씨의 주택)

와 겸암정사謙岩精舍(도판 제43)가 있다. 그와 함께 유씨 직계의 2대 종가로서 전자는 동생 서애西崖, 후자는 형 겸암이 지은 곳이다. 형 겸암 선생(유운용柳雲龍)은 당시 통정목사通政牧使로 나아가고, 동생 서애(유성룡柳成龍) 선생은 임진왜란 때 영의정이었다. 그의 저서 『징비록』은 주지하듯이 전고戰苦를 실제 수기한 유명한 저술이다. 이 양가의 자손 및 일족으로 판서(대신)나 군수가 된 사람이 많고 정치하기 어렵다고 이야기되는 지방에서도 유씨 일족이 군수로서 부임하면 바로 사건이 없었다고 전해지고 있다.

유성룡의 세손

절節 - 돈승敦升 - 백伯 - 간옥簡玉 - 종혜從惠 - 홍洪 - 치治 - 자온子溫 - 공작公綽 - 중정仲郢 - 운용雲龍: 겸암謙庵 - 주袾 - 원직元直 - 세철世哲 - 후창後昌 - 성신聖臣 - 영泳 - 복춘復春 - 익조翼祖 - 종목宗睦 - 도회道會 - 정楨 - 명유命侑 - 시만時萬 - 한준漢俊

마을에서 유씨의 세력은 물론 부근 지방의 상민을 감복시킨다. 집에서는 많은 하인들에게 대대로 노역에 종사하도록 하고 이 고역에서 벗어나기 위해 도망을 꾀한 사람이 있으면 바로 각지의 감사(관찰사) 및 군수에게 조회하여 그를 잡아 돌려보내기 때문에 자자손손 그 괴로운 곳을 벗어날 수 없었다. 최근 일제의 조선 강점(원문 : 일한병합-역자)에 이르러 오늘날에는 사용인使用人의 자격은 되었지만, 그 실제는 이전과 그렇게 다르지 않다. 즉 소작료 외에는 옷값을 낼 정도의 급여는 없다.

유씨 대지주 소유지(지목별)

| | | | |
|---|---|---|---|
| 유시일(柳時一) | 밭 80정 | 논 50정 | 터 10정 |
| 유승우(柳承佑) | 밭 81정 | 논 50정 | 터 10정 |
| 유준영(柳準榮) | 밭 50정 | 논 30정 | 터 5정 |
| 유승우(柳承佑) | 밭 40정 | 논 30정 | 터 5정 |
| 유동후(柳東垕) | 밭 30정 | 논 25정 | 터 5정 |

그 자제는 새로 설립된 공립보통학교에 통학할 수도 없고, 1920년 12월부터 청년회青年會 부속의 노동야학회勞動夜學會라는 곳에서 교육을 받고 있다.

유씨 일족은 136호 가운데 100호이고 그 가운데 유운룡柳雲龍의 후예 유시만柳時萬씨의 친족은 38호, 유성룡의 후예 유승우씨의 친족은 62호이다. 이를 영농상태에서 보면 지주 75호 가운데 유씨가 아닌 것은 조趙씨 1호에 불과하다. 즉 유씨의 소유가 되는 자산가의 소유지의 대략을 열거하면 위(원문 : 오른쪽-역자) 표와 같다.

그러나 시대가 흘러감에 따라서 그 사회적 세력이 점차로 쇠퇴해 가는 것과 같이 경제적 실력도 역시 이전과 같지 않고 많은 부채로 힘들어하는 사람이 있다고 들었다. 그렇다면 강대했던 이전 사회계급으로 구성되어 있던 이 부락이 앞으로 어떻게 변화되어 갈 것인가를 고찰하는 것이 많은 남조선의 사회 연구에 중요하다. 원래 농촌 구성의 중추 요인이 될 만한 자작농이 이 부락에서 겨우 4호밖에 없는 데에 비해 지주의 수는 앞서 언급한 바와 같이 75호이고 그 가운데 하인을 부리고 있는 31호(도판 제47, 제71)로 많은 것은 극단적인 두 사회계급의 대립을 분명하게 보여준다.

나는 이 부락에 들어와 엄격한 느낌의 기와집이 많은 것과 특히 유시만씨를 방문하여 장대한 주거(도판 제44, 제45, 제46)를 보았다. 유승우씨를 방문해서는 서애 선생이 남긴 저술 및 묵화를 전체적으로 보았고 또 서애 선생이 학문을 하던 연자루燕子樓 등을 보고는 보통 농촌과 비교하여 현저하게 조용하고 고전적인 분위기에 빠져드는 느낌을 받았지만 많은 새로운 사상事象의 싹은 이 고전적 부락에도 시대의 물결과 함께 파고드는 것을 입증하고 있다.

이 부락의 중심이 되는 유씨는 이러한 가계와 여러 이력을 가지고 있는 데에서 유교는 이 생활에서 중심 사상이며 자제에 대한 소양의 규범이기도 하였다. 1911년 유시만씨나 유승우씨가 동족 중 유력자와 꾀하여 그 공동소유의 재산으로 사립학교를 세운 것은 장기

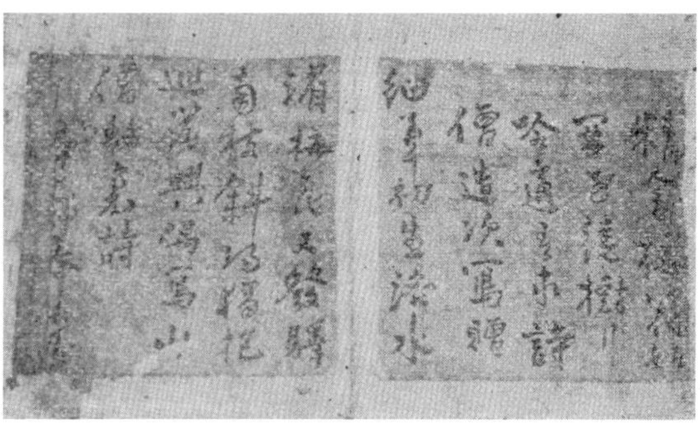

1. 유서애 선생의 학문하던 연자루
2. 유서애 선생이 남긴 묵서

간의 기대에 부응한 것이다. 따라서 총독부의 새로운 방침에 토대를 둔 공립보통학교의 건립을 기뻐하지 않았으나 이에 앞서 공립보통학교를 신설하고 그 교육을 받은 다른 부락 상민 자제의 교양이 그렇지 않은 것과 비교하여 현저하게 차이가 있다는 것을 알게 되어 결국 다른 부락과는 6, 7년 뒤떨어졌지만 1919년 이곳에도 공립보통학교가 건립되기에 이르렀다. 그러나 사립학교 건립 당시부터 다행히 일본어(원문 : 국어-역자)를 가르치고 있었기 때문에 그 곳에서 양성된 하회동의 많은 청년은 오늘날 일본어(원문 : 국어-역자)를 해석하고 그 사상도 발전하고 있다.

부락에서 반리 정도 떨어져 있는 병산동屛山洞에 있는 병산서원屛山書院에서 이루어지는 서애 선생에 대한 봄과 가을 제사는 그 자손 및 일족과 제자들이 모여 매우 성황이었는데 오늘날에는 청년들은 그것을 이전 시대의 남겨진 관습과 같은 것으로 이해하고 기꺼이 거기에 참여하려는 마음이 없다. 거기에 연장자는 단발한 청년이 제사에 참여하는 것을 기쁘게 여기지 않기에 점차로 그 수가 줄고 의식은 해를 거듭할수록 쇠퇴하는 경향을 보일 뿐이다. 특히 1920년 12월에 창립된 유씨 청년회의 회원은 마을 전체 약 100명이고 연령은 20세 이상 3, 40세까지인데 이것이 생긴 이후 청년 세력이 갑자기 두각을 보이고 또 노력하고 있던 연장자와 그 위치가 바뀌게 되었다. 기독교 신자가 겨우 1, 2년 사이에 이 고전적인 부락에 상당히 늘어나게 된 것도 사상의 격변을 입증하는 것이다. 1920년 6월 조선의 부인 포교자가 처음으로 이곳에 와서 2개월 동안만 포교했을 때에는 한 사람의 신자도 없었다. 그러나 같은 해 10월에 조선의 포교자 남녀 4명이 열심히 포교한 결과 지금은 신도 수가 40명에 가깝고 이것으로 모두 청년 회원 및 그 부인이 교회마저 건설하기에 이르렀다. 남자의 교육과 사상이 이렇게 변하게 되었지만, 여자의 교육은 이전과 마찬가지로 그 가문을 벗어나지 못하고 있다. 즉 여아는 어머니 슬하에서 한글을 배우고 재봉 하나 외에는 베를 짜는 일은 면포를 짜는 정도까지이다. 미혼의 여자는 방을 나오지 않는다는 구습에 얽매여 있었기 때문인데 그 부모도 마음 속으로 여아들이 신교육을 받았으면 하는 사람이 많다.

유씨 일족 사이의 계에는 3개가 있다. 하나는 공유지의 전답 2백 두락에서 나오는 소작료로 매년 호세에 충당하는 것 외에 연말에 그 중에서 얼마의 돈을 60세 이상의 노령자에게 급여하는 문중계, 또 하나는 동족 63명이 장례 시에 서로 돕는 돈의계敦義契, 마지막 하나는 빈곤자를 서로 돕는 성의계誠意契이다. 동족 외 사람에 대해서는 흉년 시에 벼 몇 두락씩을 급여하는 정도이다. 소작료나 소작인에 대한 시설도 다른 부락과 다른 것은 없다.

이러한 부락이므로 일반적으로 교양이 깊고 한문(남 350명) 및 언문(남 5백인, 여 50인)으로 편지를 쓸 수 있는 사람, 일본어(원문 : 국어-역자)를 해독하는 사람이 다른 부락에 비하여 많고 언문으로 편지를 쓸 수 있는 부인이 많은 것도 다른 부락에서 볼 수 없는 것이었다. 신문잡지를 구독하는 사람도 20호에 가깝다. 의약의 경우도 유씨의 주요한 집들에서는 의서를 보고 자체 조제를 하기에 부락에는 한의술로 병을 고치는 사람도 약국도 없다. 낙동강 물을 마시면 병에 걸리지 않는다든가 하회동은 배 모양과 닮아 있기에 우물을 파는 것을 꺼려 수년 전까지는 우물이 하나도 없었다. 수년 이래 경찰서의 주의로 점차로 경찰서, 면사무소, 학교 3개소에 우물을 파게 되었다.

조사한 유시만씨는 앞에서도 언급한 바와 같이 유씨의 직계로 그 가족은 남녀(남 4인, 여 4인), 자녀(남 5인, 여 1인) 15명, 하인은 남녀 자녀를 합쳐 18명이다. 그 주거(도판 제44)는 실로 장대하고 대문짝에는 "대재건원大哉乾元(크구나. 건의 근원이여)", "뢰이곤형賴而坤亨", 부엌문에는 "유일덕惟一德", "합만장合萬狀"이라고 적혀 있다. 대청을 비롯하여 각 방은 모두 지상에서 높이 쌓여 있는 돌담 위에 지어져 있고 여름을 대비한 객실 대청에는 양진당養眞堂의 액자를 또 한 구석에는 하회 16경을 한문으로 철한 액자를 걸어놓고 있다. 그 오른쪽 사랑방에는 유시만씨의 객실 겸 주거 공간으로 서고와 침실이 딸려 있다. 부인에게도 거실(잠자는 방) 외에 객실(안주인이 생활하는 방)이 있고 여름 방향의 객실(대청)도 있다. 어린이들의 주거 겸 객실은 작은 사랑방으로 하고, 그 오른쪽 누마루는 여름용 주거 공간 겸 객실이다. 그 외 하인방(2칸)이 있고 마굿간이 있다. 사당도 두 개로 나뉘어져 터 주위와 마찬가지로 기와로 쌓은 흙담으로 둘러싸여 있다. 이 집의 구도는 양반이라는 특권계급이 당시 경제 · 사회적으로 우월한 위치를 차지하고 있던 것을 웅변적으로 말해 주는데 오늘날 무엇인가 시대로부터 사라져 가고 있는 것과 같은 느낌을 가지지 않을 수 없었다.

## 13. 충청북도 충주군 가금면 누암리

누암리(도판 제48)는 한강 왼쪽 해안에 우뚝 솟은 조망 좋은 구릉에 있는 부락이다. 지금부터 약 200년 전 영의정(총리대신)이었던 정호鄭浩(호 장암 丈岩)가 노년에 관직에서 물러나 이 곳의 풍관이 좋아 은거한 것에서 이 부락이 시작되었다. 그의 주거 주택 및 그 부지는 당시 국왕이 하사한 것으로 학덕이 높았던 그의 사후에는 자제가 서로 꾀하여 서원을 세우고 그를 제사지내며 국가에서도 제수비를 지급하고 60년 전 대원군이 전국의 서원을 철폐하기까지는 계속되었다.

정호 이후 그 일족으로 관직에 올랐던 사람은 판서(대신) 두 사람, 참판(차관) 세 사람, 승지(서기관장) 세 사람, 관찰사(도지사) 세 사람, 군수 다섯 사람이다. 그 당시 사회적 지위를 차지함과 함께 경제적 우월도 얻은 정씨는 누암리에서만도 약 50호, 거기에 예속 하인 20호, 합쳐 70호의 부락이었다. 그러나 30년 이후 시운의 변천과 함께 유일한 생활 토대였던 관직이 없어지고 뇌물 수수 등의 부수입도 없어지고 거기에다가 28년 전 의병의 난 때 일본병사에 의하여 화재로 모두 타 없어졌다. 후손들은 허영으로 몸에 익숙지 않은 상업에 손을 대 실패하고 예속자는 그 굴곡으로부터 벗어나고자 가옥 · 토지를 전매하였다. 이 때문에 부락은 붕괴하고 지금은 그 호수가 25호로 감소하였고 그것을 영농상태에서 보면 지주 2호, 자작 겸 소작 2호 외 소작으로 그 가운데에는 3, 4반보를 소작하고 주로 남의 일을 해주고 생활하고 있는 사람도 5호나 있다.

부락의 경지는 논 15정보, 밭 4정보로 1호의 표준 넓이는 논 약 5반보, 밭 약 6반보이다. 논은 1할 정도로 2모작을 할 뿐이고 밭의 주요 작물은 보리, 콩, 밤이고 연초는 1913년 이후 시작한 것인데 이익이 많은 것은 군 당국의 지도 효과로 지금은 쌀, 보리 다음으로 주요한 작물이 되었다. 경종 방법은 이전의 전통을 고수하고 지도 장려에 대해 의심을 품고 있었는데 최근 점차로 제초를 정중하게 하였을 뿐 아니라 더욱이 그 회수를 늘이게 되었다. 경작에 필요한 소는 자가에서 1마리씩 가지고 있는 것은 겨우 3호, 빌려 사용하는 사람이 2호이고, 그것을 교대로 빌려 논밭을 간다. 부업으로 눈에 띄는 것은 없고 닭을 길러 시장에 내다 파는 정도이고, 주로 1리 반 거리의 충주시장을 이용한다. 따라서 금융도 충주금융조합에서 융통(부동산 담보로 한 대부는 하루 이자 4전 5리, 보증에 의한 대부는 하루 이자 5전, 매년 나누어 상환하는 것은 연 1할 5분, 정기 상환은 하루 이자 4전)하는 것도 거기에는 회원이 되는 조건 외의 절차를 필요로 하기 때문에 이전과 같이 개인대차(월 3분 내지 5분)가 이루어진다. 계는 호세를 거둘 목적의 호포계戶布契(원금 100원)가 있다.

지금은 쇠퇴하고 있지만 유서가 깊은 부락에만 한문으로 편지를 쓸 수 있는 사람(남4인), 언문으로 편지를 쓸 수 있는 사람(남 20인, 여 8인)이 상당 있고 정씨가 번창할 때에 규율적 훈련을 받아 왔기 때문에 풍기는 비교적 좋다.

내가 조사한 정상원鄭尙源씨(도판 제50 하)의 부친은 판서, 둘째 형은 관찰사였던 정씨 일족의 한 사람이고 벼 2백석의 자산을 가지고 있다. 수년 전 누암리에서 점차 하천 밑으로 이주하여 새로운 주거(도판 제49)의 부근에 3, 4호의 소작인을 살게 하고 있는데 가족은 남녀 합쳐 11인 외에 하인 남녀 각 1명이 있다. 그 주거는 본가에서 종래의 구획을 현저하게 개선하고 안방과 건넛방 사이에 곁방을 두어 연락하며 그 다음으로는 여자 손님 방에도 갈 수 있도록 하였다. 이처럼 많은 온돌에 부엌 3개를 두어 각 방에 온기를 보낼 수 있도록 꾀하고 있다. 김씨의 주거(도판 제51)는 누암리에 있는 것으로 본가와 같이 그야말로 경성풍이고 지붕 기와 및 그 까는 방식도 경성에서 자주 보는 것과 같다. 경성을 왔다 갔다 할 수 있는 한강에 접하고 있는 것이 정씨가 이곳에 거주를 점친 하나의 원인일 것이다.

### 14. 전라남도 영암군 영암면 망호리

망호리(도판 제52)는 영암읍내에서 북서쪽으로 여러 정町 떨어져 있는 부락이다. 이 부락 120호 중 약 80호는 집단적으로 있고 전체 호가 직·간접으로 빗의 제작에 종사하고 있다. 그 대부분은 이씨이다. 조상 석학 유학자 이계남李桂南은 약 300년 전 경기도에서 이곳으로 옮겨 와서 스스로 망호정望湖亭을 세워 자제를 교육하고 남전藍田 여씨향약呂氏鄕約에 토대하여 부락의 규약을 만들어 망호리의 기초를 쌓았다고 전해지고 있다. 같은 성족의 부락인 만큼 문중계門中契는 한 조상의 제사 비용에 충당하기 위해, 동계洞契는 불행·재난을 구제하기 위해 이전부터 운영해 오고 있을 뿐만 아니라 최근에는 서당계, 상부계喪賻契, 혼인계도 생겼다.

빗의 제조는 250년 전부터 이어지고 있다고 한다. 80호의 집단부락에 대해 빗의 제작자를 조사해 보니 전업이 60호, 겸업이 20호이고, 영농적으로 그 생산고를 보면 자작농의 생산이 가장 많고 경작은 대개 소작인에게 맡기고 스스로 제작에 종사한다. 그 원료가 되는 대나무재는 2년생의 가을에서 3년생의 가을까지의 것을 가장 좋은 것으로 보고 1년 동안 필요한 양의 공급을 터 주위(도판 제53, 제73) 및 그 외 부락 안의 죽림(약 50정보)에서 받는다. 보통품은 하루 20개를 만들 수 있지만 상등품은 그 반에 지나지 않는다. 조사한 민가(도판 제53)에 대해 그 제작 상황을 보니 남향의 건넛방을 그 작업실(도판 제53, 제54)로 사용하고 거기에 사용하는 도구의 수는 크고 작은 것 30(도판 제54)이고 그 가운데에는 영암읍내나 목표에서 사오는 것도 있는데 3분의 2는 스스로 제작하여 사용한다. 이 소도구를 공교롭게 사용하고 매일 20개 내외를 제작하는 기공技工은 조선인의 수공업에 대한 가능성을 보여준다. 경성에서 외국 선교사가 경영하는 공예학교에서 공업기술자로서 조선인의 능력을 물었더니, 다년간 그 교육에 종사하고 있던 독일인은 조선인은 능력은 충분히 있는데 감독자 없이는 일을 시키는 것은 곤란하다고 말했다. 조선인으로서도 우리들로서도 이 점은 크게 연구할 만한 것이다.

발송지 수량 가격표(1921년 12월말)

| 빗 | | |
|---|---|---|
| 지명 | 수량(개) | 가격(원) |
| 함남 | 164,500 | 16,450 |
| 평북 | 104,500 | 10,450 |
| 함북 | 54,400 | 5,440 |
| 안동현 간도 | 46,200 | 6,930 |
| 평남 | 41,200 | 4,120 |
| 충남 | 29,000 | 2,900 |
| 경북 | 23,800 | 2,380 |
| 전북 | 18,000 | 1,800 |
| 경기 | 17,400 | 1,740 |
| 황해 | 14,700 | 1,470 |
| 충북 | 5,000 | 500 |
| 경남 | 5,000 | 500 |
| 계 | 523,700 | 54,680 |

이렇게 하여 생산된 빗은 대개 전체 조선으로 공급하고 아래(원문 : 왼쪽-역자) 통계에서 보여주는 것처럼 그 거래는 음력 5일과 10일에 열리는 영암읍내 동쪽 밖 시장에서 이루어진다. 그러나 발송지에 보낼 만한 빗은 대개 거간꾼을 통해 이루어지기에 장날 가격도 거간꾼에 의하여 지배되기 때문에 생산자는 생산비를 제외한 순익을 얻을 수 없다. 특히 그에게 필요한 자본의 출처를 조사해 보니 자기 자본에 의한 것은 겨우 25호이고, 다른 집은 돈을

빌려(이자 시장 하루 지불 2분, 월 지불 5분 내지 6분) 경영하고 있고, 많은 경우 대금업 및 거간꾼으로부터 융통한다. 거간꾼으로부터 빌린 것은 빗 제품으로써 변제해도 좋도록 되어 있기에 거간꾼과 제작자와는 거의 자본주와 노동자의 관계에 있다. 최근 이러한 폐단을 없애기 위해 산업조합이 생겼지만 아직 충분한 효과를 거두고 있지 않다.

### 15. 경상남도 통영군 거제면 죽림포

죽림포는 통영항의 동쪽에 있는 거제도의 서쪽 해안에 있는 어촌으로 42호가 있다. 40년 전에는 40호였는데 악역惡疫의 유행이나 농작물 불황 때문에 병으로 죽거나 굶어 죽어 반감되었다. 그 후 부근에서 이주해 와서 지금은 어업 전업자 15호와 동 종업자 27호의 어촌이 되었다. 이곳에서도 매년 1월에 길일吉日을 택해서 무녀에게 부탁하여 마을 내 평안을 기원하는데 어촌인 만큼 2월 1일부터 4월까지 각 호에서 풍신제風神祭를 늘 올린다.

내가 이 부락을 조사하면서 보통의 농촌과 크게 다르다고 느낀 점은 농촌이 대체로 보수적인 것에 대해 취업에 필요한 어구 및 어선이 대체로 개선되어 있다는 것이었다. 종래 조사한 농촌에서는 주북면 부민리와 같은 모범 마을은 차치하고 다른 곳에서는 도나 군의 지도 장려에 바로 부응하는 사람이 적다는 것을 보고 들었는데 이곳에서는 전혀 달랐다. 이것은 이해관계가 눈앞에 있기에 수년 전까지는 이웃 동부면東部面의 산지에서 채취하는 갈피葛皮나 등목가죽[藤木皮], 통영시장에서 구입하는 마 껍질麻皮 등으로 만든 실로 제조한 주머니 없는 망을 육지에서 끌어올렸는데, 일본인 이주자들이 손으로 만든 망으로 어획하는 것을 배운 후부터는 지금은 면사로 만든 망으로 주머니를 붙여 어선에서 끌어올리게 되었다. 그 외에 주낙[연승延繩], 끌그물[지예망地曳網] 등인데 어획물은 볼낙[목장어目張魚]이 주된 것이고 갈치[대도어大刀魚], 참조기[석수어石首魚] 등이 그 다음이다. 여자가 이 모두를 배에서 통영으로 팔러 가는데, 통영시장으로 특히 많이 나간다. 자금은 통영의 고리대로 빌린 것이다. 농촌과 달리 음주를 좋아하기에 양조장이 3호나 있다. 문화 정도가 낮은 것은 글을 읽을 수 있는 남자가 겨우 일곱 사람인 것으로도 알 수 있다. 집의 구조(도판 제56)는 하나도 농촌과 다르지 않다.

## 16. 충청남도 논산군 두마면 부남리

시천교의 새로운 전도소 및 교주 별장

논산군의 서쪽 경계가 되는 학류산鶴流山(도판 제58, 제59)은 해발 574미터로 우뚝 솟은 산의 모습은 추앙의 대상일 뿐만 아니라 그 동쪽 산록 일대의 이른 바 신도내新都內[19] 지역은 이전 조선 왕조의 새로운 수도가 될 만한 지역이라고 하는 도참의 말을 이전부터 맹신해 왔는데, 수년 이래 조선 전체를 통해 이곳으로 이주해 오는 사람이 적지 않다. 특히 최근 종교 및 유사類似단체가 신도안에 많이 생겼기에 1919년 이후 황당무계한 망설에 현혹되어 이곳으로 와서 사는 사람들이 특히 많아졌다. 그 가운데 시천교侍天敎의 경우는 황해, 평안, 경북의 여러 지방에서 이주한 교도들이 164호(1921년 3월 현재)가 넘기 때문에 전교소傳敎所가 좁게 되었다. 그 때문에 신축하자는 이야기가 나오고 1920년 5월부터 그 공사를 시작하였다. 즉 위에서 이야기한 것과 같이 예산액 1만원이라고 이야기되었고, 내가 조사하였을 때는 한창 건축하고 있었는데 남자 신도들이 두계역豆溪驛에서 무거운 건축용 자재를 운반하였고, 여자는 그 역에서 기와 등을 기꺼이 운반하였다고 한다. 이러한 전교소 신

19) 신도안이라고도 불렀다.

축의 풍설은 각 지방에 과대하게 전해진 결과, 시천교도가 되고자 줄을 잇고 특히 황해도에서 오는 사람이 많았다. 장연長淵, 송화松禾, 재령載寧, 신천信川, 안악安岳의 각 군에서는 5백여 명의 이주자가 있었다. 그 때문에 가옥이 부족하고 종래 평당 5전 내지 10전의 토지에서 50전 내지 1원으로 폭등하게 되었다. 수년 전 황해도에서 이주한 사람이 황해도에서 화물차 4대의 목재를 운반해 들어와 신도안에 20호의 가옥을 신축하여 대부할 계획이다. 이렇게 새로운 부락이 이전 부락 부근의 밭 가운데 계속 생기고 있다(도판 제60).

이주자의 생활상태를 보니 신도안은 산록의 지세 때문에 경지가 적고 땅의 질도 좋지 않다. 이에 이주해 온 사람은 생활을 지탱할 만큼의 경지를 얻기가 곤란할 뿐만 아니라 물가는 공주, 대전, 논산 등에 비교하여 곡류, 땔감 등이 5할 내지 3할이 올라 여기로 올 때 가재를 팔아 얻은 돈은 비싼 생활비와 무녀와 복술 때문에 없어지고 다시 고향으로 돌아가려고 해도 여비가 없어 곤궁한 사람도 있다. 그러나 그 가운데에는 아무리 곤궁해도 미신을 고집하는 사람이 적지 않다. 생활상의 곤란은 여기에 와서 사는 사람들뿐만 아니라 종래의 토착민도 생활의 위협을 느끼고 다른 지방으로 옮겨 가지 않으면 안 된다는 파문에 빠져 있고 이 때문에 반감을 느끼고 있는 사람들도 적지 않다. 그러니까 이에 대한 경찰행정의 고심은 실로 보통이 아니다.

내가 조사한 두마면 부남리 내 신新 이주부락(도판 제62, 제63)에서는 황해도 사람이 가장 많았고 100호 가운데 59호가 된다. 조사한 소농(도판 제62, 제63)은 1920년 3월에 황해도 재령군에서 이주한 소작농이고 이주할 당시는 집 및 터를 팔아 현금 3백 원을 가지고 있었는데 지금은 전부 없어지고 겨우 3칸의 집에서 살고 있다. 좋은 지역이라고 듣고 왔는데 앞으로 어떻게 할 것인가 고민 중이라고 한다. 또 중농(도판 제62, 제63)은 마찬가지로 황해도 송화군에서 1921년 2월에 이주한 자작농이고 논과 밭을 전부 팔고 2천원을 가지고 있었는데 지금은 1천 3백원으로 경지 및 집을 사서 논 6반 5묘, 밭 2반 5묘보를 경영하고 있다. 이주의 동기는 북조선이 불온하다는 것과 시천교를 위해서라고 말했는데 진의는 무엇일까.

## 제3절 결언

나는 16개 부락의 특정한 양상을 고찰한 결과, 가족제도가 부락 구성과 밀접한 관계가 있는 조선에서는 통제가 있는 동성부락을 통하여 고유의 민속은 물론 부락 구성의 경제적·사회적 요소를 파악할 수 있기에 권업적 측면에서 모범 마을과 같이 동성부락 중 표식적인 것을 선택하고 그것을 조사하여 그 자료를 지방행정의 참고로 삼는 것이 가장 필요하다고 생각한다. 또 나는 순진한 지방 농민이 사물을 똑똑히 살피는 이지理智가 없는 결과, 유언비어에 움직이지 않는 것이 의외였다는 점을 밝혔다. 이에 미신이 부락 생활에 끼치는 영향도 특히 조사할 필요가 있다고 생각한다.

내가 한 부락의 조사에 소요한 일수는 하루 또는 이틀이다. 그 사이에 도면 제작과 사진 촬영을 하였기에 부락민 생활의 기초 특히 그 수지收支를 자세히 밝힐 수는 없었다. 이것이 이 조사에서 가장 미비한 점이고, 이에 대해서는 후일 어떠한 방법으로든 다시 조사를 하고 싶다.

결언에서 나는 교양 있는 조선의 젊은 청년들에게 고향이 되는 부락에 관한 학술적 연구를 시도하고 이를 기준으로 조선 지방 생활의 개선 노력이 하루라도 빨리 이루어지기를 열망한다.

# 도판 圖版

도판 제1

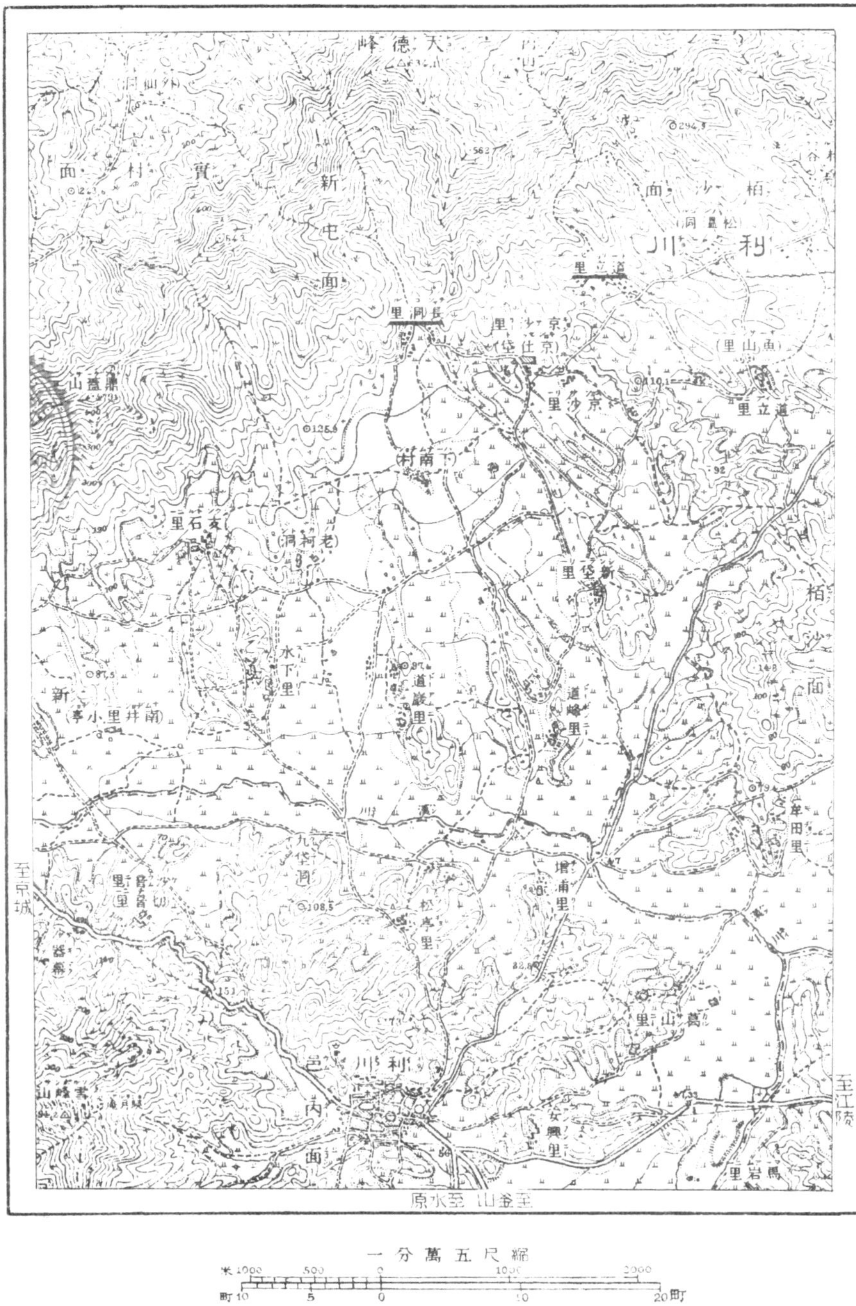


경기도 이천군 신둔면 장동리 및 백사면 도립리 부근 지형도(육지 측량부 5만분의 1 지형도를 나누어 실음)

장동리 원경(서남쪽에서 바라본 동촌 · 중촌)

내려다 본 도립리 상촌(오른쪽 나무 그늘 밑 육괴정)

①채소밭 ②장독대 ③화단 ④길 ⑤바깥 뒷간 ⑥벽장 ⑦윗방 ⑧아랫방 ⑨부엌 ⑩건넛방
⑪건넛방 ⑫사랑방 ⑬안 뒷간 ⑭소양간 ⑮섭탄고 ⑯하인방 ⑰대문 ⑱닭장

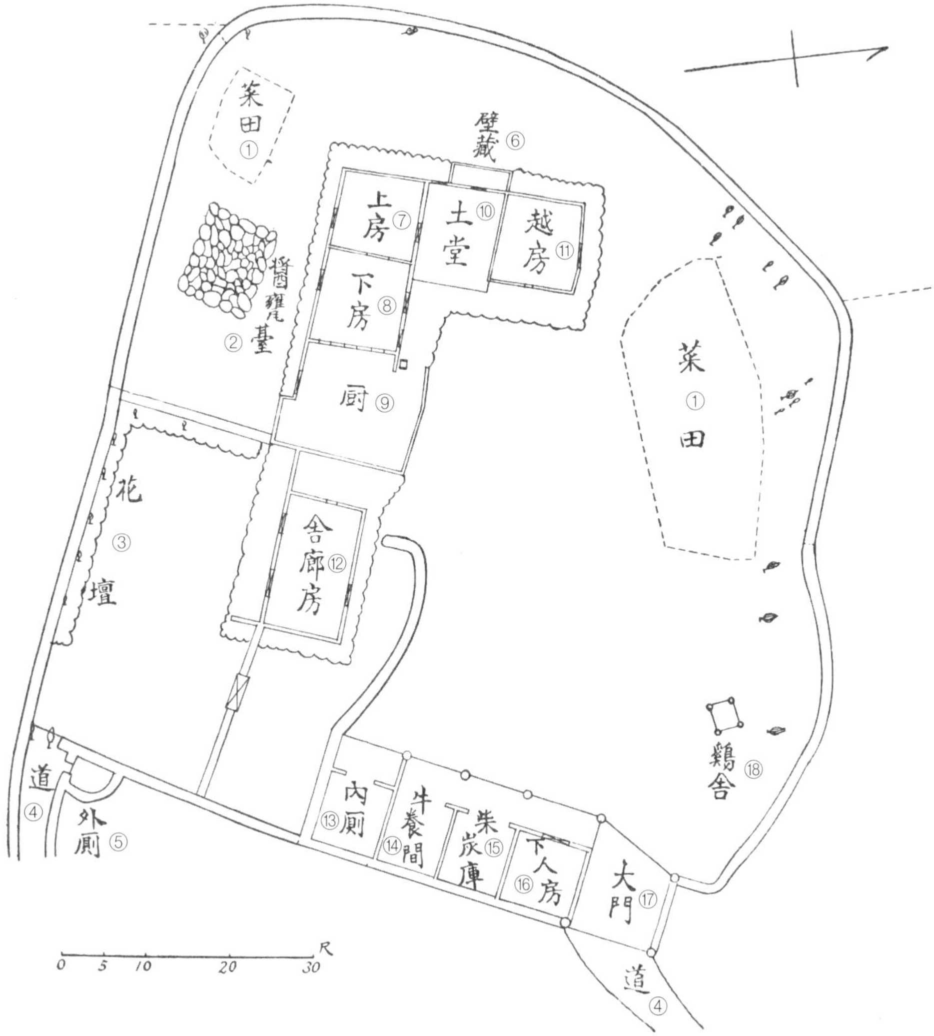


장동리 서촌 중농 가옥 평면도

장동리 서촌 중농 가옥 정면(건넛방 · 토당 및 윗방)

장동리 서촌 중농 가옥 측면(부엌 입구 · 아랫방 및 윗방)

①과수 ②채소밭 ③건넛방 ④곳간 ⑤하당 ⑥아랫방 ⑦장독대 ⑧절구간 ⑨헛간 ⑩바깥방 ⑪밭 ⑫토방 ⑬안방 ⑭부엌 ⑮대청 ⑯닭장 ⑰작은사랑방 ⑱기둥 ⑲마루 ⑳큰사랑방 ㉑대문 ㉒차양 ㉓소양간 ㉔헛간 ㉕하인방 ㉖안측간 ㉗마굿간 ㉘바깥 측간 ㉙마굿간 ㉚길 ㉛논

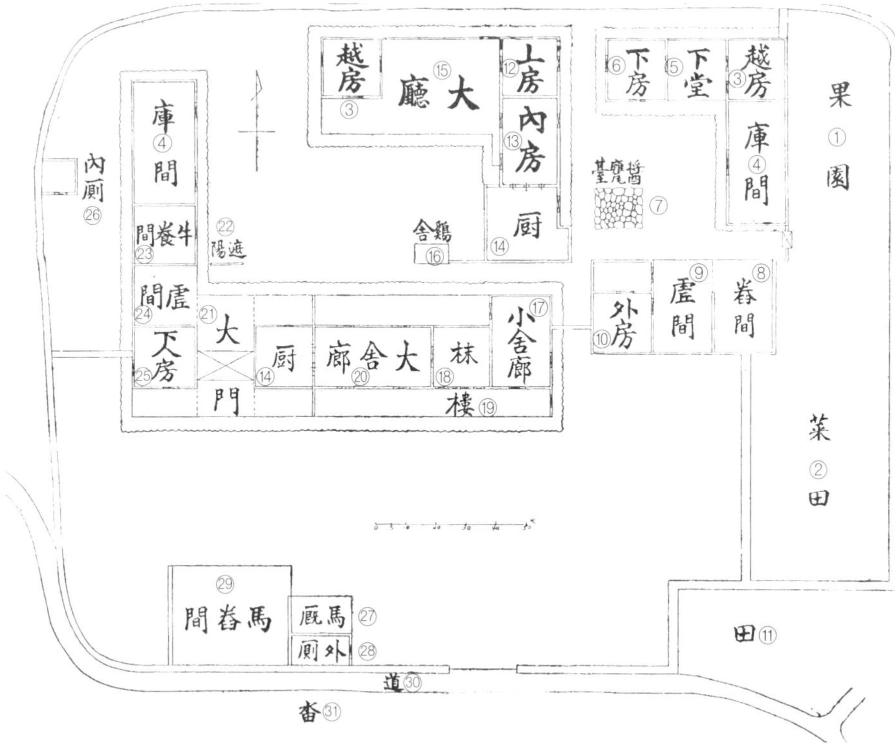


도립리 상촌 엄씨 가옥 평면도

가옥 전경

기둥 · 큰 사랑방 및 부엌

엄리섭씨

가옥 입구 및 마굿간

곳간 및 장독대

도립리 상촌 엄씨 가옥

도판 제7

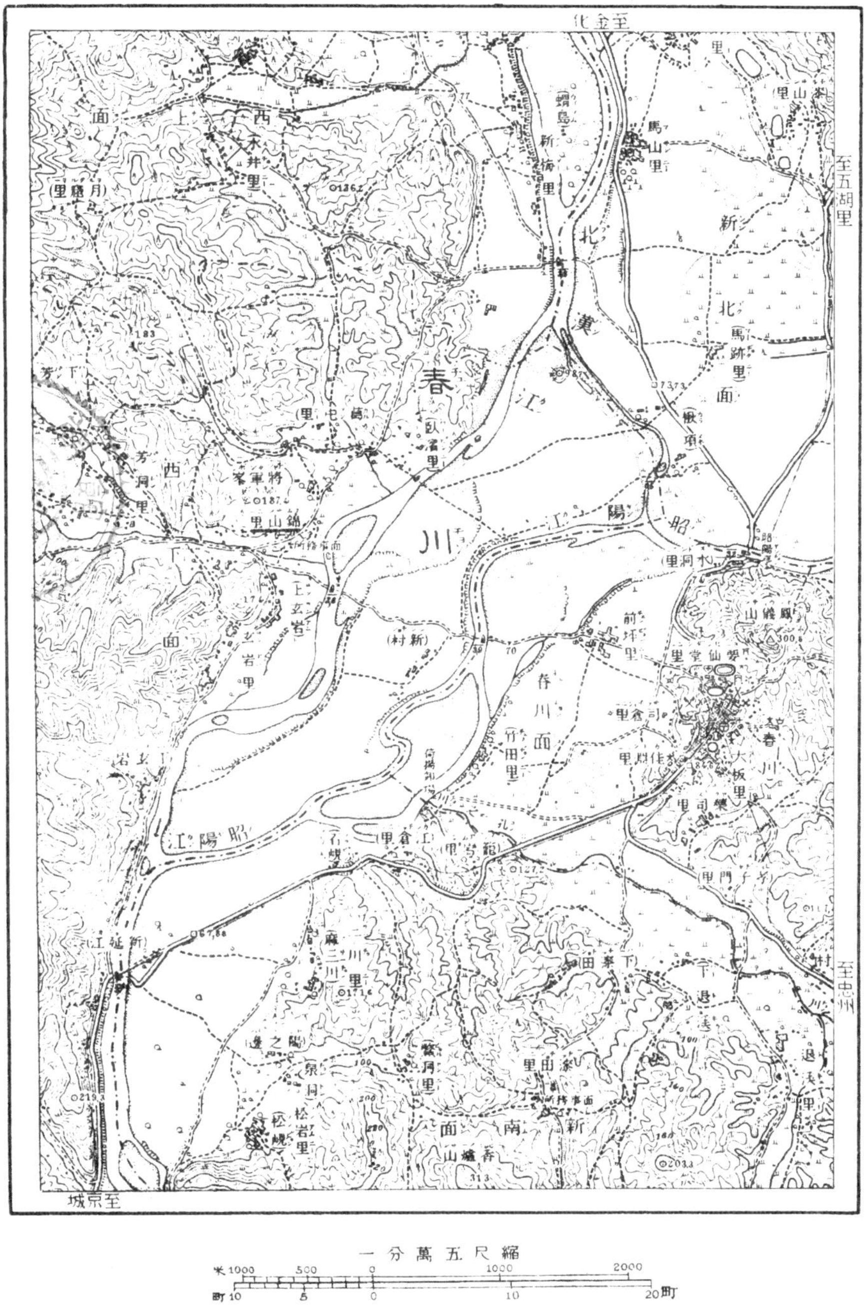


강원도 춘천군 서하면 금산리 부근 지형도(육지측량부 50만분의 1 지형도에서 나누어 실음)

도판 제8

①복숭아 ②건넛방 ③봉당 ④안방 ⑤부엌 ⑥헛간 ⑦배 ⑧장독대 ⑨측간
⑩닭장 ⑪대문 ⑫절구간 ⑬외양간

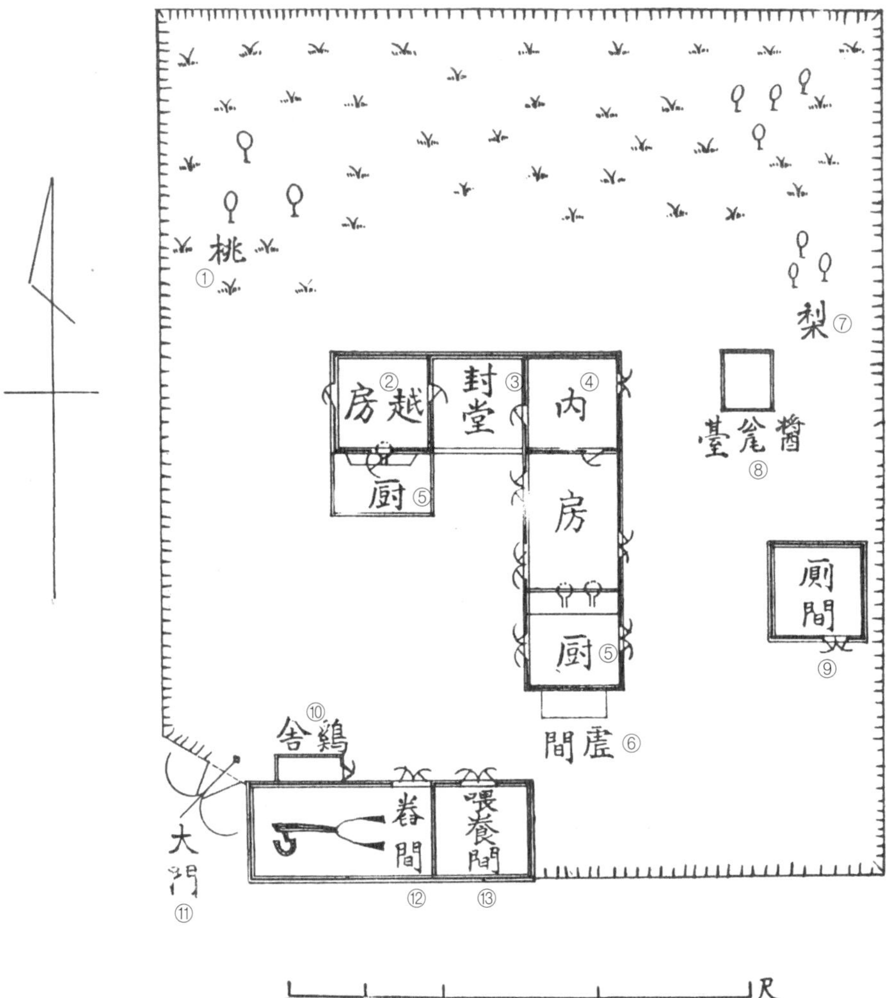


갈둔리 소농 가옥 평면도

갈둔리 원경

갈둔리 소농 가옥

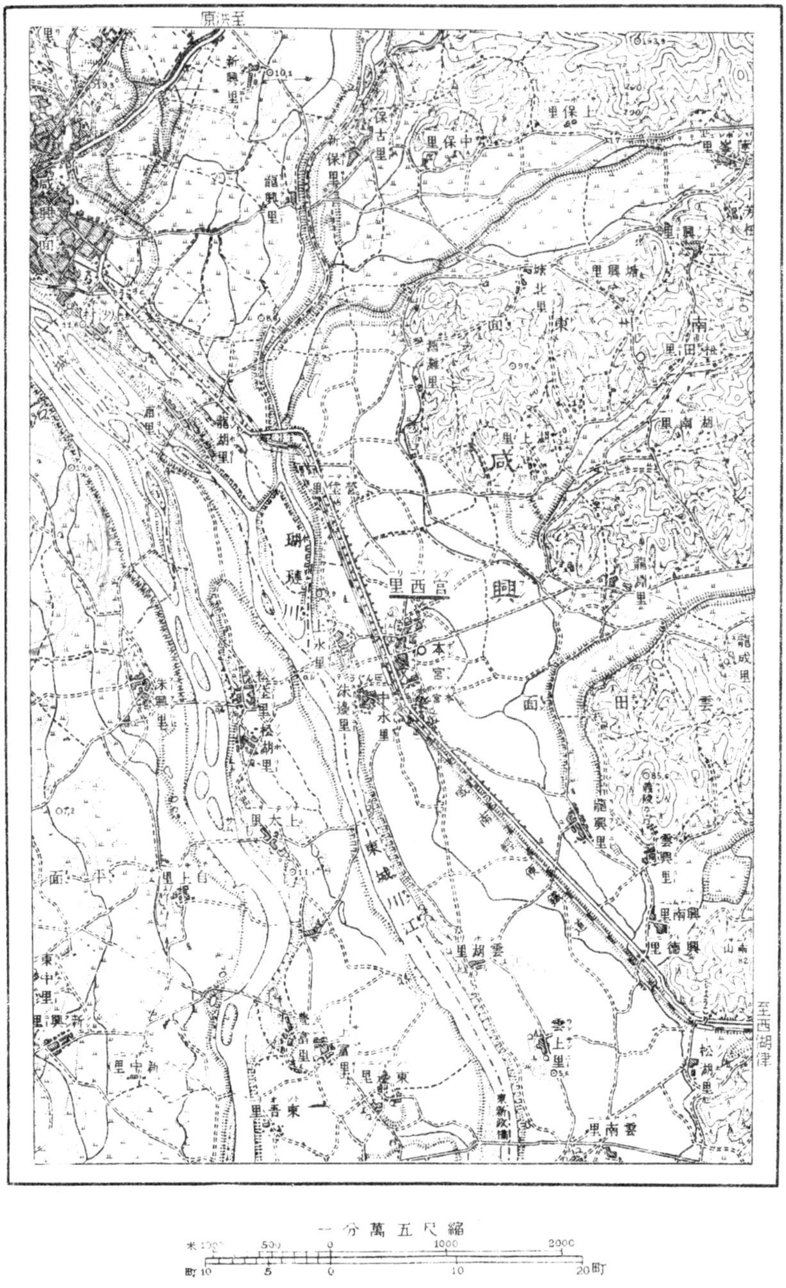


함경남도 함흥군 운전면 궁서리 부근 지형도(육지측량부 5만분의 1 지형도에서)

①흙담 ②장독대 ③측간 ④안방 ⑤사랑방 ⑥정지간
⑦부엌 ⑧과수 ⑨채소밭 ⑩바깥 사랑방 ⑪문

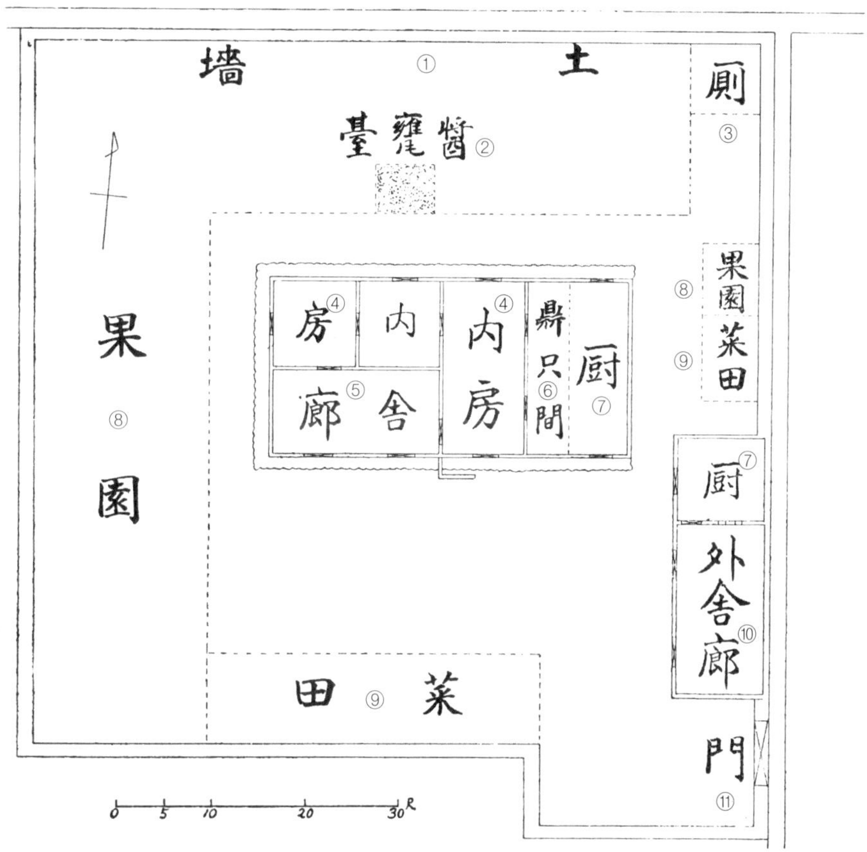


궁서리 중농 가옥 평면도

궁서리 중농 가옥 정면(부엌 · 안방 및 사랑방)

궁서리 중농 가옥 내부(부엌 및 정지간)

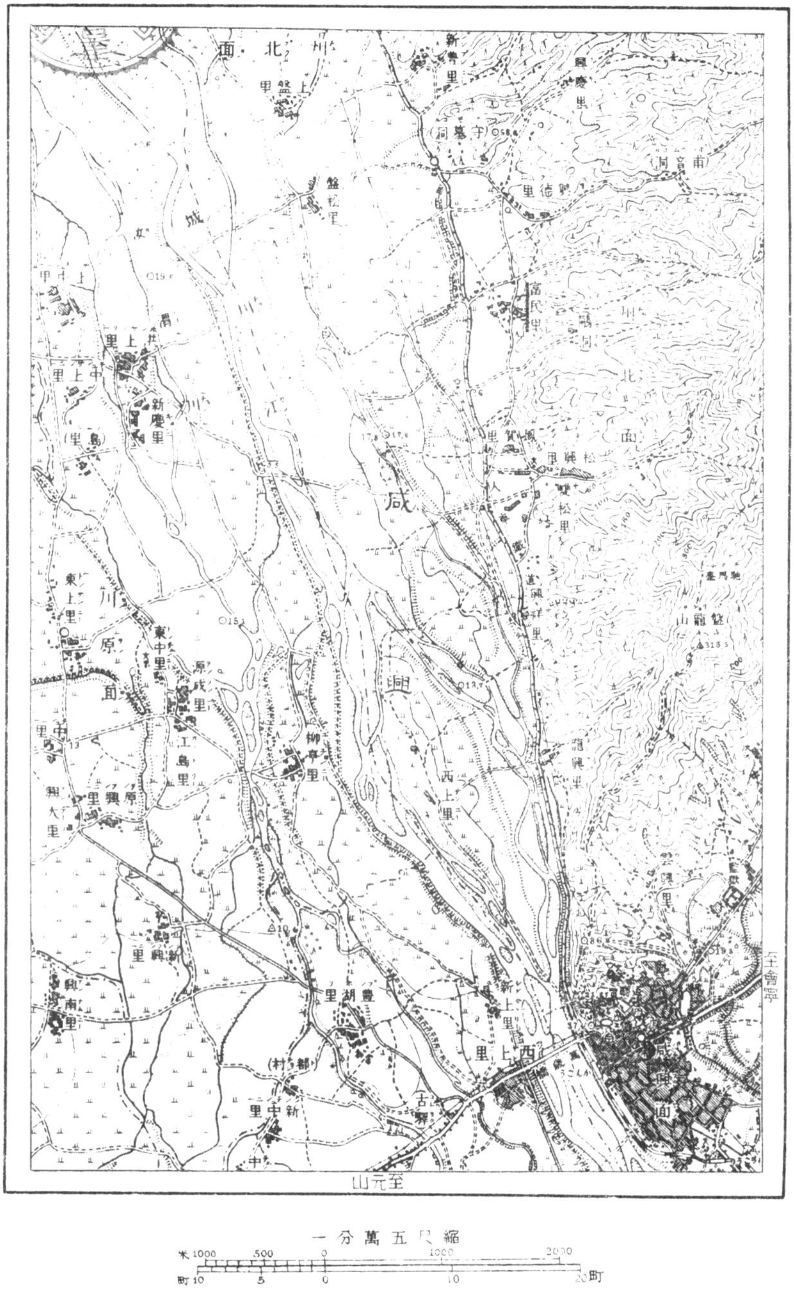


함경남도 함흥군 주북면 부민리 부근 지형도(육지측량부 5만분의 1 지형도에서)

(동쪽 뒤 언덕에서 바라본) 부민리와 그 묘지

부민리 중농 가옥 입구

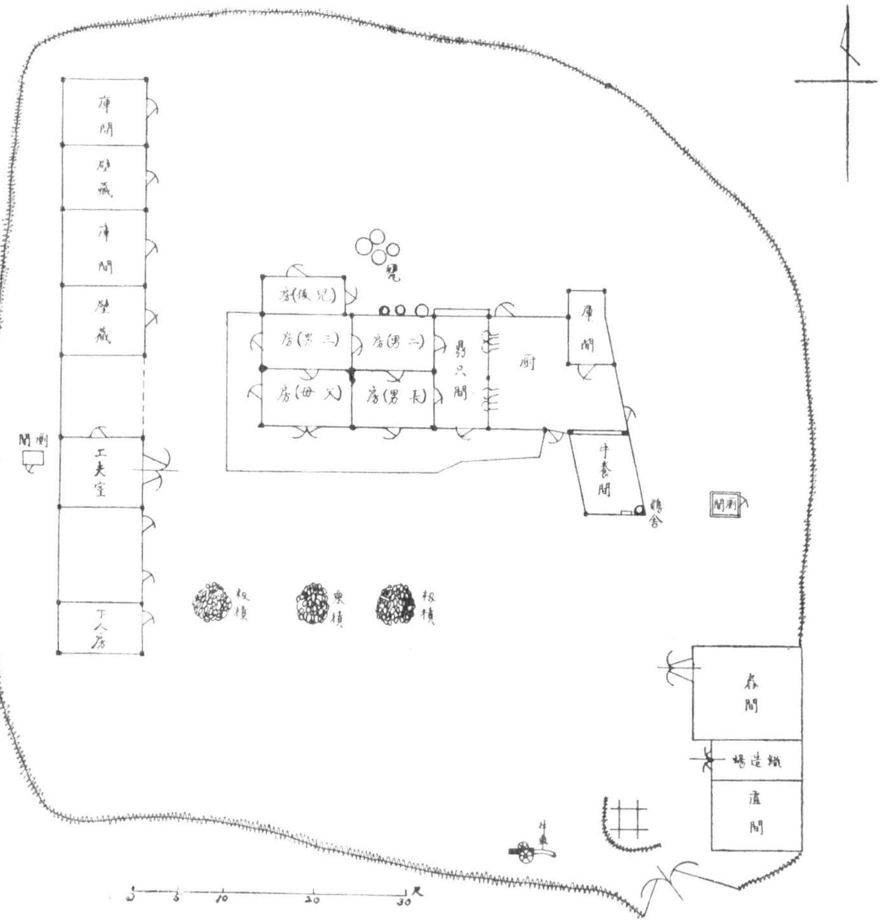


부민리 중농 가옥 평면도

부민리 중농 가옥 및 가족

부민리 중농 가옥 내부(부엌 · 정지간 및 방 입구)

도판 제17

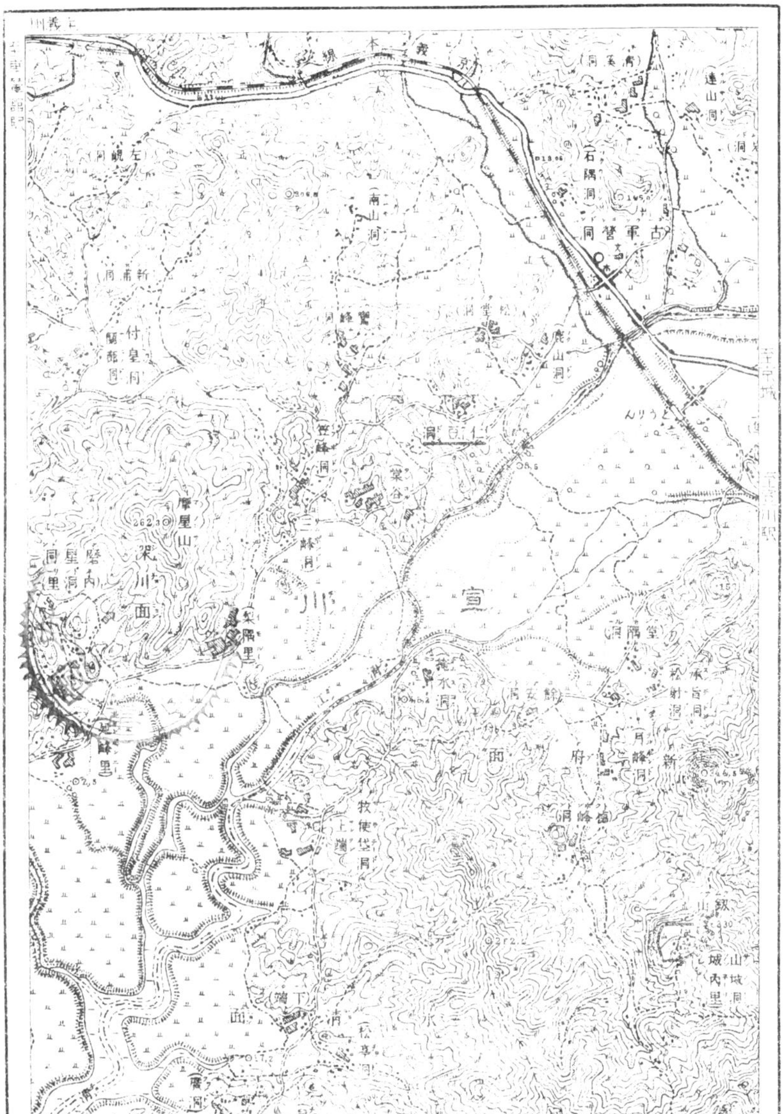


평안북도 선천군 심천면 인두동 부근 지형도(육지측량부 5만분의 1 지형도에서)

(서남쪽에서 바라본) 인두동 전경

인두동의 일부

①돌담 ②장 ③윗방 ④아랫방 ⑤부엌 ⑥건넛방 ⑦앞 가림막
⑧흙담 ⑨울타리 ⑩대자리 창고 ⑪돈사 ⑫대문 ⑬사랑방
⑭곳간 ⑮항아리 ⑯단지

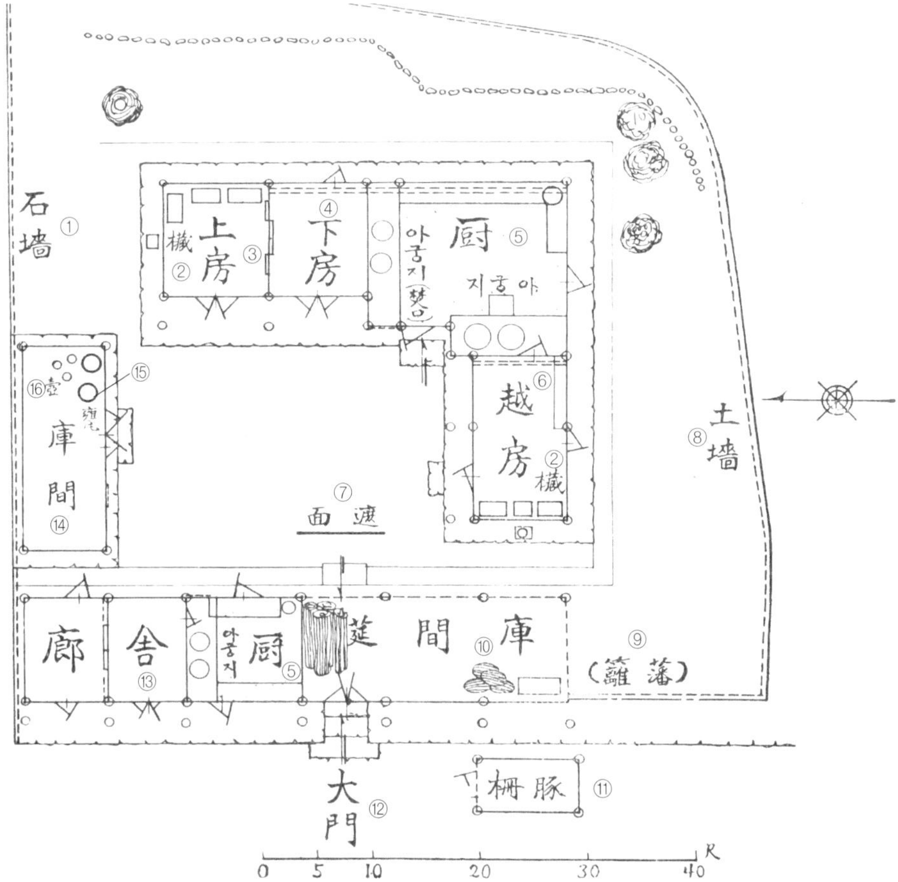


인두동 지주 가옥 평면도

인두동 지주 가옥 입구(곳간 · 대문 · 부엌 · 사랑방 및 돈사)

인두동 지주 가옥 및 가족

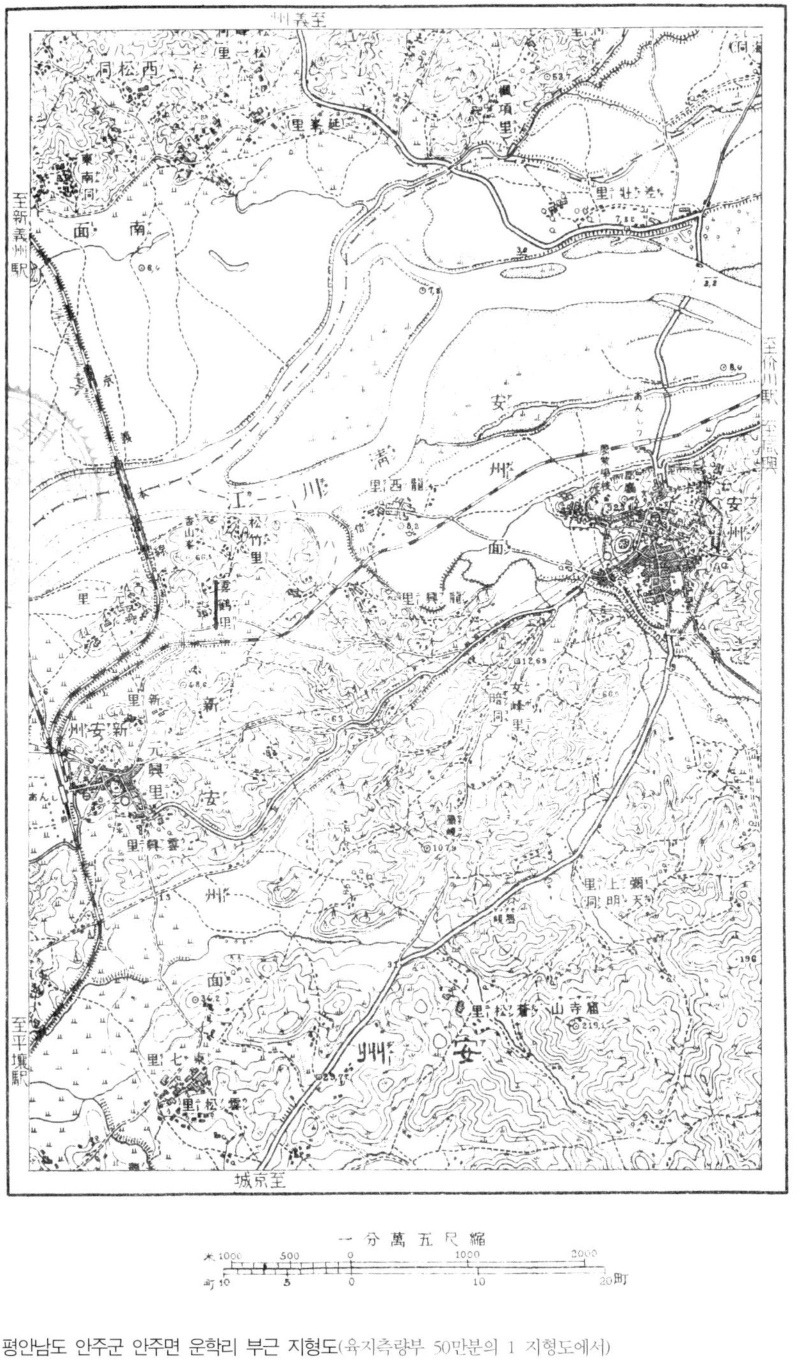


평안남도 안주군 안주면 운학리 부근 지형도(육지측량부 50만분의 1 지형도에서)

도판 제22

①산검 ②밭 ③누에밭 ④화단 ⑤과수 ⑥돌담 ⑦부엌 ⑧안방 ⑨장독대 ⑩측간
⑪곳간 ⑫대문 ⑬닭장 ⑭채소밭 ⑮포플러나무

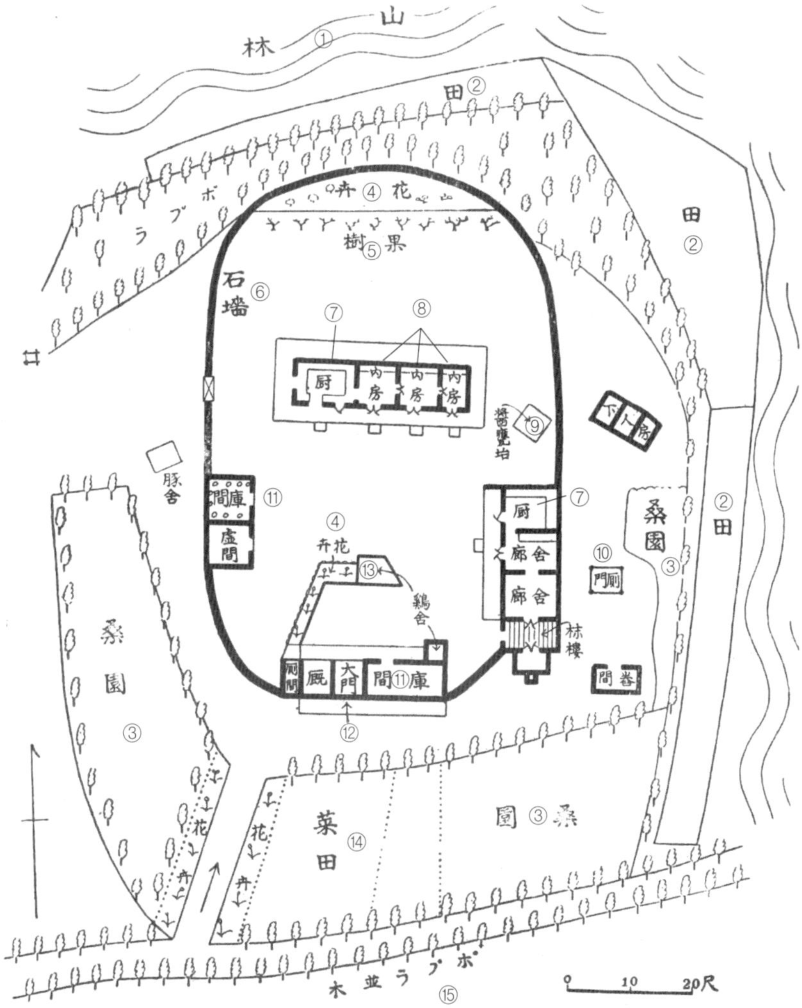


운학리 이씨 가옥 평면도

운학리 이씨 가옥 입구(곳간 · 대문 및 마굿간)

운학리 이씨 가옥 정면(안방 및 부엌)

도판 제 24

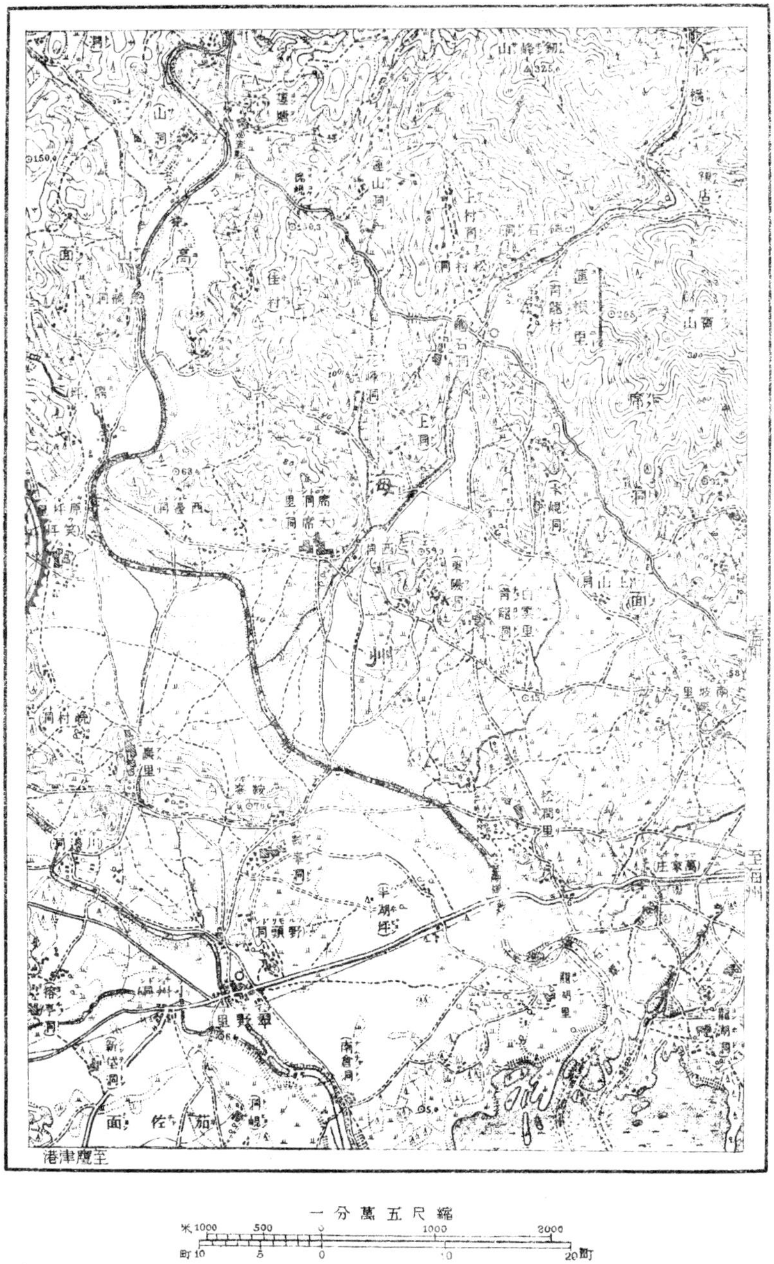

황해도 해주군 석동면 연근리 부근 지형도(육지측량부 5만분의 1 지형도에서)

①제기실 ②헛간 ③동방 ④사랑방 ⑤벽장 ⑥부엌 ⑦외양간 ⑧곳간 ⑨닭장 ⑩대문 ⑪하인방 ⑫곳간(농작물) ⑬곳간(절인 음식) ⑭신랑 · 신부방 ⑮툇마루 ⑯침무실 ⑰안방 ⑱여하인방 ⑲방 ⑳중문 ㉑공부방 ㉒연회실 ㉓여자손님방 ㉔사당 ㉕안뜰 ㉖장독대

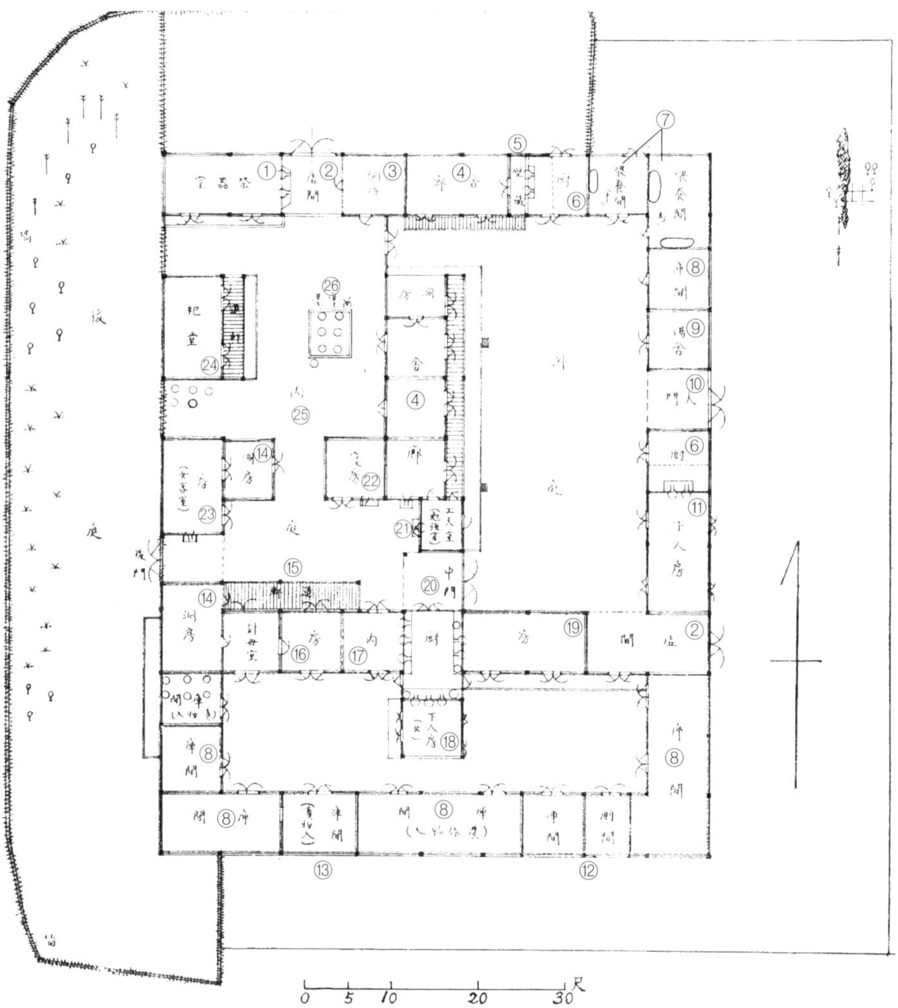


연근리 주석동 오씨 가옥 평면도

연근리 구석동(오씨 가옥)

가옥 측면 및 연통

오씨 효자생문

구석동 오씨 가족

①뒷뜰 ②침무방 ③안방 ④벽장 ⑤방 ⑥곳간 ⑦외양간 ⑧헛간 ⑨마굿간 ⑩대문 ⑪부엌 ⑫하인방 ⑬바깥뜰 ⑭중문 ⑮ 툇마루 ⑯사랑방 ⑰공부방 ⑱측간 ⑲창고 ⑳곳간(절인 음식) ㉑담 ㉒사과밭 ㉓신랑 · 신부방

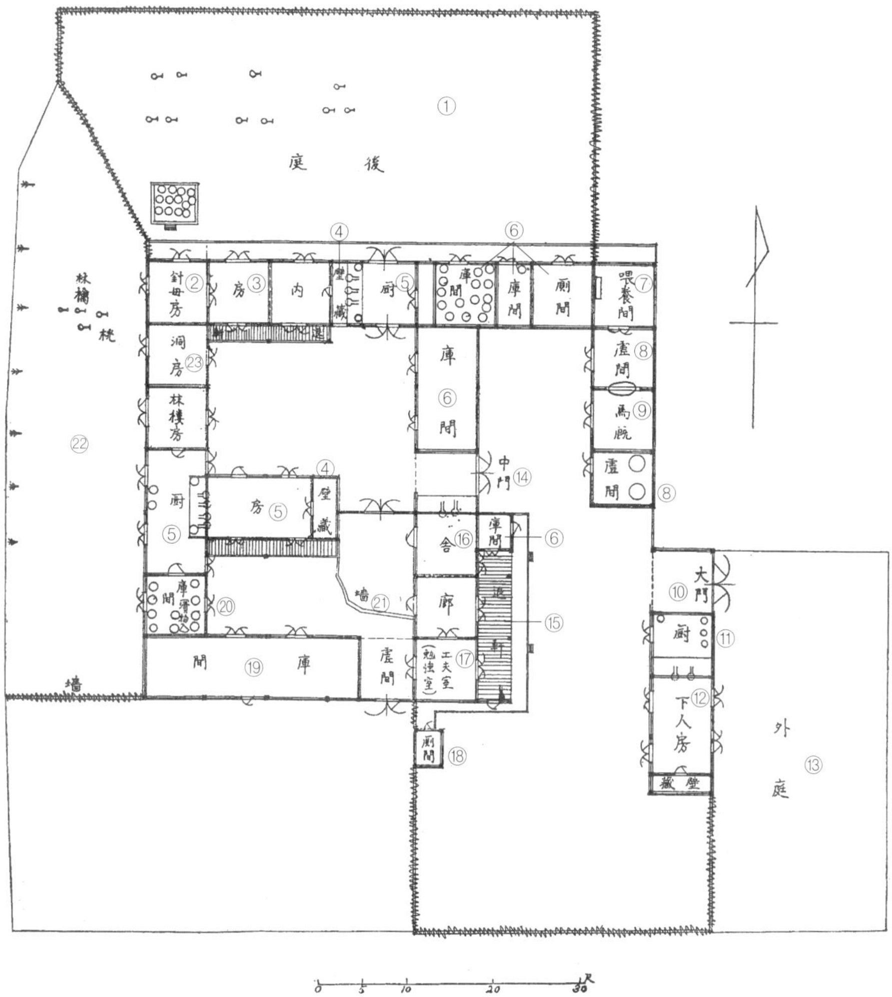


연근리 구석동 오씨 가옥 평면도

도판 제28

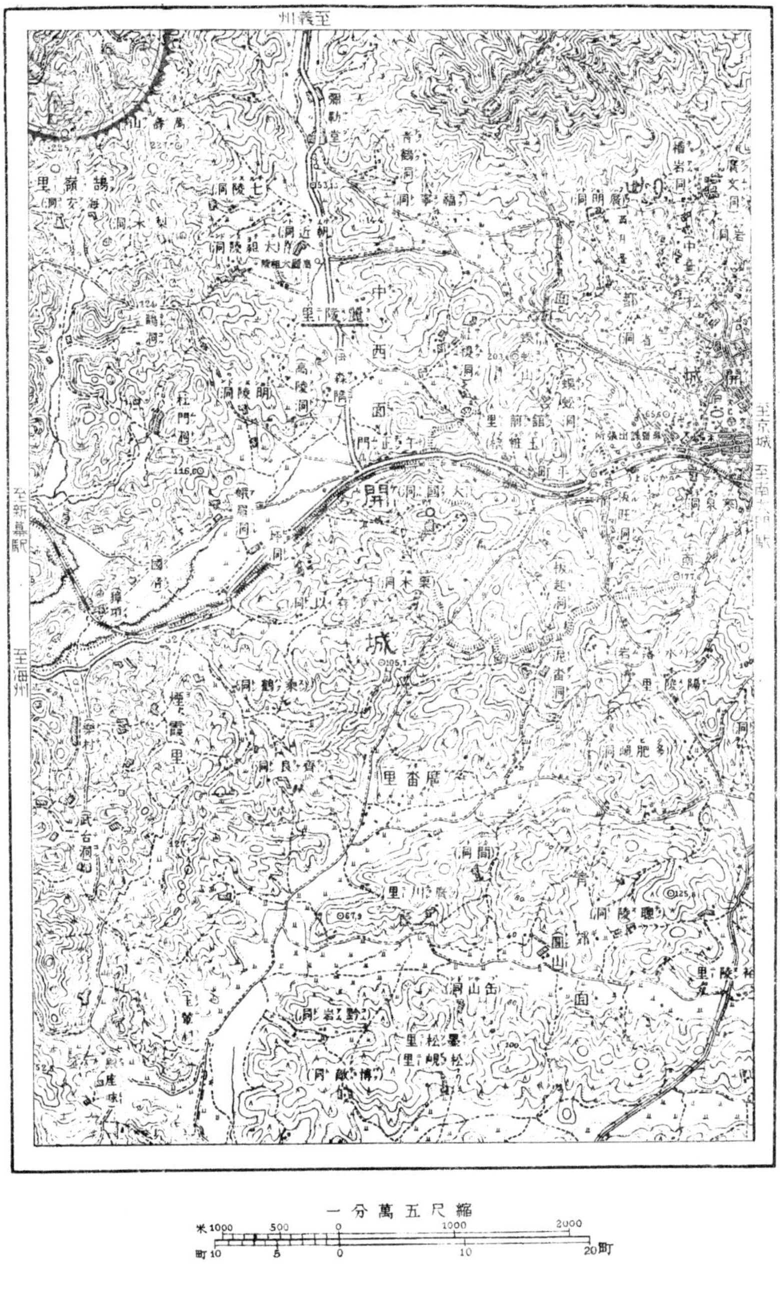


경기도 개성군 중서면 여릉리 부근 지형도(육지측량부 5만분의 1 지형도에서)

여릉리 태조 현령

여릉리 태조릉동 전경

**도판 제30**

①곳간 ②배 ③울타리 ④장독대 ⑤화초 ⑥연통 ⑦부엌 ⑧안방 ⑨기둥마루 ⑩불구멍 ⑪건넛방 ⑫닭장
⑬돈사 ⑭외양간 ⑮절구 ⑯아랫방 ⑰절인 음식창고 ⑱돌담 ⑲측간 ⑳잿더미 ㉑소똥 ㉒대문

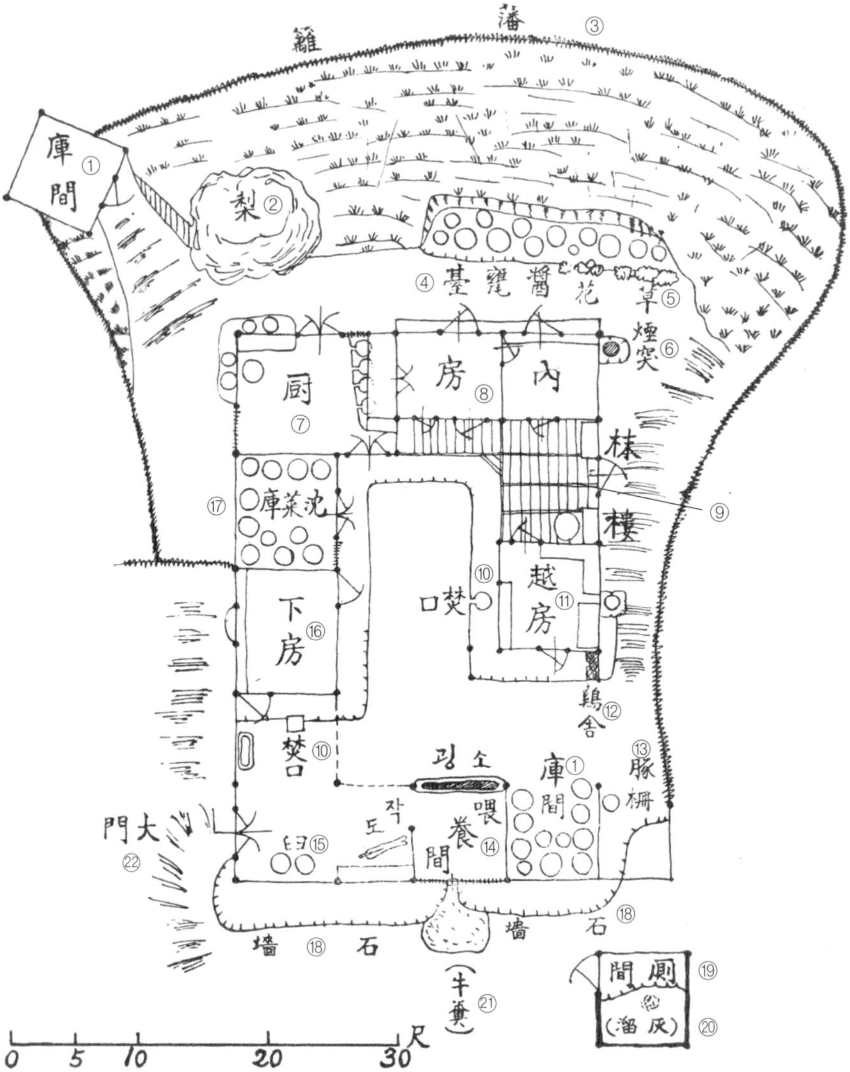


여릉리 태조릉동 왕씨 가옥 평면도

여릉리 태조릉동 왕시 가옥(건넛방 · 불구멍 및 마루)

면 종자 가리는 기계

왕씨 가족

방사기(문래)

절구

도판 제32

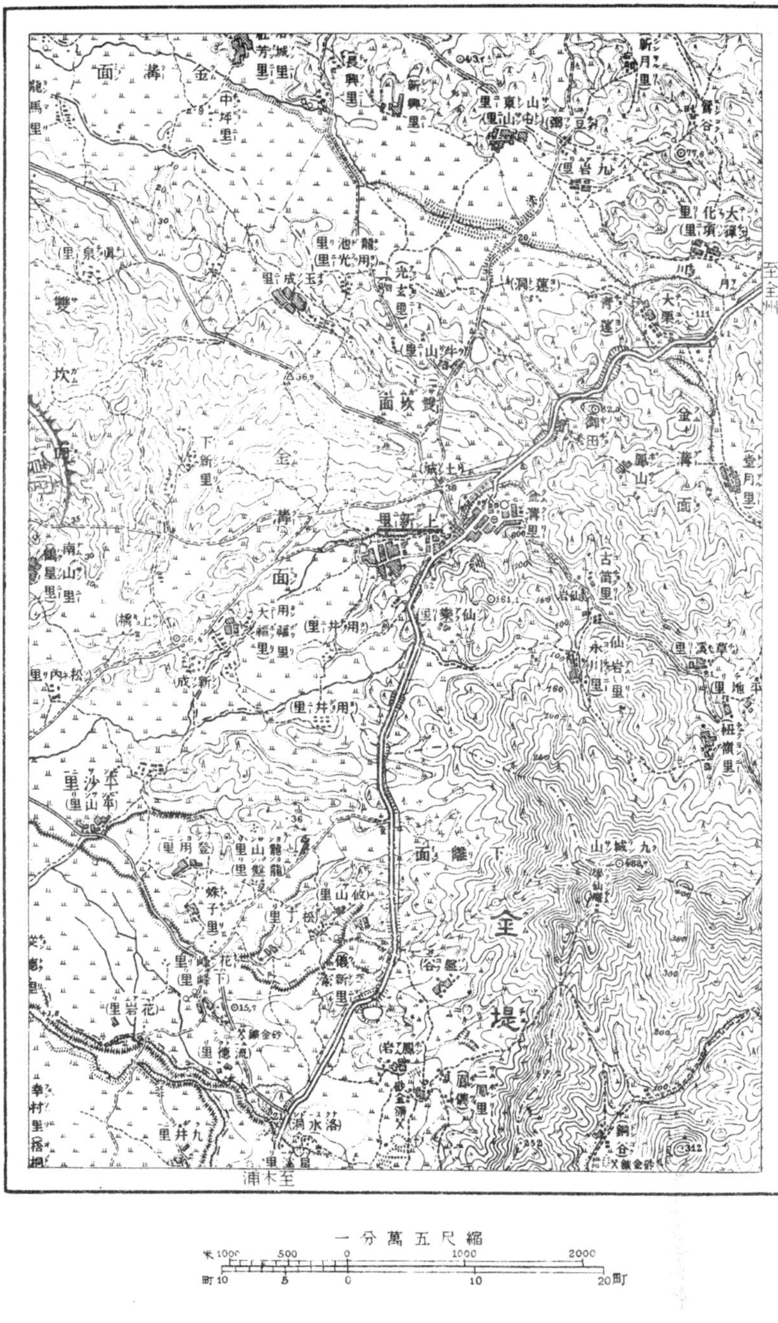


전라북도 김제군 금구면 상신리 부근 지형도(육지측량부 5만분의 1 지형도에서)

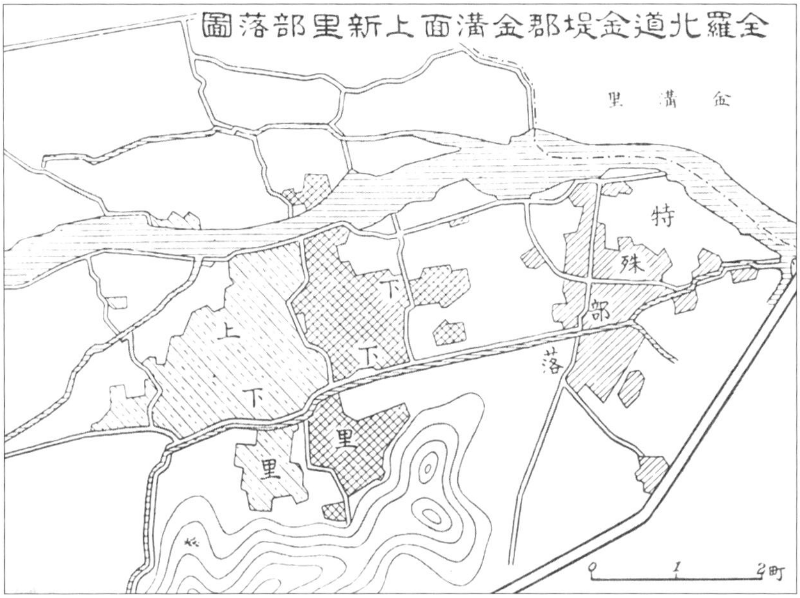


상신리 부락도

상신리, 상하리 및 하하리 전경

도판 제34

①곳간 ②사당 ③절인 음식 창고 ④툇마루 ⑤노비방 ⑥안뜰 ⑦장독대 ⑧하인방 ⑨울타리 ⑩씨앗밭
⑪노적 ⑫담 ⑬아이방 ⑭마루 ⑮짚 쌓아둔 곳 ⑯변소 ⑰행랑방 ⑱부엌 ⑲중문 ⑳우물 ㉑돈사 ㉒이웃집

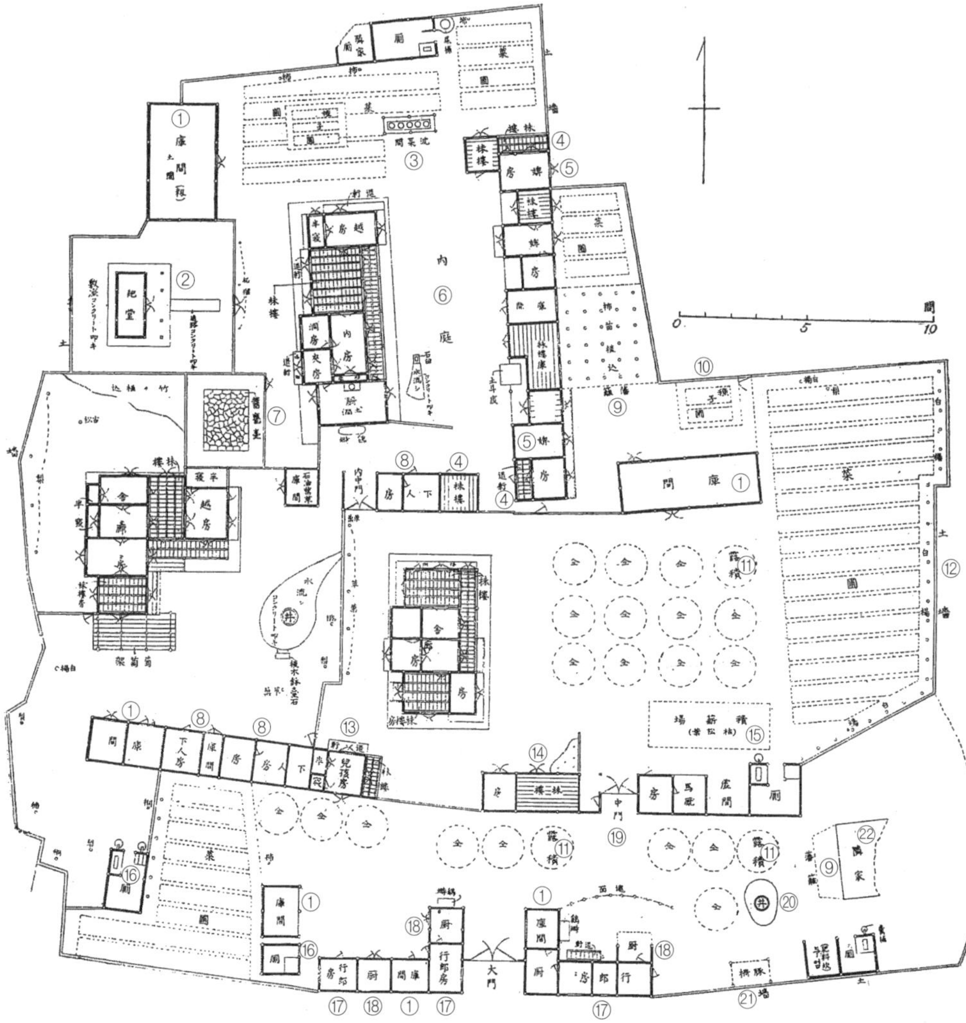


상신리 장씨 가옥 평면도

상신리 장씨 가옥 사당

상신리 장씨 가옥 손님방

상신리 장씨 가옥(건넛방 · 안방 및 부엌)

도판 제36

①흙담 ②부엌 ③안방 ④마루 ⑤반침 ⑥건넛방 ⑦장독대 ⑧ 안뜰 ⑨절인 채소 창고(상부는 목판에 선반을 만들고 흙 안에 야채를 저장한다) ⑩ 상청 ⑪상중에 이 방에 돗자리를 깔고 자고 일어나며 상복한다 ⑫곳간 ⑬노비방 ⑭이웃집 출입구 ⑮신랑 · 신부방 ⑯사랑방 ⑰노적 ⑱측간 ⑲헛간 ⑳행랑방 ㉑돈사 ㉒대문

상신리 장씨 가옥 평면도

상신리 장씨 가옥(건넛방, 사랑방 및 잠자는 방)

침채칸

대문

우물

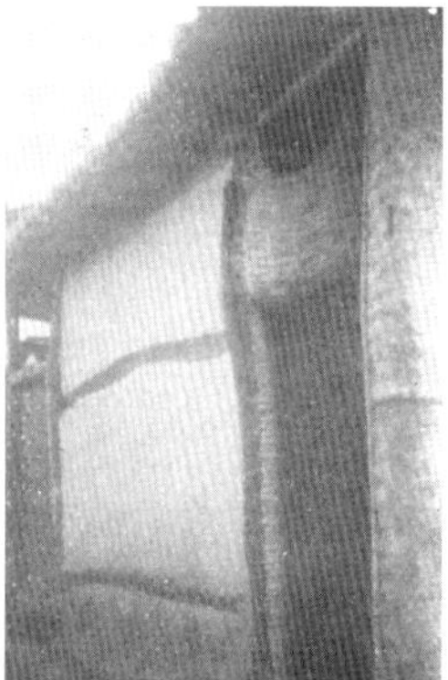

상청

도판 제38

①흙담 ②측간 ③이웃집 ④장독대 ⑤물건을 넣는 작은 방 ⑥안방 ⑦건넛방 ⑧곳간 ⑨벽장 ⑩사랑 ⑪툇마루

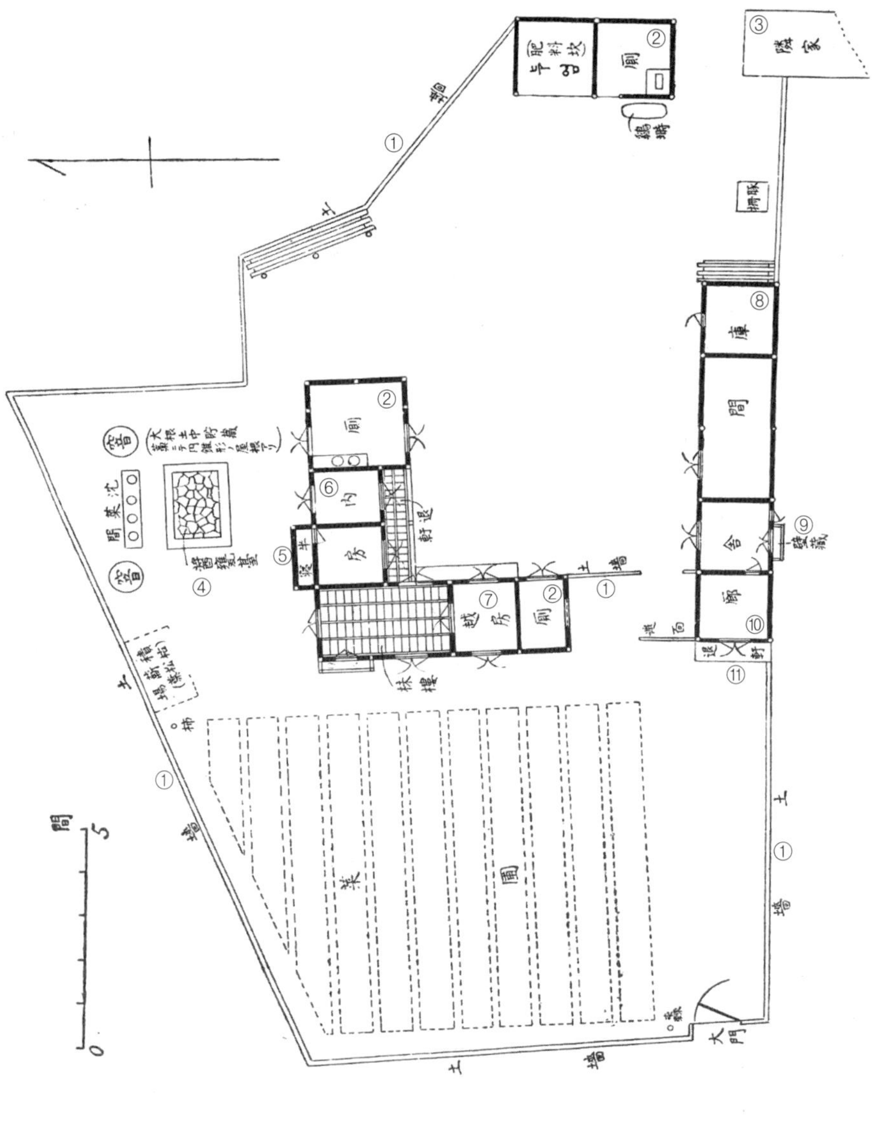

상신리 중농 가옥 평면도

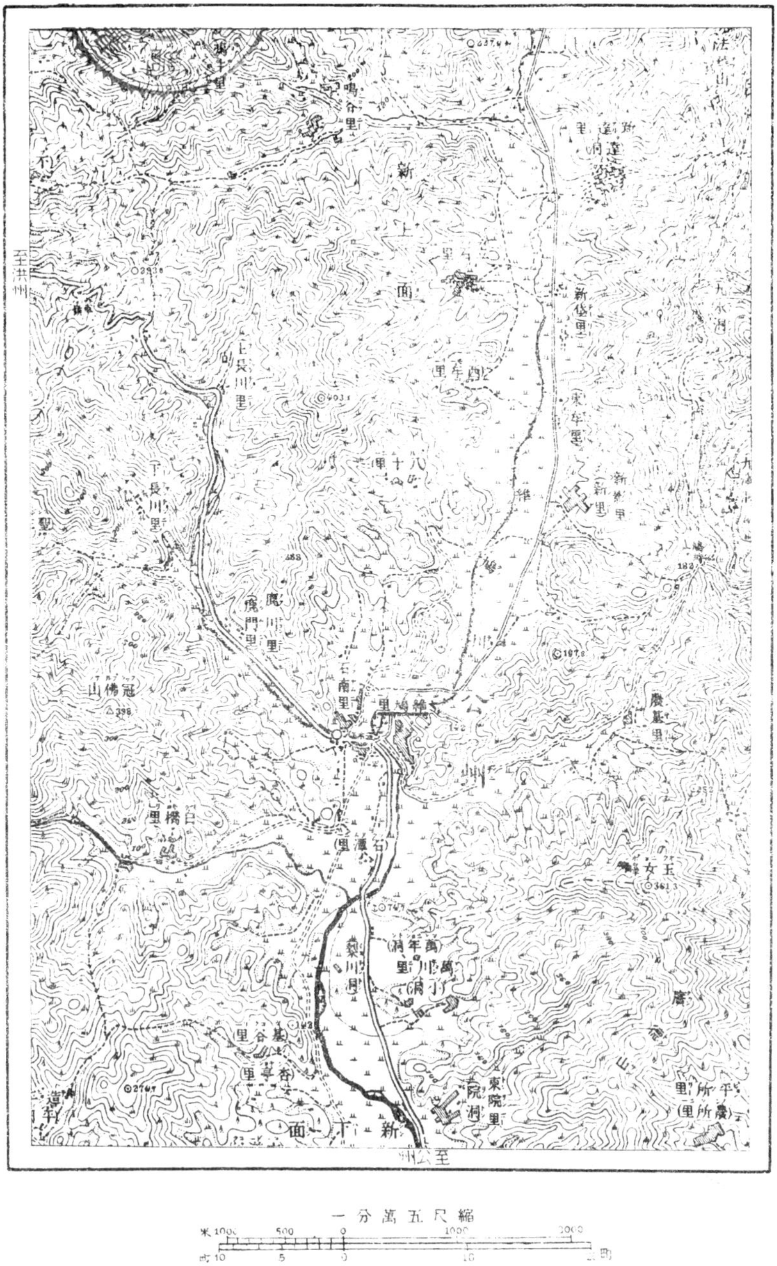

충청남도 공주군 신상면 유구리 부근 지형도(육지측량부 5만분의 1 지형도에서)

도판 제40

①절인 채소 ②뒤뜰 ③측간 ④신랑 · 신부방 ⑤안방 ⑥대청 ⑦건넛방 ⑧안뜰 ⑨헛간 ⑩공부방 ⑪기둥 마루 ⑫툇마루 ⑬사랑방 ⑭중문 ⑮바깥뜰 ⑯대문 ⑰도로

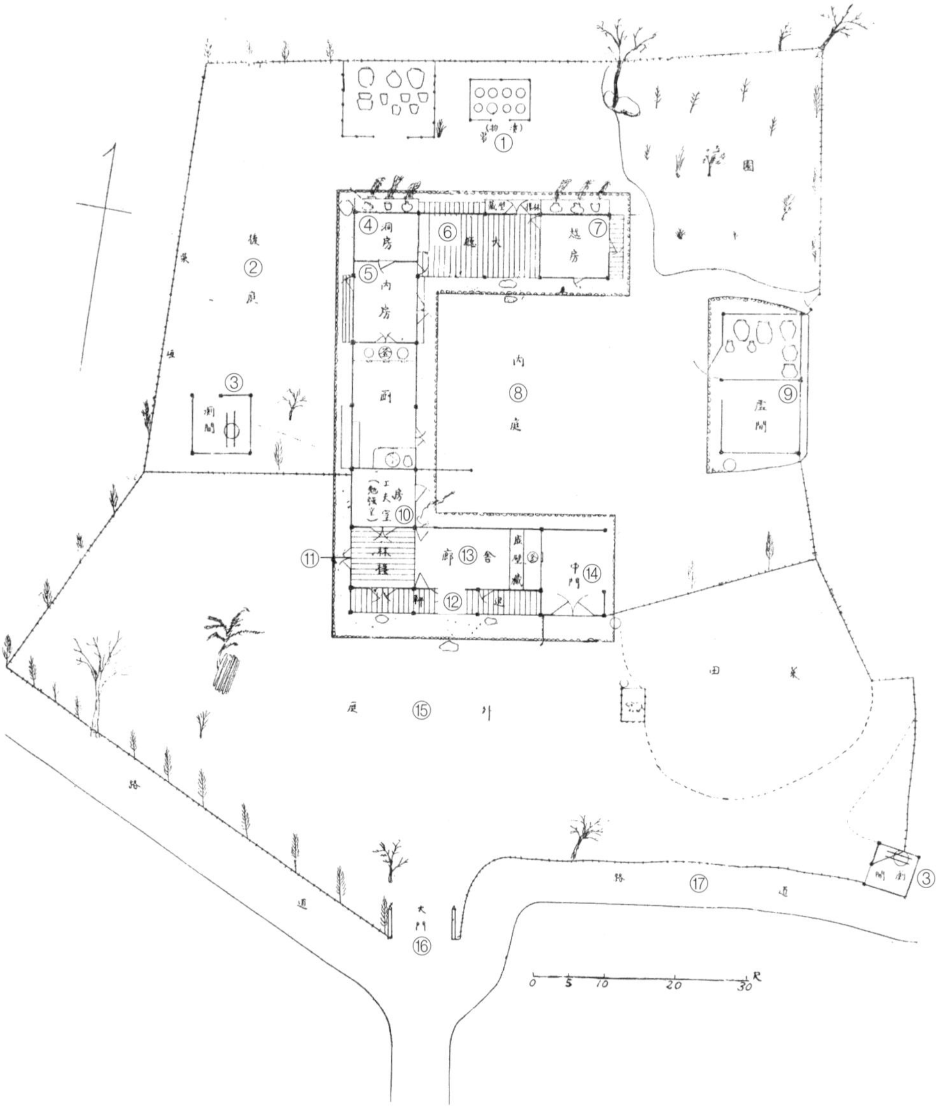

유구리 한씨 가옥 평면도

도판 제41

유구리 전경

유구리 한씨 가옥 및 바깥 뜰

도판 제42

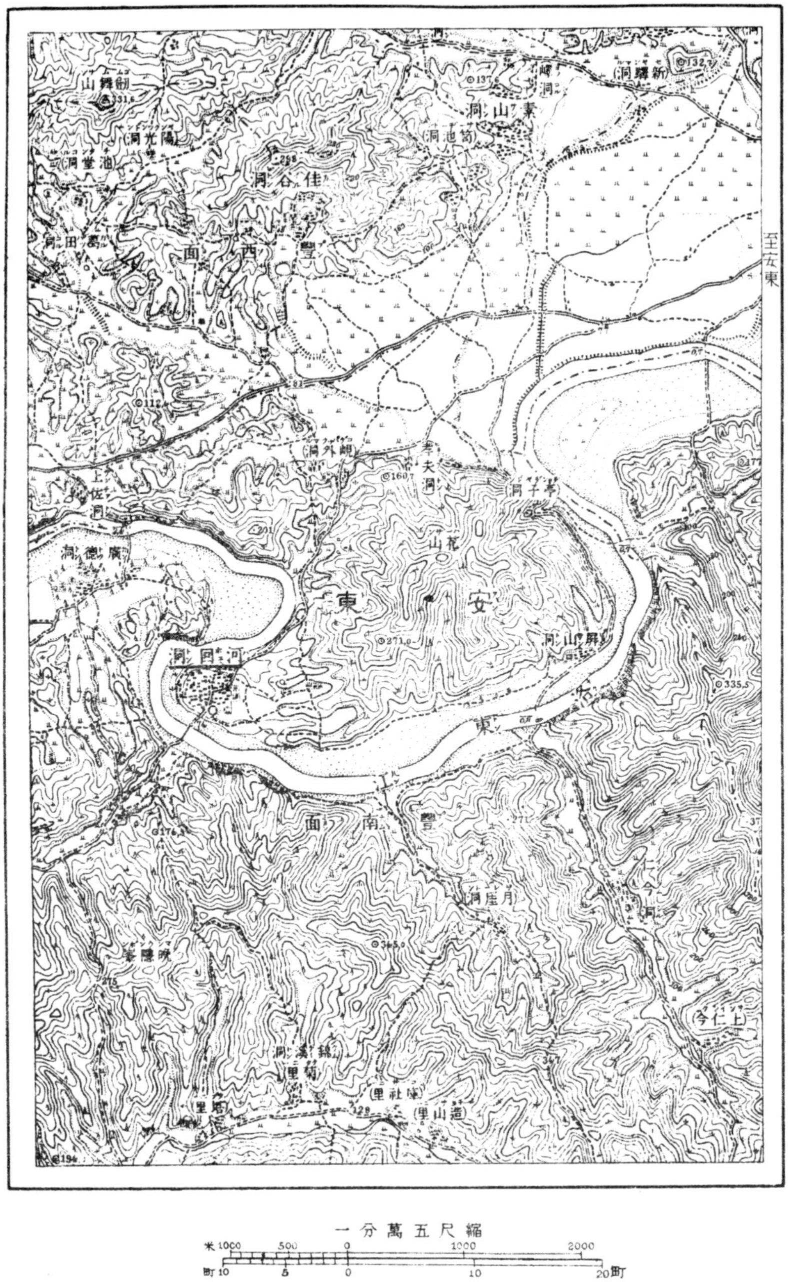


경상북도 안동군 풍남면 하회동 부근 지형도(육지측량부 5만분의 1 지형도에서)

부용대와 겸암정사
(낙동강 오른쪽 기슭)

(북쪽, 부용대에서 바라본) 하회동

도판 제44

①사당 ②측간 ③돈사 ④절구간 ⑤부엌 ⑥신랑 · 신부방 ⑦안방 ⑧연통 ⑨툇마루 ⑩대청 ⑪침실 ⑫서고 ⑬사랑방 ⑭바깥뜰 ⑮닭장 ⑯마부방 ⑰마굿간 ⑱대문 ⑲하인방 ⑳기둥마루 ㉑작은 사랑방 ㉒후문 ㉓우사 ㉔곳간

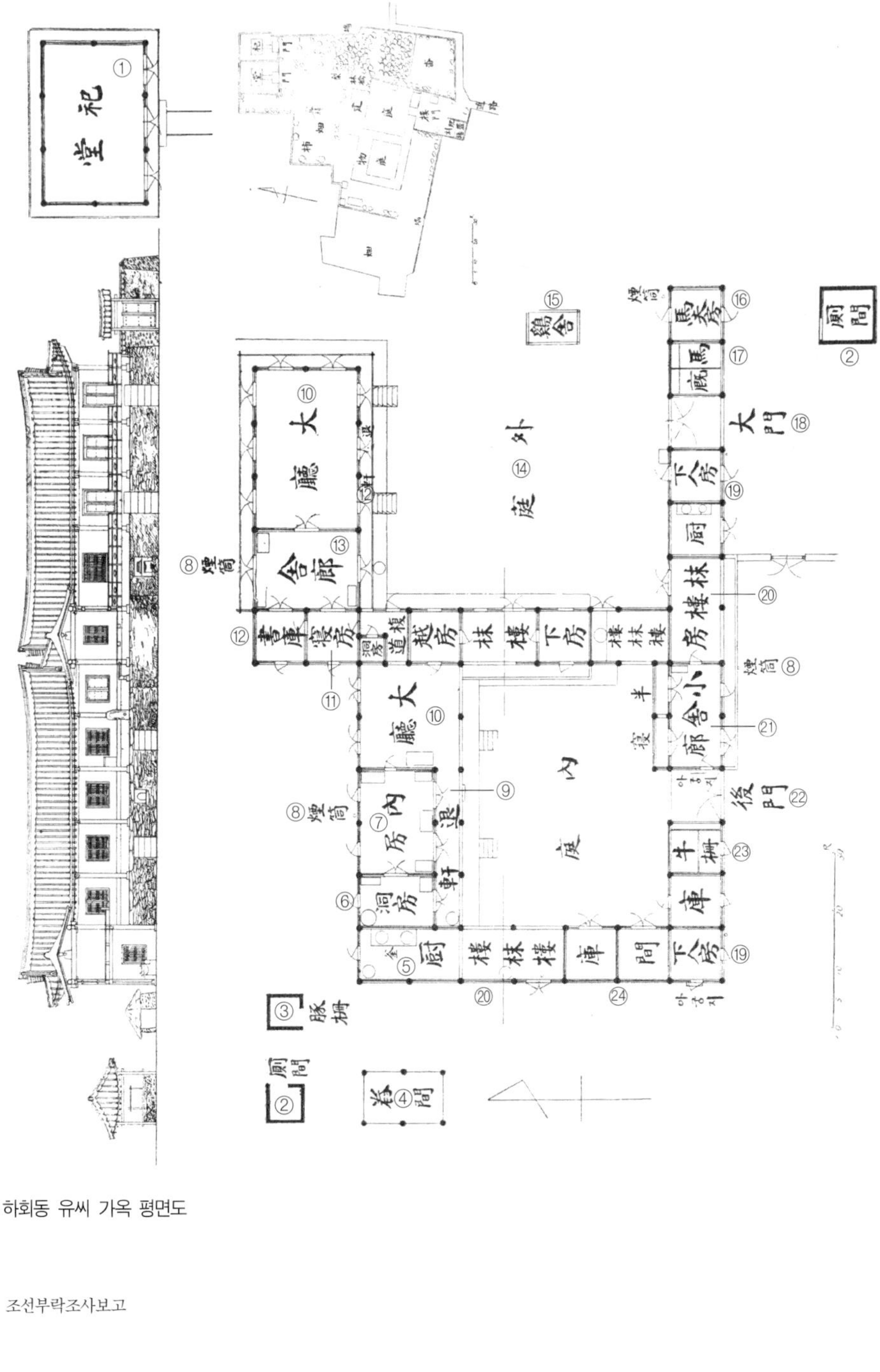

하회동 유씨 가옥 평면도

하회동 유시만씨와 그 가옥(대문 · 하인방 · 부엌 및 기둥마루방)

하회동 유씨 가옥 정면(대청 · 사랑방 및 건넛방)

도판 제46

하회동 유씨 가옥 사당

하회동 유씨 가옥(후문 · 우사 · 창고 및 하인방)

①솔잎 ②밤껍질 ③장항아리 ④연통 ⑤부엌 ⑥방 ⑦불 때는 구멍 ⑧외양간 ⑨측간 ⑩뜰 ⑪비료 ⑫볏짚

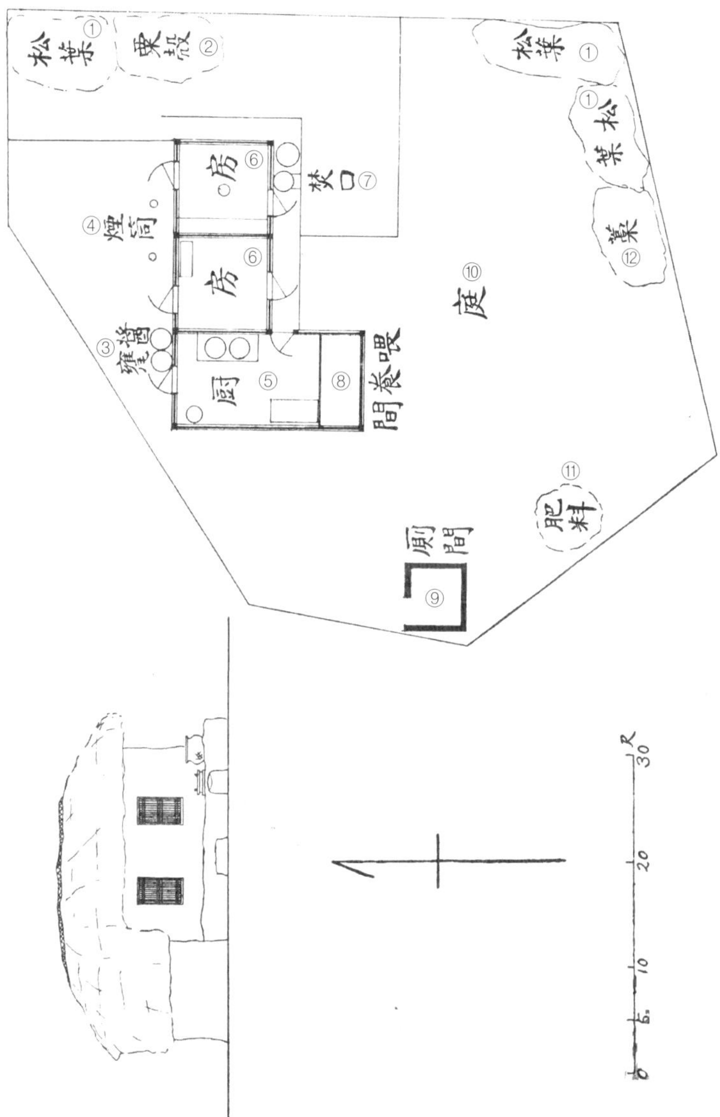


하회동 소농 가옥 평면도

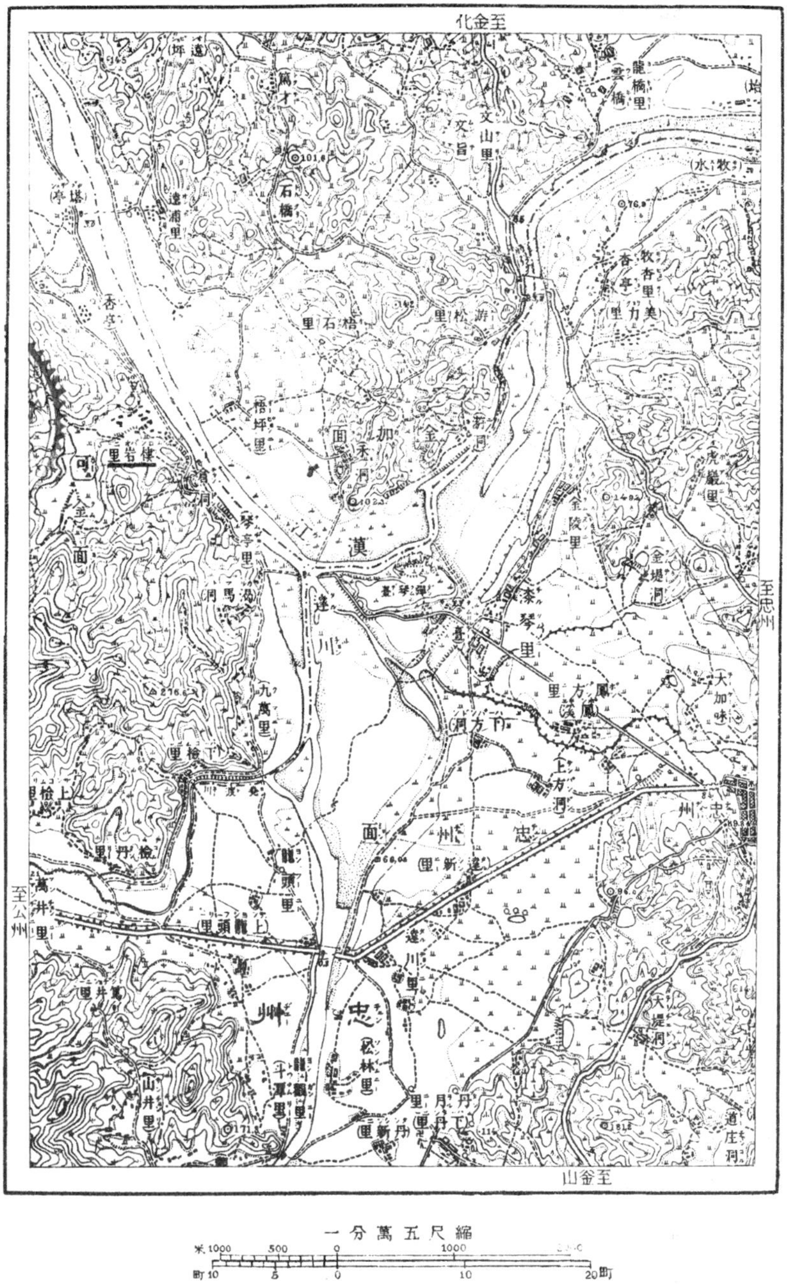


충청북도 충주군 가금면 누암리 부근 지형도(육지측량부 5만분의 1 지형도에서)

①포플러 나무 ②측간 ③바깥뜰 ④담 ⑤뜰 ⑥닭장 ⑦은행나무 ⑧복숭아 ⑨벌통 ⑩외양간 ⑪곳간 ⑫하인방 ⑬중문 ⑭대문 ⑮사랑방 ⑯작은방 ⑰기둥마루 ⑱정원 ⑲부엌 ⑳여자 손님방 ㉑건넛방 ㉒여자 하인방

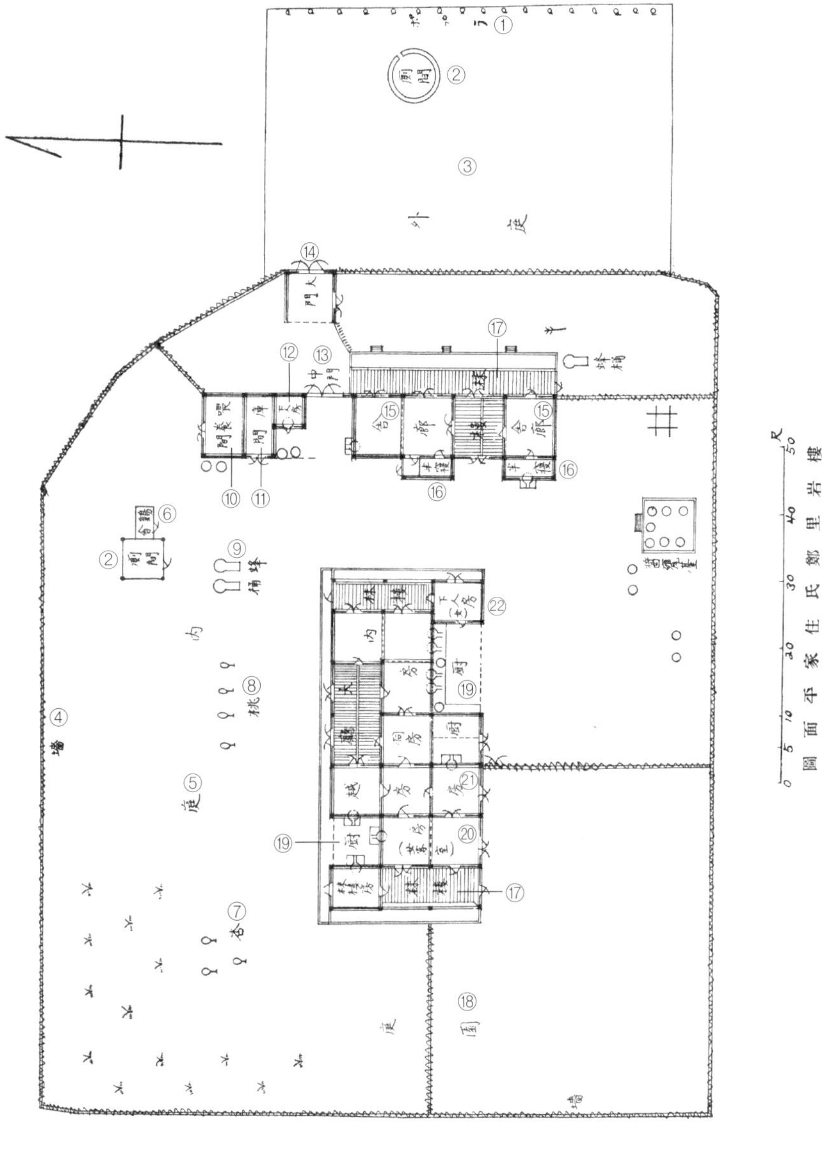


누암리 정씨 가옥 평면도

누암리 전경(한강을 사이에 두고 이전 전쟁터 탄금대를 바라봄)

누암리 정씨 가족

①담 ②측간 ③장독대 ④은행나무 ⑤복숭아나무 ⑥툇마루 ⑦벽장 ⑧안방 ⑨부엌 ⑩외양간 ⑪대청 ⑫건넛방 ⑬문 ⑭헛간 ⑮곳간 ⑯사랑방 ⑰절굿간 ⑱바깥뜰

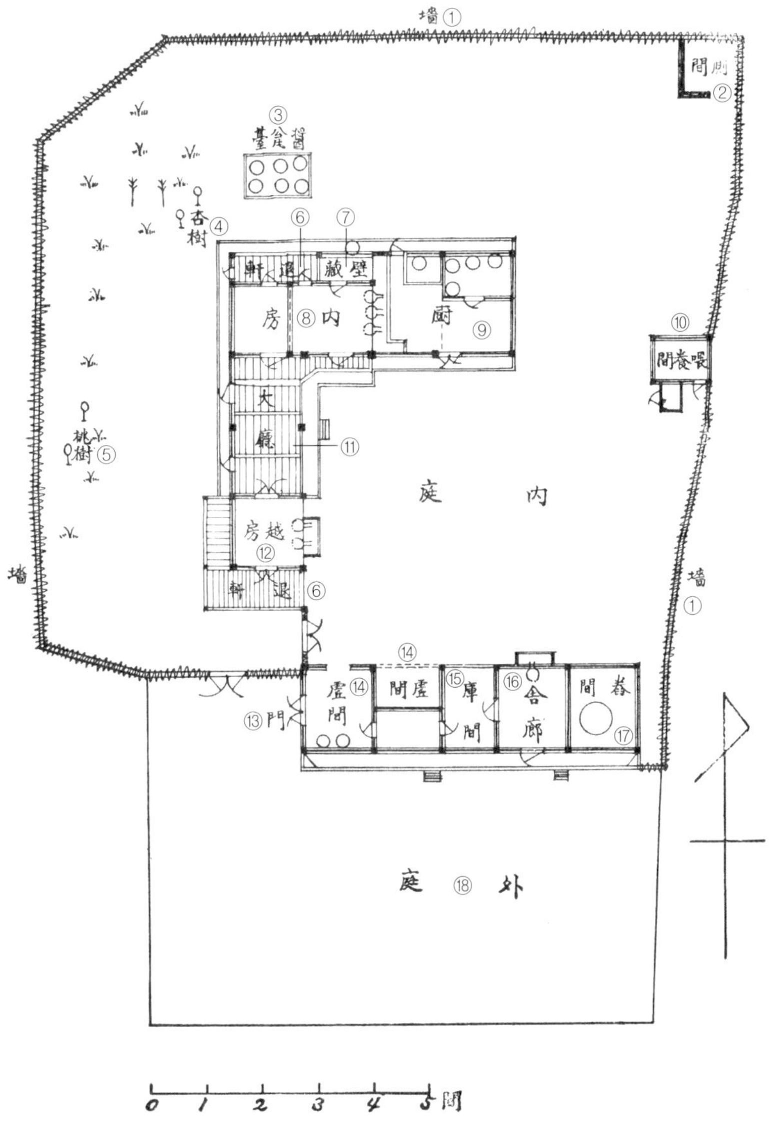


누암리 김씨 가옥 평면도

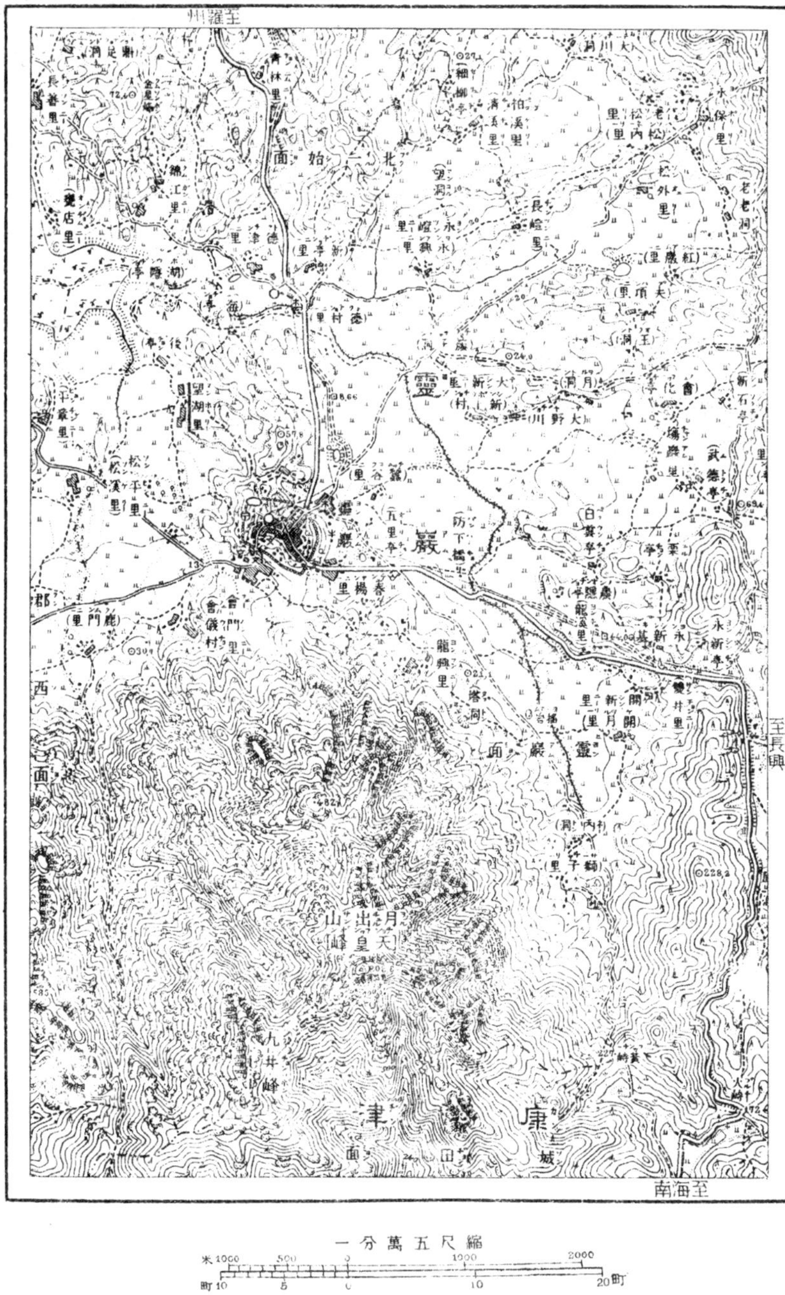


전라남도 영암군 영암면 망호리 부근 지형도(육지측량부 5만분의 1 지형도에서)

①돌담 ②밭 ③울타리 ④방 ⑤안방 ⑥툇마루 ⑦대문 ⑧대청 ⑨건넛방 ⑩참죽나무
⑪짚 ⑫부엌 ⑬배 ⑭대나무 ⑮벌목



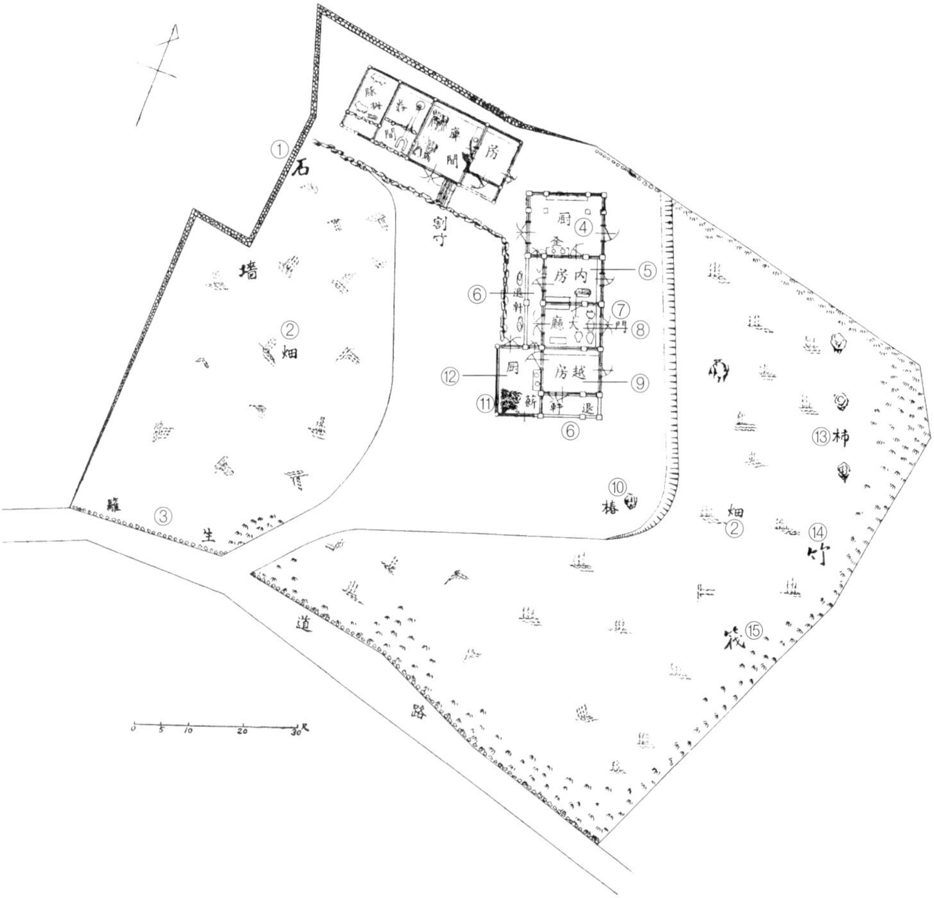


망호리 빗제조자 가옥 평면도

도판 제54

망호리 빗제조자 가옥 및 대나무 재료

망호리 빗제조자 가옥의 작업실

빗제조 도구

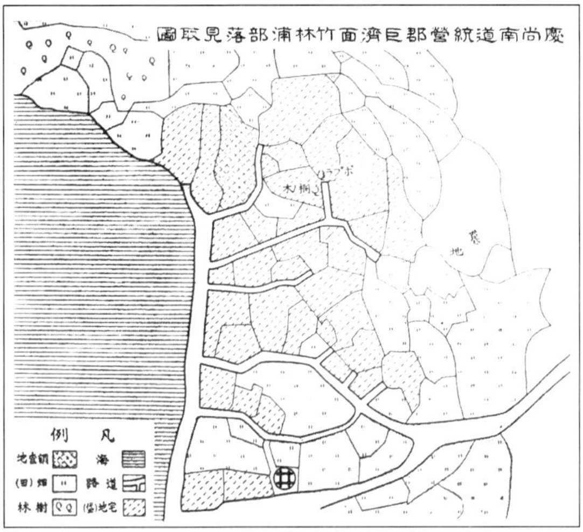


죽림포 부락도

죽림포 전경

죽림포 어류 건조

**도판 제56**

| | |
|---|---|
| ① 돌담 | ②연통 |
| ③안방 | ④부엌 |
| ⑤항아리 | ⑥선반 |
| ⑦솥 | ⑧기둥마루 |
| ⑨건넛방 | ⑩장독대 |
| ⑪방 | ⑫측간 |
| ⑬똥통 | ⑭소변통 |
| ⑮외양간 | ⑯초가지붕 |

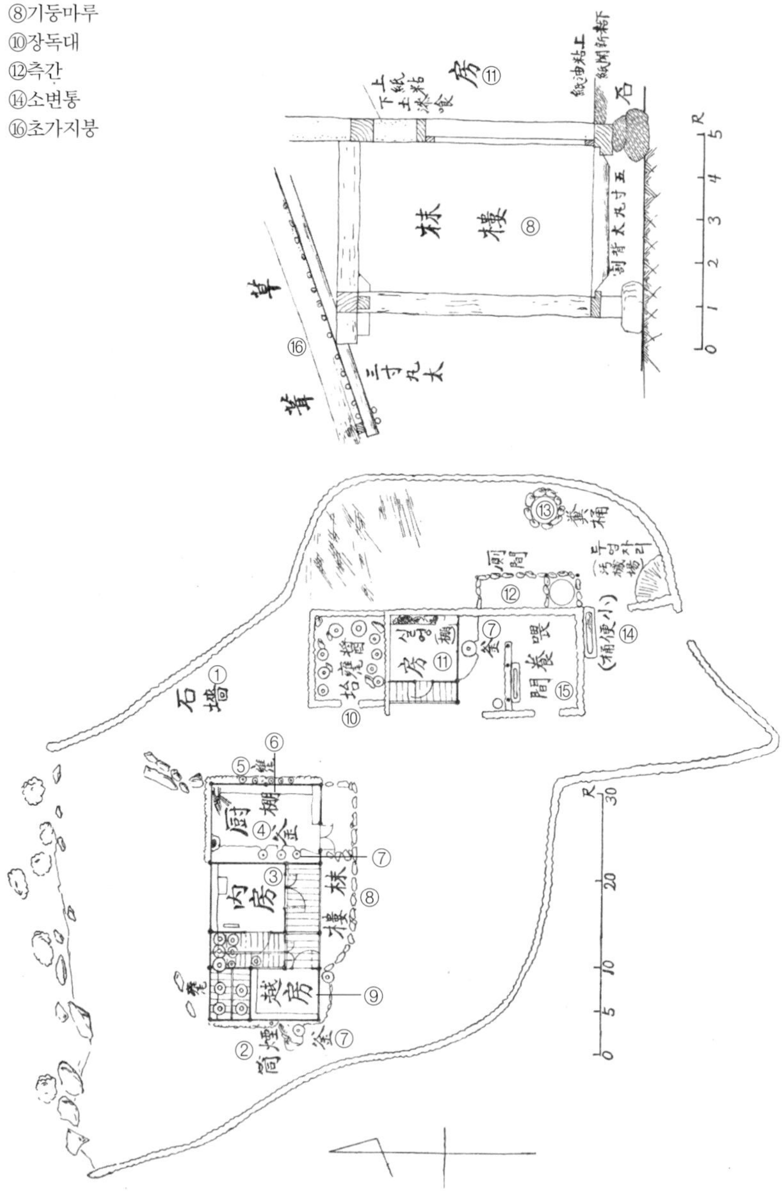

죽림도 어업 가옥 평면도

도판 제57

죽림포의 일부

죽림포의 어업 가옥 정면(부엌 · 안방 · 기둥마루 및 건넛방)

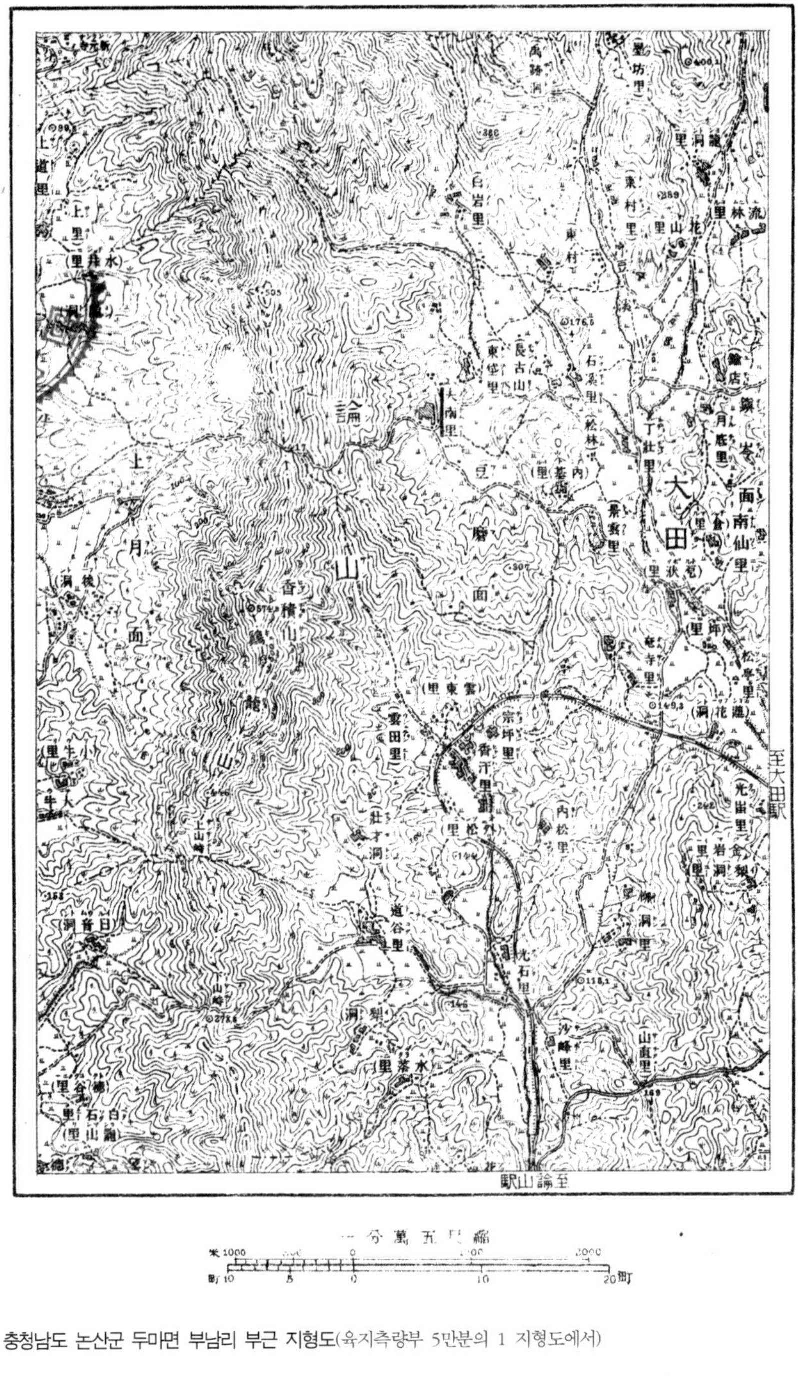


충청남도 논산군 두미면 부남리 부근 지형도(육지측량부 5만분의 1 지형도에서)

신도안(新都內) 계류산 원경

신도안 신이주 부락(대전리)

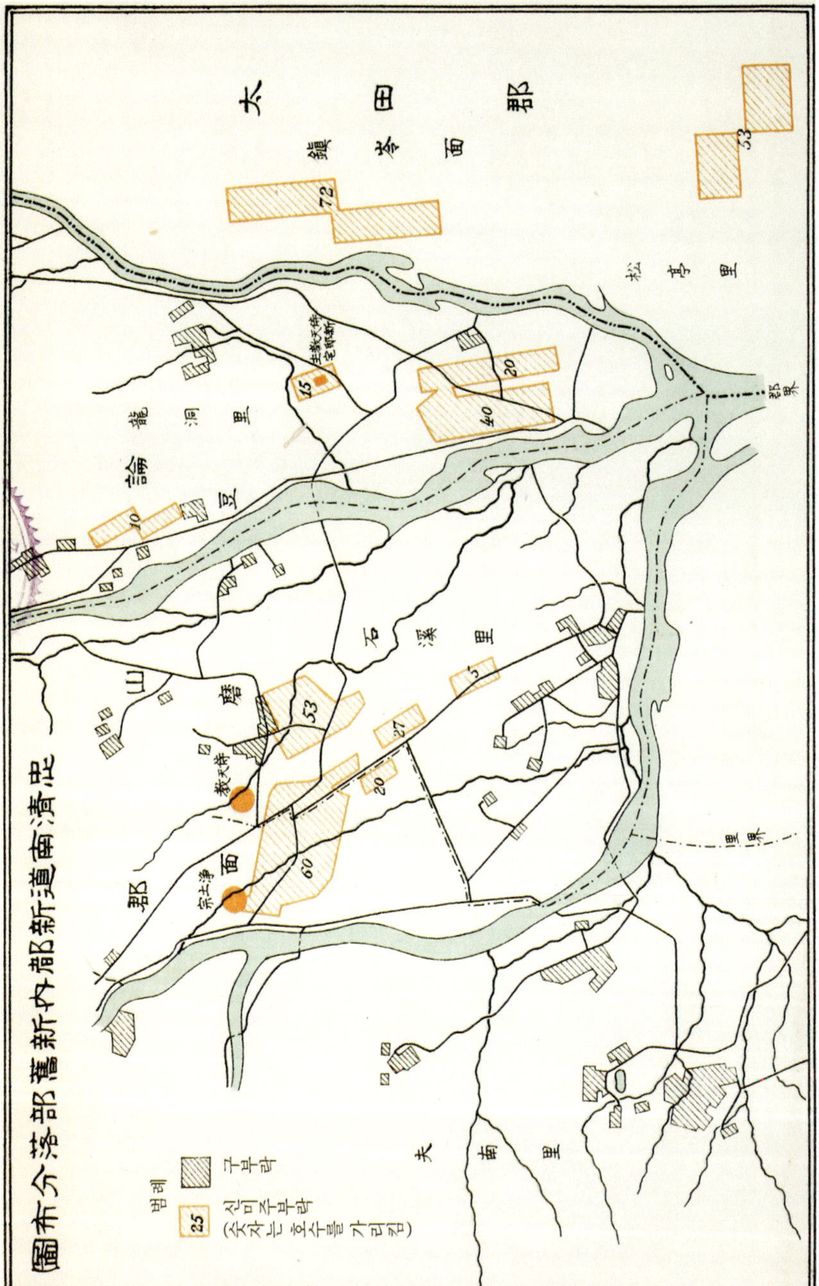


충청남도 신도안 신구 부락 분포도

충청남도 논산군 두마면 부남리 신 이주자 본적 별도

①도로 ②울타리
③채소밭 ④볏짚
⑤측간 ⑥작은 도로
⑦벽장 ⑧방
⑨부엌 ⑩봉당
⑪연통 ⑫입구
⑬뜰 ⑭모래
⑮헛간 ⑯잿더미

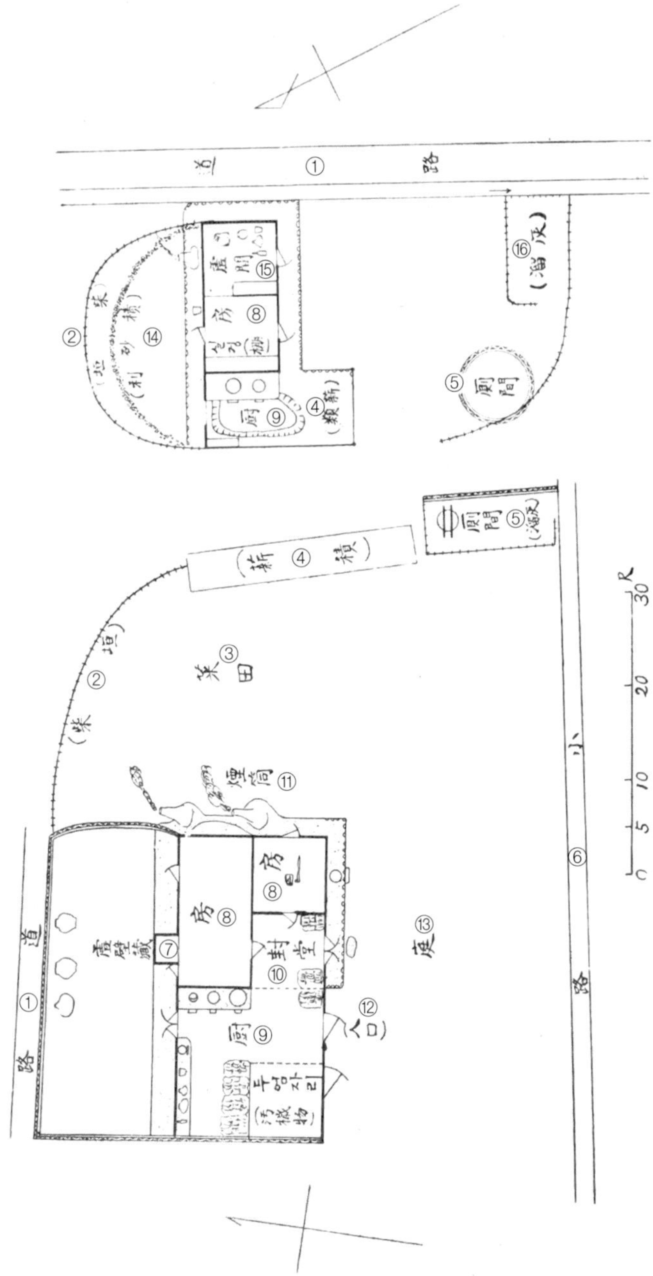

부남리 신이주 소농 및
중농 가옥 평면도

부남리 신이주 중농 가옥

부남리 신이주 소농 가옥

도판 제64

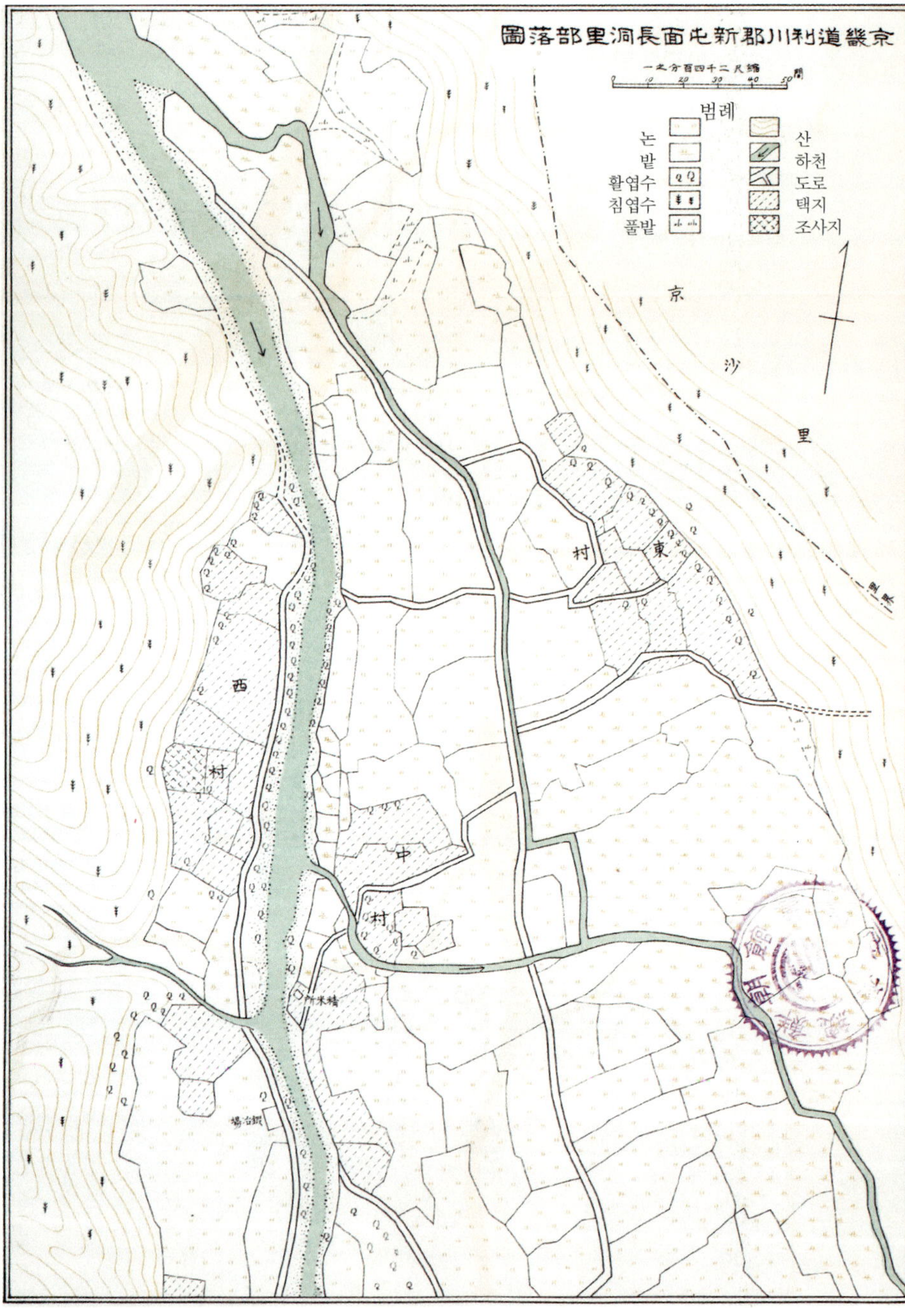


경기도 이천군 신둔면 장동리 부락도

함경남도 함흥군 운전면 궁서리 부락도

도판 제66

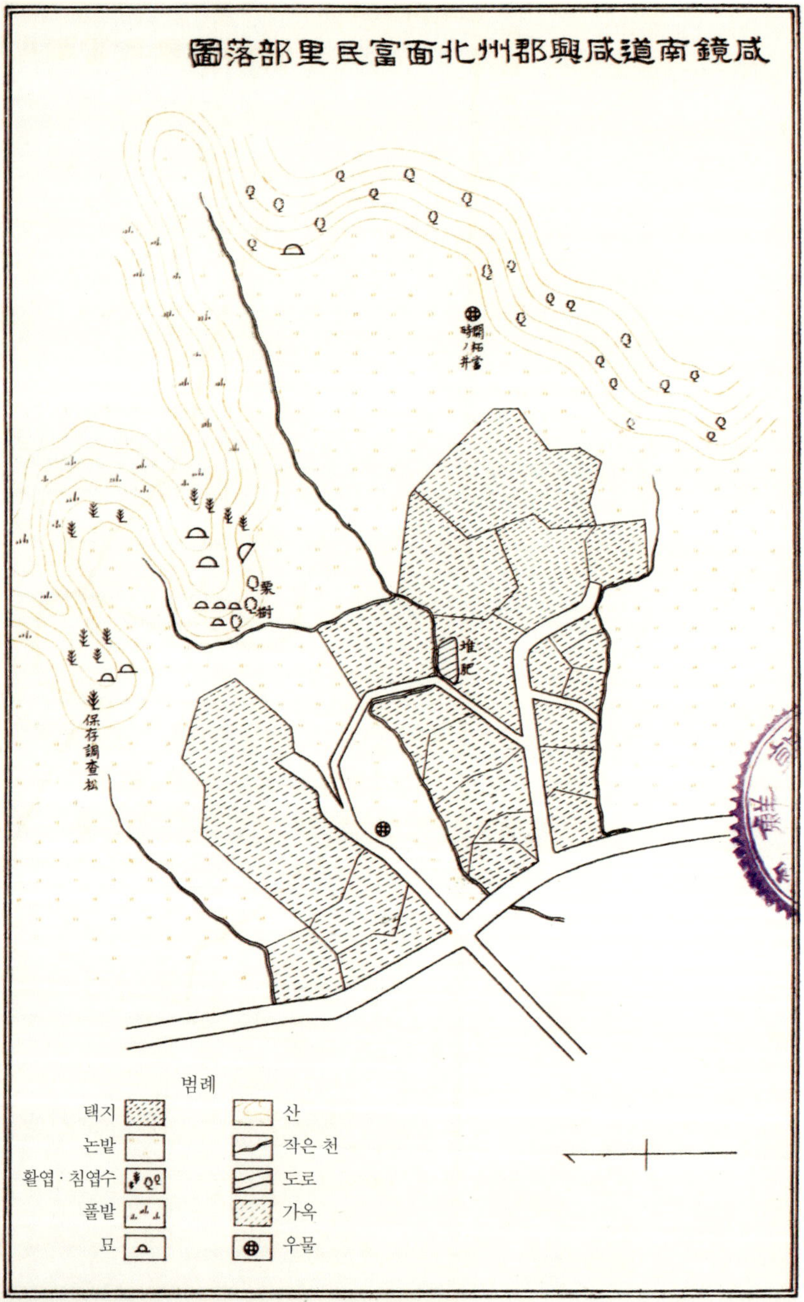


함경남도 함흥군 주북면 부민리 부락도

평안북도 선천군 심천면 인두동 부락도

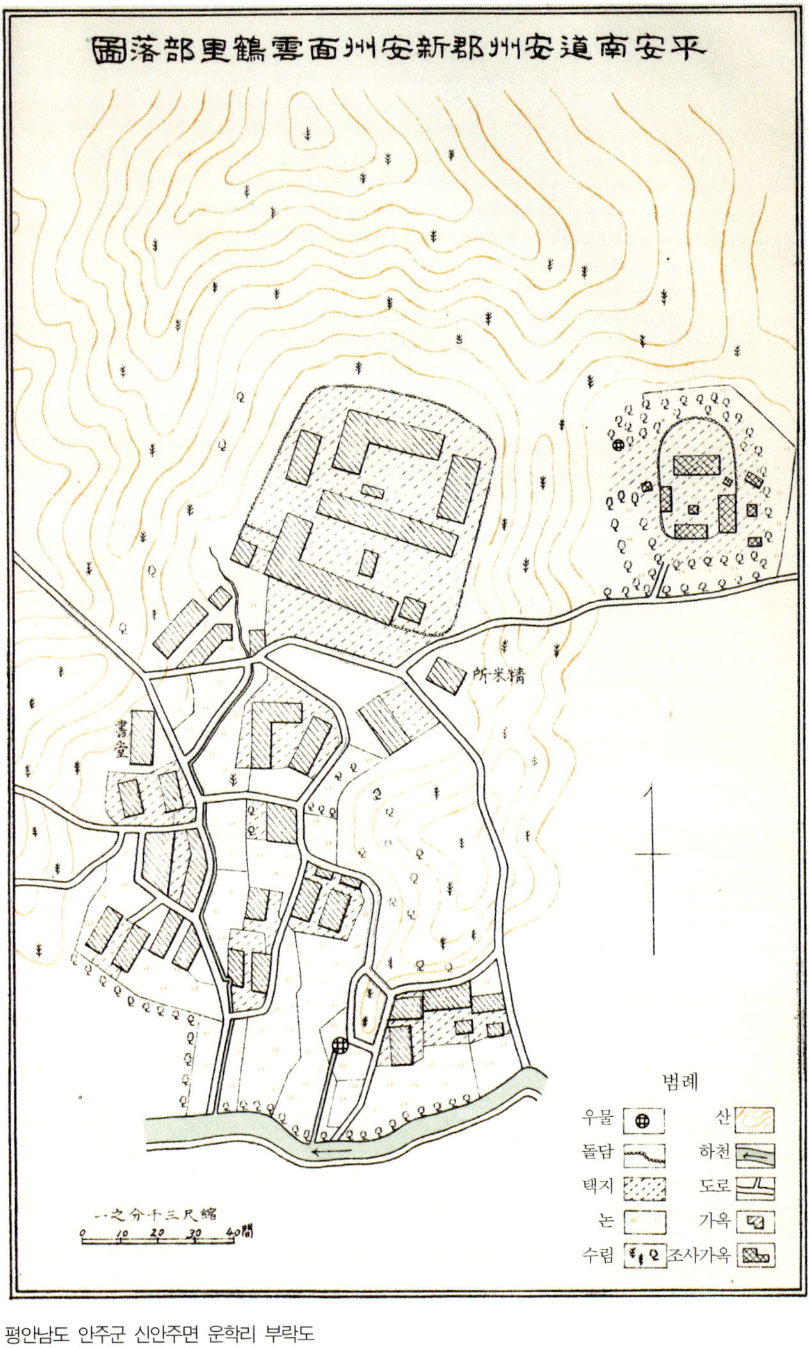


평안남도 안주군 신안주면 운학리 부락도

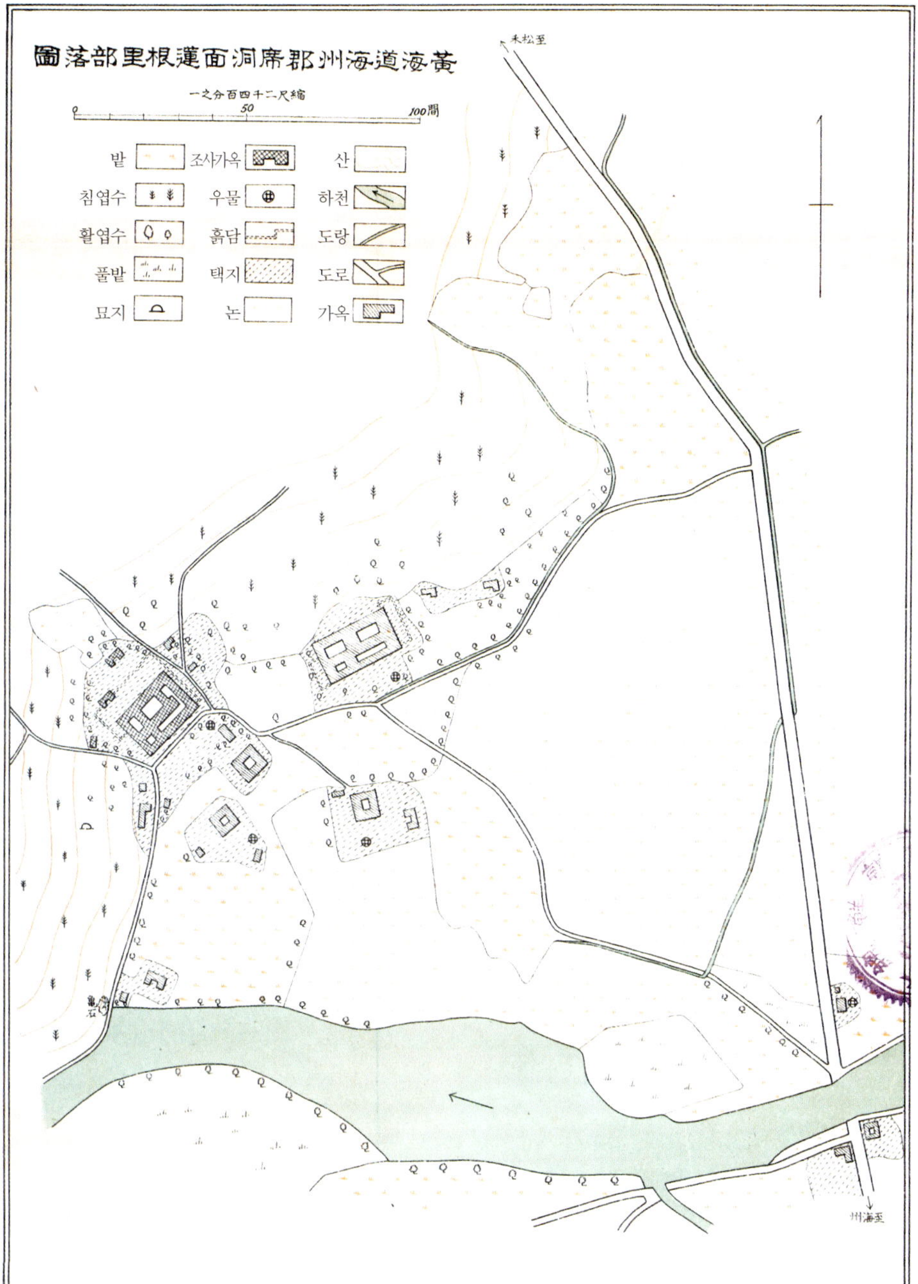


황해도 해주군 석동면 연근리 부락도

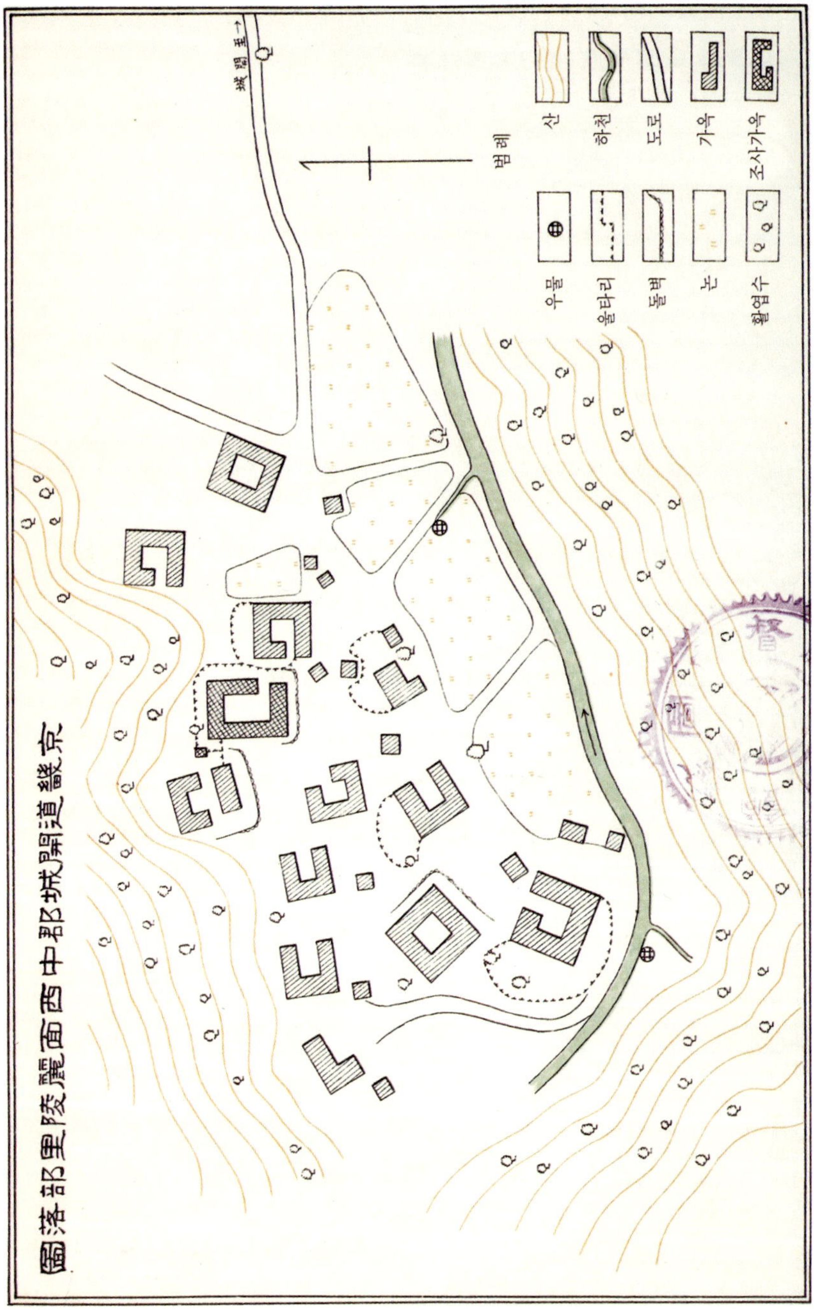


경기도 개성군 중서면 여릉리 부락도

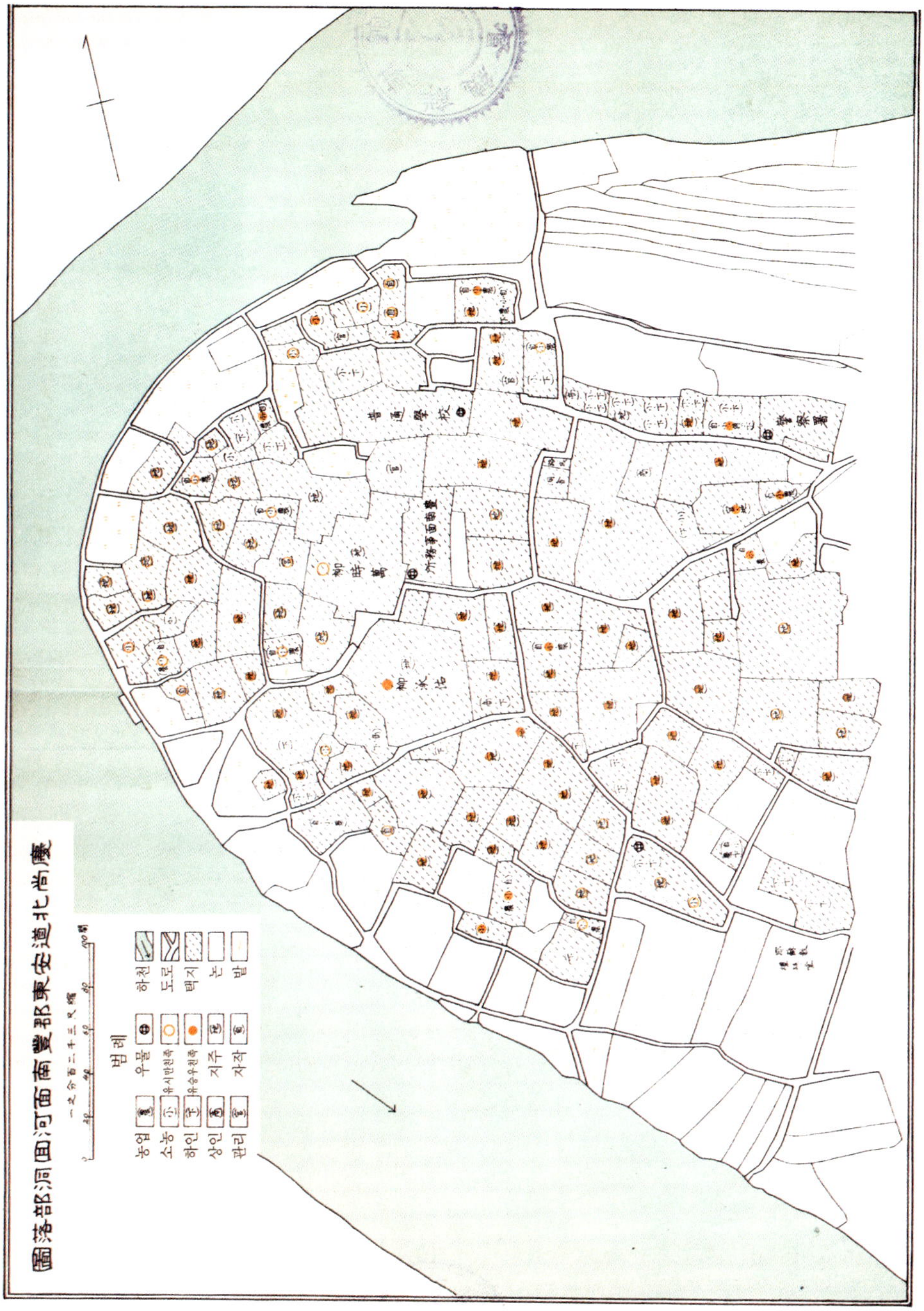


경상북도 안동군 풍남면 하회동 부락도

도판 제72

충청남도 공주군 신상면 유구리 부락도

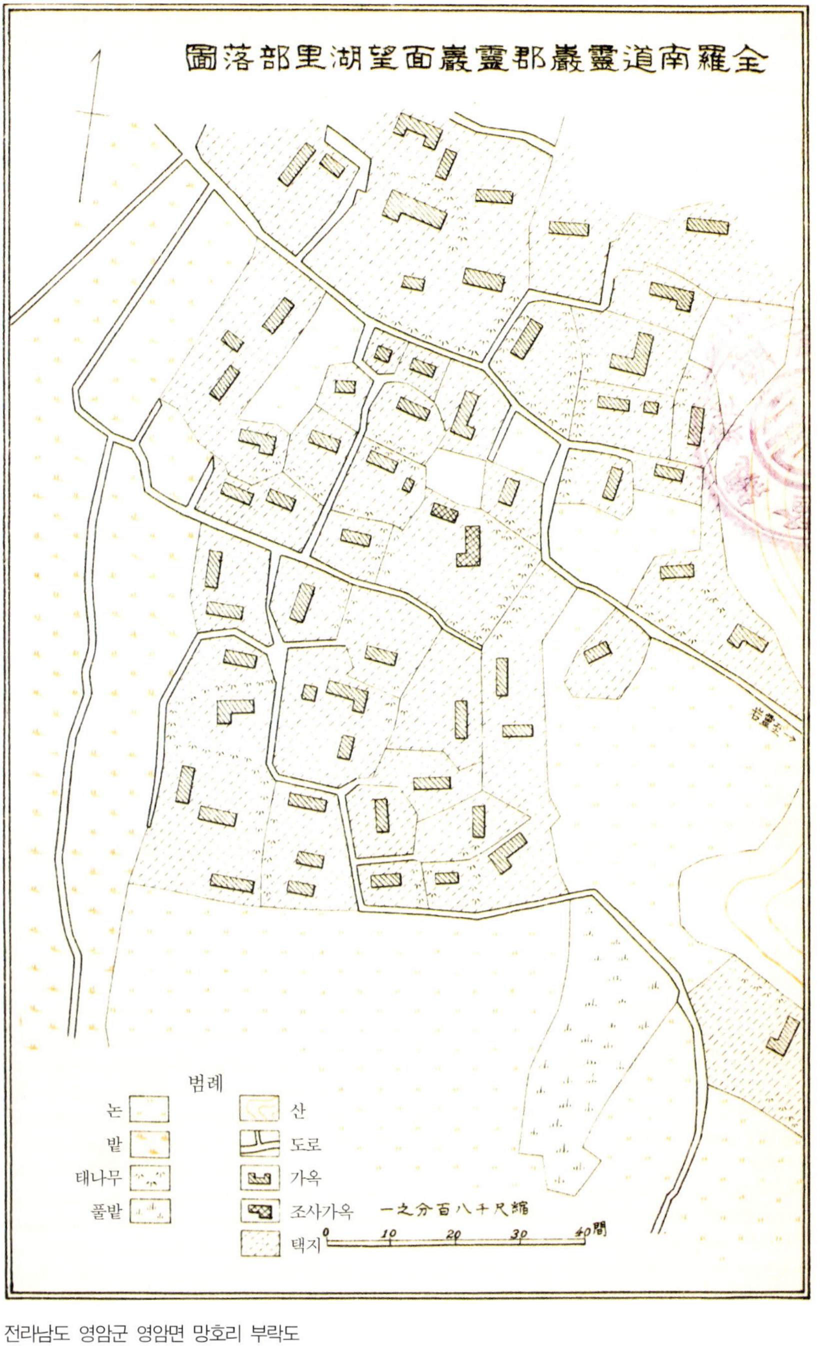


전라남도 영암군 영암면 망호리 부락도

大正十二年三月二十日印刷
大正十二年三月二十五日發行

朝鮮總督府

인 쇄 1923년 3월 20일
발 행 1923년 3월 25일

발행처 조선총독부

朝鮮部落調查

# 『조선부락조사특별보고』

제1책 민가民家

콘 와지로今和次郎

조선총독부(1924)

特別報告

# 朝鮮部落調査

# 特別報告

조선총독부는 1922년 9월부터 10월에 걸쳐 콘 와지로今和次郎씨에게 조선 민가朝鮮民家를 조사하도록 하였는데 그 보고가 이루어져 이번 서무부庶務部 조사과調査課에서 이를 인쇄 · 배포하게 되었다.

1924년 3월 20일

조선총독부

# 서언序言

나는 1922년 9월부터 10월까지 1개월 동안 조선 각지를 여행하고 조선 사람들의 민가를 연구하는 기회를 얻었다.

조사여행에서는 사이또齋藤(實-역자) 총독, 모리야守屋(榮夫-역자)[1] 서무부장, 그 외 이와이岩井(長三郞-역자)[2] 건축과장 및 야자와矢澤(杉造-역자)[3] 사회과장의 호의를 받은 것에 대해 감사와 경의를 표하며 또 조선총독부 촉탁 오다우치 미치토시小田內通敏씨, 조선총독부 속屬 요시다 마사히로吉田正廣[4]씨로부터 받은 여러 가르침에 감사한다.

1924년 3월

콘 와지로今和次郞

1) 1884~1973. 동경제국대학 법과대 졸업 후 일본 내무성을 거쳐 조선총독부에 근무하면서 비서관, 비서과장과 서무부장을 지냈다. 미야기현의 시오가마시(塩竈市)의 시장을 역임하기도 하였다.

2) 1905년 동경제국대학 건축학과 졸업 후 통감부 탁지부 건축소 기사, 1921년에 영선과가 건축과로 바뀌면서 건축과장을 지냈고 1929년까지 조선총독부에 재직했다.

3) 1889~1948. 동경제국대학 법과 재학 중 고등문관시험에 합격하여 조선총독부 내무부 제2과장을 비롯하여 내무국 사회과장, 경기도 내무부장, 전남지사와 농림국장을 역임하였고 1937년에는 조선임업개발주식회사 사장 등을 지냈다.

4) 1895~1972. 경기도 내무부 농무과 권농기수(勸農技手), 부산부 서기와 식산국 농무과 속, 황해도 소작관, 농촌진흥과 이사관, 사정국(司政局) 척무과 촉탁과 조선총독부 고등관 등을 지냈다. 저술로 『조선의 소작관행 - 시대와 관행』(조선농회, 1930)과 『朝鮮ノ小作慣行(조선의 소작관행)』 상 · 하권(조선총독부, 1932) 등이 있다. 패전 후 가고시마현 오구치쵸(大口町)에 정착하였고 가고시마현청에 근무하였다. 그의 아들 요시다 타구로(拓郞)은 현재 일본에서 음악프로듀서, 작곡가로 활동을 하고 있다.

# 목차

# 도판 목차

# 서언緖言

나는 약 1개월 동안 다음의 순서로 여행을 하였다.

경성 - 평양 및 그 부근 - 개성 - 함흥 및 그 부근 - 전주 - 김천 - 대구 및 경주

제1도. 조선 약도
동그라미(●) 표시는 저자가 답사한 곳

이상의 지방에서 여러 사람에게 신세를 졌고 가는 도시마다 늘 상류, 중류, 하류 내지 빈민굴과 같이 각 계층의 집을 보여주었다. 우선 여기에서 그것들로부터 받은 전체로서의 인상을 서술하고자 한다.

조선에서는 손님을 맞이하는 방 이외에는 외부 사람들이 들어가지 않는 풍습이기에 보여준 집에 갈 때마다 미안한 기분이 들었다. 부인들이 생활하는 안방[內房]을 보여줄 때는 전화로 부탁해 허락을 받은 후 가면 때마침 그 시간에 부인들이 외출하고 집에 없는 것과 같은 상황이었다.

상류층의 생활은 조선의 미술美術에서 알려져 있는 일종의 적막하고 섬세한 아름다움이 있다고도 말할 수 있다. 인사성이 바르고 붙임성 있게 응대해 주었으며 생활 전체가 이것으로 일관하고 있다고도 말할 수 있고 생활을 이런 것으로도 장식하고 있는 유창함이 있다.

실제로 생활 그 자체는 장식의 아름다움으로 의상에 표현되어 있으나 집도 그러하다. 일본의 주택에서 볼 수 있는 토장土藏은 없고 모든 서화 장식물을 방마다 나열하고 벽에 붙여둔다. 특히 놀라운 점은 명가의 서화도 방 벽에 직접 풀로 붙이고 있는 데에서 그것을 향락의 소모품으로 아낌없이 대하고 있는 모습은 멋지다고 말할 수 있다. 특별히 현관도 과장스럽지 않다. 이렇게 생각하면 외부에서 오는 사람들이 볼 수 없는 안뜰의 담이나 뒤에 세운 온돌의 굴뚝 등을 아름다운 장식으로 꾸몄다. 이것은 무가시대를 겪은 일본 상류층의 집에서는 볼 수 없는 모습으로 이전의 무사는 이렇게 장식을 즐기는 것을 여성적이라 하여 멸시한 경향이 있다고도 생각할 수 있다. 혹은 일본의 그것은 선종禪宗 도덕에서 온 것인지도 모른다. 조선 사람들의 생활에는 일본의 왕조시대의 풍미가 있다고 이야기되지만 그야말로 그렇게 느낄 수 있다. 골동이 아닌, 순수한 장식을 즐기는 것에 철저한 것을 본 것이 어느 즐거운 공상 세계를 엿보고 있는 것과 같은 기분이 들었다. 약탈 내지 주구가렴의 비참을 만나게 된 고통을 쌓았는지 모르지만, 금욕의 풍습에 메인 경험이 없는, 자유롭고 여유 있는 아름다움을 집에서도 생활에서도 볼 수 있었던 것은 유쾌한 일이었다. 이렇게 집의 안과 밖은 아름다운 장식이 있는, 하나의 작품이 되어 있다. 방문자는 충분히 그 집의 주인에게 즐거움이 되는 아름다운 미술품을 방 안 또는 집 그 자체에서 볼 수 있고 함께 즐겁게 앉아 있을 수 있다.

조선에는 하류층의 집 내지 일반 민중의 집, 양반 및 사반士班(토반-역자)이라는 귀족 내지 토반격의 집이 각 지방에 있다. 이들 집은 기와지붕으로 장식적인 외관을 가진 저택으로 되어 있다. 그것들에 비해 실제로 다수의 민중은 매우 작은 집을 가지고 있다. 이 가옥들은 조선에 온 외래자들, 여행자들의 인상기印象記에 「돼지 집Pig's house」으로 비평을 받았고 그것에 대해 조금 더 나아가 「일그러진 정신의 표현」으로 부르고 있다.

나는 이러한 집들의 많은 것들을 보며 걸었다. 그리고 그들 집의 내부를 처음 보았을 때에는 실제 잘 정리되어 있었고 아름답다고 느꼈다. 끝까지 처음 받은 이 인상은 틀린 적이 없었다. 그러나 놀랍게도 집의 구조가 단순하다고 마지막에는 결론을 내려 버리고 있었다. 변소라든가 하수는 매우 더럽지만, 그것은 교육이 보급되고, 위생 사상이 뿌리내리면 의외로 빨리 변화될 만한 것으로 풍습의 근본 모습과는 관계가 엷은 것이다.

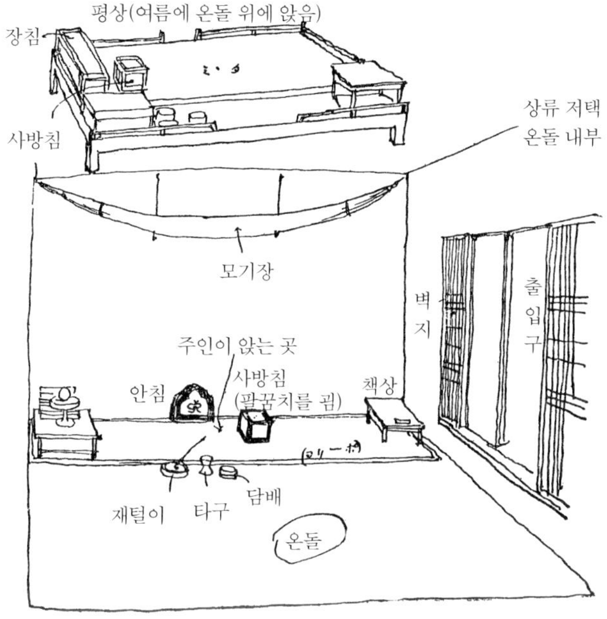


제2도. 상류 저택 주인의 거실

이러한 집들의 내부가 청결한 것은 온돌에서 비롯되는 것 같다. 그것에 대해서는 나중에 서술할 기회가 있을 것이다(제1장 제3절). 청결을 선호하는 모습은 특히 복장에서 현저하게 볼 수 있고 실제로 그것들은 놀라울 만한 사건이다. 조선 가정에서 가정주부의 일 전부는 식사 조리와 옷 세탁이라고 이야기되고 있으나, 특히 옷 세탁에 사용하는 시간의 양은 놀라울 정도의 양일 것으로 생각된다.

조선의 여행자는 누구나 「조선 사람의 의복은 학이나 백로와 같이 새하얗다」라고 말한다. 남자도 여자도 그러하다. 그래서 더러워진 것은 큰 불명예라 하여 멸시되는 습관이 있다. 낮에 모래 사이에 느리게 흐르는 물에 부인들이 관습을 위한 이 전투를 위해 모여 있고, 밤에는 가정마다 습관적으로 소위 아름다운 정조情調를 조선 땅에 퍼지는 울림, 다듬이질 소리를 내고 있다.

이와 같이 현재 조선의 부인은 모든 것을 감춘 채 유화한 외모를 갖추고 소위 큰 집big house

의 아름다운 기름종이를 바른 온돌의 작은 방 안에서 일상생활을 보내고 있다.

특히 나는 빈민굴에서 그것들이 의외로 아름다운 것을 보았다. 작은 여아들이 신발 만드는 부업을 하고 있는 그림(제3도)에서도 알 수 있듯이 그것들은 다만 매우 이상하기에 외래자인 내가 아름답게 느껴졌는지는 모르지만, 나는 빈민굴의 내부가 잘 정리되어 청소가 구석구석까지 미쳐있는 것 외에 다음의 두 가지 이유를 들어 그 아름다운 아니, 일본의 그러한 더러운 것과는 다른 점을 말할 수 있다. 그 하나는 가장 큰 근본적인 이유로 조선 사회는 아직 공업화한 복잡한 세상이 아니고 소박한 시대에 가까운 생활 모습에 있기에 빈민들의 생활도 의외로 즐겁게 보여서 집에 대해서도 그렇게 느껴질 수 있다고 생각한다. 나는 정확하게 조선의 사정은 모르지만, 나의 추정에 비추어 말해 둔다. 둘째는 보다 특수한 사정으로 더욱 전문적인 사실에 속하는 사건이다. 그것은 오래전부터 조선의 대도시 내지 도읍은 천연의 경승지를 점친 것인데 마을 주위에 성벽을 쌓지 않으면 안 되었던 점에서 산으로 둘러싸인 푹 들어간 지역을 선호한 것에 그 먼 원인이 있다.

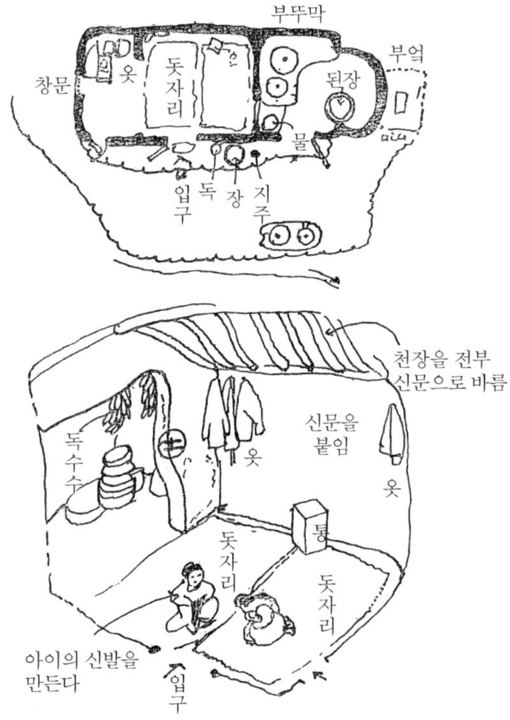


제3도. 평양 만수대의 빈민굴의 한 집

경성의 부지는 북한산과 한강의 큰 산수에 접근하고 있지만 한강부터도 북한산으로부터도 떨어진 주위 산들이나 작은 천으로부터의 분지에 선택되었다. 개성은 송악산松嶽山 및 그 산록으로 연결된 산이나 언덕으로 둘러싸인 운계산雲溪山의 아름다운 하천을 중심으로 움푹 들어간 지역을 점친 것이었다(도판 제2). 지방의 읍내 김천과 같은 것도 같다(도판 제11). 이것은 진정 근대도시로서 일반적인 특징과는 먼 특질이다. 그래서 이들 도읍에는 다음과 같은 특징이 있다. 바가지 모양처럼 낮은 부분은 거리의 중추 구역을 형성하고 이전의 궁전은 한 편의 산을 배경으로 산록에서 낮은 곳을 바라보듯이 지어졌고 계획한 거리는 그것들을 중심으로 뻗어가며 점점 변두리의 산 중턱으로부터 정상에 걸쳐서 확대되어 있다. 그런데 변두리의 낙오자들 즉 빈민들의 소굴은 산 중턱으로부터 정상에 걸친 지점에서 찾지 않으면 안 되게 된다. 이 사실은 보통의 근대도시에 대한 상식으로는 조금도 생각할 수 없는 것인데 조선의 많은 도시에서는 볼 수 있다. 보통 빈민굴은 공장 혹은 도시의 활동 지역에 접한 저습지에 형성되어 매우 더러운 환경에 있는 것이 물질문명의 세계에 통용된 사실이다. 그래서 도시 생활자들은 모든 폐기물을 그곳에서 받아 철저하게 불쾌하고 비위생의 상태에 있는 것이 거의 통칙이다. 그러나 우리 조선의 그것은 빈민들의 하수가 중추 지역 사람들의 집 쪽으로 흘러가는 관계에 있다. 그리고 빈민촌이 모두 별장 부지에도 형성된 것처럼 좋은 전망을 가지고 있다. 이러한 실질적인 건강미健康美와 유쾌한 구상의 풍경미 때문에 기술했듯이 조선 일반 도시에서의 빈민굴은 그렇게 불안한 느낌을 주지 않는다는 것을, 단편적인 해명으로서 제시할 수 있을 것 같다. 나는 언어가 통하지 않는 지역의 빈민굴에서 여러 시간을 보내면서 편안한 기분으로 스케치를 혼자 할 수도 있었다. 그곳 사람들도 웃으며 나에게 인사하기도 하였다.

단, 조선의 민가를 설명하기 전에 매우 많은 것을 기술하고 싶은 것이 있으나 이 정도로 그치고자 한다. 다만 마지막으로 나의 여행 중에 받은 인상 가운데 심각하게 겪은 사건 하나를 덧붙여 두고자 생각한다.

어느 지역에서 군청의 조선 통역인의 안내를 받아 걸어가면서 사진기로 길가의 집들을 촬영하고 있었는데 통역인은 나의 이러한 행위에 반감을 갖고 말았다. 나는 일에 열중하고 있었기에 그것을 눈치채지 못하고 있었다. 결국 그는 참을 수 없었던지 나를 노려보면서 부르짖는 큰 소리로 이렇게 말하였다. 「왜 더러운 집만 촬영합니까」라고 얼굴을 붉히며 성난 말로 나에게 힐문하였다. 나는 일을 멈추고 조용히 그를 올려 보았다. 젊은 그는 양복을 입고 있었다. 나는 그 상황에서 솔직하게 「나는 빈민 사람들을 좋아하니까」라는 말을 하려다 멈추었다. 「연구를 위해」라고는 물론 말할 기분은 아니었다. 조용히 나는 반성

제4도. 도읍의 변두리 집

의 부분을 특히 진실로 내 마음에 각인하는 기회로 삼고 입을 다물었다. 부산에 상륙한 후 결코 떨어지지 않는 반성의 그것을 특히 확고히 할 수 있었다. 지금까지 일본의 어느 부락에서도 나는 이것을 반성의 기회로 삼고 있다.

이에 나는 조사 대상을 제공해 준 많은 조선 사람에게 크게 감사의 뜻을 표해 둔다.

제1장
# 구조 및 그것에 대한 고찰

## 제1절 일반 구조

「조선의 집은 스케치를 할 때 매우 즐겁고 좋다」는 것은 그림을 그리는 아마추어들로부터 들을 수 있는 말이다. 실제 조선 사람들의 집들에는 회화적인 맛으로 가득 차 있다. 초가지붕은 위에서 밑으로 한 줄의 곡선을 그으면 되고 기둥이나 서까래 등이 가지런하지 않으며 벽의 흙이나 거기에 모자이크와 같이 끼워진 벽돌이나 돌 등은 멋대로 자유롭게 처리되어 있다. 창은 작고 아담하여 벽 여기저기에 아름답게 액자가 걸린 것처럼 잘려 있다. 온돌의 연통은 모양 · 색채의 꾸밈이 풍부하다. 연기 때문에 벽 여기저기가 적당히 그을려 있고 또 적황색의 흙 위에 이것들이 난잡하게 나열되어 있다. 담장이나 흙 담장의 변화도 마음이 즐겁다. 또 바람에 흔들린 버드나무나 포플러나무의 줄기와 잎이 공기에 물가에 움직이고 있는 모양은 전체적으로 인상이 좋다. 거기에 단순하고 형태가 명료하며 말끔한 흰옷의 그림 속 인물도 경우에 따라서는 연필이나 붓으로 그렇게 애를 들이지 않아도 언뜻 완성된 서화가 되기 쉽다(제5도, 제6도, 제4도 등 참조).

제5도. 초가지붕

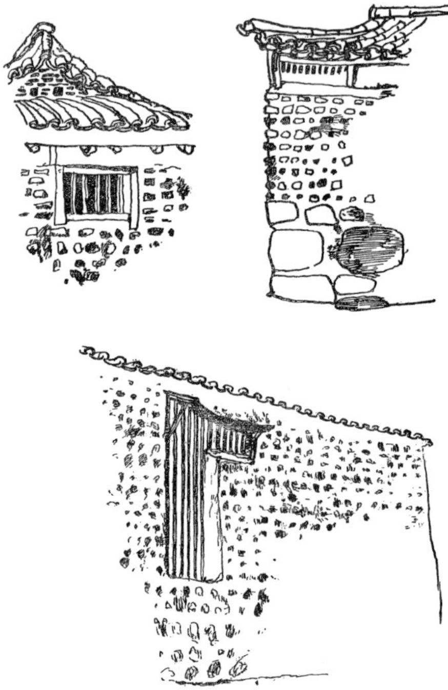

제6도.
집의 외벽

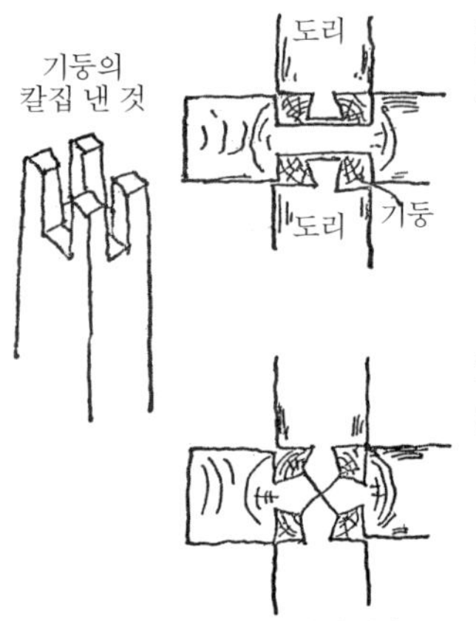


다카하시 기시치로
(高橋喜七郎)에 의함

제7도.
기둥과 대들보와 도리의 계공합

그래서 집 그 자체가 어떻게 조립되어 있는가를 기술할 필요가 있다. 우선 처음 소나무 기둥을 직립으로 세우는 곳마다 토대가 되는 돌을 놓는다. 조선의 건축용재는 거의 소나무라고 말해 좋다. 기둥, 기둥과 기둥 사이의 대들보, 서까래를 받치기 위해 기둥과 기둥 사이의 위에 얹은 도리, 마룻대의 목재, 추棰[1] 그 외 관貫,[2] 창틀, 마루판 등 모두가 그렇다. 기둥과 기둥 사이에는 관으로 연결되고 그 위로 도리를 올린다. 그리고 안의 열주列柱 사이는 들보로 연결한다. 기둥 상단은 모두 제7도와 같이 잘라 넣고 거기에 도리와 들보가 각각 파고들듯이 만든 나무를 올리고 조립한다. 이것은 정확히 일본의 사원이나 신사神社의 기둥 위 네모난 나무를 교차적으로 서로 물리는 곳에 끼워 넣는 형태이다. 조선에는 긴 목재

1) 목조 및 철골구조 등의 건축에서 지붕구조 중 재목이다.
2) 목조건축에서 기둥 등의 수직재 사이에 통하는 수평재로 일본어로 '누끼'.

를 쉽게 얻을 수 없기에 도리도 많은 경우 기둥끼리 연결하게 된다. 즉 기둥 사이가 꼭 조선의 방 하나하나의 폭이 되고 그 길이는 대개 8척씩이다. 관과 관 사이에는 창을 붙인 곳이 정확하게 창틀이 되도록 세로의 관이 붙여진다. 그것들로써 나누어져 벽의 부분은 다시 작은 통나무가 세로로도 가로로도 붙여진다. 거기에 변변치 않은 집에서는 보릿짚, 보통은 작게 자른 목재를 끈으로 묶고 벽을 칠할 준비까지 마치게 된다(도판 제6).

지붕의 골조는 어떻게 되어 있는가. 들보 중앙에 볏단을 세우고 거기에 마룻대를 놓으며 마룻대와 도리에 통나무의 추를 걸치고 추의 끝 가까운 곳에 처마의 서까래에 걸치도록 넓고 긴 나무를 박고 특히 서까래 끝에 건너 대는 가는 나무를 박는다. 조악한 집에서는 서까래 끝에 건너 대는 가는 나무 대신에 밀집을 나란히 놓는다. 그리고 그 위에 흙을 놓는데 초가지붕의 경우에는 짚을 깐다(제8도).

조선의 초가지붕의 두께는 실제로 일정하지 않다. 1척 정도의 처마 밑으로 두께가 보이는 것이 있는가 하면 그것이 1, 2촌 정도밖에 보이지 않는 집도 있다. 또 일본의 것과 다른 점은 해마다 위에 위로 새롭게 꾸민 볏짚으로 오래된 지붕 위를 우비처럼 입혀가는 것이다. 다음 그 볏짚의 밑동이 지붕의 가장 높은 용마루 쪽으로 향하는데, 밑쪽으로는 부드러운 앞 끝이 매달리게 된다. 용마루는 지네 모양으로 짠 볏짚으로 부드러운 지붕 위를 덮게 된다. 이렇게 덮은 지붕은 경우에 따라 끈으로 묶거나 평행하게 여러 줄로 지붕에 명주를 만들거나 망의 형식 혹은 보다 표현하자면 파도풍風 등 여러 모양을 낸다. 이것은 일본에서는 해안에 극히 바람이 강한 곳이 아니면 볼 수 없는 지붕에 대한 방비이다. 더욱이 하나는 지붕을 잘 붙들어 매기 위해서거나 토지의 일부를 대신 사용하기 위해 호박이나 박 덩굴을 휘감아 놓는다. 그 열매가 크게 되면 큰 돌을 지붕 위에 올려놓은 것처럼 보인다. 보통 지붕의 수평을 기준으로 경사도[勾配]는 매우 완만하다(제5도는 예외적으로 매우 급경사로 되어 있다). 그리고 이들 초가지붕은 물건을 말리는 장소로도 종종 이용된다. 물건을 말리는 장소라고 해서 조선 사람들이 즐겨 먹는 고추를 매우 예쁘게 말리는 경우 그 외로 사용된다. 내가 여행하였을 때 마침 고추를 말리고 있어서 조선의 집에는 지붕 위에 피를 흩뜨려 놓았나라고 생각될 정도로 어느 집이나 할 것 없이 고추를 말리고 있었다. 실제 그 모습은 집 뜰에 있는 간장 독과 대응하여 조선의 좋은 상징이었다.

제8도. 작은 집 구조 뼈대

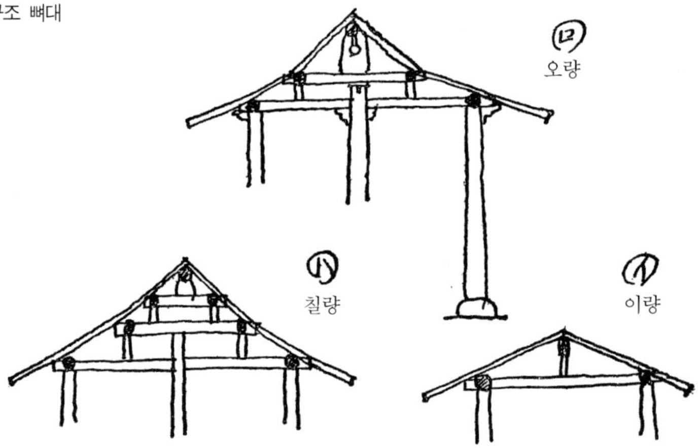


다카하시 기시치로에 의함

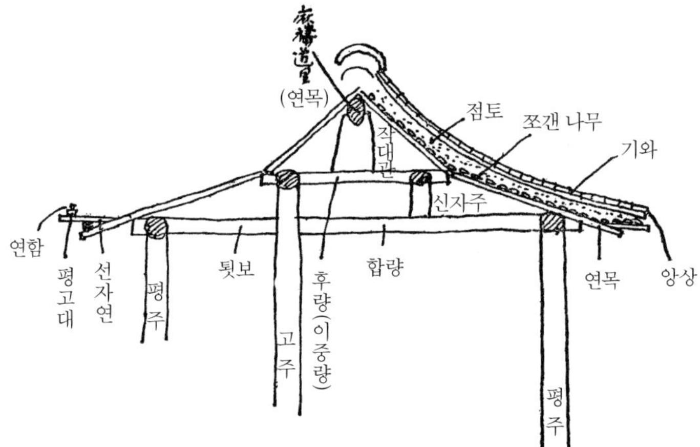


다카하시 기시치로에 의함

- 평고대平高台: 처마 서까래나 부연의 끝에 가로로 걸쳐 댄 가는 나무
- 툇보退樑: 툇기둥과 안기둥에 건너 질러 얹힌 짧은 보
- 고주高柱: 대청마루의 한 가운데에 다른 기둥보다 높게 세운 기둥
- 선자연扇子椽: 추녀 좌우에 부챗살 모양으로 배치해 선자추녀를 이루는 서까래
- 평주平柱: 크기나 모양이 같은, 건물 외각에 세워진 기둥
- 산자주産子柱: 갓난아기 기둥
- 연목椽木: 지붕 판을 만들고 추녀를 이루는 가늘고 긴 각재
- 앙상仰上: 위로 봄
- 합량合樑: 가운데 기둥을 중심으로 양쪽의 보가 마주함

제9도. 신축 중에 있는 가옥(목부 조립)

제10도. 신축 중에 있는 가옥(작은 집 뼈대)

기와지붕은 시골에서는 양반 집에 많다. 서까래 끝에 건너대는 가는 나무 위에 흙을 많이 놓고 그 위에 기와를 덮는다. 그리고 그 지붕을 이는 방식은 암기와(평와)와 숫기와(둥근 기와)를 조합하는 본와즙本瓦葺이다. 기와지붕은 초가지붕과는 반대로 처마 끝을 위로 차올린 곡선으로 되어 있고 많은 초가지붕 사이에 한 사람이 위세 좋게 노래하고 있는 모습을 보는 것같이 느껴지는 형태를 하고 있다(도판 제1 등). 이러한 지붕 끝 추榧의 절단면은 특히 잘 정리되어 보여 건물 전체가 초가지붕의 것과는 전혀 다른 표현을 하고 있다.

또 이러한 지붕의 무게를 지탱하기 위한 뼈대(제8도와 같이)는 일본의 고전 건축의 그것에서 볼 수 있는 것과 같이 단단하게 조립되어 있다. 그리고 마룻대로 쓰는 목재를 받는 들보 위 작은 기둥은 정말 판자와 같은 것도 있다. 그것은 마찬가지로 판마고板蟆股을 생각하게 한다.

그 다음 더욱이 상층류의 집이 될수록 고전적인 형태에 가깝다. 도려내 뚫은 구멍의 조형繰形이 있는 가로 받침대 주목肘木(檐遮)을 덧붙이고 외측에는 멋진 박공목도 덧붙였다.

제11도. 신축 중에 있는 가옥(돌 쌓기)

지붕의 설명은 이 정도로 마치고 다음으로 중간에 하다 만 벽의 이야기로 옮기고자 한다. 앞에서 말한 골조가 완성되었을 때 가장 밑에 일단 돌을 나란히 놓는다. 그리고 돌과 흙벽 속 덩굴풀 사이에 흙을 넣고, 또 돌을 일단 놓고 이러한 돌들을 끈으로 흙벽 속 덩굴풀을 든든히 하기 위하여 상인방과 하인방 사이에 끼워 세우는 나무에 묶고 흙으로 메운 다음 위로 순차적으로 일을 진행한다(도판 제6, 제11도). 이렇게 적당한 높이까지 쌓은 후 보통의 벽을 남긴 상부로 발라간다. 이 쌓는 작업에서 경우에 따라 벽돌 혹은 벽돌의 단을 좁히거나 특유한 모양을 내어 완성하는 경우가

제12도. 붕괴된 외벽

있다. 작업 방식은 모두 자유롭게 끝내는 것이 보통이기에 질적으로 아름답게 매력적인 것을 만들기도 한다. 그리고 고급의 것은 돌이나 벽돌 틈새로 토사나 빗물 등이 침입하는 것을 막기 위해 석탄 혹은 칠로 아름답게 발라 정리한다.

마루는 온돌을 언급하는 부분으로 미룬다(제1장 제3절). 그 외 집 주변의 토담은 진흙 그대로의 것도 있으나, 상층류의 것은 벽 쌓기와 마찬가지의 수법으로 되어 있다.

천장, 창 등에 대해서도 온돌을 언급하는 부분으로 미룬다.

위에 설명한 것과 같은 구조는 경성을 중심으로 대체로 조선 전국에 걸쳐 있다. 다소 지방에 따라서 쌓는 방식은 처마까지 닿기도 하고(개성에서의 일반적인 방식은 제6도의 밑그림과 같이 처마까지 돌을 쌓아 올린다) 혹은 그것을 전혀 쌓지 않는 곳도 있다. 주의할 필요가 있는 것은 조선 일반의 집은 석조이지도 벽돌 건물이지도 않다는 점이다. 외벽이 한 면에 돌을 쌓아 올린 것같이 보여도 그것들은 목조 위에 붙인 것이거나 모자이크와 같이 흙벽 위에 돌이나 벽돌을 박은 것이다.

도판 제7은 지금까지 설명한 전체 과정을 잘 보여주고 있는 모형도이다. 순차적으로 완성해 가는 모습을 이해하는 데 도움이 되었으면 한다. 그래서 일반 기술에 관한 언급은 마치고, 다음으로 나에게 보다 흥미로운 사항으로 옮기고자 한다.

## 제2절 지방적 관찰

조선 민가의 일반구조는 위에서 설명했듯이 대체로 목재를 뼈대로 하고 거기에 흙을 붙이고 또 벽 밖의 허리 부분에 돌이나 벽돌로 장식을 한 것이다.

나는 최근 만주에서 순純 석재구조의 민가를 볼 수 있었다. 또 흙만으로 지은 집, 햇빛에 말린 벽돌 집, 보통 벽돌로 지은 집도 볼 수 있었다. 만주 사람들은 보다 대륙성 지역의 지리적 조건에 솔직하게 순응하며 집들을 짓고 있다. 그것은 산업상 보다 단조롭고 사회상 소박하기 때문인지도 모른다. 그러나 가장 큰 원인은 요하遼河의 넓은 대평야라는 대자연의 지리적 필요에서 그렇게 된 것이라고 느낄 수 있다. 인간이 흙 위에 아무 것도 갖지 않은 채 태어났다. 거기에 밭을 만들고 고랑을 만들며 콩을 가꾼다. 흙에 또 집도 만든다. 태연히 만주 들판에서 일하고 있는 농부들은 그렇게 부르짖고 있는 듯이 보인다. 또 요동반도에도 나무가 없으며 돌산밖에 없는 지역의 농부들에게 집은 돌을 쌓아 올려 만든 것이고, 태어나면서부터 그렇게밖에 믿지 않았을 것이다. 모든 국가의 사람들은 마찬가지로 자신들의 집이 그렇게 둘러싼 환경과 결부되어 있는 것처럼 생각하게 되었다.

일본의 농부들은 집을 만들 때에는 나무 뼈대를 만들고 거기에 흙벽을 바른다. 아니 농부들만이 아니라 일반 일본인들은 무의식적으로 그러한 습관에 빠져 있다. 도쿄 사람들은 집의 외벽에 판재를 물고기 비늘같이 겹쳐 부치는 것을 습관처럼 여겼다. 벽돌로 만들면 서양 집이 되고 돌로 만들면 물론 멋진 서양 집이라고 생각한다. 습관은 모든 새로운 창의

력을 소모시켜 버린다. 건축사建築師에게 틀림없는 서양관西洋館을 만들어 달라고 하고 양복가게에게 양복을 만들어 달라고 하며 입센Henrik Johan Ibsen[3]을 근거로 그 인물처럼 생활하고 있는 사람이 많다. 양복에는 하얀 셔츠를 입지 않으면 안 된다는 습관이 정해져 신사라면 그렇게 생각한다. 아름다운 곤충 날개 장식, 눈동자의 장식과 같이 모든 공예 의식을 가지지 않은 사람들은 집도 복장도 습관에 운명지우는 것이 현재 하나의 현상이다.

이중二重의 사실을 하나의 평면 위에 나열하여 표현하고 말았으나, 나는 만주의 농부들과 같이 착실히 노력하고 있는 사람들을 폄하하고 있는 것이 아니다. 그들의 운명은 거칠고 소박한 시대의 누구라도 떠맡아야 하는 것이고 거기에는 결정적인 충분한 이유가 있다. 돌로 만들면 멋진 서양 건축이라고 생각하는 사람들을 비웃었다. 그 운명이야말로 영구히 새롭게 이끌리는 끈에 속박되는 것이기 때문이다.

나는 이 시기에 세계 민족에 관한 연구 목표로서 계통 분류를 가령 이렇게 하고 있다. (1) 미국의 동북부로부터 시작하는 사막지대는 대체로 일직선으로 동양의 몽고를 거쳐 만주 끝까지 계속되어 전 지구로 전파되고 있다. 이 선 위에 있는 집들은 불가사의하게도 그야말로 같은 형태라고 말해 좋고 각지의 것을 가지런히 놓을 수 있다. 나는 이를 민가를 연구하는 데 사막지대砂漠地帶라고 가칭하고 있다. 그 다음 (2) 일본으로부터 남쪽으로 남양제도에 걸쳐 있고 또 일반적으로 비가 많은 해안지방으로부터 그야말로 같은 형태의 민가들을 가지런히 나열할 수 있다. 나는 이를 해양지대海洋地帶라고 가칭하고 있다. 특히 (3)은 보다 북쪽의 한대지방에 걸쳐서 즉 시베리아로부터 알래스카 및 미국 대륙 최북부, 그린랜드[4]에 걸친 일렬의 유사형을 가지런히 할 수 있다. 나는 이를 한대지대寒帶地帶라고 칭한다. 단 (4) 세계 각지에 띄엄띄엄 있는 고산지대에 마찬가지로 공통적인 형태의 집을 수집할 수 있는데, 이것들을 가령 고산지대라고 이름을 붙이고 있다. 단 별도로 (5) 메소포타미아 사막선과 교차하여 거기에서 출발하여 한 쪽은 페르시아, 인도, 그 다음 중국 본토에 걸친 공통적인 성질을 띤 일련의 형태의 집들, 그 다음 메소포타미아로부터 특히 지중해

3) 근대연극의 창시자.
4) 북극해와 북대서양 사이에 있는 세계 최대의 섬.

연안의 여러 국가에 걸친 집들의 형태도 포함하여 한 선을 그을 수 있다. 이를 구문화지대舊文化地帶라고 가칭하고 있다. 특히 (6) 북유럽 일대에 공통성을 띠는 집들의 집단을 지적할 수 있고 이것들을 북구문화지대北歐文化地帶라고 칭하고자 한다. 그 외 또 하나 (7) 미국, 남미 그 외 멀리 복잡하고 변화가 커서 하나로 정리되지 않은 것과 같은 부분이 남는데 그것들을 제만민지대諸蠻民地帶라고도 가정해 놓으면 좋지 않을까 라고 생각한다. 이것은 물론 나의 제1보로서 연구 편의상 구별하여 분류해 본 것이고 정확하게 분명히 말할 수 없다는 것을 내 자신이 안다. 그러나 이렇게 가정이라도 해 두는 것은 크게 민가 연구의 발판이 가능하고 또 일반 주택의 풍토성 · 지방성을 분류하여 객관화하면 논의에 편의하다는 것을 느끼고 제시한 것이다. 나는 인류학이나 지리학의 빈약한 지식으로 이러한 호들갑을 제시하는 것은 무대포의 이야기이지만 나의 이야기를 참작하고 더욱이 주목해 주는 사람이 있다면 감사하겠다.

자, 나는 지금 조선의 민가 쪽으로 되돌아가기로 한다. 조선집의 건축방식은 내가 위에서 들었던 계통 가운데 어디에 속하는가 하면 말할 필요도 없이 구문화지대의 가장 동쪽 끝에 해당한다. 방 구조를 설명하지 않으면 분명히 그것을 보여줄 수 없으나, 그것들을 빠뜨린다고 해도 작은 창을 가진 폐쇄된 방들을 만들고 있는 점, 즉 벽체를 주로 하고 있는 점, 지붕 형태의 특수한 점 등 두, 세 가지를 들 수 있다. 그러나 실제 이에 대한 고찰은 방 구조 항에 양보하지 않으면 안 된다.

다만 일본의 해양지대와는 어느 정도 다르다는 점은 주의해야 한다. 해양 지대의 건축물은 기둥을 세우고 거기에 지붕을 거쳤을 뿐이고 벽은 매우 조금 이용되며 출입구나 여닫이문이 크다. 또 마루 밑으로 바람이 통하도록 하고 있는 점이 통례이다. 물론 각 지대에 공통으로 나타나고 있는 특징이 있기에 그것들의 조건은 반드시 절대적이지 않다는 점만은 생각해 둘 필요가 있다.

고산지대에 속하는 집은 조선에서도 볼 수 있다. 그런데 그것은 일본의 것과는 몇 가지 다른 생각을 덧붙이지 않으면 안 될 것 같다. 조선의 북부지방은 고원지대로 되어 있다. 그 곳의 집들은 실제 한편 고산지대의 형태에 속하는 것으로 보지 않으면 안 된다. 같은 지방의 집들은 통나무 집 형태로 되어 있다.

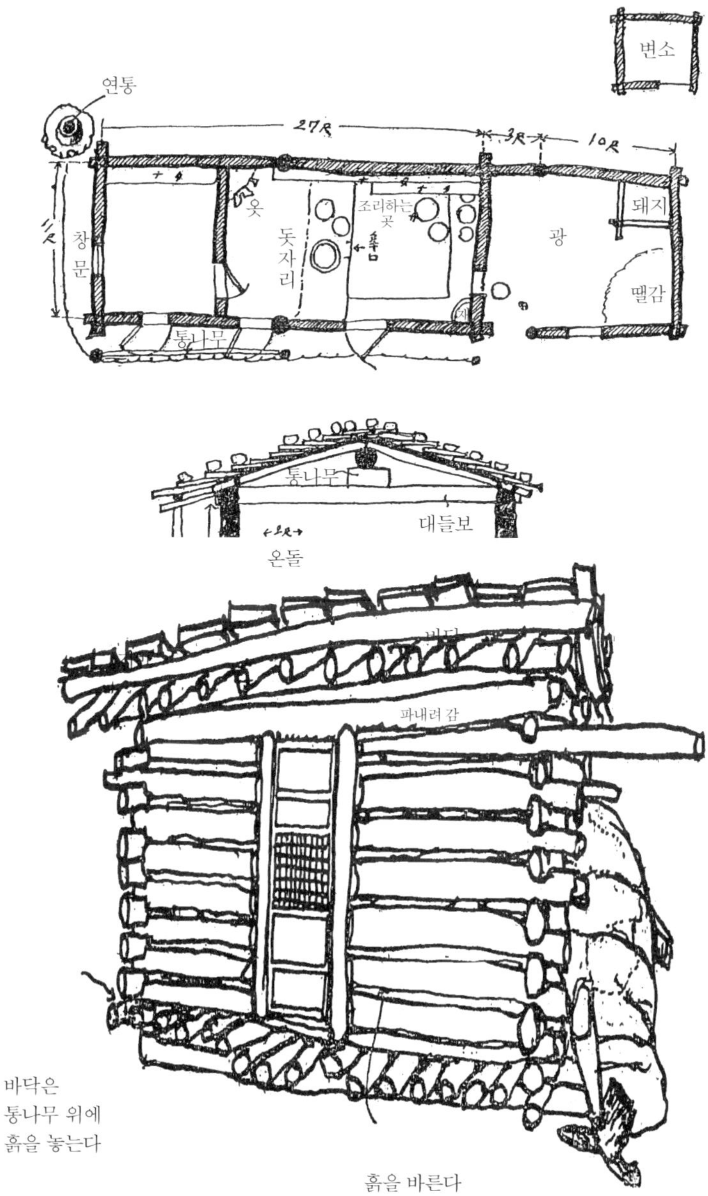


제12도. 통나무집의 창고(함경남도 장진군)

나는 이런 형태의 집은 함경남도 산간지방 장진군長津郡에서 볼 수가 있었다(제12, 13, 도판 제8, 9). 이런 형태의 민가는 일반적으로 통용되고 있는 설명에서는 목재가 넉넉한 지역에 일반적으로 지어진다. 더욱이 이것은 추운 지방의 목조건축이라고 되어 있지만 조선에서는 그 설명을 조금 보충할 필요가 있다.

이들 민가들은 판자지붕의 처마 앞부분에 비교적 큰 돌을 올려놓은 지방이라는 점에서는 일반의 고산지대와 구별이 되지 않는다. 여기에서 주의할 필요가 있는 것은 통나무집 벽 위에 진흙을 바르고 있는 집이 많다는 점이다. 이것은 아마 일반 고산지대에서는 보기 힘든 것이다. 그리고 그것에는 더욱이 대륙성 기후를 띠는 건조지역의 추운 곳에 지은 집의 계통이 작용하고는 있지 않은가 생각한다. 시베리아 지방의 통나무집에 진흙을 바른 것이 있다. 그래서 나는 가령 이 지방의 집들을 순수 고산지대의 형태로 생각하지 않고 고산지대의 형태와 한대 지대의 형태를 합친 집으로 생각하고 싶다.

조선의 일반 형식의 집들이 나란히 있는 평야에서 점차로 제14도와 같이 순서를 따라 통나무로 지은 지방에 이르는데, 보통의 조선형의 집이 있는 지역에서 산의 경사를 따라 올라가는 곳에 자작나무 껍질 지붕의 지대가 나타난다. 그리고 자작 껍질 지붕에는 거의 지붕이 보이지 않을 정도로 작은 돌을 올려놓고 있다(제15도. 평야에서 통나무집까지의 고도 차이 때문에 나타나는 집의 변화 경과에 대해서는 이런 다른 사례 연구를 모르는 나에게는 더 이상의 설명을 할 여력이 없다).

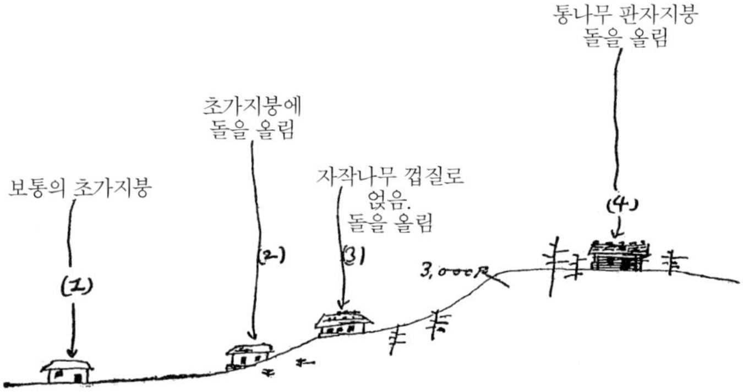


제14도. 고도에 의한 집의 변화(함흥에서 장진군에 이름)

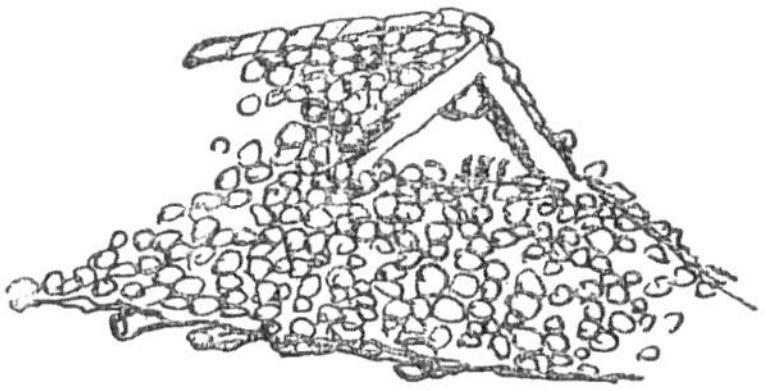

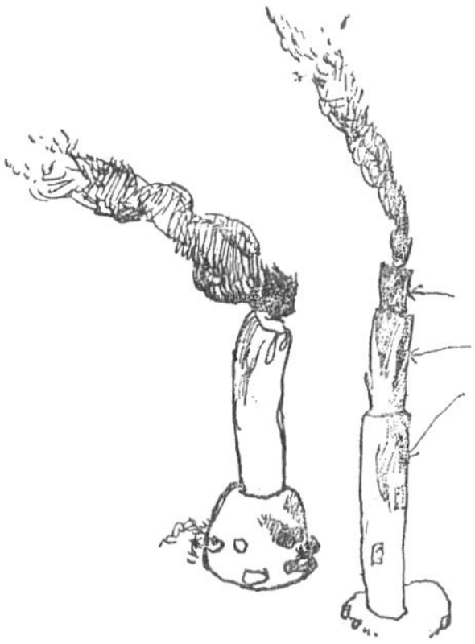

| 15 | 16 |
|---|---|
| 17 | |

제15도. 자작나무 껍질의 지붕(북청지방)
제16도. 통나무를 도려 내 구멍을 뚫은 연통
제17도. 통나무 집

이 지방의 통나무집은 이미 세끼노關野貞 박사가 소개도 하였다.[5] 그 지방은 마침 내가 홋카이도에 필적할 유명한 감자와 귀리의 산지로 기후도 거기와 비슷하다고 생각한다.

도판 제9의 사진은 마찬가지로 그 부근의 통나무집이다. 집과 주변 환경과의 관계를 살피는 데 흥미가 있어 제시하였다. 산의 나무가 벌목되고 그것들로 거기에 지어진 집의 벽체가 조립되었다고 상상할 수 있다. 집 주변에는 벤 나무토막들이 많이 보인다. 혹은 밖의

5) [원주] 공학박사 세끼노 타다시, 「조선의 주택」(건축세계사 편 『주택』) 참조.

용도를 위해 벤 흔적인지도 모르지만 어떻든 성장하고 있는 나무를 필요에 따라 함부로 베고 있는 상황을 엿볼 수 있다(조선에는 현재 여전히 화전민이라는 옮겨 다니면서 농업을 하는 원시적인 특수 부류의 사람들이 있다. 산에서 산에 걸쳐서 혹은 여기저기 산림을 태워 그것을 밭으로 하고 여러 해 그것을 경작하여 그 땅이 척박해지면 다른 지역으로 옮겨 또 경작하는 방법을 취하고 있는 사람들이다. 나는 이들 집을 볼 기회가 없었으나 이야기를 듣고 상상하면 텐트시대(고구적으로 생각하여)로부터 총체적으로 발달한 반영구적인 작은 우리가 떠오른다. 온돌이 있을 것 같고 한 개의 방이 있는 집 내지 작은 우리가 있었을 것 같다. 통나무로 만들어진 경우, 소량의 나무와 흙으로 만들어지는 경우 등 지역들에 따라서 여러 가지였을 것으로 생각한다. 통나무집이 있는 지역은 화전민이 가장 많은 지역인데 그 지방의 산 경사면에 기괴한 형태의 밭이라고 말할 수 있다. 마침 들판에서 불을 땐 흔적과 같이 함부로 나뭇가지가 펼쳐 놓은 예의가 없는 모습의 별 모양의 것이다. 분명히 그것들은 불로 땐 흔적을 그대로 밭으로 하였다는 것은 아쉬움이라고 생각되었다).

그 다음 또 한 가지, 이 지방의 집에 대해 언급하고 싶은 것은 온돌 연통의 특수한 부분이다. 통나무를 도려내 구멍을 낸 것을 집의 옆에 연통으로 세워 때로는 집보다도 높게 돌출되어 있다(제16도는 아이들이 숨어 있는 통나무로 연기가 나오고 있다. 제17도는 그러한 두, 세 가지를 스케치한 것이다).

북쪽의 추운 지방의 특수한 구조의 집에 대해서는 이 정도로 언급하고, 내가 남쪽의 전주 부근에서 본 진흙집에 관한 이야기로 옮기도록 한다.

조선에는 나무가 적다. 깜박 이야기를 잊고 있었는데 실제 조선의 일반 산에는 삼림다운 삼림을 볼 수 없다. 그것에는 여러 이유가 있다—조선 사람들은 겨울에 온돌을 데우기 때문에 그 땔감이 곤궁하다. 풀뿌리까지도 꺾어와 땔감으로 사용하기 때문이다(제1장 제3절 참조). 또 조선에는 종래 산의 소유관계가 애매모호하였기에 어디에서든지 나무를 함부로 벌목하였고 나무를 심고 보호하지 않았기 때문이라고 한다. 또 조선의 토지에는 원래 나무가 생육하지 않는다는 등으로 이야기되고 있다—이 가운데 가장 큰 원인으로 두 번째로 어디든 자라고 있는 나무를 베어버리는 습관이 있다는 점을 생각할 수 있다. 산을 걷고 있으면 여기저기 어지러운 상태를 자주 볼 수 있다. 어떻든 심은 소나무 가운데 어린 나무

위부터 조선 사람들이 잘라낸 비참한 흔적을 자주 목격한다. 러일전쟁 이후 도로를 따라 포플러를 심어 가는 곳마다 현재의 조선 풍경의 특색으로 되어 있다. 그러나 그러한 포플러도 줄기 가운데부터 잘라져 있는 것을 자주 본다. 그러한 습관이 이전부터 있었기 때문에 견딜 수 없다. 도저히 나무를 크게 키울 수 없었을 것이다. 어떻든 조선의 산은 대부분 벌거숭이뿐으로 나무를 키우는 삼림으로서 부족하다. 한강의 상류 그 외 삼림지대가 있는 것 같은데 나는 그러한 지방을 볼 수 없었다.

평야 한 가운데로 오니 견딜 수 없다. 기둥으로 쓸 나무도 얻을 수 없다. 보통 촌락에는 다소 집터에 나무를 볼 수 있으나, 거의 볼 수 없는 곳도 있다. 소농 등은 나무를 살 힘도 없기에 흙집을 짓게 된다. 물론 조선의 흙집은 만주 방면의 것과 다르고 지붕은 보통 조선식의 것이 올려 있다(도판 제10은 그 구축 중의 하나이다). 흙을 반죽해서 마치 철근 콘크리트 집을 만드는 것같이 한 척 높이로 쌓아 올리고 그것이 말라 단단해지는 것을 기다려 그 위로 쌓아 올린다. 그리고 벽의 높이가 완성되었을 때 작은 목재의 대들보를 걸치고 지붕을 만든다.

장소에 따라서는 손으로 들어 올릴 수 있을 만큼만의 흙덩어리를 쌓아 올려 벽체를 만들고 있는 곳도 있다. 이것들을 매우 간단히 햇볕에 말린 벽돌이라고 말할 수 있을 지도 모른다.

나무 얻기가 곤란한 조선의 시골에서는 대체로 빈민일수록 흙으로 집을 지었다. 내가 본 흥미로운 예는 김천金泉의 마을에서였다(도판 제11은 그 마을의 모형도이다). 김천의 마을은 그 시기 세공물細工物을 만들어 팔며 번창한 마을이다. 그래서 갑자기 그곳으로 모여든 사람들이 자신들이 사는 집을 지을 필요가 있었다. 그런데 김천은 이전부터의 마을로 산에 둘러싸여 높은 곳을 바라보는 대臺가 있는 마을이기 때문에 집을 만들 토지의 여유가 없다. 그래서 자연적으로 묘뿐이었던 산에 급경사의, 기어서 올라가지 않으면 안 되는 집을 같은 산에 새로운 이주자들이 짓기 시작하였다. 그런데 집을 짓는데 나무도 생각만큼 살 수 없다. 그런데 아무렇지 않게 산의 흙을 파고 작은 부지의 땅을 고르고 그 흙의 일부로 집의 벽을 쌓아올리고 또 이웃과의 경계 울타리도 만들고 있다. 이것들이 점점 산의 위에서 위로 지어지고 밑의 마을에서 올려다보면 멋진 주거가 나열되어 있는 것처럼 보여 실제 연구에 좋은 특별한 사례의 표본이 되고 있다(도판 제10, 11, 12는 그러한 사진 및 스케치이다).

이상 일반의 조선형의 집 외에 조선에서 볼 수 있는 통나무집과 흙집에 관해 언급하여 일본에서는 볼 수 없는 특별한 예가 있다는 것을 소개하고 여러 고찰을 위한 참고자료로 제시하고자 한다. 이런 집을 볼 수 있는 것은 일본보다도 기후, 자연 및 사람들의 기풍氣風 그 외의 것이 보다 대륙적이라는 점에서 온 것이라고 생각한다.

단, 지붕의 특수한 것으로서는 석판석을 얇게 깎아 만든 판 지붕이 있다. 나는 이것들을 평양에서 볼 수 있었다. 단 양덕陽德, 덕천德川, 성천成川 등에도 그것이 나타나고 있는 것 같다(무라카미 유기치村上唯吉씨 편 「조선인의 의식주」에 의함). 내가 평양 부근에서 본 것은 매우 부정형의 석판石板을 깐 것이었고 보통 기와지붕보다도 못하다.[6]

## 제3절 온돌

조선의 가옥이라고 하면 온돌을 바로 떠올릴 만큼 온돌과 조선의 거주 가옥과는 떨어질 수 없는 관계에 있다. 그것은 난방설치가 불완전한, 이른 바 해양 계통의 민가가 있는 일본에는 당연 흥미를 불러일으킬 만하고, 연구의 욕구를 불러일으킬 수 있으며, 비평할 만한 사항이다.

조선의 민가에서는 일본의 다다미방에 상당하는 방들이 모두 온돌식으로 되어 있고 방 그 자체도 온돌이라고 부른다. 온돌이라는 것은 마루 밑으로 불기운이 들어가 도는 구조로 되어 있는 방을 가리키는 것이고 또 그렇게 되어 있는 식의 방, 난방설비를 가진 것을 가리키는 것이기도 하다.

온돌을 만들기 위해서는 처음 집을 지을 때 마루 밑을 파고 몇 개나 의 구덩이를 파내어 그 위에 2, 3촌寸 두께의 판석을 깔고 한편으로 불 때는 구멍을 만들며 다른 한편에 연기가 나오는 곳을 만든다. 불을 때는 구멍으로 보낸 불기운을, 판석板石으로 전부 전달되고 연기

6) [원주] 민가의 지리적 분류에 대해서는 오야 노부오(大矢信雄), 「건축의 지리적 고찰」(『와세다건축학보』 제2호) 참조.

만을 집의 외벽에 설치한 연통을 통해 내보내도록 만든 것이다. 그래서 판석 위가 마루 면이 되는 것이다. 하층류의 집에서는 진흙을 바른 위를 마루로 하고 거기에 갈대의 거적을 깔아 살고 있다.

단, 구체적인 구조는 제18도와 같이 연기가 통하는 구덩이의 배치를 마루 밑 전체에 만들고 나란히 놓은 수석受石 위에 판석板石 혹은 개석蓋石을 깐 후 그 위에 흙을 바른다. 특히 흙에는 일반적으로 말똥을 물로 닦아 말린 것을 섞는다. 그리고 흙을 바르고 밑에서부터 불을 붙여 그것이 확실히 마른 후 특히 마무리를 위한 흙을 바르고 그것이 마른 다음 특히 여러 번의 공정을 거쳐 최종 마무리로 종이 기름을 바른다.7)

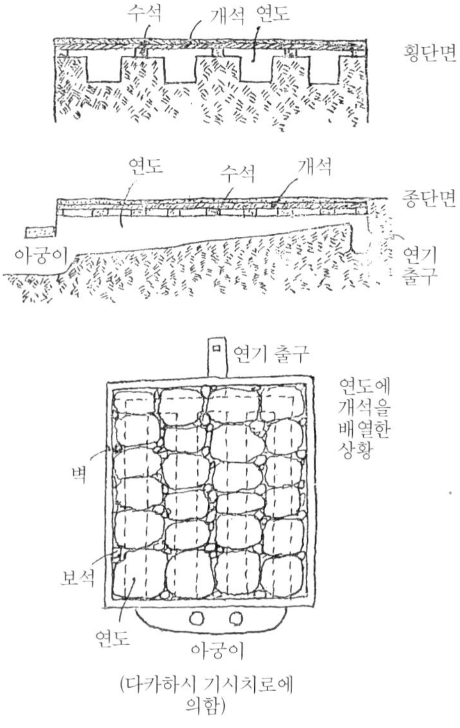


제18도. 온돌의 구조

온돌방은 실지로 앉으면 일종 색다른 기분이 든다. 주위의 벽도 천정도 모두 보온이라는 측면에만 주의를 기울였기에 밖의 공기를 차단하기 위해 틈새를 문풍지로 바르듯이 흙이나 종이로 마무리되어 있다. 잘 발라진 바닥의 기름종이는 실제로 큰 북의 가죽과 같이 단단하고 평평한 바둑판 모양으로 되어 있다. 그리고 기름종이의 바닥은 보통 걸레로 닦아 청소하기에 노란색으로 아름답게 빛난다.

천정은 보통 바르지 않는 경우가 많아 작은 집의 천장 위가 드러나 있고 마룻대의 나무[棟木]와 서까래의 각목[棰]이 마치 갈빗대와 같이 머리 위 한 면에 걸려 있고 흙이나 종이로

7) [원주] 임업시험장 기수 다카하시 기시치로(高橋喜七郎), 「온돌 쌓는 방법과 연료」, 『朝鮮』 95호, 1923년 4월, 조선총독부 참조.

장식되어 있는 모양은 익숙하지 않은 사람에게는 이상하게 느껴지면서 아름답다고 생각하게 만든다. 그리고 방의 표준 크기는 7척 내지 8척의 네모로 거기에 창도 작고 출입구도 매우 작으며 방에 출입을 할 때는 5, 6촌의 출입구 밑을 넘어서지 않으면 안 된다. 경우에 따라서는 1척 2, 3촌이나 넘지 않으면 안 되는 경우도 있다. 그리고 작은 종이 미닫이문이 팔꿈치 모양의 빗장으로 열고 닫도록 되어 있다. 그것은 문이 확 닫히면 빗장이 내려오게 되는 설치로 마치 선실에서 물이 들어오는 것을 막기 위한 것처럼 밖으로부터 공기가 들어오는 것을 막기 위해 만들어진 것이다. 그러므로 그 가운데에 들어가면 실제 이상한 기분이 든다. 공상적인 세계에 있는 것 같은 기분이 들고 만다. 창은 모두 안에서 밀어서 밖으로 여는 미닫이로 상류층의 집에서는 이중의 미닫이로 되어 있지만 안 쪽의 것은 일본의 미닫이와 같이 끌어들이는 식으로 되어 있다. 또 매우 작은 창은 부호식蔀戶式으로 막대기로 위쪽으로 올리는 것도 있다(건축도구는 보통 기성품으로 시장에서 팔고 있다). 하나의 방을 온돌 한 칸이라고 하며 그 크기는 모든 조선 가옥의 방 구분 단위가 되어 있고 온돌이 몇 칸 집이라는 식으로 부르고 집의 크기를 측량하는 관습으로 되어 있다. 방은 경우에 따라서는 두 방 가운데 하나는 빼놓고 사용하고 있는 경우가 있다. 그러나 대체로는 이러한 한 방마다 독립적으로 완전한 프라이버시가 지켜지도록 하고 있다. 주인의 방도, 부인의 방도, 손님을 맞이하는 방도, 고용 남자가 사는 방도 사람이 자는 장소, 앉아 있는 장소는 모두 그렇게 되어 있다(제2장 제1절 참조).

이러한 방 모두를 따뜻하게 하기 위해서는 개개 방마다 따로 설치되어 있는 아궁이에 불을 지핀다. 경우에 따라 두 개의 방 정도는 함께 따뜻해 질 수 있도록 되어 있다. 보통은 방마다 아궁이가 독립적으로 마련되어 있다. 제19도는 아름다운 방의 스케치인데— 실제로 이 스케치는 애지중지하게 살피지 않으면 안 된다. — 여기에서는 입구의 작은 서까래 밑으로 아궁이가 꾸며져 있는 것이 보인다.

부엌에서 가까운 방은(이것은 많은 경우 안방이라고 하는데[제2장 제1절 참조]), 식사를 조리할 때 태운 연기가 바로 방 밑으로 도는 것과 같이 된다. 조리할 때마다 방이 따뜻하게 되는 것이 보통이다. 그렇게 되어 있는 방은 여름에 더울 때에도 마루 밑으로 화기가 돌기 때문에 실제로 견딜 수 없다. 칸 수가 적은 작은 집에서는 어떻게든 그렇게 되기 때문에 여름은

제19도. 온돌의 내부

방 밖에서 자는 습관이 도회지에서도 그러한데 특히 시골에서는 일반적이다. 시골의 부락에는 대체로 어느 곳이든 나뭇가지가 무성한 나무들이 부락 여기저기에 있기 때문에 조선 사람들은 그 밑에서 아침까지 흙 위에서 바로 잔다. 조선 사람들의 집은 겨울을 위해 지어진 것이다. 온돌 가운데에는 통풍이 일체 없고 천정이 낮으며 폐쇄되어 있기에 습도상 조선의 더위는 일본의 더위와 성질과 서로 차이가 있지만 발산하는 열기가 나가는 곳이 없기에 더울 때 잠의 고충은 견디기 어려워 보인다. 그래서 보통의 큰 집에서는 열어놓은 채 판자를 깐 방을 하나 설치해 여름은 그곳에서 지내게 된다. 이 판자를 깐 방의 마루 밑은 열어놓은 채이고 일본의 툇마루 옆을 방 안에 들여 놓은 형식과 같다.

그래서 나는 조선의 겨울을 경험하지 않아 얼마나 혹독한 추위인가를 모르나, 어떠한 추위에도 온돌 위에 있으면 아무렇지 않고 매우 평안하게 지낼 수 있을 것이라고 상상할 수 있다.

조선 민족은 비굴하고 활기가 결여되어 있다고 이야기한다. 이유만 대고 일하는 것을 싫어하는 사람들이라고 이야기한다. 그것이 모두 조선의 온돌에서 비롯된 것이라고도 일반적으로 이야기하고 있다. 어떠한 영향이 생리적 내지 심리적으로 혜택이 많은 방을 소유하고 있는 민족에게 작용하고 있을까. 그것을 생각해 보고 검토해 볼 필요가 있다. 그것은 실로 다방면에 걸친 조사 작업이 된다. 또 조선의 가옥 조사에서 가장 중심적인 문제가 될 것이다. 그것에 대해서는 여러 전문가의 연구와 조사를 검토할 필요가 있다.

나는 경성의학전문학교에서 온돌을 조사해 보았고 위생학 연구실에도 갔다. 그 곳에서는 온돌과 건강상태와의 관계에 대해 몇 가지를 알 수 있었다. 방의 보온에 관해서는 실제 이상적인 결과를 얻고 있는 것 같다. 저녁 식사 때와 취침하기 전에 한 번 적당 분량의 땔감으로 불을 지펴 두면 혹한에서도 다음 아침까지 거의 변화가 없다고 하여 60도 내외의 온도를 유지할 수 있을 것이다.[8] 거기에서 다만 환기가 전혀 없다고 하는 것이 문제인데 즉, 4백 입방척尺 내지 5백 입방척의 공간에 폐쇄되어 거기에 있는 사람들의 호흡에 의한 탄소가스가 인체에 끼치는 관계에서 그것을 생각할 만하다. 그것을 조사하는 것은 매우 곤란하다. 그렇지만 이것만은 분명히 말할 수 있다. 일본의 가옥에서 보통 실내를 따뜻하게 하는 위해 탄화炭火를 일으키는 것과 비교하면 탄화로 밤새 불변의 일정 온도를 외기에 대해 유지하려고 하는 경우 실내 공기의 악화를 생각할 필요가 있다. 즉 탄화로 만들어지는 와사체瓦斯體(가스체-역자)는 인체에서 나오는 몇 배나 되는 유해 분자를 포함하고 있기에 인체에 미치는 영향이 대단한 것이라고 추정할 수 있다. 그것과 비교하면 온돌에서는 순수하게 사람이 토해내는 가스뿐이고 그 가스는 일반적으로 예상할 정도로 인체에 미치는 영향 정도가 큰 것은 아니라고 전문적으로 생각할 수 있기에 대단한 해는 없다고 말할 수 있다. 단, 일반적으로 조선 사람들의 건강 문제는 식물 그 외에도 관계되는 것이고 온돌만과의 관계는 아니기에 결론을 얻기 위해서는 여러 치밀한 연구가 필요하다. 그리고 그 연구는 아직 계속 진행되고 있기 때문에 구체적인 것은 얻을 수 없었다. 몇 가지 다방면으로 이루어진 연구만을 들어도 온돌의 문제는 수수께끼로 남은 것 같은 기분이다. 나는 조선의 민족

8) [원주] 달구어 따뜻하게 하고 또 차게 하는 시간의 관계는 도표에 의하여 다카하시씨의 조사에도 나와 있다.

심리의 연구에 관해서는 아직 듣고 있지 않다. 조선의 가옥과 조선 민족의 심리 연구 주제는 아마 몇 연구자의 복안에도 들어가 있지 않을 것이라고 생각한다. 이러한 방면에서 충실하게 연구하지 않으면 하나의 감상으로 흐를 뿐이기에 나는 그것에 대해 이 정도로 언급해 둔다.

온돌의 경제적인 측면, 즉 땔감의 연구에 관해서는 실제로 귀중한 조사가 최근 발표되었다. 그것은 조선총독부 임업시험장 기수 다카하시 기시치로高橋喜七郎씨의 조사로,[9] 그의 조사는 가옥 전반에 걸쳐 있다. 주요하게 온돌의 구조와 땔감에 관해서는 이 이상 철저한 것은 없다고 생각될 정도로 종합적인 조사였다. 조선총독부 당국도 이 문제에 관해서는 열성을 다하고 있는 것을 그가 인용한 것들을 통해서 엿볼 수 있다.

땔감으로서는 장작, 나뭇가지, 잡초, 농작물 곡식이 주요한 것이다. 잡초를 땔감으로 하는 것에 대해 일본인들은 이상하게 생각할 것이다. 실제로 다카하시씨는 그것들의 채취에 대해서는 이렇게 이야기하고 있다. 「잡초의 채취는 가을부터 그 다음 봄까지 이루어지고 잡초가 번성한 곳을 낫으로 벤다. 해마다 남벌한 나머지 생장이 불량한 곳이나 잔디에서는 갈퀴로 땅 표면 밑의 잡초를 긁어모아 채취한다. 이 때문에 이 때 땅 표면 밑 잡초를 파괴하기 때문에 토지가 붕괴되는 일이 많다. 그것은 임야가 황폐하고 있는 남조선에서 특히 심하다. 나는 여행 중에 그들 지역민의 수십 명이 어깨에 갈퀴를 걸치고 이 산 저 산을 돌아다니는 놀라운 광경을 여러 번 보았다. 저녁에 그들은 잡초를 짊어지고 의의양양하게 돌아간다. 이렇게 가을부터 봄까지 약탈을 계속하는 것이기 때문에 산은 서서히 외의外衣를 벗게 되고 결국 산 뼈대기만 남게 되었다. 실제로 놀라운 것은 대지의 중심을 긁어 모으는 것이다」라고. 실제로 놀라울 만한 광경이 상상으로 떠오른다. 조선 사람들을 이끌고 조선의 국토를 구하기 위해서는 전국에 걸쳐 활동하고 있는 충실한 농업 기술자들과 임업 기술자들을 내가 여행하면서 어느 들판에서도 볼 수 있었고 그 사람들에 대해서는 감복하였다. 이러한 충실한 사람들 사이에서는 위와 같이 진실한 말이 나오는 것은 이상하지 않다. 그리

9) [원주] 주7)과 같음.

고 나는 여기에서 건축가들에게 말해 주고 싶은 말이 있다. 조선의 건축가들이 정말 조선민중을 위해서 일하고 있는 사람들이 없었던 것을 나는 유감스럽게 생각한다. 그리고 그것에 비추어 보다 일반적으로 일본에서의 건축가들도 반성할 만하다고 생각한다.

더욱이 땔감 분량은 대체로 한 집당 1년에 평균 약 2천관貫이 소비된다고 이야기하고 있다. 일본 특히 홋카이도 동북지방에서 한 집 당 평균 땔감의 소비량을 소개할 수는 없고 조선에 관한 것만 제시한다. 그리고 다카하시씨가 그것에 대한 여러 절약 방법을 제안하였다.

대규모의 설비를 하거나 몇 배의 비용이라면 완전한 난방설비를 할 수 있겠지만, 조선의 모든 계층에게 큰 혜택을 줄 수는 없다. 실제 조선 사람들에게 온돌은 필수적인 것이라고 생각한다.

온돌과 함께 생각할 필요가 있는 것은 침구에 관한 것이다. 조선 사람들에게 침구는 매우 간단한 것으로 하층류 사회에서는 거의 없다고 말해도 좋은 정도로 단지 흰 베의 두루마기가 있는 상황이다. 밤에는 그것을 말아서 온돌에서 자는 것이다. 상류층의 집에서도 매우 얇은 이불이 있는 것에 지나지 않는다. 일본의 불편한 산간 마을에서 자주 듣는 말로 이전 이불솜을 얻기가 어려웠던 시절에는 마루의 일부를 도려내 난로를 피워 놓고[10] 그 주위에서 자는 습관이 있었다. 최근 이불을 갖추게 되었기에 장작의 절약이 크게 가능한 것인데, 조선에서도 침구를 지금 조금 충분하게 갖춘다면 땔감의 절약이 가능할 것으로 생각된다(제3장 제2절 참조).

끝으로 생각하고자 하는 문제는 언제부터 조선에서 온돌이 생겼고 또 그것은 어디에서 유입된 것인가 아니면 조선에서 발명된 것인가 하는 것에 관한 것이다.

「지금부터 270년 전 숙종 때 영의정 김자점金子點이 시작한 것이다」라고 무라카미 유기치村上唯吉씨 편 「조선의 의식주」[11]에 기록되어 있다. 문헌을 조사할 여력이 없는 나는 지금 그 이상 문헌적인 근거를 가지고 있지 않다. 무라카미 자신만은 그럴 것이라고도 생각하고 있다. 그러나 그렇다는 것도 그것은 궁정 혹은 대저택에서 채용한 연대이고, 아마 일반

10) 이를 이로리라고 한다.

11) [원주] 조선총독부 촉탁 무라카미 유기치(村上唯吉)씨, 「조선의 의식주」, 1916년 7월.

민중 사이에서는 그 이전부터 필요에 따라 사용되고 있었다고 생각한다. 그러나 나는 아무리 생각해도 조선의 문물이 일본으로 왕성하게 흘러 들어간 시대에 그것이 조선에 있었다고는 생각하고 싶지 않다(제2장 제3장 참조). 일본에서 다다미의 발달과 함께 생각하면 흥미롭다. 그 발달은 그렇게 오래된 것이 아니고 일본의 그것은 상류층 저택에서 이루어져 점차로 일반 민중의 집으로 퍼진 것이고, 조선의 그것은 민중의 집에서 시작하여 어느 시대인가 상류저택에서 받아들인 것은 아닌가라고 생각할 수 있다. 조선에서는 매우 원시적인 집에서도 온돌식으로는 되어 있다. 일본의 원시적인 집에서는 다다미를 가지고 있지 않다. 그리고 일본의 원시적인 집에는 원시적인 집만큼 화로가 중요한 역할을 하고 있다. 실제로 일본의 화로와 조선의 온돌을 함께 생각할 만한 것이다. 내가 본 가장 간단한 집은 그러하였고 그것은 중국의 하층 노동자들이 만든 것이었지만, 어떻든 조선에서 본 가장 간단한 것이다(물론 걸식 집도 내가 보았지만 그것은 흙으로 구멍을 파고 다만 간단하게 지붕을 걸치고 있었다). 들판에 구멍을 파고 그 위에 매우 간단하게 돌이나 흙으로 가려 그것을 마루로 삼고 그 위에 천막과 같은 지붕을 걸치고 있었다. 그리고 마루와 지붕 사이에는 조금 몸을 숙이고 들어갈 정도의 간격밖에는 없다. 허리를 숙이고 들어가 밑의 구멍에 불을 피우고 잤던 것 같다. 그 다음 전에도 이야기한 화전민 집에 대해서도 대체로 마찬가지의 방식이라고 이야기된다. 결국 침상 부분은 밑에서 불을 피우도록 되어 있는 방식이다. 빈민이 되면 될수록 방한설비를 필요로 하는 것인데 조선의 빈민들은 모두 온돌식의 방한설비를 그 집에 가지고 있다. 그리고 그 구조는 매우 가볍게 가능하다. 그것만의 생각을 나는 기술해 두고 귀족이 발명한 것인가, 빈민들이 시작한 것인가라는 것은 다만 생각할 문제로 남겨 둔다.

난방설치의 발달 고안에 대해 조금 더 생각해 두지 않으면 안 된다. 마루 밑으로 뜨거운 공기를 돌리는 난방 고안은 이미 고대 로마인들이 한 것이고 또 로마인이 북유럽에서도 그것을 만들고 있다. 연구에 의하면 게르만족의 난방 방법은 처음 현재의 원시적인 종속 사이에서 볼 수 있는 것과 같은 방 가운데 화로를 만든 방식의 것이었다고 한다. 그리고 일반 북유럽 여러 국가에서는 그것이 점차로 방의 벽 쪽으로 옮겨져 보통 난방설치가 되었다고 볼 수 있는 것이다. 그러나 이 원시적인 화기로 직접 따뜻하게 되는 화로, 즉 불과 마찬가지로 방에서 동거하는 방법에서 한편 페치카도 발달했다고 상상할 수 있다. 그리고 그것이 독일, 러시아, 시베리아 지방으로 퍼졌다고 생각할 수 있다. 아니 어떻든 페치카는 보통의 화로보다 발달한 것으로 그것들을 각지에서 볼 수 있다. 더욱이 러시아의 하층사회의 주거에서 이미 페치카 위에서 자도록 되어 있다는 것도 알려지고 있다. 그리고 만주에서는 집의 방 일부가 항炕 즉 온돌로 되어 있다. 그리고 조선에서는 거의 방마다 온돌로 되어 있다. 그리고 바다를 넘어 일본에서는 가장 원시적인 채난방법인 보통의 화로가 일반적으로 있었다.

나는 위에서 많은 사실을 나열하여 제시하였는데 이러한 사실로부터 다음과 같이 생각해 보는 것은 그렇게 무리는 아니다. 즉 (1) 가장 단순한 화기로 따뜻하게 하는 연통이 없는 보통의 화로에서 (2) 그것을 벽 쪽으로 옮겨 구멍을 내고 또 얼마인가 고민하여 연통의 초보적인 형태를 만든 것 (3) 그리고 그것이 현재의 유럽에서 보통의 난로로 발달한 것, (4) 연통의 초보적인 것으로 만들어진 (2)에 특히 보벽補壁이 많이 추가되어 페치카 내지 초보적인 온돌로 발달한 것 및 (5) 페치카 내지 초보적인 온돌이 방과 밀접한 관계를 가지고 완전한 온돌의 형태를 이룬 것—이상과 같이 분류하고 특히 공예학적으로 고찰을 진행하는 토대로 삼을 수 있다고 생각한다.

그리고 특히 이것들의 분포에 대해 다시 생각해 보면 각 지방의 것은 모두 각각 고립적으로 발달한 것이라고 잘라 말할 용기가 없어지게 될 것이다. 각각의 관련성은 어느 시점까지인가, 각각의 발달 연대는 어떻게 되어 있는가, 또 어느 시점까지 각 지방은 각각의 것을 고유하게 발달시킬 수 있는 조건을 갖추고 있었는가 등에 대해 정치한 조사가 동반하지 않으면 결정할 수 없는 문제가 된다. 그래서 가령 내가 조선의 온돌에 관해서는 다음과 같은 추정으로써 뒤얽힌 생각의 결론으로 삼고자 한다.

조선의 하층민은 상상 이상으로 이동성을 가지고 있다고 하는 것이 여러 조사에서 이야기되고 있다. 그리고 그들의 주거는 앞에서도 서술했듯이 매우 간단한 집에 더욱이 온돌을 가지고 있다. 특히 그것들은 조선의 북부지방에서 많이 볼 수 있는 것이다. 단, 만주로부터도 그러한 이동민은 왔고 또 만주로 나아간 것들도 있다. 가재도구가 매우 간단한 점, 야간에도 아무렇지 않게 여행을 계속할 수 있는 습관이라는 점 등의 사실을 생각하면 그들을 매개로 조선의 온돌의 씨앗이 이식되었던 것은 아닌가 생각하고 싶다. 그 다음 조선에서 가장 발달한 충분한 의미의 온돌을 볼 수 있는 것은 어떠한가 하면 중국에서는 의자식의 형식인데 조선은 좌식을 하고 있기 때문에 그렇게 되었다고 생각해 좋을 것이다.

그리고 일본에는 온돌이 현재까지는 조금도 유입되고 있지 않다. 그것을 어떻게 생각해야 할 것인가. 그것도 다른 문제로서 남겨 둔다(제2장 제3절 참조).

최근 우리 일본에서도 홋카이도 그 외에 실지로 온돌이 만들어졌다는 이야기를 듣는데 아직 그것은 시도에 불과하다. 혹은 일본은 습기가 많기에 실패로 끝났다고 하는 이야기를 듣고 있다. 또 작업이 어렵기 때문이라는 등의 이야기도 듣고 있다. 과연 어느 것인가에 대해 아직 연구를 축적할 필요가 있다고 생각한다.

온돌에 대해서는 생각할 것이 실제로 많이 있다. 나는 수수께끼의 온돌을 수수께끼인 채로 여기에 남겨 두기로 한다.

# 제2장
# 방 구획과 그에 대한 고찰

## 제1절 일반형과 북부형

내가 민가의 방 구획에 관한 연구 방식을 (1) 집의 방 구획이 집터의 견제를 받아 형성된 것이라는 점과 (2) 집의 방 구획이 집터의 견제를 받지 않고 독립적으로 형성된 것이라는 두 가지로 나누어 생각하기로 한다.[1)]

(1)에 대해서는 대개 네거리 모양의 마을 내지 부락과 밀접한 관계가 있다. 이것은 제한적인 밀접한 땅 분할의 집터에 짓지 않으면 안 되는 데에서 필연적으로 나타난 것이라고 생각할 수 있다. 앞에서 구조의 지방적 고찰이라는 절에서 서술한 민가의 세계적 계통 가운데 소위 구舊문화지대에 속하는 것은 대체로 이 부류에 속한다. 그리고 (2)의 부류에 속하는 것은 집터의 관념이 희박한 지방에서 나타나는 것이다. 이것은 집터가 없는 유목민 집 등에서 그 발생적 의미를 가장 두드러지게 보여준다. 즉 집터라는 관념에 전혀 얽매이지

1) [원주] 공학박사 츠카모토 야스시(塚本靖: 1869~1937)씨는 이번 해 1월의 고고학회 강연에서 원시적 주거의 발달에 **분획적(分劃的)** · **증가적(增加的)**이라는 두 길이 있다고 주장하였다. 이것은 민가의 연구에도 적용할 수 있는 좋은 분류라고 생각한다. 가옥 그 자체의 발달에 관한 이 두 길을 대지와의 제한적 · 비제한적 발달의 분류에 추가하면 한층 풍부한 연구가 될 수 있다.

않고 집 그 자체가 독립적으로 운영되고 있는 점에서 나타난 부류이다. 그리고 거기에 속하는 것은 북유럽 외의 계통이다.

일본에서도 적확한 것은 아니지만, 대체로 이 두 부류가 분포하고 있는 것을 엿볼 수 있다. 즉 네거리 모양의 부락과 흩어져 있는 모양[散點狀]의 그것이 나타나 있는 집의 방 구획의 차이이다. 전자는 주로 간사이關西지방에, 후자는 주로 간토關東지방에 흔하다는 점은 주지의 사실이다. 또 도시의 집과 농가의 집이 서로 다른 이유도 하나는 집터의 제한에서 비롯한 필연적인 고안의 흔적을 보여주는 것이고 또 하나는 집 그 자체가 보다 하나로 독립되어 집터의 중앙에 주위와 관계없이 지어진 것이다.[2] 조선의 민가를 관찰하고 연구하는데 이 방식을 적용해 보니 보다 확연해졌다. 아마 그 발생의 근원을 달리하고 있다고 생각되는 두 부류를 들어 보고자 한다. 하나는 경성을 중심으로 각 지방에서 거의 볼 수 있는 유형이다. 즉 이것은 조선의 일반형이라고 볼 만한 부류이고 또 다른 하나는 조선의 북부 특히 일본 해안 지방에서 일반적으로 볼 수 있는 특수한 부류이다. 나는 전자를 (1)의 부류 즉 집터의 견제를 받아 형성된 것, 후자는 (2)의 부류 즉 독립적으로 발생한 형태라고 생각한다. 그것에 대한 고찰은 다음 절로 넘기고 여기에서는 그러한 각각의 형태를 우선 기술해 둔다.

(1)의 형, 즉 조선 민가의 일반형으로 볼만 한 방의 구획은 이러하다.

우선 순수하게 형태만을 분해적分解的으로 설명하는 방식이 이 유형의 집에 대한 관념을 제시하는 데 좋다. 지금 가령 사각형 집터가 한 개 있다고 가정하고 조선인이 그 위에 어느 크기의 집을 짓는다는 것을 상상하면 필요한 방을 하나씩 택지의 주변을 따라 나란히 짓고 늘 그것을 필요한 수만큼만 짓는다고 생각한다. 짓는 방의 수에 의하여 그 병치되는 터는 집터의 크기에 제한되어 ㅡ자형이 되기도 하고 ㄴ자형이 되기도 하며 ㄱ자형이 되기도 하며 혹은 □자형이 되기도 하고 혹은 =자형이 되기도 한다. 집터의 주변에는 늘 토담을 둘러치는 것이기에 어떠한 경우도 방이 병치된 열列과 담 뒤로 안뜰이 생기게 된다(도판 제14의 방

2) [원주] 졸저, 『日本の民家』 참조.

구획을 모은 것으로 이것들의 관계를 생각했으면 한다). 그리고 그 집들의 실제 모습은 도판 제15에서 보는 것과 같다.

이러한 집들과 함께 퍼져가는 도로 전체가 형성된다. 그렇기 때문에 전망이 좋은 곳에서 바라보면 지붕을 둘러싼 구멍이 실제로 거리 여기저기에 퍼져 있는 모양을 나타내고 그러한 구멍 즉, 안뜰로 들어가는 입구는 거리 혹은 도로에 접한 건물의 한 방을 도려내 만들고 거기가 문이 된다.

이렇게 순수하게 형태로서 생각한 경우의 설명은 이상과 같이 매우 간단하다. 그리고 그것들과 연결된 방마다의 직능도 대체로 방마다 사용 목적에 따라 이루어지고 있는데 조선 사람들의 전통 생활에서는 주요한 방마다 배열 규칙이 분명히 있다. 주요한 방이라는 것은 건넛방과 대청(혹은 분합청盆閤廳), 안방과 주방으로(이러한 방들마다의 용도에 관해서는 뒤에서 언급) 그것들은 보통 갈고리처럼 연속되는 하나로 모아져 있다. 그러므로 집터가 어느 방향으로 도로에 접하고 있는가에 따라서 도로에서 안뜰로 들어가는 관문, 즉 대문의 위치는 그러한 방의 어느 것과 접근하는가에 의해 보통 정해진다. 그리고 대문에 접하는 방을 사랑이라고 하고 그 외의 방들을 헛칸(물건 놓은 곳) 등으로 하는 것이다.

조선의 풍습은 앞에서도 이미 서술했듯이 남녀의 주거가 매우 엄중히 분리되어 있고 특히 외부 사람이 안방을 절대 엿보지 않도록 바깥방이라는 별채를 두는 경우가 있다.

그러나 매우 단순한 시골집에서는 이러한 형식을 지킬 수 없고 단지 부엌과 온돌 한 방만으로 한 채를 이루는 것에 불과한 것도 많다. 또 온돌방이 두 개 혹은 세 개 나란히 있는 것도 있다. 또 보통 하층민의 집에서는 물론 일반 형식을 지킬 수 없다. 시골에서 사랑방이 있는 것은 중산층 이상 특히 지주의 특징이라고 말해 좋다.

중류층 이상 · 상류층의 저택에서는 안방과 바깥방을 구별하는 것이 눈에 두드러지게 엄격하다. 대지 안에 그것들을 별채로 짓는다. 각각을 특히 담 및 회랑 모양의 장옥長屋(나가야-역자)으로 둘러싸고 매우 간단한 복도로 서로 연결되도록 해 놓은 것에 지나지 않은 것도 있다. (도판 제16) 그리고 이 회랑 모양의 나가야는 한 칸마다 방 구획이 이루어져 하인방 및 창고도 있다. 또 뜰은 바깥뜰과 안뜰로 구분되어 특히 외부 손님을 위해서 장식적으로 꾸며진 저택의 바깥뜰에는 나무를 심은 화분들을 나열하여 장식하고 있는 것도 볼 수 있었다.

그리고 이런 저택들의 방 구획을 전체적으로 보며 느낀 점은 규획規劃을 선호하는 대륙 중국의 방식보다도 일본의 전래 방식에 더 가깝다. 그리고 특히 경성 창덕궁의 비원을 산책하면서 누구라도 감명을 받았을 것이다. 자연의 뒤로 열어놓은 채 방임하고 무엇이든 맡겨 놓고 조금도 장식하지 않은 일종의 적막한 배치를 하고 있는 것과 같다고 생각할 것이다. 그리고 그것들을 통해 얼마나 조선 민족이 자연에 대한 마음이 솔직하고 고의적인 정돈을 싫어하며 계획되지 않은 우연을 무엇보다도 선호하는가를 엿볼 수 있을 것이다. 비원 가운데 연못이나 건물이나 작은 산이나 삼림이나 길 등의 모습은 일본의 전래 미의 규칙을 적용할 수 없는 것이고 보다 철저한 무엇인가를 가지고 있다고 말할 수 있다. 또 조선의 상류층 저택에서도 그것이 똑같이 나타나고 있고 녹지나 복도나 그 외 작은 부분마다 그것을 볼 수 있다.

도판 제16의 아래 그림은 지방 양반 저택의 방 구획과 구도이다. 도판 제16의 위 그림이 도시풍인 것에 대해 이것은 보다 순박한 방식으로 되어 있다. 안방과 바깥방, 그 외 부속 방과의 관계는 전자와 일반 민중의 집 사이의 중간에 있는 것으로 그 구성을 생각해 볼 수 있는 예이다.

그러면 다음으로 각 방마다의 내부 모습에 관해 기술해 둔다.

대문에는 나무로 만든 여닫이의 튼튼한 두 문짝이 있다. 그리고 그 문짝에는 연기緣起가 좋은 글씨를 종이에 써서 붙여놓고 있다. 여러 기둥이나 입구의 위쪽에도 종이에 글씨를 써서 붙여놓는 것이 습관으로 되어 있다.(도판 제17) 보통 집에서는 대문 안에 절구를 놓기도 하고 사랑방으로 들어가는 문이 열려져 있다.

사랑방의 내부 모습은 도판 제18과 같이 되어 있다. (그것은 중류층의 한 사례이지만) 온돌에 기름종이가 발라진 마루 한쪽의 벽을 따라 누울 만한 크기의 양탄자 내지 이불이 깔려 있고 베개와 사방침(팔꿈치를 걸치는 것) 등이 있고 중류층 이상의 집에서는 제2도와 같은 물건들이 있으며 여기에 주인이 무릎을 세우거나 책상다리를 하거나 눕거나 한다(도판 제17의 그림 참조). 한쪽 창 밑에 책상을 놓고 그 반대쪽에 책장을 놓으며 또 붓과 벼루 그 외 문구 서적들을 이것들 주위에 놓고 차분한 분위기의 아름다운 물건배치를 이루고 있다.

그리고 이 주인이 앉은 앞에는 타구, 담배쌈지, 재떨이가 있고 긴 담뱃대도 있다. 손님의 좌석에는 마루 이불이 깔려 있다. 그리고 주인이 집에 있을 때는 여기를 생활 공간으로 사용하는 것이고 주인이 낮에 외출하면 이 방으로 손님을 맞이하는 것으로 한다.

안방 즉 부인의 생활 공간 내지 침실에는 중류층 이상의 집에서는 의복을 넣어두는 장롱이 벽을 따라 겹쳐 놓여 있다.(도판 제19) 조선의 장롱에는 특유한 아름다움을 지니고 있고 정면 패널의 분리방식이나 금구金具 꾸밈이 아름다우며 또 그것 모두가 칠해져 있거나 자주 닦아 잘 손질 보존되어 있다. 그 가운데에는 물론 조선 부인들에게 특별한 애착이 스며 있는 의상이 수납되어 있다. (조선 부인의 옷은 실제로 고운 채색의 비단으로 만든다) 이 장롱 외에 여러 가지를 넣어놓는 상자 등이 겹쳐 있고 이 모든 것이 멋진 장식으로 꾸며져 있다. 단, 장롱이 겹쳐 있는 위에는 바로 아니면 높은 선반 위에 이불을 개서 올리고 또 경대가 있다. (조선 사람들은 확실하게 청초한 몸단장을 좋아하고 남자도 거울을 준비하여 신경을 쓴다) 이 방은 취사장과 접해 있고 식사를 이 방에서 하도록 되어 있다. 그리고 취사장 위(천장 안)에 물건을 넣어 두는 것이 보통이고 사랑방에서 이것을 사용하는 문이 있다.(이 물건을 넣어 놓는 곳을 고루高樓라고 칭한다) 중류층 이하의 민가에서는 물론 이러한 많은 가구는 볼 수 없고 간단한 선반을 만들거나 또 의류는 못 위 또는 끈으로 걸쳐놓고 있다.

대청은 판자를 깐 개방된 방 사이로 일반적으로 여름에 다양한 용도로 사용하는 곳이다. 보통의 집에서는 이 곳에 벽을 따라 식기 선반이나 쌀통 외 여분의 식기들을 놓기도 한다(도판 제19의 밑). 분리한 안방 공간을 따로 가지고 있는 상류층의 집에서는 이를 응접실로 사용한다.

주방 즉 취사장은 토방으로 흙을 바른 부엌이 여러 개 연속해서 벽 쪽으로 붙어 있다.(도판 제20) 그리고 한 쪽의 벽에는 조리용 기구나 식기들을 올려놓은 선반이 있고 조리대 및 설거지대는 창이 설치된 한 쪽 벽에 있다. 부엌은 앞에서 서술했듯이 안방으로 통하는 온돌의 아궁이가 있다. 실내는 어둡고 빛이 적게 들어오지만, 그 가운데 도기와 유기의 식기들이 선반 위에 쌓여 있는 것이 외래자에게는 빛이 나 보이는 것처럼 진기하게 느껴진다.

건넛방은 대청과 연결되는 온돌방으로 일본의 별채에 해당하는 것이다.

측칸(변소)은 헛간(창고) 옆 혹은 집의 안채로부터 떨어져 있고 바깥방[外房]이 있는 경우

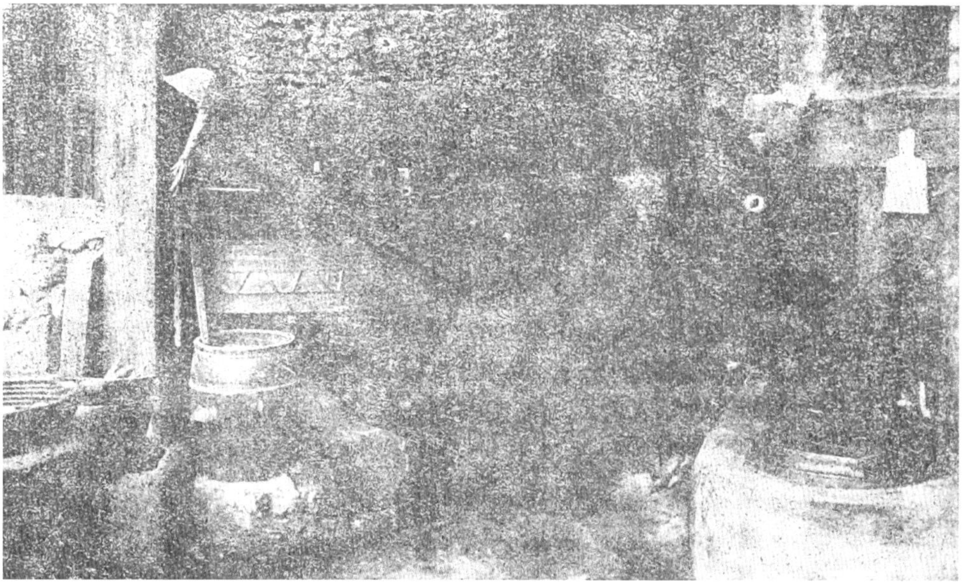

제20도. 부엌

에는 거기에 부속하여 별개의 것도 만들어진다.

이상의 방들 외에 조선 민가에서 볼 수 있는 특색이라고 할만한 것은 안뜰 혹은 뒤뜰에 돌로 둘레를 친 토단土壇을 쌓고 그 위에 여러 도기들을 나란히 놓고 있는 점이다. 그것을 장독대(원문 : 醬甕坮-역자)라고 부른다.(도판 제21) 조선 집의 안과 밖에서는 일본에서 볼 수 있는 통桶이나 단지[樽], 대야[盥] 등을 볼 수 없지만, 그 대신에 도기만을 사용한다. 물, 술, 간장, 된장, 절인 음식은 말할 필요 없이 쌀 그 외의 곡물도 모두 장독에 담아 저장하고 있다. 창고 안에도 장독들이 보통 나란히 놓여 있다. 그리고 장독대에 나란히 있는 도기들 가운데에는 간장, 된장이 들어가 있고 거기에 적당한 빛이 비치게 되면 발효가 된다. 장독 가운데에는 간단한 띠 모양이나 당초 모양으로 긁은 자국의 장식이 그려져 있다. 그리고 저장물을 담고 있는 장독에는 사발과 같은 도기 덮개가 덮어져 있다.

일반형 주거의 방 구획 및 그러한 방들에 대한 설명은 이 정도로 하고 다음으로 조선의 북부지방의 방 구획을 설명하고자 한다.[3)]

이런 방 구획의 분포는 어느 지방에 걸쳐 있는가는 분명하지 않지만 대체적으로는 평안북도, 함경남북도 및 강원도의 일본해를 접한 지방일 것이다.[4)]

앞에서 서술했듯이 이 유형의 방 구획은 집터 주위에 세우는 방식이 아니라 집터의 중앙에 세우는 방식이다. 집터 주위에는 담을 간단하게 둘러싸고 문도 나가야문식長屋門式이 되지 않는 것이 보통이다.

안채에 해당하는 방 구획의 보통방식은 田 형에 온돌방을 4개 배치하고 거기에 온돌의 큰 방과 토방이 부속한다. 그리고 생활정도에 따라 필연적으로 집의 대소 변화는 제21도와 같이 되어 있다.

제21도의 a는 제12도의 폐쇄된 온돌방(즉 보통의 온돌방) 한 개와, 큰 방 용도의 토방으로 개방된 온돌방 1개와 토방으로 구성되어 있는 가장 정도가 낮은 것이다. b는 다음의

---

3) [원주] 이와츠키 요시유키(岩槻善之)씨가 박길룡(朴吉龍)씨의 조사결과를 잡지『조선과 건축』(1924년 2월호)에 발표하였기 때문에 조선 민가의 방 구획형태의 분류 및 분포가 한층 분명해졌다. 이에 그 연구의 대요를 소개하여 이 절의 결함을 보완하여 깊이 박길룡씨에게 감사하고자 한다. 단 옆의 지도도 그 연구로부터 빌린 것이다. 그의 조사결과에 의하면 5개형으로 분류할 수 있다.
1. 북선(北鮮)형 2. 서선(西鮮)형 3. 중선(中鮮)형 4. 남선(南鮮)형,
5. 경성형으로서이다. 그리고 이 분포상태는 옆의 지도와 같다.
1. 북선형은 내가 이 절에서 북부형으로 칭한 것이다.
2. 이하의 것은 대체로 일반형으로 칭한 것의 범주에 속하는 것이 각각 다소의 특징을 가지고 있다.
3. 서선형은 절대 굴곡진 집을 짓지 않고 별동의 집을 평행 혹은 직각으로 배치하고 대체로 저택이라도 대청을 마련하는 일이 없다.
4. 중선형은 대체적인 배치는 경성형과 다르지 않다. 다만 작은 집에서는 대청을 마련하지 않고 중류주택에서는 대청을 마련하면 남쪽으로는 하지 않고 서쪽 또는 동쪽으로 마련하고 크기도 한 칸 이상으로 하지 않는다. 남쪽으로 안방을 낸다.
5. 남선형은 서선형과 같은 배치이지만 대청이 중요한 방으로서 반드시 남쪽을 면하게 하고 보통 그 크기가 2칸 혹은 3칸이다.
6. 경성형은 집을 반드시 굴곡지게 짓는다. 3칸 이상의 집에서는 대청을 반드시 둔다. 사랑방을 반드시 별채로 둔다.

제23도

4) [원주] 주3) 참조.

정도로 온돌이 앞뒤에 2개 병렬로 배치되어 있다. 제21도의 c는 소위 보통 네 번째식의 것으로 4개의 온돌방이 통합된 것에 토방과 큰 방 용도의 온돌이 부가된 것으로 가장 일반적인 것이라고 생각할 수 있다(도판 제23 및 35). 그리고 보다 큰 집에서는 d와 같은 방의 구획으로 되어 있다(제21도).

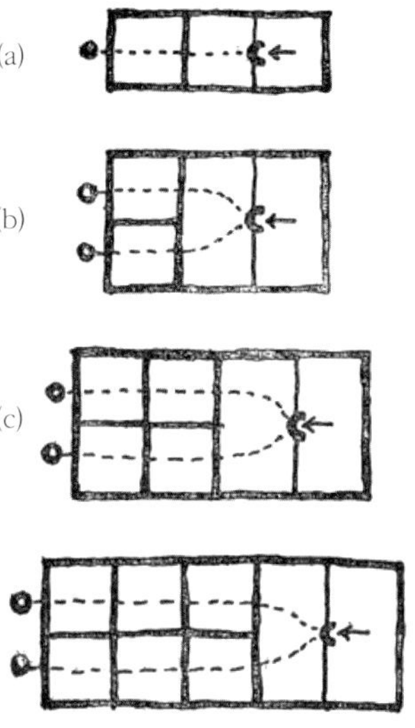

제21도.
북부형 민가의 대소에 의한 방 구획의 변화

온돌방은 경우에 따라 2개의 방 구획을 철폐하고 좁고 긴 한 방으로 사용하고 있는 경우가 있다. 그리고 특히 설명하지 않으면 안 되는 것은 토방 간 사이의 장벽을 가지고 있지 않은 온돌방에 대한 것인데 이 토방에 접한 중앙부에 아궁이가 설치되어 취사용의 부엌으로 이용되고 있고 마침 일본 민가 부엌의 마루방에 해당하는 용도로 사용하고 있다. 여기에서 취사를 하기도 하고 식사를 하기도 하며 또 자기도 하는 것으로 조선 일반형의 집에서는 볼 수 없는

제22-1도.
북부형의 민가 내부

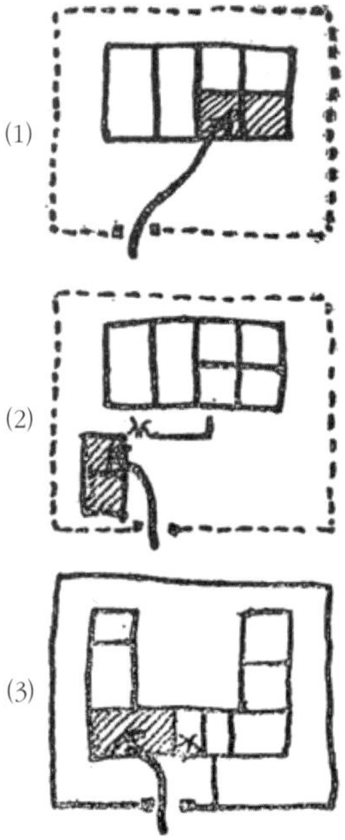


제22-2도. 접객실의 지방적 차이

특수한 것이다(제22-1도 및 도판 제8).

도판 제22-1은 순수하게 지방적인 특색을 가지고 있는 함경남도 북청읍내의 중류 신사의 주거로 제21도의 d에 해당하는 것이다. 대지의 주변에는 대부분 담으로 둘러싸여 있고 문기둥이 있는 문이 설치되어 있다. 택지에 들어서면 쌀 도정하는 공간 및 창고를 지나 외부 손님이 바로 집 안채의 사랑방 즉 응접실로 통하도록 되어 있다. 그리고 지위가 높은 손님의 경우에는 특히 안쪽의 사랑방 즉 손님방으로 통한다. 그리고 이러한 방들이 모두 개방되어 있을 뿐만 아니라 안방에 해당되는 다른 방들도 반半개방적이다. 그리고 일반형과 같은 대청이 북부형에는 없다(북부지방에서는 부인이 보다 활동적으로 시장으로 모이는 것도 부인이 주가 되어 있는 풍습 전체가 일반과는 어느 정도 다르다). 주거의 특색은 대지도 집도 개방적이고 집 안채가 대지의 중앙에 있고 그 외의 건물과 변소 같은 것은 매우 간단하게 흩어져 대지의 여러 곳에 있다.

함흥은 북부의 세력과 일반 조선의 세력이 오랫동안 대치한 역사를 띠고 있는 지역인 것 같은데, 이 사실은 함흥 민가의 방 구획의 수집에서도 증거를 제시할 수 있어 흥미롭다(도판 제23). 함흥 민가의 안 채 방 구획은 북부지방 일반형이지만 집의 입구 가까운 곳에 별채의 사랑방이 있다. 그리고 안채의 사랑방도 그대로 있지만 보통의 손님은 바깥 사랑방에서 접대하도록 되어 있다. 그리고 외부 손님에게 안방이 보이지 않도록 하기 위해 앞을 가리는 작은 담을 그 입구에 세우는 것이 일반적이다. 그리고 현재의 함흥에서 보는 풍습은 대체로 북부지방의 특색을 띠고 있으며 주거가 개방적이다.

이러한 관계를 대비하기 위하여 그림을 만들어 보면 제22-2도와 같다. (1)은 순純북부형으로 손님을 접대하는 방을 집 안채에만 지은 것, (2)는 일반형으로 손님을 접대하는 방과 안방을 엄중하게 격리한 것 (3)은 이 두 가지의 상호영향으로 함흥지방에서 볼 수 있는 바깥 사랑방이다.

## 제2절 개성읍내의 민가

여기에 기술하는 것은 몇 가지 특수한 연구이기에 앞 절과 나누어 특히 제목을 붙였다. 그러나 이것은 조선 주거의 방 구획을 고찰하는 데 중요한 것이기 때문에 앞 절의 진전으로 봐 주기를 바란다.

마침 내가 개성에 갔을 때는 조선총독부 부락 조사를 나온 사람들이 조사를 진행하고 있었다. 나도 그들 가운데에 임시로 끼어서 특수하고 약간 정치한 조사의 기회를 얻었다.

앞 절에서 서술한 나의 조선 일반형 민가의 방 구획에서 생기는 여러 의문, 즉 얼마큼 그것들이 마을의 토지 분할과 뿌리 깊은 관련성을 가지고 있는가, 안뜰은 얼마큼 각 집마다 생계유지를 위한 역할을 하고 있는가, 더욱이 조선의 일반 민가는 안뜰이 어느 정도 차지하는 방식인가, 그것들 사이에 얼마큼 오래된 전통이 있는가 등을 생각할 기회와 자료를 가능한 많이 얻고 싶었다. 그래서 오다우치 미치토시小田内通敏 촉탁 하에 조선총독부 사회과社會課와 그 외 사람들의 협동으로 진행되고 있는 부락조사단에 섞여 나는 제한된 시간 안에 나의 조사수첩을 들고 이곳의 집들을 보았다. 그리고 여기에서는 계급별이라기보다도 직업별로 주로 주의해서 보았다. 다른 마을이나 촌에서 조사한 것과는 다르고 상류, 중류, 하류와 같은 개념에서 조사한 것과는 달랐다. 여기에서 여러 직업들을 가진 사람들의 집들을 연구적으로 주의할 수 있었던 데에서 한층 친숙한 조선 마을 사람들의 생활 향기를 느낄 수 있었던 것에 감사한다.

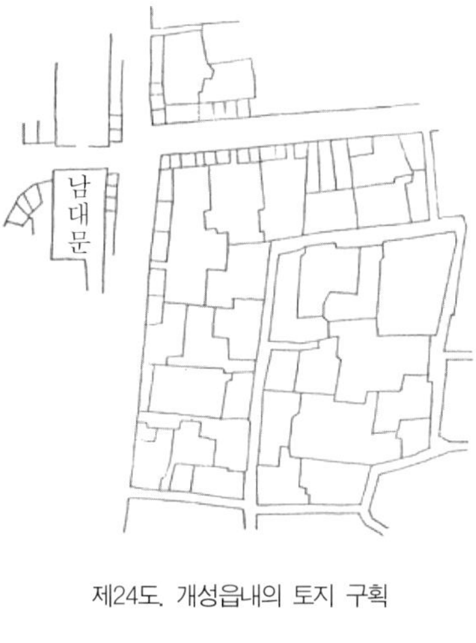

제24도. 개성읍내의 토지 구획

개성은 일본의 교토[京都] 아니면 나라[奈良]에 비교되는 지역으로 고려시대의 중심지였다. 전에도 이미 사진을 통해 소개했듯이 많은 구릉으로 둘러싸여 있고 중앙으로 운계천雲溪川이 맑게 모래 하천을 만들어 흐르고 있으며 집들마다 벽에 모두 처마 끝까지 돌이 쌓여져 있고 도로 및 골목길, 사람들의 풍속에서도 이전 그대로의 고풍적인 아름다움을

제25도. 노정

느낄 수 있다.

그래서 이 마을의 토지분할은 제24도에 보는 것과 같은 특징을 가진다. 이 그림은 남대문 부근 지역의 큰 도로 옆에 집들과 함께 작은 점포가 다수 나란히 있는 모습을 보여 주고 있고 그 외 대부분은 보통 민가의 대지로 되어 있다.

우선 이 그림을 개관하면 골목길과 택지의 결합이라는 구성에 특징이 있다. 여기에는 일본의 도시에서 보통 볼 수 있는 것과 같이 길에 접한 가게와 뒷골목에 있는 초라한 집 사이의 관계는 찾아볼 수 없다. 즉 하나의 택지 안에 자연적으로 발달한 우연적 골목길Incidental alley의 혼입으로 볼 만한 것은 거의 없고, 모든 택지가 어떻든 도로 내지 계획적 골목길Planned alley이라고 볼 만한 것에 접하고 있다. 여기에서 택지의 결합이라는 고안은 세부적으로 서로 번개무늬[稻妻形]의 선을 이루고 있다. 본래 지리분할은 보다 규칙적인 것이고 각각의 작은 요철은 점차적인 변화에서 생긴 것으로 상상할 수 있지만, 모두 정방형에 가까운 형상을 본래 가지고 있다. 그리고 개성 마을의 도로 곳곳에 우물이 있다.

처음에 말해 두고 싶은 것은 여러 직업인의 가옥에서 방 구획은 대체적으로 같은 방식을 취하고 있고 사회조직이 복잡하지 않은 시대에 있어서 마을의 현상이라고 볼 수 있다. 즉 보통의 주택, 음식점, 상점, 의사의 집, 가내공업자의 집 등에서 모두 공통적인 방 구획 방식을 볼 수 있었다. 그래서 나는 이 조사가 불충분하지만 조사를 통하여 조선의 도시 집에 대한 관념이 한층 분명하게 되었다는 점을 기쁘게 생각한다.

일본의 도시 집과 비교해 생각이 드는 것은 다음 절에서 언급하기로 하고 여기에서는 개성의 도시 집을 답사한 기록을 소개해 두는 데 그친다. 그림과 대조하여 일단 다음과 같은 것을 읽어주었으면 한다.

도판 제25 A의 집은 개성에서 가장 오래된 민가의 하나인데, 현재는 구식의 의생醫生이 살고 있다. 건축 연대는 알 수 없다. 도판 제27은 그 입구이고 곁에 접한 부분만 2층으로 되어 있다. 입구에 가까운 부분만 한 획을 이루고 직업상 사용한 약국과 진찰실로 되어 있다. 보통의 주택이라면 여기는 사랑방에 해당된다. 대문 빗장의 하나에는 「용덕龍德」이라고 적은 글씨의 종이가 보이고 진찰소라는 간판이 입구 위에 걸려 있다. 대문을 들어가면 바로 왼쪽에 변소가 있다. 직업 때문에 사용하는 방은 두 개로 거기에서 중문을 거쳐 안으로 들어가도록 되어 있다.

중문을 들어가면 변소와 여러 가지를 넣어 놓은 장독과 땔감인 솔잎과 절구가 놓여 있다(절구는 어느 지방에서도 여기에 놓는 것이 보통이다). 그리고 오른쪽으로 들어가면 안뜰이 있다. 안뜰의 왼쪽에는 부엌이 있고 거기에는 부뚜막, 설거지대, 또 판, 물병 및 선반이 벽과 창을 따라 있다.(제20도) 부엌의 외벽에 가는 틈새가 생긴 것은 그 외벽이 이웃 집 벽으로 되어 있기에 우연히 생긴 것이다. 부엌에서 이어진 안방은 두 개이고 그 벽에는 장롱이 나란히 있으며 안쪽 벽의 높은 창을 통해 빛이 들어오도록 되어 있다. 안방에서 이어지는 마루방의 대청이 있고 그 안뜰에 접한 쪽으로 툇마루가 있다. 거기에서 한 단 높게 난간으로 꾸민 툇마루가 있고 그 곳에 건넛방이 있다.(도판 제27) 즉 부엌, 안방, 대청, 건넛방은 하나가 되고 대표적인 일반형(경성형)의 방 구획을 이루고 있다. 중문 옆에 물건을 두는 창고가 있고 거기에는 여러 물건들을 저장하는 장독이 나란히 놓여 있다. 그리고 안뜰 한 켠에는 돌로 둘레를 친 토단 즉 장독대가 있고 그 밑에는 초화가 심어 있다.

외래 손님은 중문에서 안으로 들어가지 않게 되어 있고 사랑방 즉 응접하는 방은 집 정면의 방이다. 정면의 2층은 물건을 두는 곳으로 사용되고 있다. 2층이 있는 집은 조선에서는 매우 드문 것인데 오래된 개성에서는 이런 집 구조를 가끔 본다. 그리고 건축된 지 오래된 집은 대개 또 사용하는 목재도 큰 것 같다.

도판 제25의 B, C 및 D의 집은 현재 셋집으로 되어 있다. B는 도로에서 대문을 통해 들어가면 공터가 있지만 대문의 근처에는 역시 변소가 있다. 특히 작은 소변 항아리는 높은 장독을 사용하고 있는 것이 각 지방에서 일반적이다. 특히 중문을 통과하면 안뜰로 들어간다. 이 집의 방 구획은 약간 변칙인데, 취사장과 안방으로 사용하는 온돌방이 3개, 대청과 그 다음 건넛방으로 구성되어 있는데, 이런 방 구획은 음식점이었기 때문이라고 이야기되고 있다. 현재는 과자 가게를 하고 있고 대청의 여러 곳을 가게로 사용하고 있다.

C의 집은 이전부터 계속 소규모의 거주 가옥으로 온돌방 2개와 창고와 차양이 있는 토방으로 구성되어 있다. 이 집에는 고용인이 살고 있었다.

특히 D는 마무리가 매우 나쁘게 되어 있다. 가늘고 길게 한 열로 방들이 나란히 있으며 현재 가내공업에 종사하는 가족이 살고 있었는데 안뜰이 없고 빛이 제대로 들어오지 않는 집이다. B와 C와 D는 모두 계속 복잡화하고 있는 과정에 있는 것으로 흥미를 느낀다.

도판 제26의 E는 음식점이다. 이 집으로 들어가는 도로에는 멋진 돌우물이 있다(도판 제28). 길 구석에 입구가 나 있고 그것으로 들어가면 바로 안뜰이 나온다. 그리고 입구 바로 옆에 발코니가 있고 간단히 볼 일이 있는 손님은 이 곳에서 식사를 한다. 그 왼쪽으로 온돌방이 3개 있고 거기에서 손님들을 대접한다. 부엌이 거기에 접하여 입구가 가까운 곳에 있고 안쪽 상대편에는 창고와 변소가 있다.

F의 집은 보통의 잡화점으로 큰 도로에 접한 한 칸만은 점포로 되어 있고 입구는 길에 접한 쪽에 있으며 집 중앙에 빛을 받는 작은 안뜰이 있었고 그것을 중심으로 창고나 온돌방이나 부엌이 있으며 그리고 온돌방 앞에는 작은 툇마루가 있고 안뜰 한쪽 벽을 따라 장독들이 나란히 있다.

도판 제26의 G는 의사 집으로 안뜰이 세 곳 마련되어 있는 복잡하게 형성된 약간 큰 규모의 집이다. 처음부터 이런 집이었는지 아니면 이참에 이웃집을 합쳐 이렇게 되었는지는 불분명한데 이들 세 구획은 모두 별도의 용도로 사용되고 있다. 입구를 들어가면 바로 진찰실과 약국이 있고 진찰실 앞에 안뜰이 있다. 나무를 심어 일본 의사의 현관을 모방한 구성으로 되어 있는 안뜰을 들어가면 주거 공간이 나타나며 취사장부터 건넛방까지 하나의 구조로 연결되어 있다. 제19도는 이 집의 딸의 방으로 건넛방에 해당하는 방의 내부 모습이다. 특히 이 집의 제3의 부분은 왼쪽에 돌출되어 있는 구획으로 그 안뜰을 둘러싸고 있는 방들마다는 약품의 제조 장소 혹은 저장 공간으로 되어 있다. 그리고 우물이 안뜰에 한 장소, 가장 뒤쪽 안뜰에 한 개 있다.

마지막의 H(도판 제26)는 떡집이다. 가게와 작은 안뜰과 온돌방 그 외 배치의 고안은 F

그 외의 것과 같다. 도판 제26은 그 곁에 접한 부분의 사진이다.

까다로운 설명은 이것으로 마친다. 앞서 언급한 특색을 띤 택지 분할로 형성되어 있는 각 집들의 방 구획의 모습을 이상의 여러 예들을 통해 상상해 주기 바란다. 위의 집들은 개성 도시의 여러 측면에서 살핀 것으로 제24도에 부합하는 것은 아니지만 택지의 형상을 통해 이러한 것들의 일반을 상상할 수 있을 것이다. 즉 도시의 풍경을 조망하면 지붕을 둘러싸고 집들의 구멍에 해당하는 안뜰을 많이 조망할 수 있고 집 안에서 생활하고 있는 도시 사람들이 안뜰에서 일을 하고 있는 것도 상상할 수 있을 것이다.

더구나 이 지역의 큰 상업을 운영하기 위한 특수한 구획 및 건물(개성은 조선에서 유수한 상업지역으로 인정되고 있다) 그 외의 소개도 포함하면 도시 전체의 모습이 한층 분명하게 되고 서양 고대도시의 발굴의 흔적에도 비교할 만한 모습을 떠올리게 될 것이다(이러한 점은 제2장에서 서술하는 구문화舊文化 지대의 주거의 특징으로 하고 있는 바이다).

## 제3절 일본 민가와의 관계

일본 민가의 역사적 내지 발생적 문제에 대해 나는 일본 민가 연구에서 여러 가지 언급하고 있다.[5] 이것으로 나는 조선 민가에 대한 개략적 조사 내지 연구에 대한 소개를 마치고 조선 민가 연구에 비추어 지금까지 내가 진행한 일본 민가 고찰의 몇 가지를 추가해 두고자 한다. 그것이 한편 조선 민가에 대해 우리가 한층 인상 깊게 기억에 남길 만한 방법이라고도 생각한다.

우선 일본 민가의 연구에서 가장 큰 문제로서 일본에 골고루 걸쳐 있는 거의 기본형이라고 말해 좋은 ⊞의 방 구획四つ目の間取의 기원은 무엇인가, 그것은 일본에서 창의적으로 이루어진 것일까, 아니면 외부로부터의 계통을 가지고 있는 것일까 등에 대해 나는 의문과

5) [원주] 졸저, 『일본의 민가』 참조.

홍미를 가지고 있다. 이전에 나는 그것을 이즈모 대사出雲大社 건축까지 거슬러 올라가 한편에서는 그 이전을 의문으로 생각하였고 또 한편에서는 우선 공예학적으로 그 생성 과정을 고찰하였다. 그래서 한편 계통을 생각하는 측면을 추구하는 것으로서 일본 주위의 어떤 국가에 田의 방 구획 내지 그것과 유사한 방 구획을 가진 지방이 없을까에 관심을 가지게 되었다.

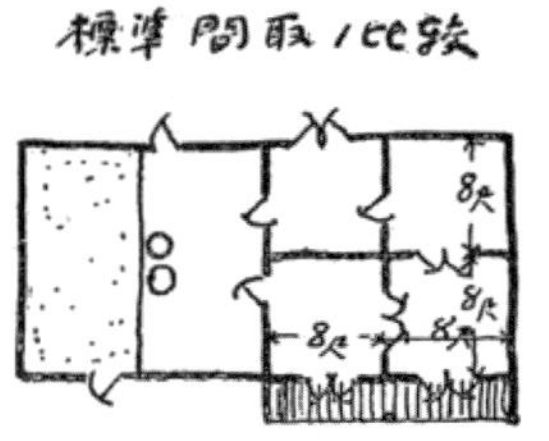

조선 북부

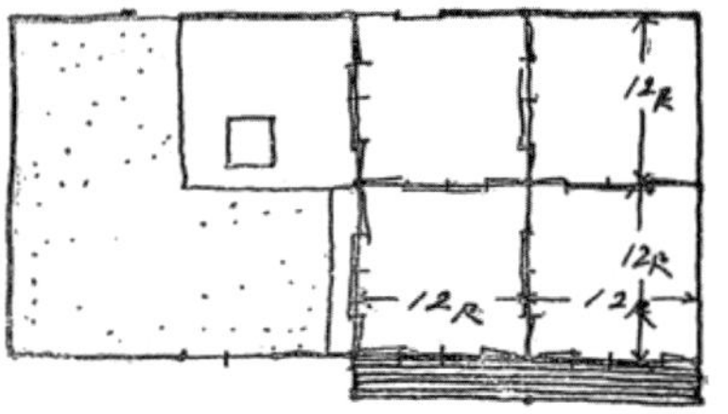

일본

제26도.
북부형(북선형) 민가와 일본 민가의 방 구획 비교

나는 앞서 서술한, 조선의 북부형(북선형北鮮型)의 방 구획이 일본 민가의 표준이 될 만한 형식과 매우 비슷하고 어느 면에서는 그야말로 거의 같다고 소개할 수 있었다. 그것은 이미 설명한 것을 통해 우선 이해하였을 것으로 생각한다(제2장 제1절). 이는 집 안채만이 아니라 가옥 부지를 취하는 방식 그 외 여러 건축의 가옥 부지 내 배치 상황 및 조선의 일반 풍습과는 서로 다르고, 안방과 바깥방의 관계가 없으며 비밀을 감추지 않는 개방적인 점 또 방마다 사용되고 있는 상황에서도 그야말로 같다고 생각할 수 있다.

즉 제26도는 양자의 비교를 보여준다.

그러나 단지 외형이 비슷하다는 점만으로 고찰이 끝난 것은 아니다. 다음으로 나는 조선에 이 방 구획이 존재하는 이유를 공예학적으로 약간 고찰하고 이 문제에 대한 나의 책무를 다하고자 한다.

지금 조선 북부형의 방 구획은 온돌제도에서 필연 합리적으로 발달하였을 것이라고 상상할 수 있는 하나의 가정에 대해 연구해 보자. 앞서 설명한 대로 일반형의 조선 민가에서 여러 온돌방의 배치 및 땔감을 때는 방식과 북부의 그것들을 비교하자. 한편은 산만하고 단편적이어서 비경제적이고 불편한 반면에 다른 한편 부엌에서 불을 지펴서 모든 방이 따뜻해지는 것과 같은 방식으로 되어 있다. 또 실제 북방 사람들은 자신들의 지방의 온돌이야말로 온전한 온돌이고 남방 사람들은 진정으로 온돌의 불을 지피는 방식을 모른다고 폄하하고 있다. 남방의 온돌에서는 개개 방들마다 각각 독립적으로 불을 지피고 있으며 이렇게 불을 지피는 곳이 많은 경우 안뜰과 접하고 있기에(또 취사장의 불 때는 입구도 취사장에 문이 없는 것이 많기에) 온돌에 땔감을 땐 후 아궁이로부터 밖의 차가운 공기가 마루 밑의 연기가 통하는 길로 들어와 방의 온도를 낮추기 쉬운 결함이 있다(아궁이 입구를 덮는 경우도 있지만 일반적으로 그렇게 하지 않는다고 이야기한다). 북부에서는 아궁이 입구 자체가 폐쇄된 집 안 토방에 있기 때문에 결코 차가운 외기가 직접 바깥으로부터 들어올 걱정은 없다.

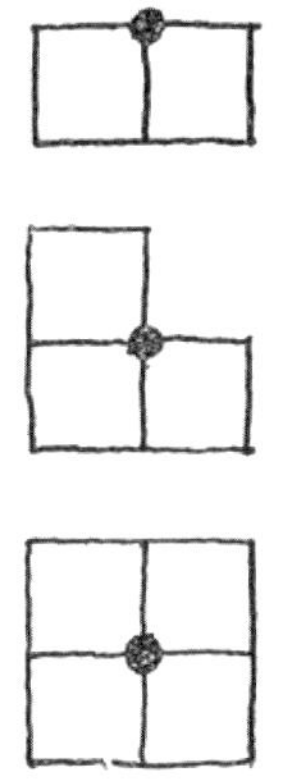

제27도

또 여기에서 다른 관점에서 관찰을 약간 시도해 볼 필요가 있다. 그것은 벽난로 페치카를 사용하고 있는 만주 시베리아 지방에서 그것을 배치하기 위해서는 방의 배열을 어떻게 하고 있는가 하는 것에 관해서이다. 그것은 제27도의 도표와 같이 되어 있다. 즉 2개의 방이 있는 경우에는 방과 방의 경계의 한 쪽 외벽에 페치카를 두고 방이 3개 있는 경우에는 방을 ㄴ자형으로 배열하고 페치카를 이들 3개의 방 벽이 교차하는 지점에 두고 4개의 방이 있는 경우에는 방을 네모난 모양으로 배열하고 페치카를 집의 중앙에 두게 된다. 따라서 마지막의 경우가 쓸데없는 열이 흩어지는 일 없이 가장 경제적이고 합리적인 배치가 된다.[6)]

북부조선의 방 구획의 형식은 작은 방으로부터 큰 방에 이르기까지 제21도에서 볼 수 있듯이 한 곳의 아궁이를 통한 불기운으로 모든 방들을 따뜻하게 하도록 되어 있다. 따라서 위의 페치카를 사용하는 집과 같이 네모 모양의 방 구획이야말로 가장 합리적이라고는 말할 수 없다. 그런데 북부조선에서 네모 모양의 방 구획의 집이 언제나 표준으로 되어 있다고 하는 것은 4개의 방은 한 가족이 사는 집으로서 가장 표준적인 방의 수이기 때문이라는

6) [원주] 공학박사 사또 코이치(土藤功一)씨의 이야기에 의한다.

것에 지나지 않는다. 그리고 4개의 방을 갖춘 집을 만드는 경우에는 페치카이든 온돌이든 네모 모양의 방 구획이 합리적이라는 점만은 말할 수 있다.

조선의 네모 모양의 방 구획이 온돌에서 온 것인가 어떤가 하는 문제는 위와 같은 생각으로 결착된다. 그렇다면 언제부터 조선에 온돌이 발생하였는가 하는 점을 다음에 생각해 볼 필요가 있으나, 이것은 이미 서술했듯이(제1장 제3절) 불분명하다. 그래서 그 발생연대를 (1) 고대인가 혹은 (2) 근대인가를 가정한다. 특히 앞의 가정(방 구획이 온돌에서 온 것이라고 하는 가정)에서 (1)를 채용하면 일본과의 교섭이 혹은 있었을 지도 모르고 (2)를 채용하면 그 관계가 끊어졌다는 것이 된다(역사상의 사실에 비추어서). 그리고 혹시 (1)을 채용하게 된다면 왜 일본에는 온돌이 수입되지 않았는가 하는 의문이 남는다. 그래서 또 하나의 추측이 생긴다. 즉 온돌이 있고 없는 것과는 관계없이 조선의 북부 혹은 현재 조선의 북부에 살고 있는 종족의 조상은 네모 모양의 방 구획을 지향하는 집을 가지고 있었던 것은 아닌가 추측이 든다.

건축학적으로 이 이상 이 문제를 다루는 것은 다른 전문 연구자들에게 예의가 아니라는 생각에서 나는 이러한 자료만을 제공하는 것으로 그치고자 한다.[7)]

다음으로 나의 졸저 『일본의 민가』에서 문제로 남겨 놓은 것의 하나는 나라奈良 오사카大阪 부근, 즉 일반적으로 세토나이카이瀨戶內海 연안 지방에 두드러지게 나타나는 특징에 관한 것이다. 그것은 가옥의 부지를 취하는 방식 및 대지 중 건축의 배치방식의 유래에 대한 의문이다. 어떤 정착된 방법은 어느 시대인가 대륙문명의 영향을 받아 형성되었던 것이 틀림없다고 생각하였다. 이러한 지방의 민가는 흙으로 담을 만드는 일이 많고 대지의 외벽에 차양을 만들고 중앙에 안뜰을 마련한다. 그 차양 공간은 창고나 변소나 농작물 보관 장소 등으로 사용하고 있다. 그러나 안채는 일본의 각 지방에서 보이는 일반적인 네모 모양의 방 구획으로 되어 있지만 그 전체의 건물 배치는 앞서 서술한 조선의 일반형의 대지 내 구조

---

7) [원주] 이 문제는 최근 일본 학계에서 주목되고 있는 것 같다. 특히 건축에 관한 연구로서 내가 볼 수 있었던 것은 우메하라 스에치(梅原末治)씨의 저서 『사미타 및 신야마(佐味田及新山)古墳研究』의 제3장 제1절의 고찰이 있다.

와 같은 방식이다. 그러한 지방들의 집단 부락의 구역 길 및 택지 분할을 보아도 앞서 서술한 조선 마을의 그것과 그야말로 같은 것이다.

그래서 그것들의 외형만 보면 일본의 세토나이카이 연안 지방의 민가는 조선의 북부형의 방 구획과 일반형(남선형)의 대지를 취하는 방식과 합치하여 형성된 것으로 볼 수 있다.

이러한 사실로부터는 어떻든 어느 시대에 세토나이카이 연안 지방에 특히 어떤 문화(조선에 있었던 문화와 같은 계통의 것)가 수입된 흔적을 남긴 것이 아닌가하는 의문을 가지게 된다.

특히 구체적인 것에 대한 연구로 옮겨 보도록 한다. 조선의 상류층 저택에 대한 것을 서술했을 때 나는 다음의 사실에 특히 주의했다. 즉 부인이 거주하는 안방과 일반 외래자를 대접하는 사랑방은 각각 따로 있었고 그 각각이 회랑 모양의 나가야長屋로 둘러싸여 있었다. 이 사실은 일본의 헤이안平安 시대 이전의 주택을 고찰하는 데 무엇인가의 자료가 되는 것은 아닐까. 즉 일본의 헤이안 시대 귀족의 저택방식으로서 침전 건축의 각 배치 방식과 비교하는 재료가 되지 않을까. 또 일본의 헤이안 시대에 여자와 남자 간 현격한 구분이 현재 조선의 그것과 같은 것이라고도 생각할 수 없는 것이다. 또 현재 조선의 제도로서 남녀 간 엄격한 구분이 과연 언제부터 일반적인 것이 되었는가도 불분명하기에(현재 나에게는), 이러한 여러 관점에서 엄밀한 비교는 불가능하고 또 절대적인 의미를 가질 수 없는 것이라고 생각된다. 외래 손님을 접하는 침전과 조선의 외부 손님을 접하는 사랑방, 복도로 연결된 북측의 딴채 그 외와 조선에서의 안방과 특히 침전 앞의 구조인 중문 및 정문과 조선 저택의 대문과의 관계, 이것들의 비교는 너무 공상적인 나열이지만, 일단 생각은 해 둘 필요가 있다고 생각된다.

특히 거슬러 올라가 아스카 시대 이후 삼한을 통해 일본으로 수입된 사찰의 건축방식은 현재 고고학적 연구의 대상으로서도 분명히 존재하고 있는 것이고 사찰의 당우에는 그러한 것을 둘러싼 회랑이 둘러싸고 있는 것이 일반적인데 그러한 회랑과 관계하여 생각하지 않으면 안 되는 것을 약간 서술해 둔다.

내가 조선 민가에서 놀랐던 것의 하나는 조선 일반 민가의 구조 및 방 구획은 일본의 사찰에서 보는 것과 같은 회랑과 동일 수법이라는 것이다. 즉 조선 민가의 방들의 취하는 방식은 기둥 간 하나씩이 방의 단위가 되어 있고 도리라든가 대들보라든가 뼈대구조의 방식도 거의 회랑의 그것과 같다고 말해 좋다. 즉 마침 사찰의 회랑의 기둥 사이 간격 벽의 하나씩은 한 방으로 하고 있는 것이다. 건축의 안길이도 보통 한 칸씩이다.

사찰의 회랑은 사찰의 장엄을 만들어 내기 위한 장식적인 의미로 발달하여 부가된 것이라고 생각하지 않으면 안 될 것이다. 예를 들어 당에서 당으로 통하기 위한 복도가 되고 또 법회 때 행렬 내지 거기에 참가하는 사람들의 편의를 위하여 마련한 것이라고 해도 그 본질적인 의미는 장식적인 것이라고 생각하지 않으면 안 된다.

그런데 조선의 상류의 집에서도 일반 민중의 집에서도 이것과 동등한 것을 전혀 실용으로서 사용하고 있고 사찰의 회랑에서와 같이 공허로 하고 있지는 않다.

폭넓은 고증을 필요로 하는 것이지만 대개 사찰의 회랑의 기원 내지 그 수법이 어디에서 유래하였는가 하는 것도 언급해 보지 않으면 안 된다.

나는 지금까지 나라의 사찰을 견학하고 걸으면서 이상하다고 생각하여 관심을 가진 것이 있다. 현재 동대사東大寺의 참롱소 그 외 볼 수 있는 당우의 건축방식은 전혀 회랑으로 벽을 붙인 것만의 건축방식이라고 말하는 것을 이상하게 생각하고 있었다. 결국 그것들의 건축은 하나의 독립된 것이라고는 보이지 않고 회랑의 단편과 같이 생각할 수 있다. 그런데 조선에 있어서는 이 참롱소에서 보는 것과 같은 것은 일반 집의 건립방식이었던 것이다.

그래서 나는 다음의 생각으로 옮기고자 한다.

일본의 고대 건축사상에서 결함으로서 남겨져 있는 문제가 되는 평성경平城京 그 외 계획된 도시의 일반 민가건축이 어떠하였을까 하는 점이다. 도시의 거리 분할은 명확하게 연구되고 있는데 그러한 블록에 거주 가옥 내지 택지가 어떠한 수법으로 또 어떠한 모습으로 건축되었을까 하는 문제이다. 이 문제에 대해 나는 위의 사실로부터 두, 세 가지의 근거를 얻었다.

지금은 다만 그 방법만을 이야기해 두는 것으로 그친다. 그 하나는 현재의 나라奈良 부근에서 볼 수 있는 촌락의 토지 분할 및 그 가옥 부지의 민가에 대한 세세한 조사연구이다.[8)]

8) [원주] 졸저, 『日本の民家』의 「나라(奈良) 교외의 농가」 항은 이것들 가운데 간단한 단편이다. 그러나 특수한 방법으로 여러 부락을 정치하게 연구할 필요가 있다.

그 두 가지는 앞 절에서 서술한 개성開城의 택지 분할 및 가옥의 연구와 같이 조선의 거리 및 촌락에 대한 한층 정치한 조사연구이다. 그리고 그 세 번째는 두 가지의 비교연구에 사찰 그 외 고고학적 자료를 추가적으로 연구하는 데 노력하는 것이다. 나는 기회를 얻으면 이것들에 대해 순純학술적인 연구를 하고 싶다.

이상으로 일본 민가의 고찰에 이번 조선 민가 연구에서 얻은 직접적인 여러 암시를 연결한 것이다. 특히 끝으로 이번 연구를 통해서 간접적으로 일본의 민가를 고찰하는 데에 도움이 될 만 하다고 생각한 점을 서술하고자 한다. 그것은 우리 일본의 고래로부터 도시 집의 발달에 관해서이다.

처음에 말해 두고자 하는 점으로 일본의 도시 집은 대륙의 영향을 받은 것이 아니라 어느 시대인가 일본에서 독특하게 발달하였다는 것이다. 조선에서는 그것에 유사한 것을 조금도 볼 수 없었고 또 전혀 그것에 유사한 것이 없다고 잘라 말해도 틀리지 않을 것 같다.

일본의 역사에서 도시의 집이 형성 · 발달한 모습은 전국시대 이후 여러 지방에 봉후封侯가 왕성하게 성을 쌓게 되었고 거기에 죠카마치城下町가 형성되기에 이르렀던 때 이후 왕성하게 나타났을 것으로 생각한다.

일본에서 도시 집의 방 구획 및 구조는 그 가옥 부지의 지리 분할에서 필연적으로 생겼을 것으로 나는 생각한다. 그 도시의 지리분할은 우선 거리를 만들고 그 양측에 간격을 잘라내 제한하였기에 세세하고 긴 단책형短册型의 택지가 병렬적이고 그렇게 좁고 안 길이가 깊은 택지 위에 방 구획을 만들지 않으면 안 되었던 점에서 재래의 민가 전통으로부터 새로운 도시의 집이 발달한 것이라고 생각한다. 그리고 점차 번영하기 시작한 도시에서는 집들마다 뒤쪽 공터를 이용하여 거기에 특히 집들이 들어서고 그 뒷집들로 통하기 위한 우발적 골목길 Incidental alley도 생겨서 단순한 거리 모양을 볼 수 없게 되었다고 나는 설명하고 싶다.[9)]

그런데 이상한 것으로는 북부 유럽의 중세시대 봉건제도 이후의 도시에서는 일본과 매우 유사한 방 구획 및 토지 분할을 볼 수 있다. 이것은 우연적인 것인가, 그것들 사이에 서로

9) [원주] 졸저, 『日本の民家』의 「토지 분할과 가옥 간의 관계」 참조.

관계가 있을 것인가는 불분명하지만, 동서가 서로 통하여 중세 이후에 발달하고 있다고 하는 점은 흥미롭다.[10] 이렇게 앞 장에서 나는 세계 민족의 계통을 서술하였을 때 언급한 이른 바 구舊문화 계통의 국가에서는 대개 보다 밀집한 집단적인 기원에서 도시 및 촌락의 발달이 시작하고 있기에 대개 안뜰이 있고, 주변 벽을 둘러싼 방식이 일반적이다. 시대를 바꾸어 말하면 고대 혹은 고대에서 번영한 국가들 사이에서는 서양에서든 동양에서든 이것은 대개 거의 같은 토지 분할이고, 민가의 방 구획도 대개 같은 계통이었다.

이 절에서는 매우 다양한 연구의 문제를 언급했기에 어수선한 서술이 되었던 점을 양해해 주기 바란다.

10) [원주] 일본의 성곽 축조법이 서구에서 배운 것이라고 이야기 되고 있는데 그것과 함께 토지 분할의 방식도 수입되었는가 어떤가도 고찰해 보지 않으면 안 된다.

제3장

# 일본인과 관계를 갖고 있는 민가

## 제1절 조선 사람들의 개량 거주 가옥

개량改良이라는 단어는 부적당한 것인지 모르지만, 어떻든 새로운 시세의 영향을 받아 위에서 설명한 것과 같은 전래 고유의 거주 가옥에 만족할 수 없게 된 조선 사람들이 어떻게 자신들의 거주 가옥을 새롭게 고민하고 있었는가 하는 것을 여기에서 서술해 보고자 한다.

그러나 내가 접할 수 있었던 이 방면의 범위는 매우 근소한 것이기에 우연히 접할 수 있었던 실례를 소개하고 그것들에 대해 신중하게 생각해 보기로 한다.

거주 가옥의 개량을 시도해 보려는 사람들은 활동이 왕성한 지식계급들이고 생활의 향상을 원하며 일상생활을 보다 개선하고자 하는 사람들이라는 것은 말할 필요도 없다. 그러나 조선에서는 이러한 방향으로 실행하고 있는 사람들은 여전히 아직 장래 새로운 시대의 선구자들로서 고립적인 상태에 있다고 생각한다.

재래의 거주 가옥 건축은 각각 특징을 가지고 있고, 북부 사람들과 일반 조선 사람들 간 전반적인 습관에서 정신적인 차이가 있다는 사실이 각각의 개량 주거에서 두드러지고 명료하게 나타나고 있었다.

북부 사람들은 사상적으로 소박하고 노골적이며 남부사람들은 따뜻하고 섬세하며 조화적이다.

북부사람들부터 설명해 보고자 한다.

도판 제29는 함흥의 홍성연洪聖淵이라는 사람의 집이다. 이 집은 함흥 거리를 멀리 내려다 볼 수 있는 언덕 중간에 있다. 이 집의 특징은 전통적인 북부 보통형의 방 구획의 집에 새롭게 순純일본풍에 가까운 4개의 방을 늘려 지은 점이다. 일본풍 4개의 방이 나란히 있는 방식은 어떻든 조선풍으로 취급되고 있지만, 그 구조는 다다미를 깔고 나무로 골격을 양쪽으로 세우고 거기에 종이나 마[布]천을 바른 순 일본풍이다. 그리고 이 증축은 손님 및 자식들을 위한 것이었다. 즉 앞서 서술한 사랑방을 간단하게 문 옆에 편의적으로 짓는 함흥의 풍습에 따른 것이다. 이같이 일본풍을 그대로 채용한 것을 통해 북부 사람들의 기풍이 소박하다고 생각한다. 외관의 사진(도판 제29의 사진)은 안방이다. 문 옆에 지은 건물은 부속적인 것으로 고용인 공간 및 창고이다. 요컨대 이 주거는 일본이라면 동경의 야마테山手방면의 일본풍 거주 가옥으로 응접실을 증축한 조선과 일본의 절충이다.

도판 제30은 마찬가지로 함흥의 한낙용韓洛用이라는 사람의 거주 가옥이다. 이 집의 전체 방 구획에 보다 많은 일본풍으로 고안한 흔적이 있다. 현관의 처리방식, 손님 공간 구비 등의 방식은 일본풍을 모방하고 있다. 외관으로는(도판 제30의 사진) 그야말로 일본 집 그대로이다. 손님 공간의 도코노마,[11] 두 개의 선반을 상하로 어긋나게 매어 단 선반,[12] 이불 등을 넣어 두는 곳 등까지 모두 순純 일본풍이다. 그러나 내부에 북부 조선에 일반적인 네모형 방의 온돌을 오른쪽 반과 안쪽으로 두 갈래 가지런히 적용하여 순純조선식의 온돌로 하고 있다. 내부는 그야말로 개방적이고, 앞의 온돌 부분은 거주 공간 겸 손님 공간이며 뒤의 온돌은 자식을 위한 방으로 되어 있다. 더욱이 마루로 접속하여 벽돌로 창고를 짓고 욕실도 일본풍으로 구축하고 있으며 일본풍의 손님 공간의 앞에는 연못을 판 정원도 만들어 놓고 있다. 이 집은 전자보다 한층 일본풍을 많이 받아들인 절충식이다.

다음에 함흥에서 본 것은 도판 제31의 중석정中錫定[13]이라는 사람의 집이다. 이 집은 특

11) 일본식 방의 상좌에 바닥을 한층 높게 만든 곳으로 그 바닥에는 장식물이나 꽃을 놓는다.
12) 도꼬노마에 흔히 설치한다.
13) 신석정의 오기가 아닐까 생각한다.

히 특수하고 조선식 · 일본식 · 서양식을 절충한 것이다. 이 집의 대체적인 방 구획 방식은 손님 접대의 영역과 주거 영역을 구분하여 손님 접대 영역에서는 응접 공간을 서양풍으로 하였고 그 옆에 있는 서재는 온돌식으로 하였으며(주인은 변호사이기에 이를 조사를 위한 방으로 하고 있다), 순 일본풍의 변소도 구비하고 있다. 주거 영역은 일본식의 방(다다미) 하나와 네모형의 4개 온돌방 및 취사장의 토방과 온돌로 구성되어 있다. 취사장을 이 방식으로 하는 것은 온돌을 양쪽에서 땔감을 때도록 되어 있어 한층 편리하지만, 이 방식도 재래로부터 북부에서 변화한 것 같다(이러한 방식을 한 경우에는 직각으로 연결된 방 구획을 만들 수 있도록 되어 있다). 이 집의 온돌 연통을 임시로 표시해 보면 그림 가운데 점선과 같이 되어 있고 집 뒤에 세운 하나의 굴뚝에서 연기 전체가 나오는 구조로 되어 있다. 가옥 부지 안에는 문을 열고 들어가면 연못이 있는 작은 정원이 있고 남향으로 화단이 유쾌하게 만들어져 있지만, 이 집도 보기 좋은 높은 데에 지어져 있다. 도판 제31의 사진은 온돌방을 남쪽 정원에서 바라본 것이다.

이상의 여러 예를 통해 북부지방의 새로운 주거는 대담하게 새로운 생활에 대한 갈망에서 나오게 된 것으로 생각한다. 온돌이 활성화되지 않아 일본 방을 만들어 보았다고 이곳 사람들은 말한다. 그리고 오히려 사상적인 자극을 받아 생활과 주거에 개혁을 바라고 있는 것이라고 느끼기에 우선 일본의 것, 서양의 것을 착실하게 받아들이려고 하고 있다.

함흥지방은 앞 장에서 서술했듯이 거주 가옥이 이전부터 북부와 일반 조선과의 접촉지에 형성되어 오고 있는 특수한 지역이다. 이 지역 외에 또 북부 조선의 개량 주거의 실제 사례를 보고 싶었는데 그것을 못한 것은 아쉽다.

다음으로 개성에서 볼 수 있었던 개량 거주 가옥에 대해 서술하고자 한다. 개성은 이미 여러 번 서술하였듯이 매우 보수적인 풍습을 띠고 있는 지역이다.

제28도는 개성의 김기대金基臺라는 사람의 신축 주거의 방 구획이다. 언뜻 보아 이 방 구획은 일반 조선형을 그대로 따르고 있는 것으로 이해할 수 있다. 즉 안뜰을 중앙에 두고 주위에 방들을 연결하고 각 방을 여러 용도로 사용하는 방식이다. 그러나 이 집에서는 재래의 풍습에서 확실히 벗어난 방들의 사용 방식을 보이고 있다. 이 집의 주부 김 부인은 교양을 갖춘 데에서 부인의 고안으로 개혁하였던 것 같다. 실제로 이 집은 일반 조선 주거 개

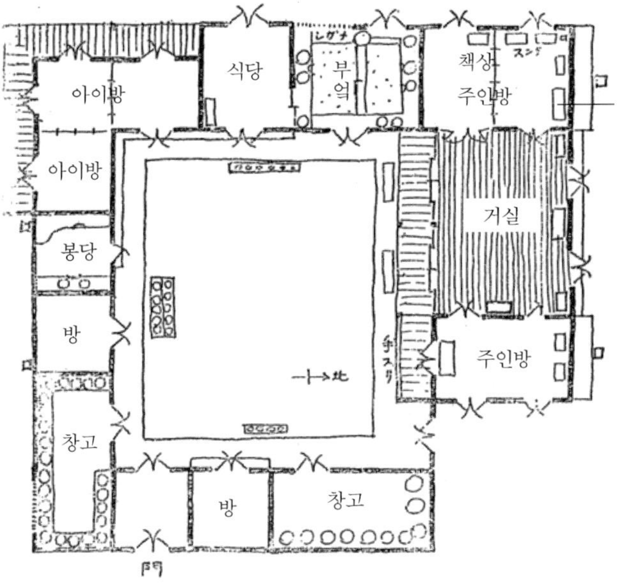


제28도.
개성에서 본 개량 가옥

량의 완전한 지침이라고도 말하고 싶을 정도로 모든 것이 새롭고 합리적으로 구성되어 있다. 안뜰에 남향으로 재래와 같이 대청 즉 큰 방이 있는데, 여기를 손님 접대 공간으로 하고 있고 그것도 의자식椅子式이다. 그래서 그야말로 서양식의 방이라는 느낌을 받는 천정은 뼈대구조가 우러러 보이고 창도 입구도 조선식 그대로의 아름다움을 조금도 상하지 않고 유지하고 있으면서 그대로 서양식 방으로서의 구비가 잘 되어 있다. 그 옆의 건넛방은 주인의 방인데, 그것도 의자식으로 되어 있고 반대편에 있는 안방 부인의 주거 공간도 의자식으로 되어 있다(부인의 공간 및 안뜰의 광경은 도판 제32이다. 얼마나 정리가 잘 되어 아름답게 되어 있는가는 사진에서도 상상할 수 있다). 가구 종류도 순純조선의 멋을 그대로 살리면서 서양풍으로 변해 있다. 부인의 주거 공간의 다음은 취사장인데, 여기는 양측의 방에 온돌의 불구멍을 마련하고 부뚜막으로 구성하고 있다. 여기에 접하고 있는 방은 식당이다. 재래의 조선집에는 특별히 식사를 위한 방이 없었다(일본에서도 그러하였지만). 안방 즉 부인의 방 아니면 마루방에서 식사하는 풍습이었다. 식당을 따로 떨어진 곳에 마련한 것은 실제로 크게 개량한 것이라고 경탄하지 않을 수 없다. 더욱이 이 방들의 배치는 재래의 전통을 바로 유지하면서 정돈하고 개선하고 있는 점에서 놀랍다. 그 다음 아이들 방 3개를 그 방과 연결하여 빛이 잘 드는 툇마루에 배치하였다. 식당 및 아이들 방은 재래의 좌식 그대로이다. 그 외의 방들은 각각의 용도에 맞추고 있다. 이 외에 뒷문을 벗어난 곳에 변소나 창고로 사용되는 별채의 건물이 부속하고 있었다. 이상은 대체적인 설명인데 이 집이야말로 재래의 아름다운 조선미를 가지면서 개선의 의미를 철저하게 한 걸작과 같이 생각할 수 있다.

나는 남방에서 개량된 또 하나의 주택을 볼 수 있었다. 그것은 김천의 추응천秋應天이라는 사람의 집이다(이 집의 방 구획을 상세하게 적은 노트가 불행히 분실되었기에 소개할 수 없는 것이 아쉽다). 제29도는 그 집의 사진인데, 개량되어 있는 것은 거주 가옥으로 사용하고 있는 집 안채뿐이고 별도로 사랑방을 갖추고 있다. 이 집의 방 구획을 상세하게 고안하고 있고 일본의 집 짓는 방식을 여러 부분에서 받아들이고 있다. 예를 들어 지붕도 일본에서 보통 볼

제29도. 김천에서 본 개량 가옥

수 있는 것처럼 기와를 사용하고 있고 지붕에 흙을 두껍게 올려 조선 특유의 반전 모양은 내고 있지 않다.

이상은 여러 사례에 대한 연구에 지나지 않는다. 그러나 이것들을 통하여 북방 사람들의 집 개량이 노골적인 절충이고 남방 사람들의 그것은 세부적인 고안을 거친 것이라는 점을 일반적인 사실로 생각하여 좋을 것 같다. 북방 사람들의 개량은 천진난만하고 소박하며 진취적인 정신에서 나온 것이지만 남방 사람들의 그것은 주거로서의 고민에서 나온 것으로 세밀하고 진실미를 띠고 있다. 이것들은 버릴 수 없는 아름다움이다. 과연 앞으로 조선 사람들의 주거를 어떻게 개발시켜 갈 것인가, 우리들은 기대를 가지고 이것들에 주목하여 정말 조선 사람들의 생활이 더 이상 나아가지 않을 때까지 빨리 성장할 것을 바라마지 않는다.

## 제2절 농업이민자의 주거

끝으로 소개하고자 하는 것은 일본 농업이민자들의 거주 가옥 상황에 관한 것이다. 물론 이것을 상세하게 조사할 기간이 없었기에 내가 얻은 범위 내에서 이를 소개하는 것은 아쉽다.

이것을 서술하기 전에 나는 조선 농민의 거주 가옥을 대충 소개하고자 한다. 각지의 여기저기에 흩어져 있는 이민들이 정착한 지역의 배경을 갖고 있는 촌락의 주거 일반을 알 필요가 있다.

앞에 이미 서술했듯이 조선 촌락은 많은 집들이 드러난 채 모여 있다. 가옥 부지 가운데 나무들은 적다. 초가지붕의 안채나 부속 채가 논이나 밭 주변으로 부락을 형성하고 있다. 일반 가옥의 방 구획 및 구조에 대해서는 이미 제2장 및 제3장에서 설명하였는데, 특히 농가와 부락 내부의 분위기를 알 필요가 있다.

농가의 안채와 부속 채 간 관계는 어떻게 되어 있는가 하면 일반 조선 민가의 방 구획에서 설명한 것과 같이 되어 있고 역시 북방과 남방 사이에는 차이가 있다(도판 제33과 도판 제35를 비교해 보라).

도판 제33은 평안남도 강서군 강서면 삼묘리三墓里의 것으로 보통 규모의 농가부터 매우 작은 농가까지 연구하기 위한 것이다. 이것으로써 매우 작은 농가부터 보통 농가까지의 주거 발달의 모습도 고찰할 수 있을 것이다.

제30도. 소농 가옥

이 집이 있는 부락은 비교적 농업을 열심히 하고 있는 곳으로 이야기되고 있다. 그리고 A 농가는 논 900평, 밭 4500평의 자작농이다. 가옥 배치는 안채와 마굿칸을 포함하는 부속 채를 ㄷ자 모양으로 배치한 방식으로 되어 있지만(제2장 제1절 참조), 그 부분의 구역 이외에 남쪽으로 마당을 원형으로 만들어 곡물을 건조하는 공간으로 사용하고 있다. 북방의 농가에서는 그 건조장을 안채 앞에 두고 있다(도판 제35). 그리고 곡물을 취급하는 데 지상을 이용하고 일본에서와 같이 거적을 깔지 않는 것이 보통이다. 이러한 집들에서 주목하지 않으면 안 되는 점은 퇴비 제조에 대한 것이다. 즉 마굿칸 내지 돼지우리와 하수구와 퇴비를 쌓아두는 장소 간 관계는 어느 집의 경우에도 밀접한 관련을 가지고 있고 정해진 방식으로 되어 있는 것 같다. 노골적으로 이것들이 가옥 부지의 주요 부분의 위치를 차지하고 있기에 위생상으로는 어처구니없는 결함을 나타내고 있을 것이지만 비료 제조를 목적으로 하고 있는 것을 엿볼 수 있는 점에서는 특히 흥미를 불러일으킨다. 그래서 이 뒤처리를 어떻게 하면 좋을까를 잘 생각한 후에 그 방침을 정할 필요가 있을 것으로 생각한다.

C(제30도 즉 도판 제33)와 같은 것은 빠듯한 농가에 가깝다. 그리고 부락은 거의 이웃과 계속 이어지는 구별이 되지 않을 정도로 서로 섞여 있고 불규칙하여 가옥 부지가 정돈되어 있지 않다. 각 집의 울타리도 불규칙하고 곳곳에 수수깡의 높은 울타리가 만들어져 있다(제31도).

농가의 농작물을 보관하는 공간으로 볼 만한 작업장은 도판 제34와 같이 일반적으로 일본에서보다도 정돈되어 있지 않다.

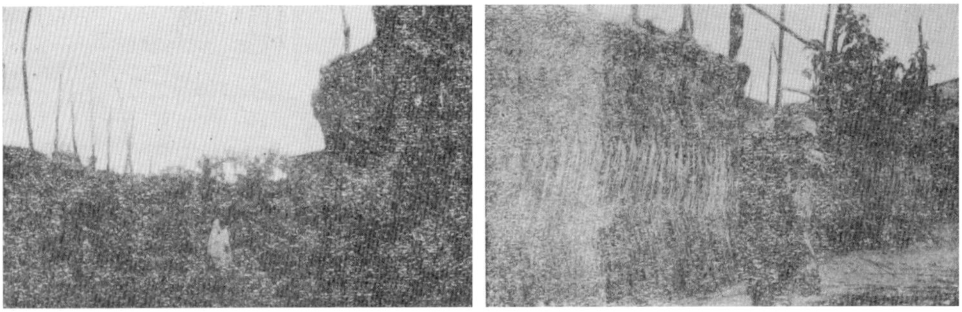

제31도. 고량의 담장

도판 제35(함경남도 북청北青의 농가)는 북방의 것인데 흥미로운 점은 안채의 방 구획이 일본의 여러 지방에서 보는 갈고리형 농가의 방 구획과 그야말로 같다는 것이다. 일본의 동북지방에서 마굿칸을 안채 뜰에 마련하는 것이 위생적으로나 사육적으로도 논의의 여지가 있는데 이러한 농가에 그 논의가 마찬가지로 적용되어야 할 것이다. (우사를 제양간睼養幹이라고 부르는) 이 지방에서는 여름의 더운 밤에 두드려 딱딱해진 건조 공간의 중앙에 불을 피워놓고 가족들이 둘러앉아 여자들은 마를 가르고 남자들은 짚신이나 새끼를 꼬는 작업을 하는 것 같다. 이 건조 공간을 사용하고 있는 상황은 도판 제36으로 잠자리가 되는 온돌의 내부는 같은 도판이다. 그리고 이 농가는 밭 1만 5백 평, 논 9천 평을 경작하고 있는 보통 이상의 집이다.

또 여기에서 조선 농가의 양잠과 가옥과의 관계를 서술한다. 양잠은 최근 조선 농가에서도 장려되고 있지만, 조선의 주거는 그것을 위해서는 매우 부적합하다. 작은 규모의 경우는 재래의 온돌 방 안이나 토간 구석에서 가능하겠으나 이는 매우 적합하지 않다. 그것을 하기 위해서는 어떻든 건물의 평수를 늘리지 않으면 안 된다. 그 방법으로서는 안채가 아니라 물건 보관 공간 내지 창고를 겸하는 것이라면 좋을 것이다. 평안남도 강서군(강서면 삼묘리 김의변金義變씨)에서 대규모로 양잠을 하고 있는 집을 보았는데, 3칸에 8칸의 건물 2동을 새로 지어서 그것을 사용하고 있었는데 이렇게 대규모적인 것을 장려해도 가능하지 않을 것이지만 현재 상황으로는 집에서 양잠을 발전시키는 것은 불가능하다.

다음으로 일본인의 이주 거주가옥에 대해 내가 산견할 수 있었던 것 가운데 전라북도 전주 및 이리 부근에서 본 것을 서술하고자 한다.

전주군(이동면伊東面 검암리劍岩里)에서 본 것은 재래의 조선 부락 가운데 띄엄띄엄 섞여 있는 것이었다. 그리고 일본의 가옥 방식은 매우 적었고 조선식의 것이 많았다. 이것은 아마 이 지역의 가옥은 개인적인 이주였기에 조선의 목수에게 집을 짓도록 하였는가 또는 재래의 집을 구입하였기 때문일 것이다.

도판 제37은 조선식 거주 가옥의 한 예이다. 이 집은 온돌 3칸(3실)을 갖추고 그 중 두 방 앞에는 흙으로 만든 단 대신에 툇마루를 만들어 놓고 있다. 토방은 다소 일본풍을 가미하고 토방의 뒷문으로 나오니 우물이나 조리장이 있었고 안채에 접하여 그늘 밑에 연초를 말리는 건조장을 조성한 증축 공간은 최근 만들었다. 뒤의 창고도 조선식의 구조이다. 외관도 대개는 조선식이나, 가옥 부지를 취하는 방식은 전혀 일본식이다. 이 정도의 주거를 조성하는 비용은 최근에 1평당 40원의 견적이 나오는 것 같기에 약 12평으로 하면 4백 80원이 들게 된다. 이 집에서는 동양척식주식회사[東拓會社]의 규칙이 되는 논 6000평의 경작에 종사하고 있다.

이 집의 주인으로부터 조선식의 집에 살고 있는 경험을 들어 보니 온돌에 누우면 처음에는 기분이 나빴는데 점차로 온돌 쪽을 좋아하게 되었고 또 이불은 일본에서 보았을 때와 마찬가지로 덮으며 조선 사람 정도는 온돌에 화상을 입지 않는 것 같다(이 집은 1915년 기후현에서 이주).

도판 제38은 같은 면에서 순 일본풍의 거주 가옥이다. 이 집에 대해서는 딱히 설명할 부분은 없으나, 안의 마루방을 온돌로 변경할 수 있도록 하고 그 앞의 마루 연장 부분을 곡물 수납 및 취급 공간으로 사용하고 있다. 주거를 위한 방을 다른 것과 구별하고 있는 것이 일본 농가를 짓는 방법에 참고해도 좋을 것으로 생각할 수 있는 점이다. 또 창고 및 취사장 겸 행랑방을 이용한 좁고 긴 토방을 취하는 방식도 참고가 된다. 이 집의 외관은 일본풍이다. 또 가옥 부지 내 모습도 일본풍으로 정원 나무나 화초를 아름답게 볼 수 있다(이 집은 1914년에 야마구치현山口縣에서 이주).

다음에 본 것은 전라북도 익산군(오산면五山面 목천리木川里)의 이주민 가옥(도판 제40)으로 나가야식長屋式[14]의 3채 건물이다. 이 집의 2채 분을 현재 차지하고 있기에 그 집의 방 구획이 혼란스럽다(이 집은 본래 동양척식회사의 소유로 연 15원의 집세였던 것인데 지금은 사들인 것이다). 주요한 방에는 다다미 6조[疊][15] 1방에 온돌 1칸이 있는데 그것은 후에 만든 것이다. 겨울에는 온돌이 없으면 지내지 못하고 특히 아이들이 있는 방은 온돌이 필수적인 것이라고 주인이 말하고 있었다. 온돌방 내부는 일본인의 온돌로서의 특징을 엿볼 수 있다. 마루나 온돌을 놓지 않고 바닥면을 흙이나 강회 · 백토 등을 깔아 만든 토방 및 취사장의 모습은 도판 제40과 같이 또 몇 가지 특징을 가지고 있다. 큰 물병이 있는 이유는 그 지역은 음용수가 불편하기에 하천에서 길어 놓기 위해서이다. 이 집의 외관은 도판 제41과 같다.

요컨대 농업 이주자들의 거주 가옥(내가 본 범위에서 추정하면)은 아직 정돈된 형식을 갖추고 있지 않고 각자 나름으로 선호하는 방식을 취하고 있다. 물론 이주해 온 지 10년 이상이 지난 사람을 만날 수 없었기에 무리도 아니지만. 또 이 지역으로의 이주자는 간사이關西, 쥬고쿠中國 및 큐슈九州지방 출신이 많고 그들은 일본에서 추운 날씨에 익숙하지 않은 사람들이다. 온돌과 일본의 고다츠[炬燵][16] 중 어느 쪽이 좋은가도 도호쿠東北지방 출신의 이주자의 경험을 듣지 않으면 알 수 없다. 이들 이주자의 거주 가옥의 크기는 평균 10평 내외로 볼 만하고 주요한 방은 보통 6조疊 1칸에 온돌 1칸만을 대체로 붙인 것이라고 생각하면 된다.

## 결언

여러 가지 것들을 매우 두서없이 서술해 버렸다. 서언에서 전반적인 감상 내지 인상을

14) 나가야는 일본의 집합주택의 한 형식이다. 한 동의 건물을 수평방향으로 구분하고 각각 독립된 거주 공간에 현관이 붙어 있다.
15) 일본의 다다미를 세는 단위 이름.
16) 고다츠는 한 마디로 일본인에게 겨울용 난방기구이다. 방에 목제 상 밑에 열기구를 달고 상 위에 이불 등을 덮어 상 밑의 공기를 따뜻하게 하는 방식이다.

언급하고 제1장에서 조선 민가 구조의 소개 내지 고찰을 하였으며 제2장에서 방 구획에 대한 기술 내지 고찰을 하였고 제3장에서 현재 계속 이루어지고 있는 사항 몇 가지를 언급해 보았다. 제1장 및 제2장은 내가 힘을 가장 기울인 부분으로 가능한 한 여러 문제를 언급하려고 하였다. 이 순수 연구에서는 조선 주거를 고찰하는 데 기본이 되는 각종 분석을 함으로써 그것 자체가 현재 조선의 주거에 대한 비평이기도 하다. 다만 시간이 주어지지 않아 숫자적이고 통계적인 많은 자료를 수집할 수 없었던 점도 양해를 구한다.

그리고 제3장에서는 특히 넓은 조사를 필요로 하는 사항이다. 다만 내가 언급할 수 있었던 범위에서 이루어진 관찰을 소개한 것에 그쳤다.

충분하지 않지만, 이것으로써 나의 1개월 간 기술記述과 함께 연구를 마친다.

조선부락조사특별보고 제1책 끝.

# 도판 圖版

도판 제1

촌락 전경(경기도 광주군 분원)

시가 전경(개성)

개성 운계천 연안

개성의 구릉에 세운 민가

변두리의 민가(개성)

민가의 안뜰(개성)

도판 제4

초가지붕의 민가(김천)

경성의 민가

경성의 민가

시골의 상점 및 문(경기도 광주군 분원)

도판 제6

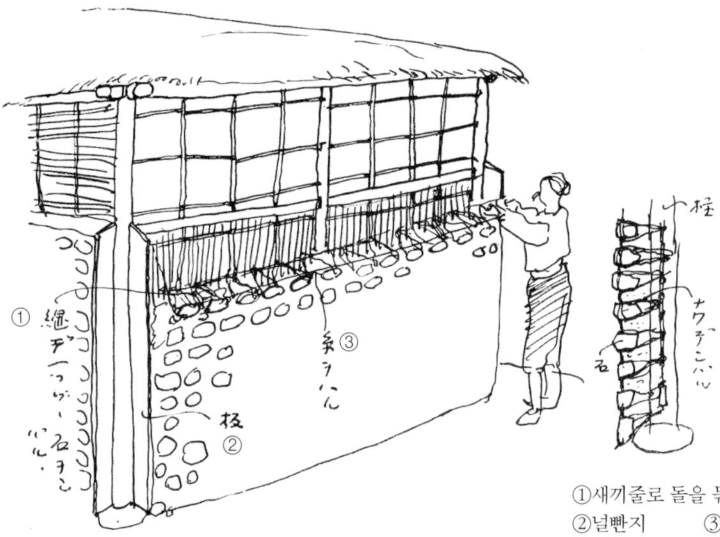

①새끼줄로 돌을 묶어 놓다
②널빤지　　　③실을 치다

외벽의 요적공사 상황(경성)

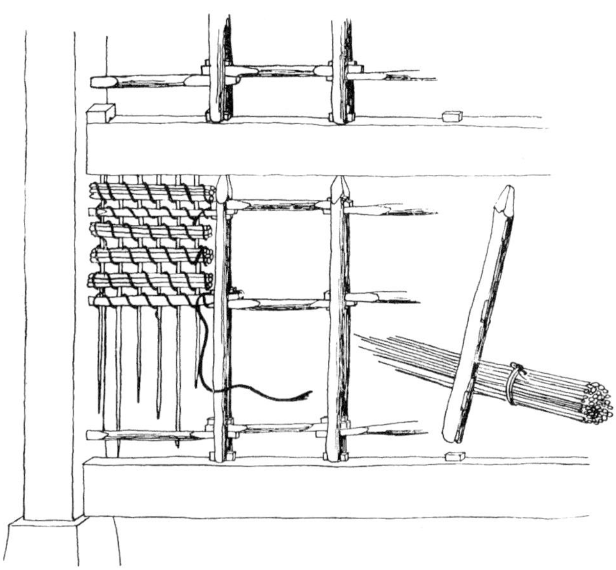

벽진(壁眞)의 구조

도판 제7

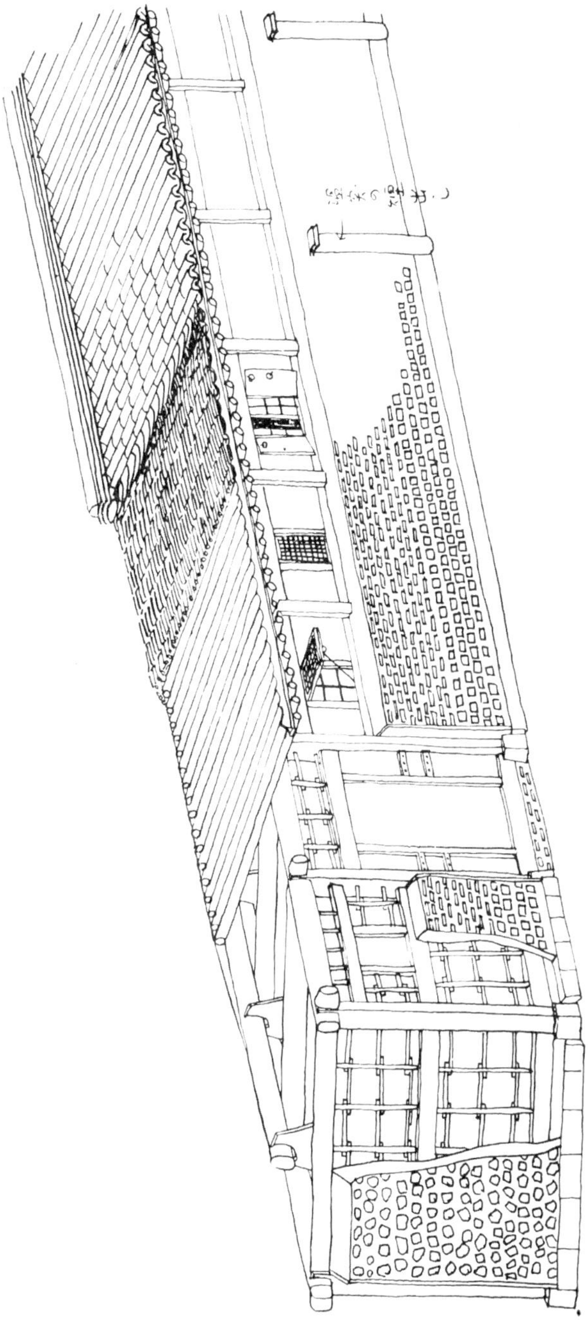

민가 구축 모형도
(후네코시船越日田의 조사에 의함)

도판 제8

①의류 ②소반
③식기 ④아궁이

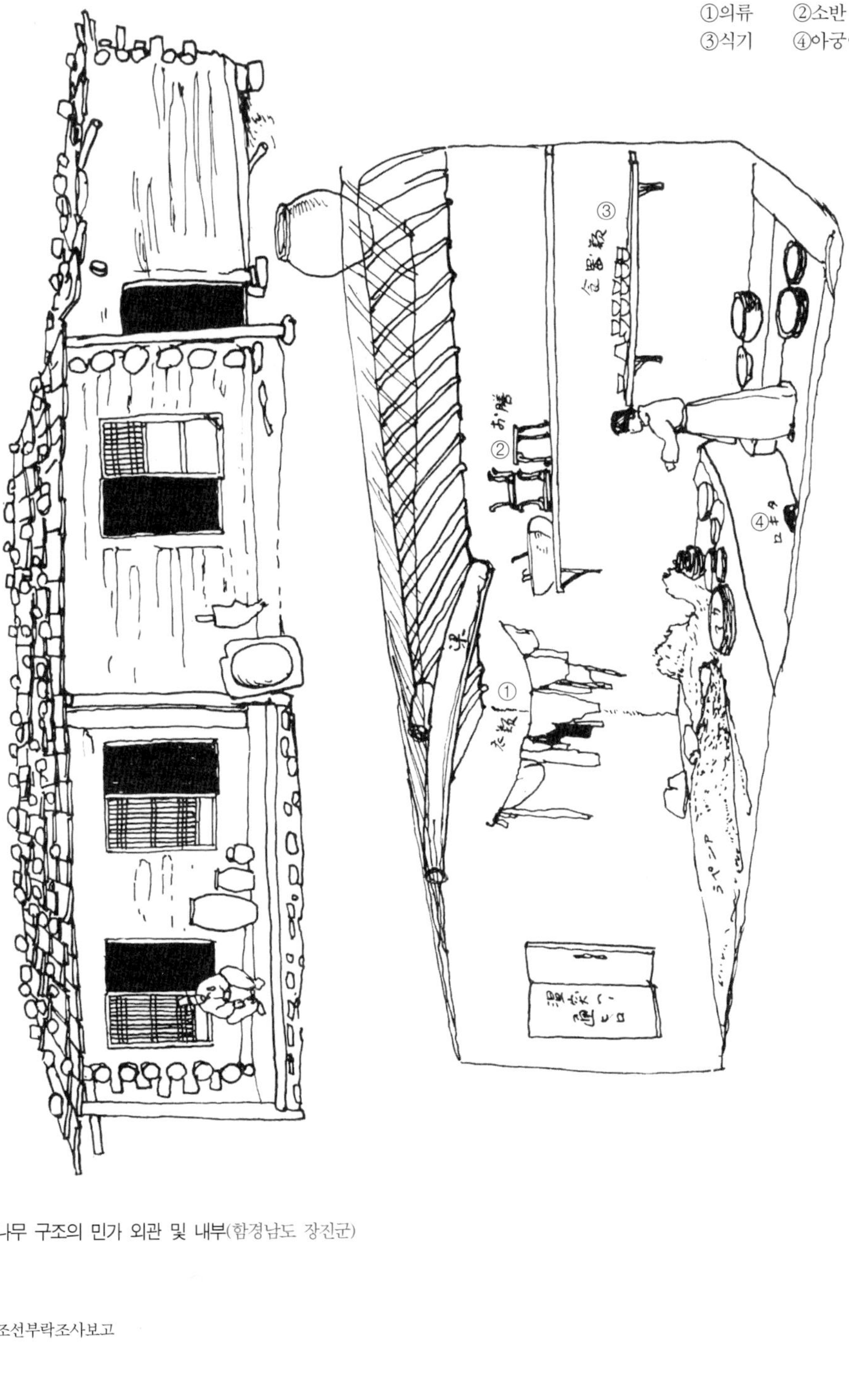

통나무 구조의 민가 외관 및 내부(함경남도 장진군)

통나무 구조의 민가
(함경남도 풍천군)

통나무 구조의 민가
(함경남도 장진군)

통나무 구조의 민가
(함경남도 장진군)

김천읍내 변두리

김천읍내 전경

구축 중에 있는 진흙집
(김천)

①적토로 만든 집이 지어진다
②변두리
③중심지
④도읍의 중심지 및 변두리의 모형도(경상남도 김천)
⑤진륵집(김천의 산 위)
⑥도로
⑦부엌
⑧온돌
⑨평상
⑩세공장(온돌)
⑪숯
⑫공장
⑬지게
⑭절구
⑮재(석유통)
⑯물을 담는 나무통
⑰문패(경북 김천군 김천면 남산정 174번지 김오원)
⑱변소
⑲솔잎
⑳독

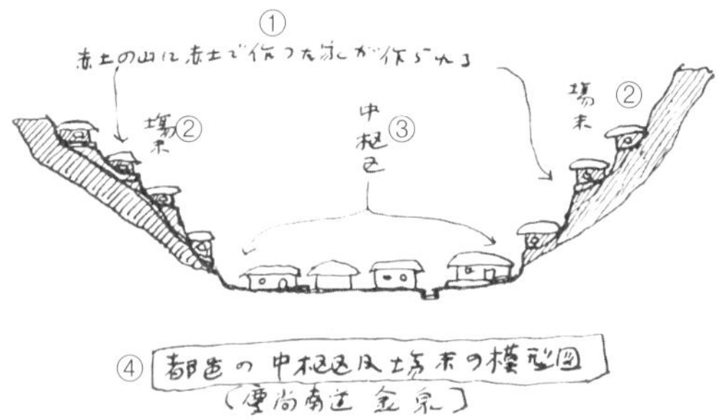

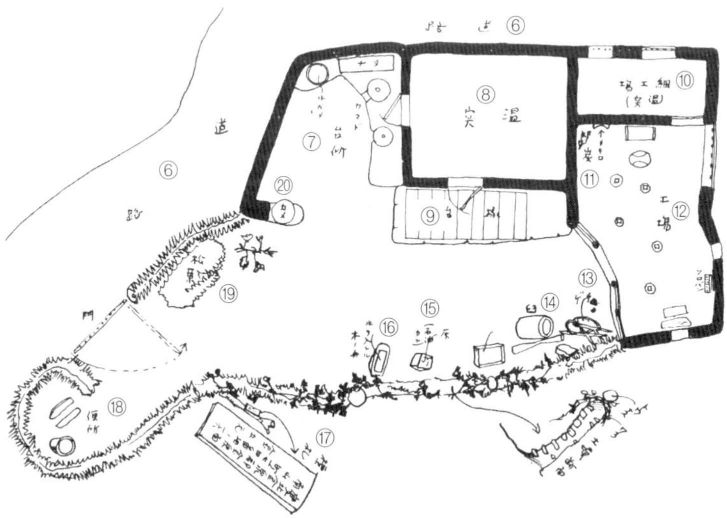

진흙집의 평면도(김천읍내 연관직)

도판 제12

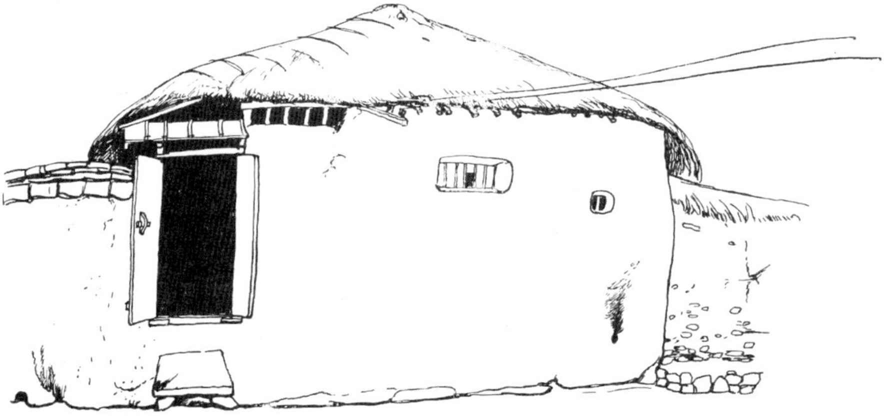

진흙집의 외관(김천)

온돌의 연통

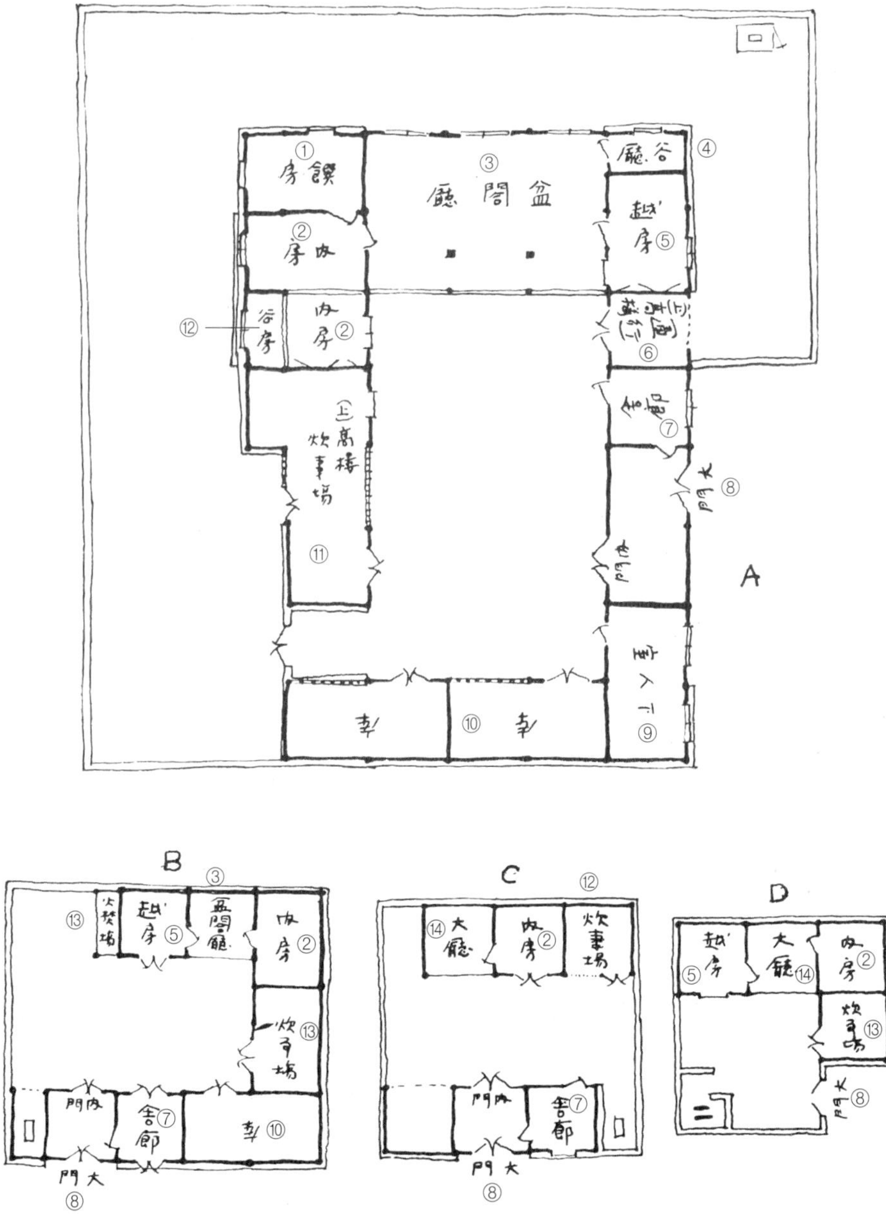


①찬방
②안방
③분합청
④곡청
⑤건넛방
⑥고마루(통행)
⑦사랑방
⑧대문
⑨하인방
⑩창고
⑪고마루 취사장
⑫골방
⑬취사장
⑭대청

일반형(중선형中鮮型) 민가의 조감도

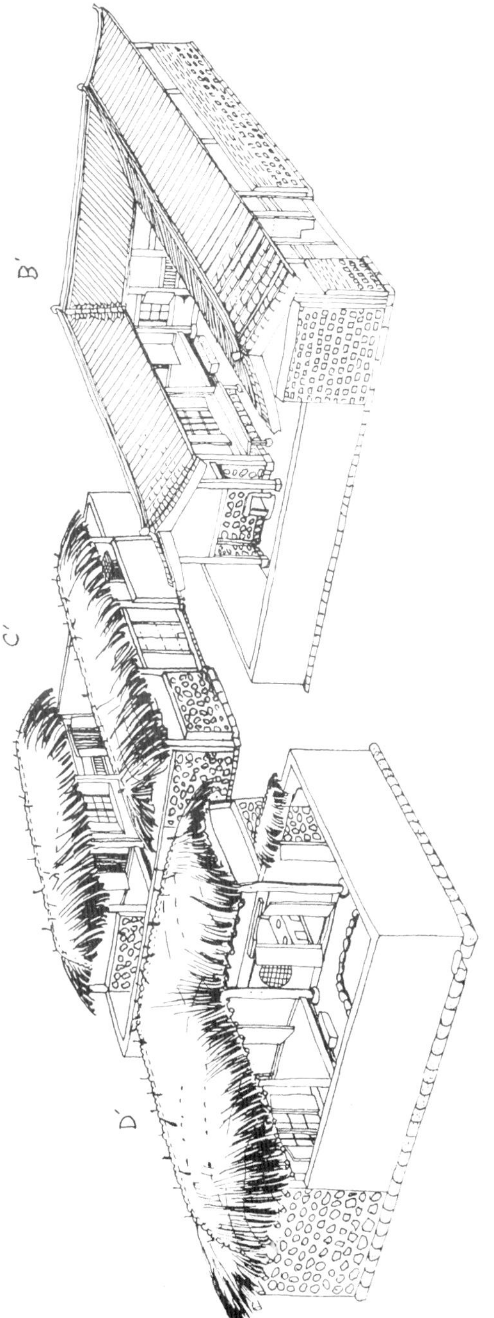


일반형(중선형中鮮型)
민가의 조감도

도판 제16

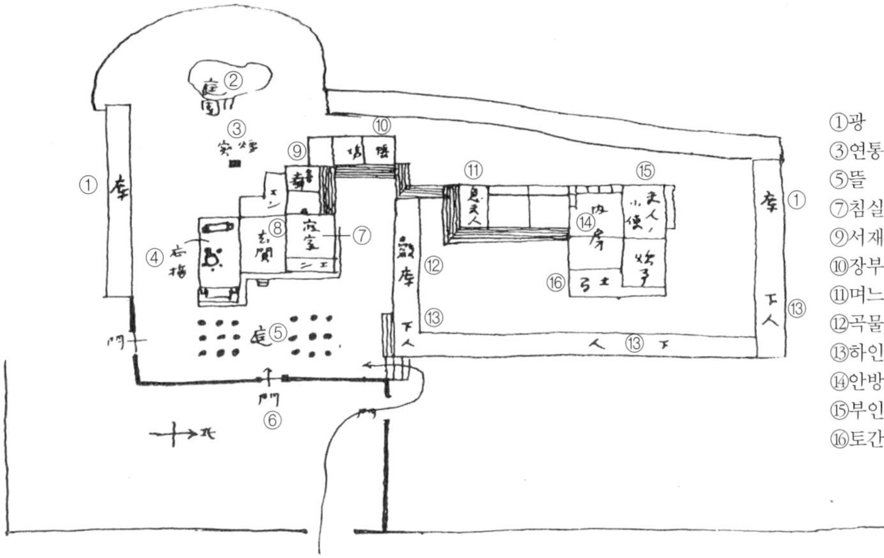

①광 ②정원
③연통 ④응접
⑤뜰 ⑥대문
⑦침실 ⑧현관
⑨서재
⑩장부 보관소
⑪며느리
⑫곡물
⑬하인
⑭안방
⑮부인의 심부름꾼
⑯토간

경성 상류의 저택

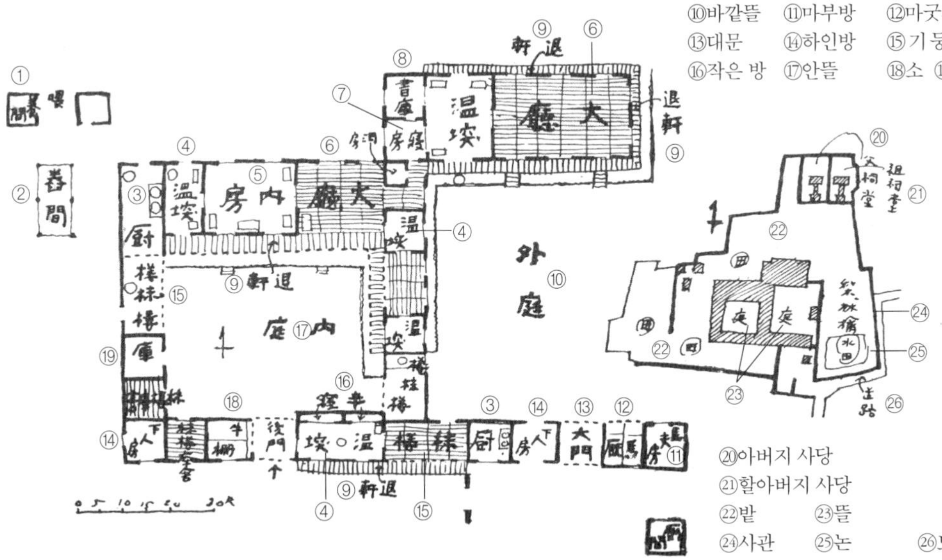

①외양간 ②절구간 ③부엌
④온돌 ⑤안방 ⑥대청
⑦침실 ⑧서고 ⑨툇마루
⑩바깥뜰 ⑪마부방 ⑫마굿간
⑬대문 ⑭하인방 ⑮기둥마루
⑯작은 방 ⑰안뜰
⑱소 ⑲창고
⑳아버지 사당
㉑할아버지 사당
㉒밭 ㉓뜰
㉔사관 ㉕논 ㉖도로

지방 양반의 저택(경상북도 안동군)[조선총독부, 『조선지지방주가朝鮮之地方住家』에서]

중류 주택의 대문(평양)

상류 주택의 중문(개성)

도판 제18

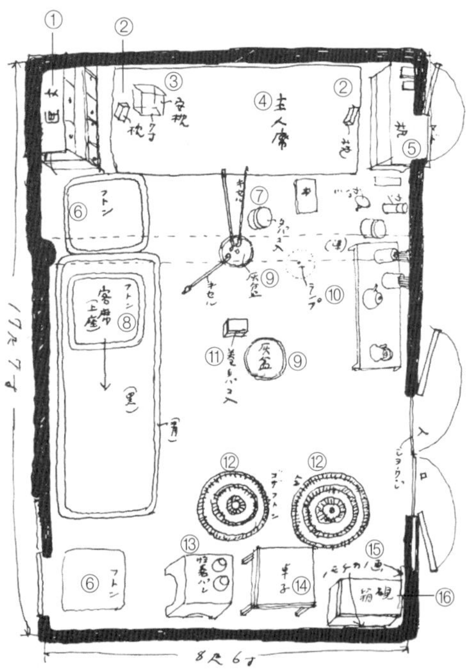

①문갑 ②베개
③안침 ④주인 자리
⑤책상 ⑥이불
⑦담배갑 ⑧손님 자리(상석)
⑨재 ⑩램프
⑪엽궐련 ⑫돗자리
⑬바둑판 ⑭탁자
⑮족자 ⑯벼룻집

중류 가옥의 사랑방 내부

중류 가옥 안방 내 옷장(개성)

중류 가옥의 대청(경성)

도판 제20

중류 주택의 부엌(개성)

음식점의 찬장과 그릇(함흥)

민가의 장독대(함흥)

외관

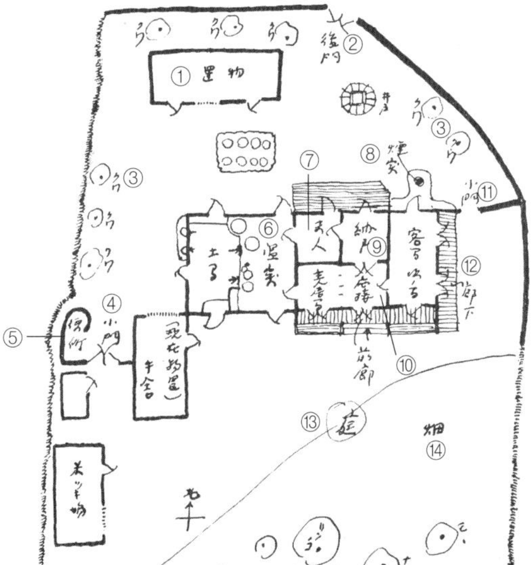

①창고
②후문
③누에
④작은 문
⑤변소
⑥온돌
⑦주인방
⑧연통
⑨의복실
⑩응접실
⑪경문
⑫복도
⑬뜰
⑭논

평면도

함경남도 북청의 중류 가옥

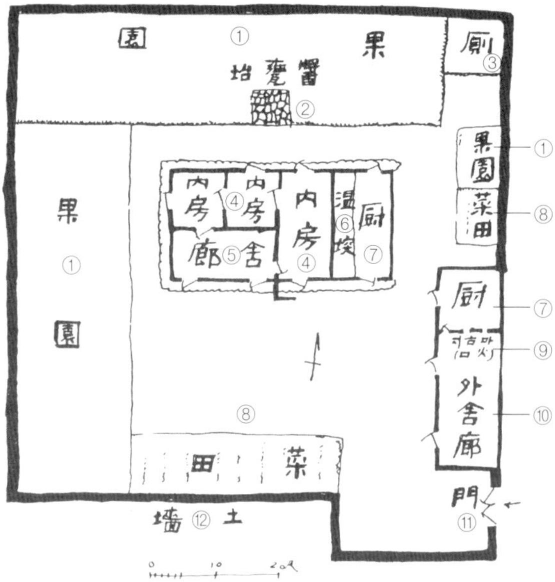


①과수원
②장독대
③측간
④안방
⑤사랑방
⑥온돌
⑦부엌
⑧채소밭
⑨아궁이
⑩외사랑방
⑪문
⑫흙담

함경남도 함흥군 민가 평면도(조선총독부, 『조선지지방주가朝鮮之地方住家』에서)

함흥의 민가 외관

개성의 민가 입구

개성의 길

개성 민가의 민가 평면도

①온돌
②안뜰
③담
④대문
⑤지나가는 길

①온돌
②흙담
③안뜰
④풀과 꽃
⑤솔잎
⑥중문

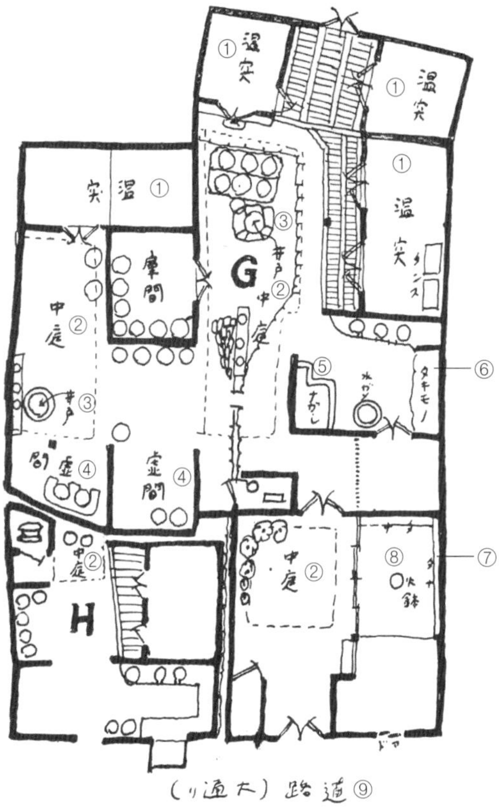


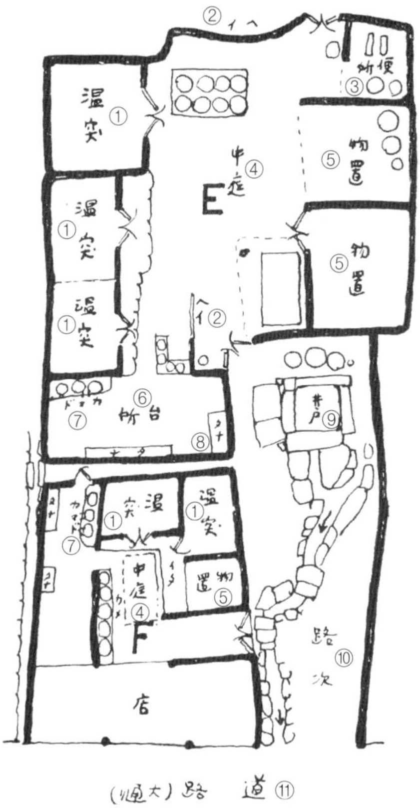


개성 읍내의 민가 평면도

①온돌
②안뜰
③우물
④헛간
⑤식기 씻는 곳
⑥땔감
⑦선반
⑧화로
⑨큰길

①온돌
②담
③변소
④안뜰
⑤창고
⑥부엌
⑦부뚜막
⑧선반
⑨우물
⑩지나가는 길
⑪큰길

도판 제27

개성의 민가 입구

개성의 민가 건넛방

개성의
지나가는 길에 있는 우물

개성읍내의 떡 파는 가게

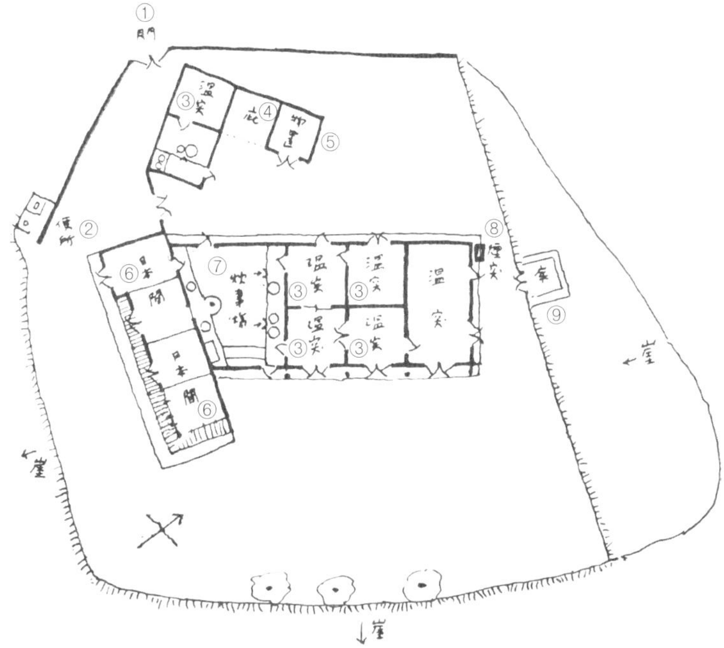

①문
②변소
③온돌
④행랑방
⑤광
⑥일본식 방
⑦취사장
⑧연통
⑨창고

평면도

일본 방

외관

함흥(홍성연洪聖淵씨)의 새로운 주택

도판 제30

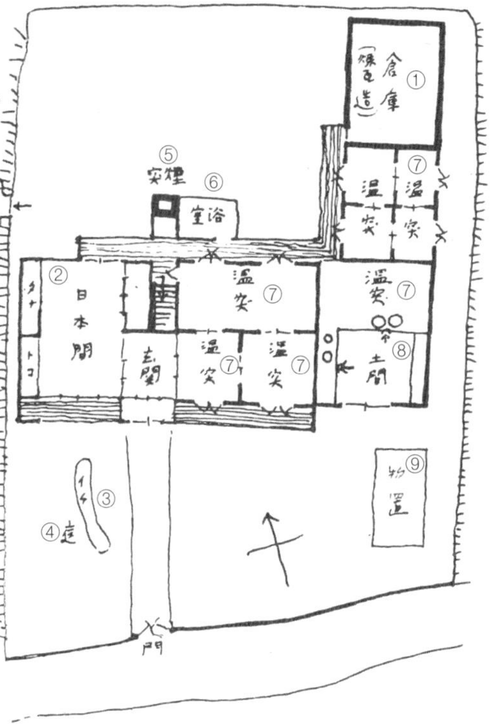


①창고
②일본식 방
③연못
④뜰
⑤연통
⑥욕실
⑦온돌
⑧봉당
⑨광

평면도

외관

부엌

함흥(한낙용韓洛用 씨)의 신가옥

외관

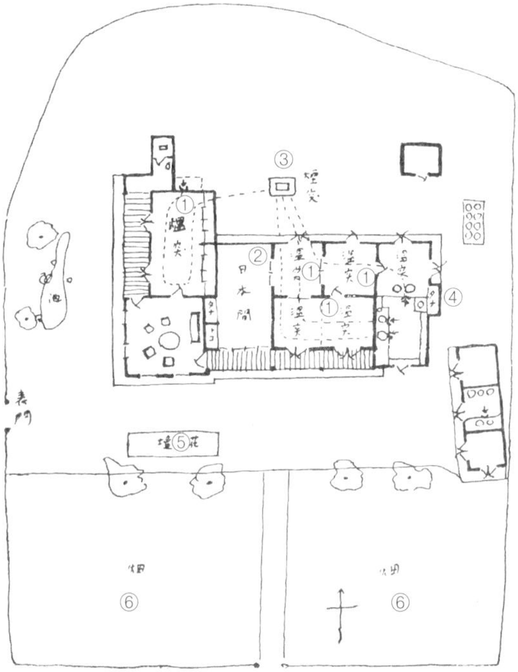

①온돌
②일본식 방
③연통
④선반
⑤화단
⑥논

평면도

함흥(중석정中錫定씨)의 신가옥

안뜰에서 본 주인 거주 공간 및 대청

부인 생활 공간

개성(김기대金基臺씨)의 신가옥

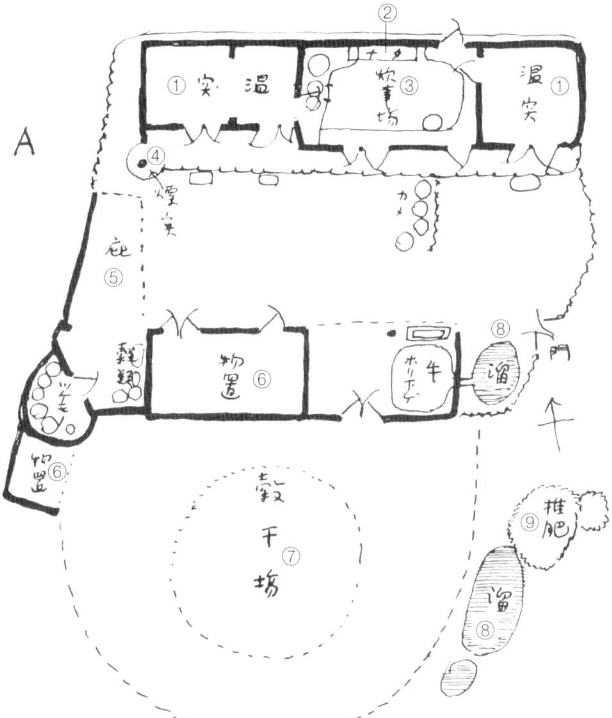


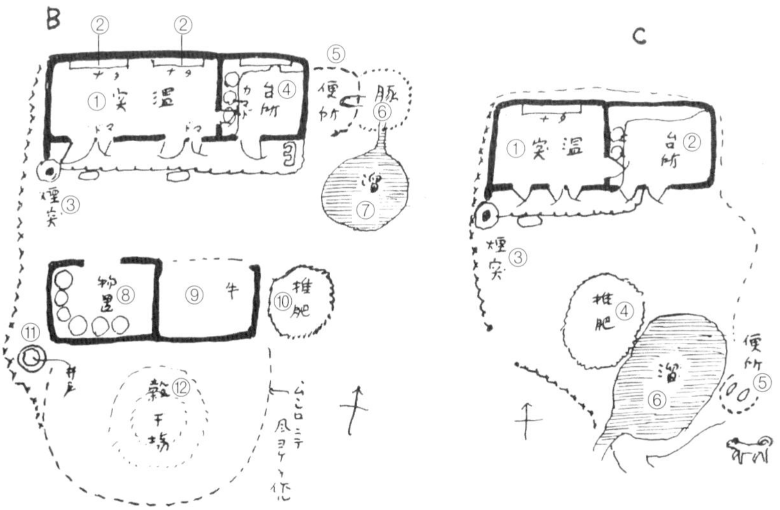


A
①온돌 ②선반
③취사장 ④연통
⑤봉당 ⑥광
⑦곡식 말리는 곳
⑧웅덩이 ⑨퇴비

B
①온돌 ②선반
③연통 ④부엌
⑤변소 ⑥돼지
⑦웅덩이 ⑧광
⑨소 ⑩퇴비
⑪우물
⑫곡식 말리는 곳

C
①온돌 ②부엌
③연통 ④퇴비
⑤변소 ⑥웅덩이

농가의 평면도(평양 부근)

도판 제34

농가의 담장(경기도)

농가의 광(개성 부근)

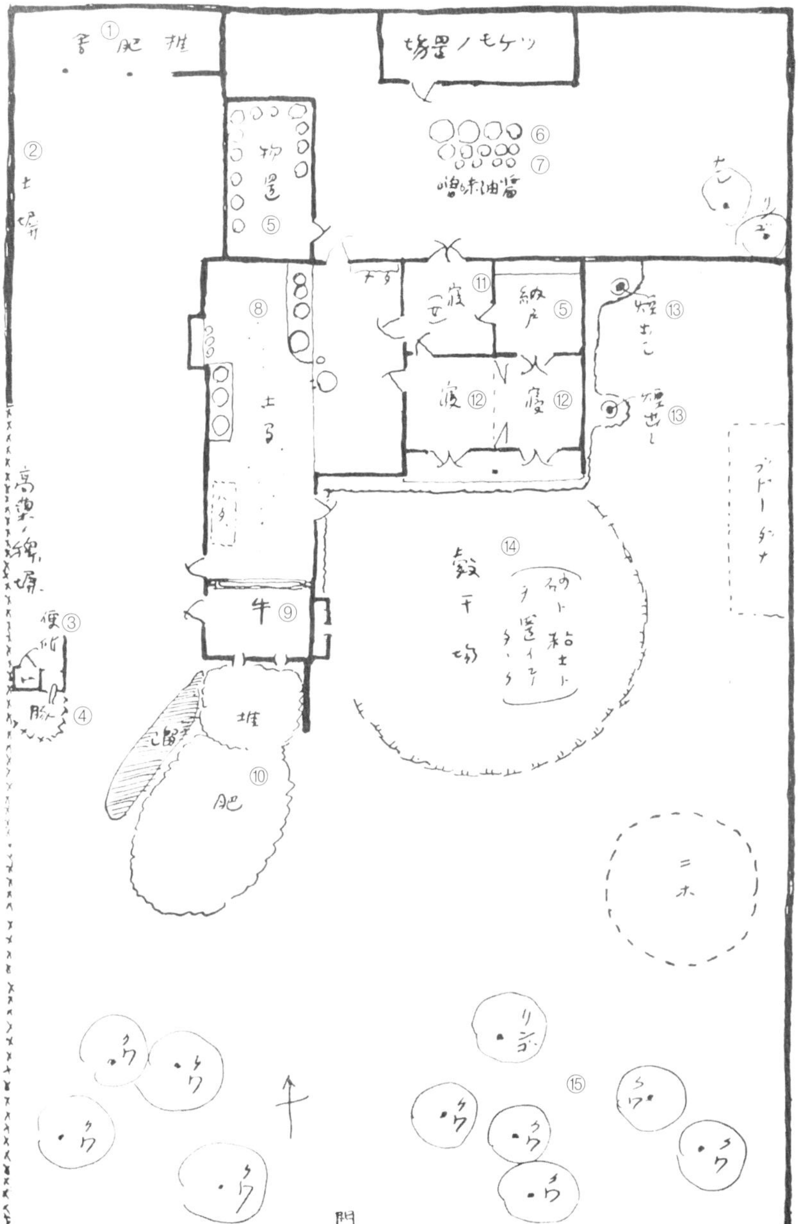


①퇴비장
②흙담
③변소
④돼지
⑤광
⑥간장
⑦된장
⑧봉당
⑨소
⑩퇴비
⑪침실(G)
⑫침실
⑬연통
⑭곡식을 말리는 곳 (모래와 점토를 놓았다)
⑮누에

농가의 평면도(함경남도 북청)

농가의 앞뜰(함경남도 북청)

농가의 온돌 내부(함경남도 북청)

외관

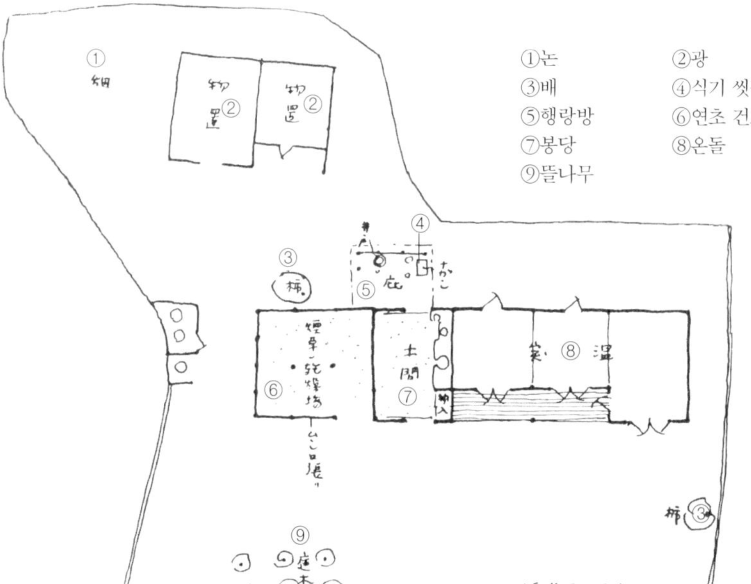


평면도

조선식 이민농가(전주 부근)

도판 제38

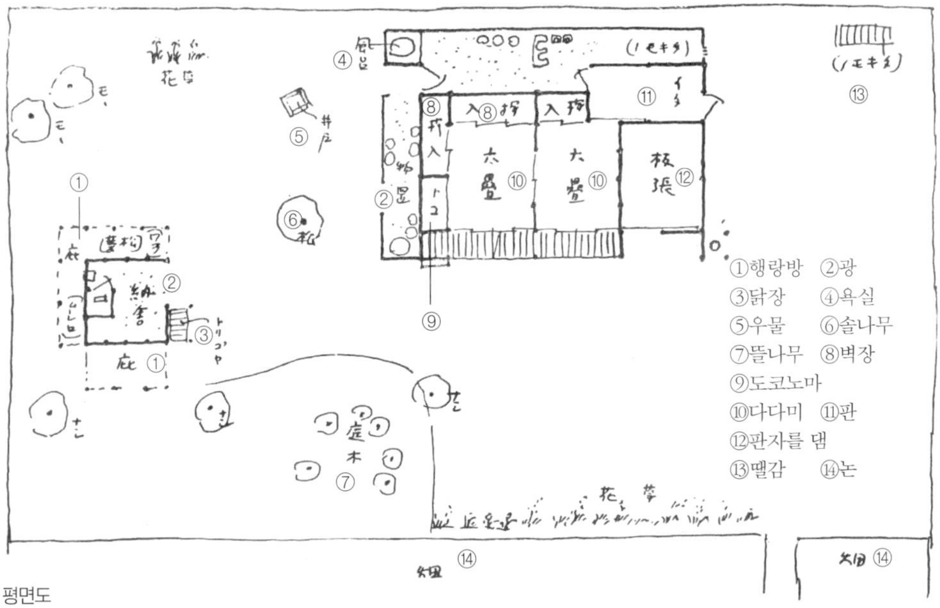


평면도

봉당 내부

일본식의 이민 농가(전주 부근)

일본식 이민 농가 외관(전주 부근)

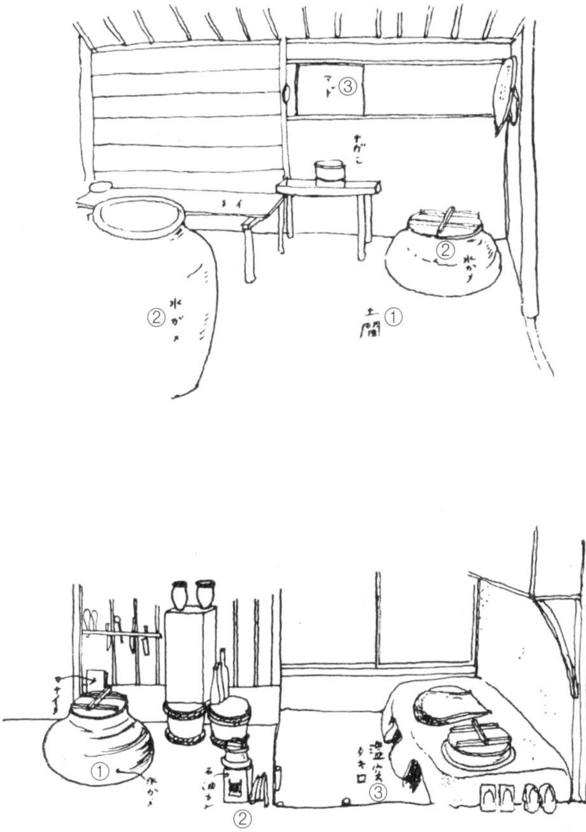

봉당 내부

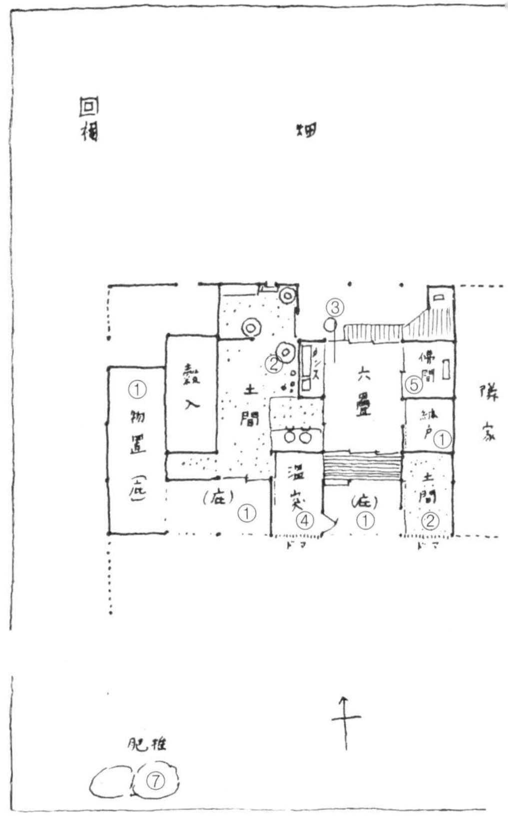


평면도

위
①봉당
②물동이
③창

아래
①물동이
②석유통
③온돌 아궁이

①광
②봉당
③옷장
④온돌
⑤다다미
⑥이웃집
⑦퇴비

이민 농가(전라북도 익산군)

외관

온돌 내부

이민 농가(전라북도 익산군)

大正十三年三月二十日印刷
大正十三年三月二十五日發行

朝鮮總督府

（東京市神田區連雀町十八番地
半七寫眞製版所 田中松太郎印行）

인 쇄 1924년 3월 20일
발 행 1924년 3월 25일

발행처 조선총독부

인쇄소 한시치(半七)사진제작소
인쇄인 다나카 마츠타로(田中松太郎)
주 소 도쿄시(東京) 간다구(神田區) 렌자쿠쵸(連雀町) 18번지

**한시치(半七)사진제작소** 창시자 다나카 마츠타로(田中松太郎)는 1863년에 도야마현(富山縣)의 하급 무사의 집에서 태어나 18세 때 교토로, 20세 때 동경으로 나와 오쿠보 토시미치(大久保利通)의 태정관(太政官)을 하고 있던 쿠사카베 메이카쿠(日下部鳴鶴, 1838~1922)의 서생이 되었다. 메이카쿠에게는 마츠타로와 나이가 같은 아들 다나카 미요지(田中美代二, 1861~1887)가 있었는데 마츠타로는 신진의 사진가였던 그에게 사진을 배웠고, 미요지가 참가하고 있던 「12회(공부미술학교의 동창생들이 만든 서양화 연구를 위한 동호회)」의 회원들과 친교를 하였다. 미요지가 26세 때 갑자기 세상을 뜨게 되자 그의 처와 결혼하여 다나카(田中)라는 성을 얻었다. 미요지의 사진점을 이어받은 마츠타로는 1900년에 파리에서 열린 세계박람회의 일본사무소 사무원으로 참석하였다. 박람회가 끝난 후 그는 화가가 되고자 하였으나 화가보다는 사진을 공부하여 제판기술을 배우는 것이 좋다는 권유를 받고 오스트리아 빈의 왕립사진학교에 입학하여 삼색판 인쇄 기술을 배워 1909년에 귀국하였다. 여러 인쇄회사에서 근무하다가 1915년에 「다나카한시치제판소(田中半七製版所)」를 창업하여 일본에 삼색 인쇄를 도입하였고, 이 분야에서 일본 제1의 명성을 얻었다. 화가로서도 이름이 있었던 마츠타로는 「목요회(木曜會)」, 「빵(パン)회」, 「노장회(老莊會)」의 모임 활동을 통해 당시 예술가들과 넓고 깊게 친교를 하였다.

朝鮮部落

# 『조선부락조사보고』

제1책 화전민火田民 · 내주지나인來住支那人

오다우치 미치토시小田內通敏

조선총독부(1924)

調查報告

朝鮮部落調査報告

조선총독부는 1923년 10월부터 12월에 걸쳐 촉탁 오다우치 미치토시小田內通敏씨로 하여금 조선 화전민 및 내주지나인의 조사에 종사하도록 하였는데 그 보고가 이에 이루어짐에 따라 이번 서무부 조사과에서 이를 인쇄하여 배포하게 되었다.

1924년 3월 20일
조선총독부

# 목차

# 통계표 목차



# 도판 목차

# 화전민火田民

## 서언緖言

오늘날 화전민火田民이 오랜 역사적 과정을 거쳐 온 조선에는 너무 많다. 그러나 이것은 조선이 높고 험준한 산악이 연달아 있는 지역을 휘감고 있고 오랜 기간 계속된 악정惡政 때문에 경제적 기능이 정체되어 특히 농 · 임정의 부진이 서로 작용하여 나타난 결과이다. 많은 화전민들은 국유의 임야에 침입하여 그곳의 나무들을 태워버리고 일시적 주거를 만드는 동시에 태워버린 토지를 경작하다가 그 토양이 가진 자연적 비료가 다하면 가족과 함께 다시 새로운 토지를 찾아 이동하는 것이 보통이다. 그들 가운데에는 이미 일정한 토지에 정착하여 2, 3대를 거쳐 작지만 부락을 형성하기도 하나 그 생활을 뒷받침하는 경작지의 일부에는 반드시 화전을 소유한 상태이기에 그 경작에 따른 산림의 황폐는 실제로 크다. 화전민이 임업 정책상 중요한 문제가 되는 이유이다. 화전민은 지세로 보아 북조선의 함경남북도, 평안남북도 4개도에 많다. 이 4개도는 국경에 가까워 그곳에 화전민이 있다는 것은 안보적으로도 중요한 의의를 띠고 있다. 이렇게 화전민은 지방행정상 의미가 깊을 뿐만 아니라 현재 조선 산업 개발의 근본적인 의의를 띠고 있는 식림植林, 치수治水의 기초적 계획과도 밀접한 관련을 띠고 있다. 조선에서 표식적標式的 지역의 부락생활에 대한 인식을 연구 대상으로 우리는 우선 화전민의 연구에 착수한다.

## 제1장 문헌으로 본 화전

화전은 어느 지역이든 원시적 농업 시대에 보통 나타난 현상이었던 것은 경제사나 농업사가 보여주는 것이다. 중국(본문: 지나-역자)에서는 이미 「화경火耕」이라는 문자가 보이고 우리(일본-역자)의 경우 전畑이라는 문자가 화전에서 유래하는 것도 이를 증명하고 있다. 그렇다면 조선에서도 오래된 역사 시대부터 화전이 있었던 것은 유추하기에 어렵지 않은데, 그것이 문헌에 나타난 것은 신라 진흥왕 창령정계비昌寧定界碑에 백전白田이라는 두 문자이다. 또 그 비석에는 답畓이라는 문자도 있다(아사미淺見박사의 설). 고려 시대 이후 전제田制에 불역전不易田은 정전正田 또는 실전實田이라고도 하여 상경전常耕田의 성격을 띠며 그것에 반해 일역전一易田은 경작을 하든지 없애든지 하는 것으로 해를 걸러 경작하는 토지이고 재역전再易田은 황원전荒遠田이라고도 하여 3년마다 경작하는 토지이다. 불역전, 일역전, 재역전을 통해 평전平田 · 산전山田을 구분하고 있는 점에서 추정하면 재역산전再易山田은 오늘날 화전에 해당할 만한 것이고 화전민이 있다는 것은 제도적으로도 분명히 그것이 인정되었다는 것을 증명한다. 조선(원문: 이조-역자)에 이르러서는 논밭의 황폐를 없애고 게다가 일정한 지주가 없는 화전을 일반에게 공인된 민전民田과 구분하였기에 별도의 책에 화전이 있는 지명만을 기입하는 데 그치고 자호字號를 붙이지 않았다. 그 책의 실물은 오늘날 경성 규장각奎章閣의 서고나 지방에서 볼 수 있다.

화전 경작에 종사한 사람들은 원래 산악지방의 토착민으로 이른 바 협민峽民이었다. 그러나 평지로 유민遊民이 와서 경작하는 일도 적지 않았던 것은 유형원의 『반계수록』에 「살펴보니 산화속전山火粟田은 법적으로 이를 금해야 하고 유민도역遊民逃役의 근원이 된다」라고 하는 데에서도 분명하다. 유민이 이렇게 화전경작을 하는 일이 많았던 것은 악정에 힘든 그들이 화전의 세율稅率이 논의 그것보다도 득이 많았기 때문이었을 것 같다. 즉 그 책에 「대체로 화속전火粟田은 논에 비하여 약간 득이 많기에 유민이 다투어 이를 좇는다」라고 적고 있다. 그러나 지방행정을 맡아 보는 군수 등이 개인 배를 살찌우기 위해 간계한 토민과 결탁하여 산림을 채벌할 뿐만 아니라 불을 질러 경작하는 것도 묵인한 일이 적지 않았다는 사실史實이 있다. 이렇게 화전의 폐해가 심하여 유형원과 같은 사람은 「임목이 많이 없어져 민간에서 쓸 것이 날로 궁색해지고 일체 이를 금지하지 못하더라도 산허리 이상은 가꾸지 못하게 해야 한다」라고 주장하고 있다. 효종 4년(1652-역자) 비국備局이 계시한 사간원司諫院의 계사啓辭에 「임의로 금하고 백년 길게 나무를 키웠으나 화재로 한꺼번에 없어진다」라 하여 「혹은 간민을 꺼려하여 용인하지 않고 혹은 주현의 그 이득으로 인한 바」라 하여 그 폐해가 미치는 산허리 이하에 한정한 법령도 실효를 거두지 못하고 화전이 높은 봉우리 정상에도 이르기 때문에 산 수풀이 높은 곳이나 국가 사전祀田으로 등재된 곳이나 주현의 진보鎭堡나 『여지승람』에 기록되어 있는 곳은 영지를 내리고 제후로 봉하여 더 태우지 못하도록 여러 도에 이를 촉구하는 것이 좋다고 주장하고 있다(『증보문헌비고』).

화전의 형태는 「절벽에 걸려 험준하고 고갯길 군데군데 손톱같이 일어나 있다」(『목민심서』)라고 기술하거나 「산에 돌이 많아 한쪽으로 기울어지고 곳곳에 손바닥과 같다」(『경세유표』)라고 서술하듯이 그 본질로 보면 산간에 띄엄띄엄 있는 데에서 그 길이와 넓이를 정하는 것이 곤란하고 따라서 그 세율은 「화전세火田稅 25일 경작하면 1결」이라는 것도 반드시 규정할 수 없었기 때문인 것 같다. 「1결이면 4두를 거두거나 100두를 거두어 이는 정한 것이 아니다」(『경세유표』)라는 말은 그 간의 사정을 말해 준다. 또 화전의 세율은 이렇게 토지 면적과 비례하는 것이 곤란할 뿐만 아니라, 이것을 경작하는 인력의 다소를 그 비율에 넣지 않으면 안 되는 실정에 있었다는 것은 정약용의 『경세유표』에 「대개 8도 화전이 깊은 산에 있고 땅이 넓은 것은 당연히 경작하는 인부의 다소로 그 비율을 정한다」라는 데 그 증명을 보여준다.

이상 화전이 세제 · 토지제도상 늘 어려운 문제가 되어 있었다는 것을 충분히 알 수 있다. 화전 경작에 종사한 화전민의 생활에 관해서는 내가 수집한 문헌 자료 가운데에는 겨우 「깊은 산에 사는 백성이 긴 자루의 큰 호미로 경작하고 태우고」(『경세유표』) 라는 몇 단어를 찾아낸 것에 지나지 않아 이를 유감으로 생각한다. 이것은 동양의 독서인이 종래 민중 생활에 대한 응시가 부족했던 통폐를 보여주는 것으로 구태여 조선이 문헌이 부족한 탓만은 아니다.

## 제2장 화전 경작의 과정

화전민의 생활은 그야말로 화전경작으로 뒷받침되고 있기에 그 생활의 연구는 화전경작의 의의와 실상을 구명하는 것이 된다.

### 화전경작의 의의

화전경작은 농업적으로 보면 매우 원시적인 것이다. 초목의 땅을 태운 후에 비가 와서 재가 섞인 토지에 씨앗을 뿌리고 그 토지의 자연적 비료가 다하면 다른 토지로 이동하기에 그것에 종사하는 사람을 유농遊農이라고도 말한다. 즉 자연이 부여한 토지의 능률을 끝까지 써서 그것에만 의존하여 생활 재료를 얻으려는 것이다. 인간의 노동력을 최고 능률로 높이려고 하는 근대적 시도에 대해서는 그들은 고민하지 않는다. 그 결과 그들의 힘은 오로지 토지에만 종속한다. 이렇게 토지에 대한 친화가 덧붙여져 토지로부터의 보수는 체감되고 결국에는 종속할 만한 토지를 구하기 위해 떠돌아다닌다. 이들 화전민의 생활은 농업생산의 3대 요소인 토지, 자본 및 노동력 중 주로 토지에 의존하고 게다가 그 생산은 자가 충족에 한정되어 있다. 그들의 가정 소비의 잉여는 물물교환의 방식으로 직접 소비로 다시 돌아가는 형식이 많다. 따라서 기업적인 영업농營業農, 즉 다른 사람의 수요에 공급할 목적으로 생산하고 그 생산물을 상품으로서 시장에 내보내는 것과는 크게 다르다. 그렇다면 그들의 생산물은 지방물자의 수급기관인 시장과의 관계도 매우 희박할 수밖에 없다.

지금 경작 방식에 비추어 조선 화전민의 위치를 보면 자가용 쟁기 농업의 범위를 벗어나지 않고 있다. 쟁기 농업보다도 특히 낮은 단계의 괭이 농업은 경작 방법적으로 가장 단순한 것이다. 쟁기도 가축을 이용하지 않고 오로지 쟁기만으로 토지를 경작하고 비료를 사용하지 않으며 지력에 따라 토지를 가는 자연민족의 경작법으로 조선의 화전경작의 방식보다 특히 원시적이다. 그러나 조선의 화전민의 생활양식을 검토하면 괭이농업시대의 유물을 어느 정도 가지고 있고 임산을 비롯하여 짐승가죽, 밀봉, 밀랍 등의 생활에는 자연적인 자원이 중요한 요소를 차지하고 있다. 쟁기와 가축(소)을 이용하여 토지를 경작하는 그들은 경작하는 토지를 얻기 위해 산림을 태우고 그 재와 사육하는 가축으로부터 얻은 근소한 비료로 원시적인 농업을 하는 것이다. 이러한 농업 경영으로는 그 토지를 5, 60년 이상 지탱하기에는 곤란하다. 이렇게 그들은 새로운 토지를 찾아서 같은 방법을 반복하고 유동에서 유동의 여행을 계속 한다. 그들의 생활에서 가장 큰 요구는 식료이다. 이것을 얻기 위해 여기저기 이동하기 때문에 의복이나 주거 집에 대한 욕구와 같은 것은 그야말로 2차적인 것이다. 가을 수확 시기가 되어 작물의 양에 격감을 보이게 되면 가장들은 오는 봄에 이주할 만한 적당한 곳을 선정하고 겨울이 지나면 가족과 함께 간단한 가구와 농구를 등에 메거나 소 등에 싣고 새로운 토지로 이동한다. 이렇게 그들의 생활은 자유롭지만 고독하다. 이전 토지에 대한 애착도 없지만 공동경제의 관념도 없고 그들의 유일한 신앙의 대상으로서 산령신에게 제사를 지낼 때에도 공동제사의 형식을 취하지 않는다. 그들은 경작이 가능한 기간만 토지에 정주하고 지력이 쇠하게 되면 바로 유동하는 이른 바 산랑山浪이다. 따라서 그 부락에는 그들이 버린 빈 집이 여기저기 있고 그 경작지는 상당한 가격으로 양도되는 경우가 많다. 그러나 본질적으로 유농인 그들도 정착성을 띠고 부락을 구성하게 되는 진전은 그들 자신의 계몽 즉 보다 진보적인 집약 경작법으로부터 영향을 받은 것으로 그것이 농업경영상에서는 물론이고 주거구성에 가장 잘 나타난다.

유동적인 그들은 도판 제5의 가장 간단한 화전 민가와 같이 그 주거는 마당 부엌(거실)과 좁은 토방뿐이다. 경작하는 화전은 주거에서 가까운 곳에만 띄엄띄엄 있다. 그러나 정착하게 되면서 도판 제5의 밑의 그림처럼 집의 구조도 점점 크게 되었을 뿐만 아니라 따로 창고도 생기고 담장까지 만들어진다. 택지 주변의 경지는 보다 집약적으로 경작되는데 떨어진 산지에도 화전 경작을 한다. 이렇게 한 집이 여러 집으로, 여러 집이 특히 큰 부락으로 발전하게 되면 호구 수의 증가로 경지의 확장을 필요로 하고 화전과 같은 것도 보다 먼 지역을 개간하지 않으면 안 되게 된다. 화전이 있는 곳이 주거보다 멀리 있으며 작물의 파종이나 수확에 많은 시간과 노동력을 필요로 하는 경우에는 먼 화전에 일시적인 주거 즉 농사막農事幕 또는 전식막田直幕을 만든다. 화전민이 모두 주거를 만들 때 청결한 음료수가 가능한 계곡 부근을 선택하는 것은 지리적 요건으로서 간과할 수 없는 것이다.

정착적 화전 민가(함남 갑산권) 화전민이 침간한 삼림 30여 정町

오늘날 조선의 화전민은 본질적인 유농보다도 보다 진보된 집약적 경작법에 의한 것 즉 비료나 농구나 농작물의 종류 등을 많이 고민하게 된 것은 긴 역사적 과정을 거쳐 유농에서 정착으로 나아간 것을 보여주는 것이다. 최근 임업적으로 화전을 정리하고 금지하게 된 시책의 결과도 이러한 정착을 낳았다. 그러나 화전민을 구성하는 요소상 특히 주의를 필요로 할 만한 것은 1차적 요소 즉 산악지방의 토착민보다도 2차적 요소인 평야의 농촌 및 도시의 낙오자의 침입이다. 이들의 경작 방법과 생활양식에서도 1차적 요소인 토착민과 다른 점이 없지만 종래의 환경이 본질적으로 다르기에 화전민에 대한 시책에서 그들의 양을 간과할 수 없다.

### 화전경작의 실상

화전경작은 경지의 선정에서부터 나무 태우기, 나무를 태운 후의 기경에서부터 파종,

파종에서부터 수확까지 원시적 농업의 특별한 모습을 보이고 그 생활에도 원시적인 특색을 엿보게 한다. 화전경작 실상에 대한 구명은 조선 전국 각 지역의 사실을 수집하고 이를 분류하고 특히 종합하는 것을 이상으로 하지만, 화전경작에 관한 자료가 매우 적을 뿐만 아니라 원시적 농업의 본질상 각 지역의 큰 차이가 없는 것이라고 믿기에 여기에서는 종래의 화전조사서 중 가장 상세한 평안남도 영원군寧遠郡 화전민 이전移轉조사서(1918년 9월 마루야마丸山山雨 기수)에 의거한다.

### 화전의 소재

산허리에 띄엄띄엄 존재하는 화전의 경사도는 일정하지 않는데, 보통 22도 23도에서 27, 8도로 드물게는 40, 50도에서 70, 80도에 이른다. 그 면적은 대개 넓고 3반보(900평-역자) 내지 5반보(1500평-역자)에 이르는 것이 있다. 이렇게 1필의 면적은 광대한 삼림을 태우고 그 터를 경작하는 것이기 때문에 해마다 농사짓는 숙전熟田과 같이 그 경계에는 어떠한 표지도 없다.

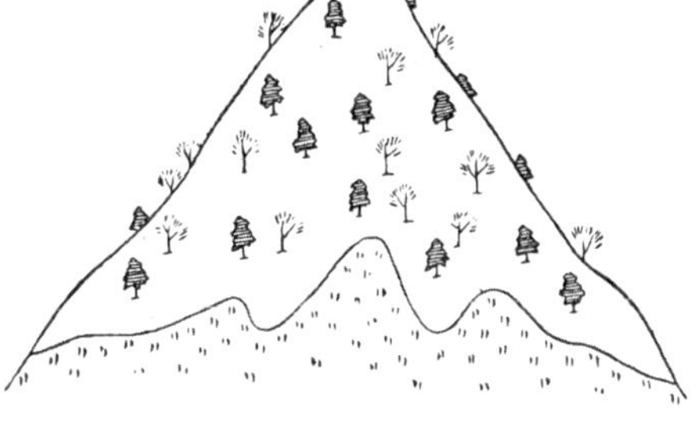

산림지로 화전 침간

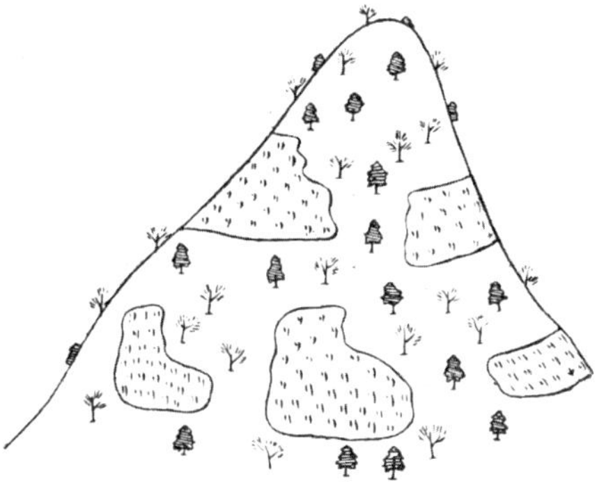

여기저기 흩어져 있는 화전

### 토지의 선정과 태우기

화전민이 새롭게 토지를 선정하고 태울 때는 어떠한 순서로 하는가. 1. 가능한 나무의 발육이 좋고 더욱이 아직 경작된 일이 없는 곳을 선택한다. 2. 왜소한 나무보다는 큰 나무를 선호하고 침엽수보다도 활엽수 내지 침·활엽 혼효림을 선호한다. 큰 나무가 작은 나무보다도 임지의 땅이 비옥하다는 증거이고 침엽수보다도 낙엽수에 그 외의 부패물이 많고 비료분이 풍부하기 때문이다. 3. 양수림보다도 음수림을 선호한다. 양수림은 비료가 비교적 결핍한 곳이나 한번 태운 곳이나 경작한 임지에 많은데, 음수림은 일반적으로 비옥한 임지에 있기 때문이다. 4. 경사가 심한 토지보다도 경사가 완급한, 특히 산록의 충적지(부채보양의 토지)를 선호한다. 이러한 토지는 토양 및 양분의 유출이 적을 뿐 아니라 토층도 상당히 비옥하기 때문이다. 산의 맨 위나 산등성이의 뒤쪽에는 평지나 경사가 완급한 토지는 많지만, 화전 경작에는 좋지 못하다. 이러한 토층은 대개 지력이 척박할 뿐만 아니라 통풍이 강하고 더욱이 한기도 강하기 때문이다. 5. 북쪽으로 접한 곳이나 서쪽으로 접한 산허리보다도 남향이나 동향의 토지를 선호한다. 북향에서 서향에 걸쳐서는 봄의 해빙, 늦은 가을 서리가 내리는 빠른 시기에 바람이 강하게 통하는 것이 늘상이고 또 빛을 받는 일이 적어 작물의 생육이 불량하기 때문이다. 6. 토층이 깊고 자갈이 적으며 더욱이 비옥한 곳을 선호한다. 자갈이 적은 것은 경작 그 외의 작업을 하기에도 편리하지만 많은 토지는 경토나 양분의 유실이 적기도 하고 특히 경사가 급한 화전에는 멈추어 쟁기질을 하기에 편리한 점도 있다.

그러나 남의 허락 없는 화전모경[冒耕]이 왕성하게 이루어진 오늘날에는 도저히 이와 같은 토지만을 선정하는 것이 가능하지 않기 때문에 실제로는 반드시 이러한 조건에 맞는 곳만을 선정할 수 없다.

### 태우는 방법과 계절

일단 경작 토지를 선정하면 우선 나무를 벌채하고 그 고목 부분을 반출하여 건축자재나 땔감으로 사용하게 된다. 경지가 사람들의 거주 가옥이나 도로에서부터 멀리 떨어져 있어 반출이 불편한 경우에는 그대로 태운다. 직경 7,8촌 이상의 큰 나무는 미리 환상박피를 하고 그대로 말라 죽이든가 아니면 태워 고사시킨다. 이렇게 그 박피를 한 후 여러 리里에 걸친 썩은 수풀의 풍경은 화전지방에 독특한 것이다. 땅의 면적이 넓은 곳인가 화전이 적은 원시림이 많은 곳에서는 태운 곳 전체를 벌채하지 않고 그 주위만을 채벌하고 태우기 때문에 왕왕 태운 지역 이외의 임지로 연장하여 태우고 수백 정보의 좋은 수풀을 새들에게 돌아가도록 하는 것이 수십 년 전까지 많았지만, 오늘날은 단속이 엄중해졌기 때문에 비교적 적어졌다. 태우는 계절은 보통은 봄, 가을 두 계절로 때로는 이른 여름에도 행하는 경우도 있다. 가을에 태우면 봄의 경종에는 편리하지만 그것을 하기 위해서는 여름 늦게 나무를 채벌하고 이를 이용하는 경우에는 특히 이것을 다른 곳으로 반출하지 않으면 안 된다. 그러나 가을은 화전민에게는 곡식과 콩류를 베거나 조제하고, 감자를 수확하고 저장하는 등 그렇지 않아도 노동력이 적은 그들에게는 매우 바쁜 때이기에 채벌작업이 매우 곤란하다.

베인 자국으로 고사됨　　2,3척에 박피되어 고사됨　　불의 영향으로 말라 훼손됨

이에 대해 봄에 태우는 경우에는 가을, 겨울부터 채벌이나 운반을 시작하여 이른 봄 해빙 때 나무수풀의 해동이 풀리면 편리하다. 이렇게 태울 때는 연달라 불이 붙는 것을 피하기 위하여 바람이 없는 날 또는 잔잔한 날을 선택하여 짧게는 반일 길게는 2,3일 낮에 하고 진화 후 양 3일 태운 나무를 여러 곳에 모아 기경에 편리하도록 한다.

### 기경에서 수확까지

기경은 평지의 경작과 달리 매우 곤란하기 때문에 농구를 다룰 때 기교가 크게 필요하다. 즉 경사가 완만한 곳 또는 기경이 용이한 곳에서는 튼튼한 두 마리 소가 쟁기로 갈지만 보통 경사가 급한 곳 또는 암석 노출이 많은 곳의 경우는 개간 초기는 우경이나 수경手耕과 함께 4, 5촌의 깊이에 이르는데 기경은 태운 다음 가능한 한 1회 비가 내린 후에 한다. 이것은 재가 토지에 섞여 들어가는 것이 중요하기 때문이다. 화전의 파종은 해빙 후 가능한 한 빠른 것이 좋지만 일단 해빙 후 다시 추위가 닥치는 경우가 있기 때문에 적기를 결정하는 데에는 대단한 고민이 필요하고 따라서 파종은 화전의 위치에 따라 차이가 생긴다. 서쪽 방향이나 북쪽 방향의 볕이 잘 들지 않는 토지로 해빙도 늦고 서리가 내릴 염려가 있는 곳에서는 보통 10일 내지 20일이나 늦게 된다. 작물별로 파종을 보면 가장 이른 것은 보리, 감자, 옥수수 등이고 콩, 강낭콩, 팥에 이어서 메밀이 가장 늦다.

원래 화전에 시비하는 것은 거의 없지만 최근 태우기의 단속이 엄중하게 된 결과 화전을 영구 경지로 하기 위해 얼마간 시비하기에 이르렀다. 시비의 분량은 매우 소량으로 1반보에 20관 내지 40관에 지나지 않는다. 화전의 경작 연한은 보통 4,5년이고 휴경의 연한은 보통 짧게는 5년, 길게는 10년이 된다. 작물의 종류는 보리, 귀리, 메밀, 감자가 가장 많고 그 작부방식은 대개 아래와 같다.

| 경지 | 1년 | 2년 | 3년 | 4년 | 5년 | |
|---|---|---|---|---|---|---|
| 보통 | 밤 | 팥 | 밤(또는 옥수수) | 콩 | 메밀 | 휴경 |
| 비옥한 곳 | 밤 | 팥 | 밤(또는 옥수수) | 귀리(또는 메밀) | 휴경 | |

| 부식토가 많은 곳 | 감자 | 밤 | 콩(또는 팥) | 귀리 | 메밀 | 휴경 |
| --- | --- | --- | --- | --- | --- | --- |
| 척박한 곳 | 귀리 | 메밀 | 귀리 | 휴경 | | |

작부방식에서 화전의 가장 큰 특징으로 볼 만한 것은 간작 또는 혼작이 이루어지지 않는 점이다. 원래 간작이나 혼작은 파종도 수확도 큰 노동력을 필요로 하기에 노동력도 부족하여 더욱이 조방적 농업의 화전으로서 그것을 할 수 없는 것이 당연하기도 하다. 자연적 환경상 기후가 냉랭하고 빛의 양이 충분하지 않기 때문에 생육이나 성숙을 생각할 수 없기 때문이기도 할 것이다. 또 파종에서 수확까지 거의 손을 대지 않는 것이 화전경작의 중요한 특징이고 제초는 거의 하지 않는다. 노동력도 부족하기 때문인데 태워서 잡초의 종자가 거의 남아 있지 않고 거기에다가 토지가 척박하고 기후가 냉랭하여 잡초가 무성하지 않기 때문이다.

모든 작물의 수확은 서리가 내리기 전에 제초하지 않으면 안 되기 때문에 대단히 바쁘다. 수확물은 가능한 바로 집으로 가지고 들어가는데 감자와 같이 중량重量·용적容積으로 운반이 곤란한 것은 화전 또는 도로의 한 모퉁이에 간단한 저장고를 만들어 거기에 수납하는 것을 관례로 한다. 각 작물의 수확고가 모두 해마다 농사짓는 숙전熟田에 비하여 적은 것은 당연하지만 그 정확한 재료를 얻는 것 또한 매우 곤란하다. 아래(원문: 왼쪽-역자)는 영원군寧遠郡에서 면접한 것을 종합하여 대체적인 견적을 계산한 것에 지나지 않는다. 이렇게 모든 작물이라도 화전의 생산력은 숙전의 생산력에 비하여 턱도 없이 미치지 않기 때문에 화전경작자는 경지 면적을 넓혀 작물 생산액의 증가를 도모하기 위해 노력한다. 이 화전지방의 1호당 경지가 특히 광대한 이유이고 영원군과 같은 경우는 1호당 약 1만 5천 평에 달하고 같은 군 농가 소유 경지면적은 3000평 이상 3만평 미만의 것이 농가 총 호수의 약 6할 7분 5리를 차지하고 그것에 반하여 3000평 이하의 것은 총 호수의 3할 4리에 지나지 않는다.

영원군 화전 각 작물 수확고 비교표

| 작물명 | 화전·숙전별 | 하루갈이(5반보) 수확고 | | |
|---|---|---|---|---|
| | | 상 | 중 | 하 |
| 밤 | 화전 | 3.0석 | 2.0석 | 1.0석 |
| | 숙전 | 4.5 | 3.0 | 1.5 |
| 옥수수 | 화전 | 2.5 | 1.0 | 0.5 |
| | 숙전 | 3.0 | 2.0 | 1.0 |
| 귀리 | 화전 | 5.0 | 3.0 | 2.0 |
| | 숙전 | — | — | — |
| 메밀 | 화전 | 3.0 | 2.2 | 1.0 |
| | 숙전 | 3.5 | 2.5 | 2.2 |
| 대두 | 화전 | 1.0 | 0.7 | 0.5 |
| | 숙전 | 2.0 | 1.5 | 0.8 |
| 소두 | 화전 | 1.0 | 0.5 | 0.3 |
| | 숙전 | 1.5 | 1.0 | 0.5 |
| 맥두 | 화전 | 1.3 | 1.0 | 0.8 |
| | 숙전 | 1.6 | 1.2 | 0.9 |
| 감자 | 화전 | 600관 | 420 | 350 |
| | 숙전 | 650 | 440 | 350 |

## 화전의 가격

경작연도와 경사도 및 토질 등에 따라 차등이 있다. 경사도가 보통(25도)이고 토질도 척박하지 않으며 태우기 그 다음 해 정도의 화전은 300평 1원 50전이다. 그것은 민유화전이지만 국유림의 화전에서 이상과 같은 조건의 경우에는 경작권이 300평 40전부터 70전이다. 그러나 3년째는 반액으로 감소하고 4년째에는 가격이 없다.

## 화전민의 생활과 통계

화전민의 생활은 한 마디로 요약하면 간단 그 자체이다. 특히 본질적인 유농에서 그러한 것인데 그 생활에 관한 통계 등은 전혀 있을 법하지 않다. 그러나 정착적인 화전에 대해서는 다행히 위와 같은 통계를 입수할 수 있었다. 이들 3호의 경작 1단보씩의 상황을 밝히지 못한 것은 유감으로 생각하지만 지금 그 농작물의 수입을 보면 귀리, 밤, 감자가 주된 식료이고 특용작물로서는 대마나 연초를 재배하고 있다. 부업의 수입으로 돼지, 닭 외에 양봉 및 밀납이 있는 등 그들 생활의 특색을 잘 보여주고 있다. 지출의 대부분은 식료품이고 기구器具비, 피복비 등이 그것에 비하여 크게 적은 점도 간소한 생활을 잘 보여주고 있다. 이 통계에서는 땔감 연료에 대해 기입되어 있지 않지만 이것은 각 집마다 자유롭게 야외 채수를 하기 때문일 것이다. 영원군에서의 조사에 의하면 화전민의 연료가 1호 평균 하루 6관(3척속 약 2속)으로 견적이 나오며 1년간 소비액은 약 2천 2백관이 되기 때문에 100년이 지나지 않아 부근의 산림은 그야말로 나무가 있지 않은 무립목지無立木地가 될 것으로 추정된다. 또 통계에 나와 있지 않은 것으로 부식물로서의 기호품은 메밀가루로 만든 면류로 목조의 큰 제조기(분기)는 거의 각 집마다 있다. 조리용 또는 약용으로서 양봉이 그들의 가장 최고의 기호품이라는 점도 특기할 만하다. 술은 보리나 감자로 만드는 소주로 특히 상용의 감주(귀리와 보리)가 있다. 의복은 여름에는 손으로 지은 조잡한 마포를 직접 지어 입고 겨울에는 시장에서 면포를 사다 여전히 방한용으로 입고 개 또는 들사슴의 가죽으로 속옷이나 모자를 만든다.

## 제3장 개마고원과 화전민

조선에서 가장 많은 화전과 화전민이 있는 곳은 북부의 함경남북, 평안남북의 4개도이고 그 화전 면적은 조선 전체의 약 9할에 해당될 정도로 넓고 특히 함경남도는 그 태반을 차지하고 있다. 이 4개도에 걸쳐있는 고원성高原性의 개마고원(도판 제29. 주)의 존재가 그것을 그렇게 만들고 있는 요소이다. 그렇지 않아도 북조선의 냉랭한 기후는 이 고원에서 특히 한층 혹독한 한기를 더하고 있다. 이러한 지형과 기후가 위대한 자연환경이 되어 이 지역으로의 호구 이주와 개간을 늦추었다. 이렇게 원시림이 남아 있고 농작물의 한정과 인구의 희박이 서로 얽혀 오늘날 여전히 광대한 지역에 원시적 농업이 영위되는 상태가 되었다. 이러한 대지의 출현은 지각의 단층운동에 의한 것이다. 단층의 방향 즉 서쪽에서 동쪽으로 뻗는 방향은 대지 사이를 달리는 산맥의 방향에도 결정적으로 영향을 주었다. 단층면이 급경사를 계속 이루는 고원의 주변이 되었고 저지에 이르러 이른 바 단층애라는 지형(도판 제29 단면도. 주)은 분명히 함경남도의 황초령黃草嶺과 후치령厚峙嶺의 남쪽 급경사면에서 나타났다. 그러나 단층애를 올라가 북쪽은 경사가 매우 완만한 대지이다. 황초령이든 후치령이든 남쪽에서 올라가는 경사로가 산림 사이를 꼬불꼬불 북에서 북으로 올라감에 따라 화전민이 산허리 여기저기에 작은 경지를 개척하여 그 옆에 간단한 독립가옥을 짓고 있는 모습이 나타났다. 후치령 남쪽의 명당덕明堂德과 같은 것은 해발 1100미터에 가까운 산허리에 삼삼오오 집단을 이룬 화전민의 표식적 부락이다. 후치령으로 올라가는 경사로(도판 제30)는 북쪽의 명당덕 부근과 봉의 정상 부근에서 가장 굴곡이 심하다. 봉의 정상에는 여행객이 행로의 안전을 기원하기 위하여 산신령에게 제사를 지내는 신사가 많이 있다. 봉우리를 올라가니 한 눈으로 전망이 펼쳐져 고원의 특별한 모양이 잘 나타났다. 계곡의 흐름을 따른 산록에는 화전민의 부락이 띄엄띄엄 있고 뒤의 산허리에는 현재의 경지와 휴경지가 교차한 화전지구가 연달아 있으며 계곡을 따른 저습지에는 이름도 모르는 풀이 무성하고 계곡에 도달해서는 곡물을 빻는 물 다듬잇돌이 몇 개 서 있다. 내가 이 고원을 여행한 것은 작년 10월 말이었는데, 계곡의 양쪽은 얼어 있었고 연일 맑게 개인 하늘에 불어오는 북서풍을 살갗 뼈 깊숙이 느꼈다(도판 제1. 제4).

개마고원은 동부(함경남북)가 평균 고도 1000미터가 되었고 서부(평안남북)으로 평균 고도 600미터로 낮아진다. 이 고원의 중추는 함경남도의 대부분에 걸쳐 있기 때문에(도판 제29), 그 곳이 동서남북으로 흐르는 여러 하천의 분수령이 되기도 한다. 이 고원의 중추가 되는 장진長津, 갑산甲山, 풍산豊山, 삼수三水 등 여러 군郡에 도달하기 위해서는 남쪽에서 북쪽으로 즉 함흥에서 장진으로, 북청에서 풍산을 거쳐 갑산으로 남쪽의 계곡에서 단층애

고원 여행

후치령 북쪽 고원

후치령 위 산령신

응덕령 위 산령사

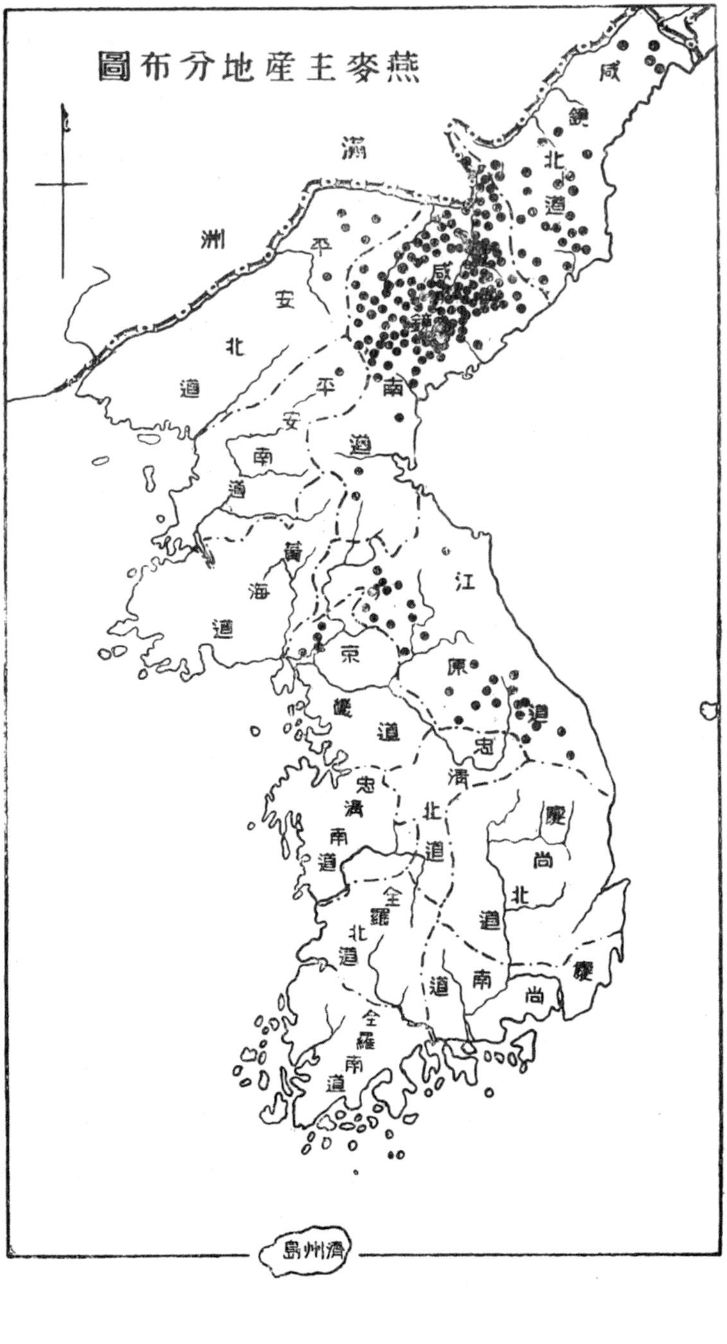


귀리 주요 산지 분포도

- 흑점 1개는 경작당 반(反)별 500정보
- 조선총독부 권업모범장
- 가또 기사 조사에 근거함

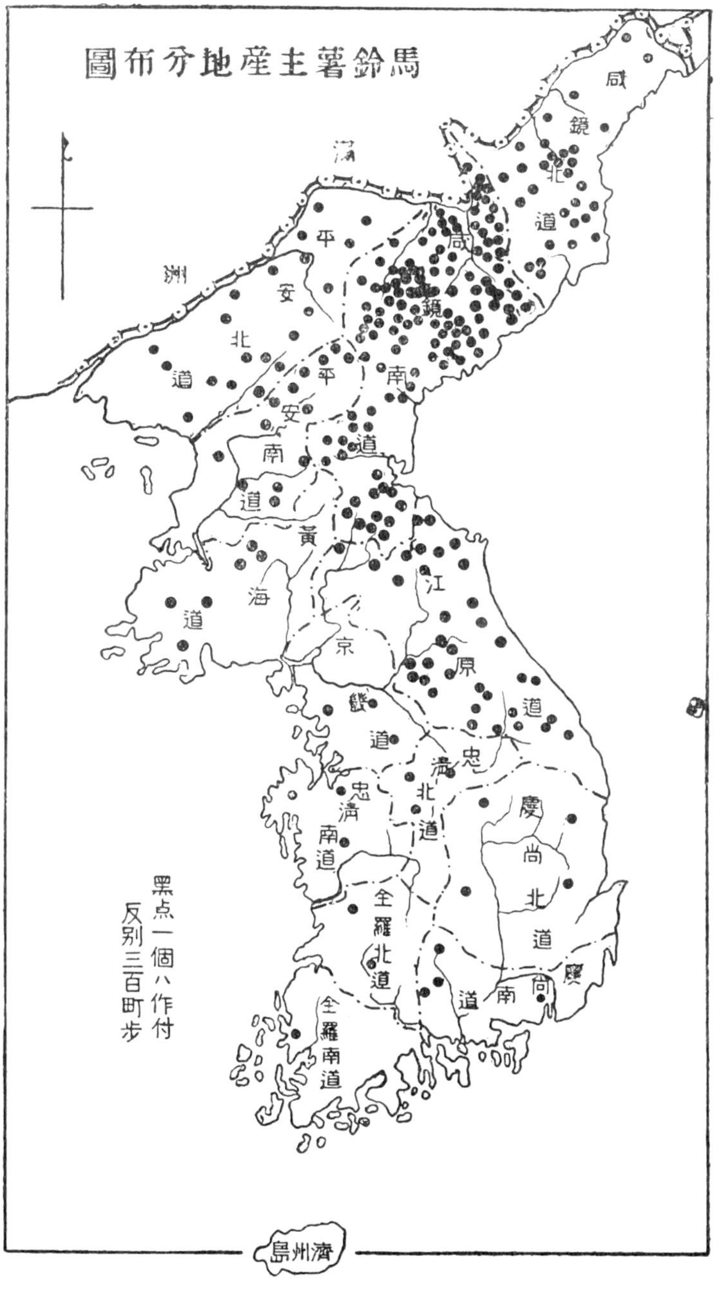


감자 주요 산지 분포도
- 흑점 1개는 경작당 반(反)별 300정보
- 조선총독부 권업모범장
- 가또 기사 조사에 의함

**개마고원 군별 화전 통계**(1916년 7월 임시토지조사국 조사)

| 도 | 군별 | 화전 총면적(町) | 3년 이상 휴경 총 면적(町) | 화전 1일 경작 총 면적(反) | 화전 군별 지위 | 화전 경작 호구(戶) | 화전 매매 가격(엔) |
|---|---|---|---|---|---|---|---|
| 함경북도 | 무산 | 9,156 | 476 | .40 | 중 | 2,248<br>9,284 | 상 8, 중 4, 하 2 |
| | 부령 | 1,068 | 747 | .34 | 중 | 28<br>203 | 8,5,2 |
| | 경성 | 1,763 | 920 | .33 | 하 | 503<br>2,954 | 5,3,1 |
| | 명천 | 379 | 257 | .32 | 하 | 540<br>1,638 | 2,2,1 |
| | 길주 | 1,117 | 544 | .33 | 하 | 368<br>? | 2,1.5,0.5 |
| 함경남도 | 삼수 | 1,538 | 567 | .46 | 중 | 1,370<br>6,356 | 10,7,4 |
| | 갑산 | 6,209 | 1,438 | .32 | 중 | 1,703<br>9,666 | 3,1.5,0.7 |
| | 풍산 | 4,345 | 557 | .40 | 중 | 3,587<br>21,898 | 7,4,1 |
| | 장진 | 3,582 | 676 | .40 | 중 | 2,297<br>12,602 | 5,3,1 |
| | 단천 | 7 | 4 | .50 | 중 | 532<br>3,191 | 8,5,2 |
| | 북청 | 1,449 | 750 | .32 | 중 | 1,379<br>8,561 | 20,10,2 |
| | 신흥 | 1,477 | 3,296 | .36 | 중 | 1,415<br>7,075 | 8,5,2 |
| | 함흥 | 159 | 36 | .40 | 중 | 221<br>1,250 | ? |
| 평안북도 | 후창 | 2,290 | 144 | .50 | 하 | 540<br>2,870 | 0 |
| | 자성 | 1,121 | 284 | .50 | 중 | 1,159<br>5,375 | 4,6,8 |
| | 강계 | 12,503 | 96 | 1.16 | 하 | 1,959<br>25,375 | 4.2,2,2 |

| | | | | | | | |
|---|---|---|---|---|---|---|---|
| | 위원 | 6,863 | 6,667 | .50 | 중 | 1,090<br>5,500 | 7,6,5,2 |
| | 벽동 | 12,503 | 2,958 | .36 | 중 | 17<br>62 | 12,10,8 |
| | 초산 | 4,668 | 3,276 | .23 | 중 | 3,400<br>14,400 | 12,7,4 |
| | 희천 | 7,227 | 21,502 | .36 | 하 | 4,832<br>24,266 | 10,6,2 |
| | 영변 | 1,743 | 663 | 2.67 | 하 | 1,957<br>9,985 | 14,10,8 |
| | 운산 | 1,366 | 896 | .30 | 중 | 703<br>2,703 | 7,5,3 |
| | 영원 | 6,990 | 2,096 | .40 | 하 | 4,408<br>26,997 | 10,4,1 |
| 평안남도 | 덕천 | 2,579 | 850 | .40 | 중 | 1,289<br>7,734 | 15,5,2 |
| | 맹산 | 27,510 | 20,633 | .40 | 하 | 1,861<br>11,216 | ? |

를 기어 올라가서는 북쪽의 계곡을 내려가는 것이다. 이 고원에 걸쳐 있는 군이나 면의 경계는 이 지형의 특별한 모습에 영향을 받아 군이나 면의 면적도 평야지방에 비하여 매우 넓고 고산지의 특색을 잘 보여준다.

지형이나 기후의 관계에서 논은 매우 적고 경지의 9할 이상이 밭이고 화전의 경우 면적은 크게 밭보다도 넓다. 농작물은 냉랭한 기후에 한정되어 귀리와 감자는 조선 전체 중에서도 가장 넓은 경작면적을 가지고 있다. 시험 삼아 실제 조사한 장진군의 경우를 보면 토지대장에 등록된 경지가 10,670정보(32,010,000평-역자)인데 그 전부가 밭이고 그것에 대해 미등록 경지는 18,000정보(54,000,000평-역자)로 그 9할은 화전이다. 그 농작물은 앞에서 기술했듯이 비교적 한기에 버틸 수 있는 귀리, 감자가 주된 것이고 거기에 메밀, 밤, 콩의 농작물의 경지면적을 더하면 경지 전 면적의 8할 6분에 달한다. 기후는 여름에 더욱 선선하고 초기 서리가 9월 20일 전후에 내리며 늦은 서리는 6월 20일 전후에, 초기 눈은 10월 10일 전후

## 화전민 1년간 수지收支 통계표

| 함경남도 장진군 군내면 화전민 | | | | | | | | | | | |
|---|---|---|---|---|---|---|---|---|---|---|---|
| 수입 | | | | | | 지출 | | | | | |
| 종별 | 명칭 | 수량(石) | 단가(엔) | 가격(엔) | 비고 | 종별 | 명칭 | 수량 | 단가 | 가격 | 비고 |
| 농작물에 의한 수입 | 귀리 | 15.00 | 2.000 | 30.000 | | 생활지출 | 귀리 | 6.00 | 2.000 | 12.000 | |
| | 감자 | 20.00 | 1.000 | 20.000 | | | 감자 | 10.00 | 1.000 | 10.000 | |
| | 메밀 | 1.00 | 5.000 | 5.000 | | | 밤 | 1.00 | 5.000 | 5.000 | |
| | 무 | 2.00 | 1.000 | 2.000 | | | 콩 | .55 | 6.000 | 3.100 | |
| | 피 | .50 | 3.000 | 1.500 | | | 소금 | .60 | 2.000 | 1.200 | |
| | 들깨 | .30 | 10.000 | 3.000 | 들깨, 대마, 연초는 주로 평지에서 농작한다 | | 부식물 | | | 4.000 | |
| | 대마 | 10 | .200 | 2.000 | | | 도구비 | | | 5.000 | |
| | 연초 | 5 | .400 | 2.000 | | | 피복비 외 | | | 12.000 | |
| | 소계 | | | 65.500 | | | 소계 | | | 52.000 | |
| 부업에 의한 수입 | 돼지 | 6.000 | 6.000 | 6.000 | | 의무지출 | 제세 및 공과 | | | 3.660 | |
| | 닭 | .350 | .350 | 1.050 | | | 교제비 외 | | | 7.000 | |
| | 계란 | .010 | .010 | 3.000 | | | 소계 | | | 16.600 | |
| | 밀봉 | .400 | .400 | 2.000 | | 사치지출 | 연초 | | | 6.000 | |
| | 밀납 | .300 | .300 | .450 | | | 술 | | | 3.000 | |
| | 풀 | .500 | .500 | 5.000 | 읍내에 내다가 판다 | | 그 외 | | | 1.000 | |
| | 소계 | | | 16.900 | | | 소계 | | | 10.000 | |
| | 계 | | | 82.400 | | 계 | | | | 79.000 | |
| 수지차액 | | | | 3.300 | | | | | | | |

| 함경남도 장진군 신남면 화전민 | | | | | | | | | | | |
|---|---|---|---|---|---|---|---|---|---|---|---|
| 수입 | | | | | | 지출 | | | | | |
| 종별 | 명칭 | 수량 | 단가 | 가격 | 비고 | 종별 | 명칭 | 수량 | 단가 | 가격 | 비고 |
| 농작물에 의한 수입 | 귀리 | 12.00 | 2.500 | 24.000 | | 생활지출 | 귀리 | 7.30 | 2.000 | 14.600 | |
| | 감자 | 30.00 | 1.000 | 30.000 | 주로 평지에서 농작한다 | | 감자 | 14.60 | 1.000 | 14.600 | |
| | 보리 | 2.00 | 4.000 | 8.000 | | | 콩 | .30 | 6.000 | 1.800 | 된장, 간장 |
| | 무우 | .50 | 1.000 | .500 | | | 소금 | .26 | 2.500 | 6.650 | |
| | 연초 | .50 | 1.000 | .500 | | | 부식물 | | | 5.000 | 육류, 고추, 약 등 포함 |
| | 대마 | .30 | .200 | 6.000 | | | 도구비 | | | 5.000 | 기구, 가구 구입 및 수선 등 |
| | 소계 | | | 69.000 | | | 피복비 | | | 6.600 | |
| 업에 의한 수입 | 돼지 | 1 | 3.000 | 3.000 | | | 소계 | | | 48.250 | |
| | 닭 | 3 | .200 | .600 | | 의무지출 | 제세 및 공과 | | | 1.600 | |
| | 노동임금 | | | 10.000 | 군대 말 식량 귀리 운반 (겨울철 부업) | | 교제비 외 | | | 2.700 | |
| | 소계 | | | 13.600 | | | 소계 | | | 4.300 | |
| | 계 | | | 82.000 | | 사치지출 | 연초 | | | 5.000 | |
| | 수지차액 부족 | | | 21.050 | | | 술 | | | 3.000 | |
| | | | | | | | 그 외 | | | 1.000 | |
| | | | | | | | 소계 | | | 9.000 | |
| | | | | | | 계 | | | | 61.550 | |

평안북도 후창군 동흥면 화전민

**수입**

| 종별 | 명칭 | 수량 | 단가 | 가격 | 비고 |
|---|---|---|---|---|---|
| 농작물에 의한 수입 | 밤 | 5.00 | 5.000 | 25.000 | |
| | 콩 · 팥 | 4.00 | 5.000 | 20.000 | |
| | 귀리 | 3.00 | 2.500 | 7.500 | |
| | 메밀 | 2.00 | 4.000 | 8.000 | |
| | 감자 | 5.00 | 1.000 | 5.000 | |
| | 피 | 2.00 | 2.500 | 5.000 | |
| | 소계 | | | 70.500 | |
| 부업에 의한 수입 | 돼지 | 1 | 5.000 | | |
| | 닭 | 2 | .350 | | |
| | 계란 | 100 | .010 | | |
| | 봉밀반랍 | 1 | 5.000 | | |
| | 소계 | | | 11.700 | |
| | 계 | | | 82.300 | |
| | | | | 7,560 | |

**지출**

| 종별 | 명칭 | 수량 | 단가 | 가격 | 비고 |
|---|---|---|---|---|---|
| 생활지출 | 밤 | 5.85 | 3.000 | 29.250 | |
| | 감자 | 5.11 | 1.000 | 5.110 | |
| | 팥 | 2.92 | 5.000 | 14.600 | |
| | 콩 | 1.00 | 5.000 | 5.000 | 된장, 간장, 그 외 [illegible] 고추, 약 등을 포[illegible] |
| | 소금 | .60 | 1.500 | .900 | |
| | 부식물 | | | 7.000 | |
| | 도구비 | | | 5.000 | 농구 · 가구 구입 [illegible] 수선 등 |
| | 피복비 외 | | | 10.000 | |
| | 소계 | | | 76.860 | |
| 의무지출 | 제세 및 공과 | | | 3.000 | |
| | 교제비 외 | | | 2.000 | |
| | 소계 | | | 5.000 | |
| 사치지출 | 연초 | | | 5.000 | |
| | 술 | | | 2.000 | |
| | 그 외 | | | 1.000 | |
| | 소계 | | | 8.000 | |
| 계 | | | | 89.860 | |

(비고) 위 3개의 표는 조선총독부 기사 고이즈미(小泉)씨의 「화전민 생활상황에 관한 조사」에서 추출한 것으로 가족 부부 2인(노동자), 자식 3인(이 가운데 1인 노동자) 계 5인으로 약간 중등의 생활을 하는 것을 표준으로 조사한 것이다. 이것을 평균으로 하면 수지를 빼고 1년 동안의 순이익은 5원 59전이다. 화전민의 생활에서 나오는 수익은 이와 같이 근소하고 수익의 1할 5분은 부업에 의한 것이기 때문에 순수 농업만으로는 도저히 생활할 수가 없다. 이 가운데 낙오자로서의 화전민은 와서 거주할 때 약간 빌린 돈을 가지고 있기 때문에 결국 전전표랑의 생활을 계속하는 것밖에 없다. 화전민 상호 간 대차금은 대체로 그 다음 해 수확기에 결제하는 것이 보통이다.

에, 끝 눈은 5월 20일 전후에 내린다. 주요 작물의 파종에서 수확까지의 계절 사이가 짧을 뿐만 아니라 노동력은 자급이기 때문에 특히 매우 바쁘며 가을 수확절기에 한기 내습의 늦고 빠름은 그 해의 풍 · 흉년에 크게 영향을 끼친다. 서리가 내리는 것이 빨라 농작물의 건조를 온돌에서 하기 위해 품질이 열악한 것도 위대한 기후의 견제에 의한다. 다음의 주요 농작물 파종수확 계절 간 비교도를 보아도 이 고원이 얼마나 기후에 의해 견제되고 있는가를 증명하고 있다. 또 수확기가 되면 들돼지와 곰이 작물 특히 귀리나 감자를 해치는 일이 많기 때문에 인가에서 떨어진 화전에는 그것을 지키는 작은 집을 만들어 불을 태우면서 그 재해를 막는 등은 수확기의 작업으로서 하나의 큰 노동력이라고 말하지 않으면 안 된다.

이 고원의 주변에 화전이 얼마나 분포하고 있는가. 나는 후치령 정상에서 일본해안에 미치고 있는 북청군에서 그 분포의 한계를 조사했다. 고원지에서 주요 작물이 되는 귀리는 화전과 해마다 농사를 짓는 숙전熟田(도판 제2의 밑)과의 교차지역에서는 밤을 반으로 한다.

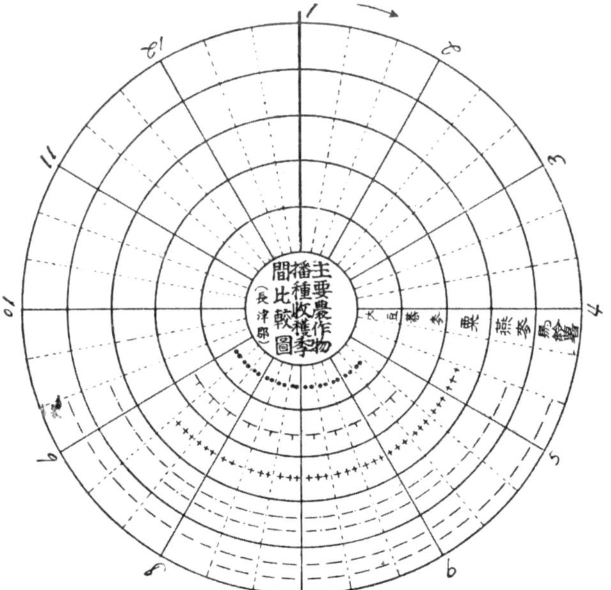


개마고원의 기후와 농작물 파종의 관계

특히 남쪽에서는 밤 대신에 화전 지역의 남쪽 한계라고도 말할 만한 곳에서는 화전과 숙전이 반반이고 경지도 휴한 경작에서 수작 경작으로 변하며 시비도 잘 이루어져 그야말로 집약적 경작이 되어 있다. 귀리 재배 지구의 주민이 산에 내려가 밤이나 콩을 훔치고 밤이나 콩을 주요 작물로 하는 지역의 주민이 산으로 올라가 땔감을 훔치며 서로 생활 재료의 쟁취를 하기 위한 분쟁이 끊이지 않는다.

이상 고원지방의 화전 주민의 구성요소는 원래 주민이 적었던 만큼이나 고원 산록의 토착민은 그 주거 호구의 증식과 다른 곳으로부터 와서 거주하는 사람들과의 압박 속에서 특히 오지에 새로운 주거를 구하려는 사람과 더욱이 먼 농촌 및 도회지 출신의 열패자이다. 그 영향을 영림창의 쿠니카타國方 기수에게 들어보면,

> 국유임야의 관리기관이 충분히 완비되지 않은 것에 덧붙여 오래 전부터 인적이 드문 미개 지역이 넓기 때문에 침입자는 자유롭게 마음대로 개간할 수 있다. 기 개간자는 그 부자 혹은 친척을 불러들여 그 참에 독점지를 넓혀 간다. 이렇게 쉽게 독점지가 넓혀지기 때문에 토지가 척박하여 경작에 부적당하게 되면 바로 내버려 두고 다른 곳으로 적당한 곳을 찾아 이동한다. 경작에 적당한 토지는 남쪽 방향으로 빛이 좋고 경사가 완만한 곳으로 늘 삼림을 채벌하고 경지를 한다. 나무를 태워 만들어진 경지는 비료를 쓰지 않고도 작물의 결실이 좋다. 비료를 한다는 생각이 없는 또 그것만의 노동력을 투자하지 않는 그들은 이렇게 삼림을 소토화하였다. 그들에게 임목은 문제가 아니다. 임목은 하나의 가치도 없다. 한 그루 나무보다도 한 그루의 연맥이나 밤을 귀히 여긴다. 이렇게 그 참에 임지는 황폐되어 간다(북선 화전민의 생활상태)

이 고원에서 나는 화전민을 조사하기 위해서 함흥에서 장진으로, 북청에서 풍산, 갑산을 거쳐 혜산진惠山鎭으로 특히 신의주의 영림창에 도착하였다. 지금 장진, 풍산, 갑산 3개군의 경지 및 농업자 수를 보면 등록 경지에 논이 적은 것은 기후 관계상 당연한 것이지만 밭이 7만 3백 정보(210,900,000평-역자)에 이르고 그 외 미등록의 6만 9천여 정보(207,000,000평-역자)가 된다. 화전의 3만 5백여 정보(91,500,000평-역자) 가운데 장진군이 1만 6천여 정보

(48,000,000평-역자)로 총 면적의 5할 3푼을 차지하고 있는 것을 보면 화전이 많은 개마고원의 중추지역이 함경남도이고 함경남도의 화전 지역의 표식적 지역은 장진군이라고 보아 지장이 없다. 이렇게 나는 장진군에서 조사하였고 황초령 북쪽의 숙소 역 밑 갈우리碣隅里부터 북서쪽 약 1리반에 있는 화전민 부락 서흥리西興里(도판 제31)를 실지 조사하였다.

3개군 경지 면적 · 농업자 수 비교표

| | 등록 경지 | | 미등록 경지 | | | 인구 | 1호당 |
|---|---|---|---|---|---|---|---|
| | 논 | 밭 | 논 | 밭 | 화전 | | |
| 장진군 | 1정 | 10670정 | 0정 | 1744정 | 16261정 | 42,810인 | 6.4 |
| 풍산군 | 10 | 29688 | 18 | 4305 | 6554 | 69,058 | 6.1 |
| 갑산군 | 681 | 30080 | 0 | 887 | 7708 | 58,591 | 6.1 |
| 계 | 692 | 70338 | 18 | 6936 | 30523 | | |

장진군의 면적은 3백 32방리반方里半으로 조선 전체의 군 가운데 가장 넓은데 인구는 겨우 4만 5천 674인 즉 1방리에 138명의 비율이다. 따라서 부락도 그야말로 삼삼오오 띄엄띄엄 있는 상태이고 행정상 같은 리나 동이면서 거주공간에서 거주공간까지는 2리나 3리를 사람이 없는 경계를 통과하지 않으면 안 된다. 면의 수도 7개로, 좁은 것으로 27방리, 넓은 것은 75방리나 된다. 오늘날 북부의 읍상리邑上里가 행정상의 중심이지만, 지금부터 2백 50여 전에는 중부의 구진리舊津里에 장진책長津柵이 놓여 군내의 중부 이남이 그 통치 하에 있었다. 즉 지금의 북부는 당시는 인접 군 삼수三水의 통치 하에 있었다. 의

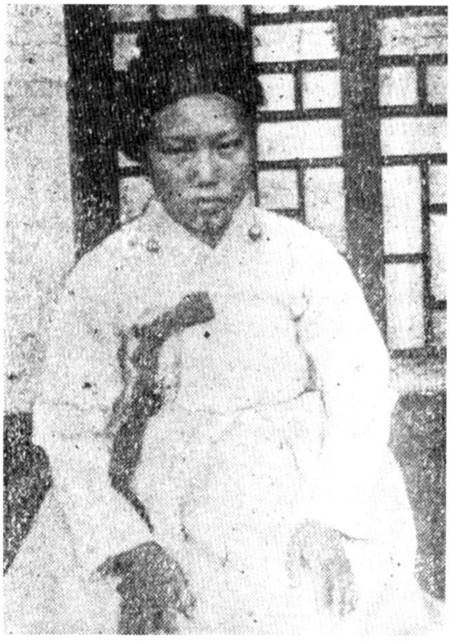

중국과 교류가 많은 유습(귀걸이)

거할 만한 문헌이 전혀 없기에 이 지방 개간의 유래를 적확하게 말할 수 없다. 노인의 이야기에 의하면 4, 50년 전까지는 울창한 원시림의 모습을 하갈우리로부터 장진으로 가는 통로보다 멀지 않은 곳에서 볼 수 있었고 수 십년 전까지는 사방의 산들마다 화전의 태우기에 따른 산불을 보았다고 하는 것으로 보아도 대략 개간의 새로운 측면을 추정할 수 있다. 그런데 오늘날 하갈우리 부근의 구릉에 올라 사방을 전망해도 거의 모두 경지나 휴경지뿐이다. 하갈우리 부근 밭의 1필 면적이 가장 큰 것은 5만 6천 7백여 평이나 되고 중간쯤 되는 것도 2천 5백 평이나 되는 것으로 보아도 화전의 개간 당시의 상태를 추정할 수 있다.

군내 현 주민의 조상은 4, 5세대를 거친 것으로 함경남도의 함흥 부근을 비롯하여 평안남북 2도에서 옮겨 온 사람들이다. 이렇게 여러 지방으로부터의 집합이고 그 기초가 화전경작이기 때문에 정주하여 구성된 부락도 중부 조선이나 남부 조선 등과 같은 큰 부락이 적고 또 동족이 결합하고 있는 것도 적다. 따라서 계와 같은 것도 그 수가 적고 겨우 혼인계나 장례계가 있을 뿐이고 산령신의 제사와 같은 것도 각 집마다 따로 이루어져 왔다. 노동력과 같은 경우도 대개 자급으로 공동경작과 같은 것은 없다. 사망자의 재산을 후계자가 없을 때는 계의 적립금으로 하는 관례는 오고 가는 것이 정해지지 않은 그들의 생활을 뒷받침하는 것일 것이다. 그들은 약간 재산이 모아지면 다시 고향으로 되돌아가지만 이러한 일이 적기 때문에 가족 가운데 장자가 고향에 있는 조상의 묘에 전展하기 위하여 1년에 한 번 귀향하는 것이 관례이다.

마을 입구의 제액

화전경작 방식의 경우 이미 앞서 서술하였지만 정착적인 화전민은 개인 경제의 보전으로서 소를 중요하게 생각한다. 즉 그들은 소를 경작이나 운반 등과 같이 힘이 필요한 곳에 사역하는 것 외에 그것을 팔아 혼례 · 상례의 비용에 충당한다. 따라서 사육의 두수는 2, 3두수부터 많게는 7, 8두이다.

돼지의 사육도 정착을 보여주는 하나의 증빙으로 소와 함께 평야의 농가보다 그 두수가 매우 많은 것은 방목의 편리가 있기 때문이다. 비료를 사용하지 않는 곳은 3년째부터 수확이 3분의 1로 격감하지만, 새로운 화전의 개간이 곤란하게 된 오늘날 산록의 경지에는 점차로 시비 작업이 이루어져 왔다. 수확 때에는 원래는 벼이삭만 쌓고 뒤에 그대로 태웠는데 지금은 이를 한 장소에 모아 태우게 되었고 퇴비도 자가로 만들게 되었다.

그들의 경작반별은 9000평 내지 15000평을 표준으로 하지만 노동력 자급 경영에 의한 유일 보급의 방법으로 솔서의 습관이 있다. 그들은 부족한 노동력을 고용할 여유가 없기 때문에 딸이 있는 집에서는 장래 결혼을 구두로 약속하고 10세 정도의 여자 아이에 15, 6세의 남자를 받아들이게 된다. 15, 6세의 남자는 남자 1인분의 노동이 가능한 것으로 되어 있다. 남조선 지방에서 끊임없이 여자의 야외노동이 이루어지고 있는 것도 역시 노동력 보급의 한 습관으로 15, 6세 정도부터 종사한다. 여자의 노동력이 가장 주요한 것은 귀리 찧기이다. 이것은 물로 다듬이를 하는 관계상 겨울철 결빙 전에 하지 않으면 안 된다. 남자와 공동으로 일을 하는 것은 감자 수확이나 그 외 파종이나 수확이다. 이것이 가정 내 안방과 바깥방 구별 없이 함에 따라서 남녀 사교가 이루어지는 가정 부엌에서 겨울철 남자와 접하기 쉬운 점 때문에 풍기를 불량하게 한다고 이야기되고 있다. 겨울에는 여자는 마실을 뽑는 것을 늘 하고 마직은 5, 6월부터 8월에 걸쳐서 하지만 그것이 부업으로조차 되어 있는 곳이 있다.

이렇게 영위되고 있는 그들 생활을 서술하면서 끝으로 잊어서는 안 되는 것은 특색 있는 간단한 운반 도구 빨궤(도판 제13)로 세세한 천연 나무를 구부려 자루(도판 제15)를 만들고 그것을 가공하여 소에게 걸어 가깝게는 경지 멀게는 시장으로 왕복하는 유일한 운반용으로 한다. 그 외 그들이 필요에 응하여 기구나 농구나 깔개 등을 제조하는 것은 물론 자족자급의 생활을 지탱할 필요에서 간단한 촌락공업이 발생하고 있다.

화전민의 부락생활은 대략 이상과 같이 영위되고 있지만 특히 나는 하나의 부락에 대해 그것을 구체적으로 서술하고 또 이러한 부락 사이에 교환경제의 필요에서 생겨난 길가에 따라 있는 가촌 발달도 보고자 한다.

내가 답사한 부락은 신남면新南面 서흥리西興里이다. 서흥리 부락 생활을 서술하기 전에 그 배경이 되는 신남면을 개관할 필요가 있다. 신남면은 도판 제30이 보여주고 있듯이 그 대부분은 경사가 완만한 대지로 산의 이름에서도 입봉笠峯, 원봉圓峯, 고봉高峯 등과 같이 지형의 특별한 모습을 잘 보여준다. 장진천은 동부를 남쪽으로부터 북으로 흐르고 있다. 그 면적은 29방리 반으로 동서남북 어느 쪽으로도 6리 정도이다. 호수는 2천 5백 48인데 군내로의 이전이 37호이고 다른 군으로의 이전은 62호라는 것은 화전 경작지역에서의 이동 경향을 보여주는 것이다. 화전의 면적이 7천 7백 95정보(23,385,000평-역자)로 밭의 3천 4백 90정보(10,470,000평-역자)의 2배여가 되는 것으로도 화전경작이 활발한 것을 알 수 있다. 기후는 너무 냉랭하기 때문에 벼농사에 적합하지 않고 평야라면 논으로 개척할 만한 하천 저지는 습지로서 잡초가 무성하다. 밭 농작으로서는 여러 번 서술하였듯이 감자와 귀리가 각 농작물 당 1단보씩 나누면 5천정보(15,000,000평-역자)가 넘으며 전체 농작물 당 1단보씩 나누면 1만 1천여 정보(33,000,000평-역자)의 9할을 차지하고 여기에 메밀과 콩을 합치면 특히 5푼이 증가하게 된다. 채소와 같이 무와 배추를 합쳐서 20정보(60,000평-역자)가 되지 않고 그것도 하갈우리와 같이 길가 옆의 여러 부락뿐이다. 가축에서는 소는 암컷보다 방목이 많고 그 외 돼지와 닭이 있으며 모두 재래종이다. 이 면이 길가에 접해 있기 때문에 시장이 하갈우리와 고토리古土里 두 곳에 있는 것은 다른 산촌에서 보기 힘들고 그것이 농산물의 잉여, 즉 귀리나 전분 및 가축의 판매에 어느 정도 편리할 것인가.

서흥리는 신남면의 중앙부에 있다. 이 마을은 장진강으로 흘러 들어가는 작은 하천의 왼쪽에 접한 부락(도판 제3. 제30. 제31)으로 남쪽에도 북쪽에도 완만한 구릉을 뒤로 하여 빛이 좋고 살기 좋은 곳이다. 하천의 양안에는 띠와 같이 비습한 초생지가 있고 물가에 접해 한 집에 하나 정도 비율로 다듬잇돌이 있으며 구릉의 산록 여기저기에는 가느다란 자작나무 수풀을 볼 수 있다. 하천 좌안을 따라 있는 이 부락의 민가는 거의 일렬로 하천 동쪽에서 하천 위 서쪽으로 나란히 있는데 그 호수는 39호, 그 중 6호는 이미 빈집이다. 이렇게 작은 부락이면서 가장 오래된 서흥리 외에 8개나 작은 마을 이름이 있는 것은 각각 개발한 것을 보여주는 화전민 부락의 특질이다. 현재 33호에 대해 16개의 성姓이 있다. 부락에서 가장 오래된 대지로 이야기되는 것은 서흥리 가운데 북쪽으로 작은 산을 등져 겨울에도 따뜻한 집(도판 제10 좌상)으로 부락의 정중앙에 있다. 부락의 동부 즉 하천 밑은 모두 정착성을 띤

나무로 만든 마구(左)와 꿩을 잡는 기구(右)

택지 주변의 경지에는 비료를 사용하고 있지만 서부 즉 하천 위에는 6,70년 이래 다른 곳에서 이주해 온 집이 8호나 있고 그 가운데 5호는 화전만으로 생활을 한다. 그들의 본적을 조사하니 평안남북도가 4호 외에 함경남도의 평야부에서 옮겨 왔다. 그리고 그 경지면적을 보니 등록 경지로 밭은 23정보 5반, 그 외 미등록경지로 밭 15정보 8반과 화전 119정 8반이다. 이를 한 집 당으로 보면 밭 1정 2반보와 화전 3정보를 경작하는 것이 된다. 이 화전은 즉 아직 결정되지 않은 국유임야이기에 임야구분조사 결과 그 경작을 인정하지 않게 되면 그들은 당연 다른 곳으로 이사해야 한다. 이것은 다만 서흥리만의 일이 아니다. 따라서 화전민 부락에 계속 일어나는 문제는 가능한 한 농업을 집약으로 하여 가경면적을 축소하는 것이다. 이것은 장래 강구되어야 할 큰 문제가 된다. 서흥리에서는 1915년부터 밤이나 감자에 시비(소똥. 인분, 분재)를 하게 되었다.

하천 위 순純 화전민 거주의 구성은 도판 제5에 나타나 있듯이 간단하다. 중앙부터 하천 밑까지 그 사이의 민가(도판 제10 오른쪽)는 정착의 화전 민가 발달의 과정(도판 제6. 제7)을 3과 그 4와 같이 정리한 것이다. 거주 공간을 비롯하여 우사, 돈사, 창고 등이 있고 주거 옆으로는 한 두 개의 양봉 통이 있다. 신남면新南面의 양봉 호수 165호. 양봉 통의 수 347개 가운데 서흥리는 각 부락 중 제2위로 호수는 15호, 양봉 통은 25개가 있다. 부락의 노동력은 대개 자급이다. 가을 농번기에는 함흥 방면에서 월 10원으로 일을 하러 오는 고용인이

하갈우리의 민가

적적한 시장(하갈우리)

있고 노동력만을 빌리기 위해 일반적인 데릴사위를 하고 있는 집이 9호가 있다. 계로서는 부락 전체가 가입되어 있는 장례계가 있고 상속자가 없이 사망하면 부락에서 매장하고 그 유산은 계로 몰수된다. 단, 8호로 구성되어 있는 농부계農夫契에서는 서당을 마련하여 야학을 운영하고 있다.

나는 구장의 집에서 이상의 조사를 했다. 점심, 밥 대신에 화로에서 구운 감자로 대접을 받고 자가제 농기구나 숯불을 담아 옮기거나 쑤석거려 일으키는 데 쓰이는 부삽, 재털이를 보여주었다. 목조의 마구나 귀리를 먹이로 하고 있는 꿩의 포획도구나 개 가죽으로 만든 큰 북 등으로 보아 그들의 소박한 취미와 오락을 알았다. 구장의 집에는 독수리를 기르고 있었는데 하천의 양측 구릉 꼭대기에는 몇 개의 차기라는 화살을 그물로 세워두고 있는 것을 보고 자못 산촌다운 느낌을 받았다.

하갈우리下碣隅里는 함흥에서 황초령을 건너 장진군 읍내에 이르는 중간 역으로 자동차로는 하루가 걸린다. 후치령 북쪽에 공문을 신속히 전달하기 위하여 설치한 통신 수단인 파발擺撥이 많은 계곡에 형성된 화전민 부락으로부터의 교차점에 위치하고 있기에 물물교환의 중심이며 특히 하갈우리는 행정 · 경찰 · 통신 · 교육 · 금융의 중심인 만큼 도판 제17이 보여주고 있듯이 길가를 따라 집들이 길게 줄지어 있는 마을의 형태를 이루고 있다. 그러나 민가는 아직 길가를 따라 일렬로 배치되어 있는 것에 지나지 않고 최근 매월 3일과

8일에 열리는 시장과 같은 경우도 실제로 쓸쓸하고 겨우 육류나 건조물이나 목면 등을 도로 옆에 널려 놓는 것에 지나지 않았다. 이 주변은 그야말로 자족자급의 화전민 부락이기 때문이다.

화전경작을 기조로 하는 경지 형태를 띄엄띄엄 이른 바 편편片片과 같은 형태로 후치령의 남쪽 남대천南大川의 계곡(도판 제30) 사이에서 볼 수 있다. 이곳은 경사가 급하기에 바로 마을로부터 후치령 정상에 오르는 도중 상직동上直洞과 명당덕의 부근은 도로에 가깝고 정말 경지가 적다. 그것에 대해 후치령의 북쪽에는 남쪽에 비하면 경사가 매우 완만하기에 경지가 매우 넓게 펴져 있다. 황초령 북쪽에도 그 지형이 대개 후치령 북쪽과 유사하기 때문에 경지가 넓게 펴진 모습도 역시 그것과 비슷하다. 황초령 북쪽의 지형이 후치령 북쪽에 비하여 현저하게 경사가 완만한 만큼 장진천長津川의 본 지류를 따라 비습지卑濕地가 많다. 그곳이 장진읍내로 통하는 철도개통을 예상하고 개간예정지가 되어 많은 일본인에게 인가해 주었으나, 과연 언제 개간될 것인가.

주거의 위치에서 평야의 농촌과 두드러지게 다른 점은 독립 가구는 작은 경지와 함께 높은 산 중턱에 띄엄띄엄 있다는 것이다. 또 부락을 이루는 민가 수가 대개 적고 게다가 그것이 화전경작을 그 발생의 기초로 하고 있기에 많은 경우 산허리의 완만한 경사지에 근거를 두고 있다.

## 제4장 시책

화전민이 경작하는 화전이 국토의 보안, 수원水源의 함양, 삼림의 경영, 용재 그 외 땔감의 공급에 중요한 영향을 끼치기 때문에 조선(원문 : 이조-역자)시대에도 그것에 대해 정책을 펴고 논의하였다. 그러나 총독정치가 이루어지고 있는 지금 이것은 해결되지 않은 채 남겨진 큰 문제 중 하나이다. 그에 대한 총독부의 시책에 지방의 화전민들이 어떻게 반응하였고 직접 그 보호와 정리를 담당한 사람들은 그것에 대해 어떠한 의견을 가지고 있었는가. 이를 돌아보는 것이 화전민 연구에 가장 중요하다.

총독부에서는 1911년 6월 삼림령森林令을 발포하였다. 동 제18조에는 「경찰관리의 허가를 받지 않으면 삼림 또는 그것에 접근되는 토지를 태울 수가 없다」라 하였고, 제20조에는 「삼림에서 그 산물産物을 몰래 취하는 자는 3년 이하의 징역 또는 3백원 이하의 벌금에 처한다」라 하였으며, 제22조에는 「각 호의 하나에 해당하는 자는 2백원 이하의 벌금에 처한다」라 하여 4. 「삼림에서 실수로 불을 내거나 또는 함부로 삼림을 태운 자」, 5에 「함부로 타인의 삼림을 개간한 자」로 규정하였다. 단, 그 시행규칙을 7장으로 나누어 상세히 설명하고 그 중 제6장 삼림경찰에는 불 놓기에 관한 규정이 있으며 불 놓기 허가증의 겉면에는 불 놓는 기일 장소, 허가연월일, 취급관서 및 불 놓는 사람을 명기하고 뒷면에는 불 놓는 사람이 주의할 점을 히라가나, 한글과 함께 서술하고 있다. 1911년 산림 산야의 보호에 대해서는 전체 조선을 통해 136개 보호구로 나누고 각 구에 보호원을 두고 화전의 정리는 중요한 사항이 되어 있다. 지금 136개 보호구의 분포와 개마고원의 관계를 보면 그 중추가 되는 함경남도에 30개구 즉 2할 3푼을 차지하고 있는 것이 삼림 산야의 보호에 중요지역이라는 것을 알 수 있다. 화전의 취급방법 및 그 정리에 관한 건은 1913년 이후 여러 차례 각 장관이 통첩하였고, 특히 1916년 4월에는 「화전은 시설에서 중요한 관계를 띠며 그 정리는 하루도 등한시해서는 안 된다」라는 것에 의하여 「각 경찰관에게 한층 그 단속을 독려하여 충분히 그 효과를 거두어야 한다」라는 것을 통해 같은 해 5월에는 더욱이 방법을 명기하여 그 실행을 촉구하고 있다. 1916년 4월의 내훈內訓 제9호는 화전정리에 관하여 아래(원문 : 왼쪽-역자)와 같이 기술하고 있다.

> 조선에서 화전은 곤궁함이 이미 오래되어 국유 사유의 구별 없이 지나치게 임야에 불을 피워 개간을 하였기에 매년 삼림의 분실, 토지의 황폐, 토사의 유출, 전답의 매몰 등 그 손해를 하나하나 들 수가 없을 정도이다. 한편 여러 수단을 다하여 식목을 장려해도 결국 그 목적을 달성하는 것이 쉽지 않다. 돌이켜 지방 주민의 분포를 보면 산간 계곡에 띄엄띄엄 있기에 다스리기에 여러 불편이 적지 않은 이유가 주된 것이다. 화전의 목적으로 점점 삼림 깊은 곳까지 이전하는 사람이 많은 것에 원인이 있다. 수백년 지나 지금 갑자기 그것을 금지하는 것은 득책이 아니다. 점점 그것을 제한하고 영원의 이해를 설득하여 훈계를

더하고 예의를 게을리 하지 않는 것이 그 효과를 거두는 것이다. 따라서 화전정리의 대강을 보여주고 지방의 상황에 따라 적당한 조치를 강구하는 것이 잘못된 시책이 아니다. 요존要存예정임야의 화전이나 화전을 금지하는 경사도는 35도 이상이라는 것 등이 부기되고 있는 1918년 4월, 특히 임야조사를 비롯하여 국유임야의 정리조사와 구분조사를 수행하게 되었는데, 정리조사에서 화전에 대해서는 (1) 휴경 연수가 경작 연수보다 많은 것 (2) 휴경 연수와 경작 연수가 같은 것 (3) 휴경연수가 4년 이상인 것 (4) 경사가 약 30도를 넘는 것 (5) 현재 경작하나 일시적인 시작으로 인정할 만한 상태에 있는 것은 임야로서 조사할 만한 것으로 하고 구분조사에서는 요존예정임야와 불요존임야로 구분하여 그것을 조사하는 것으로 하였다. (『조선임무제요朝鮮林務提要』 참조)

조선총독부의 이 방침에 토대하여 각 도청 및 영림창은 각각 삼림 산야의 보호와 정리를 하고 있는데 화전의 침간侵墾을 금지함과 함께 화전을 요존임야로 편입하고 화전민을 다른 곳으로 이전시키는 등은 고심할 것이 아니다. 종래 자기의 소유지와 같이 경작해 온 토지를 국유지로 하는 것에 대해 화전민의 오해 등이 여기저기에서 나타났다. 예시로 당시의 기록(경보국警報局 보관)으로 2, 3가지를 들어보면,

• 함경남도 북청군

상차서면上車西面에서 요존임要存林의 화전경작자의 정리에 관하여 같은 군내 그 외에 화전경작 예정지 1,750정보를 선정하여 앞의 지역 내에 산재하는 화전경작자 약 230호를 이 곳으로 이전시키는 것으로 결정하였다. 그런데 경작자 중에는 이에 반대하여 불온한 움직임이 있었다. 앞으로 1년 동안은 현재대로 거주하고 또 화전 경작도 1년 동안은 허가한다. 단, 이전지도 현 예정지 이외에 인접하는 토지도 확장한다는 신청이 있는데, 파종 후의 사정을 참작하여 9월까지 예정지 안에 가옥을 짓고 화전 개간을 마치고 12월까지 이전하여 현 국유지 내 경지는 연내에는 그것을 허용하는 것으로 해결하였다. (1916. 5)

• 강원도 인제군

앞으로 5년 이후에 퇴거명령을 받은 화전민은 이주지에 대해 불안을 안고 있을 뿐만 아니라, 이전 비용, 경지의 구입비 및 가옥의 건축비 등도 걱정되고 일부는 다른 국가로 내쫓는 계략이 아닌가 생각하는 사람도 있다. 헌병분대에서는 강력히 그 오해를 풀기 위해 고지를 했다. 30여 정보의 화전을 요존예정 임야에 편입하려고 하는 데에서 일어나게 되었다. (1917. 8)

• 평안북도 희천군熙川郡

임야구분 조사 결과, 화전의 반 이상을 요존림에 편입할 예정이다. 실지로 반수 이상을 이주시키지 않으면 안 되는 상태가 되자 인민은 편입되지 않으려 탄원하였고 조사원은 그 변명에 나서 요존림 안에서도 당분간 경작을 계속 할 수 있도록 달랬다. (1917. 10)

이것은 한 두 사례에 불과하지만, 이로써 소유개념이 분명하지 않은 화전민의 동요 추세를 추정할 수 있다. 이러한 사건은 관민 사이에 일어났을 뿐 아니라 동양척식주식회사, 미츠이합명회사三井合名會社 및 대학연습림大學演習林 안에서도 발생했다. 화전의 정리와 화전민 관리에 대해서는 아마 이상과 같은 문제가 일어나지 않고 해결된 곳은 적을 것이다. "종래 스스로 영구 소유권이 있다고 믿은 화전을 갑자기 국유림으로 편입하자 생활을 할 수 없게 되기에 수초를 쫓아 중국으로 이주할 수밖에 없다"라고 한탄하고(평안북도 위원군渭原郡), 또 조사원이 "산의 경사가 급한 곳을 오르내리는 데 곤란한 먼 곳에서 경작하기보다는 집 근처의 숙전에서 비료를 주고 수확을 많이 하는 방법을 강구하는 것이 어떤가"하고 말하니 "그러한 일은 가능하지 않기에 다른 곳으로 이사할 수밖에 없다"(평북 강계군江界郡) 라고 답을 하는 등 화전민의 유농적遊農的 심리를 가장 잘 표현하고 있다.

이렇게 표동적인 그들이기에 인적이 드문 삼림에서 출몰하고 새롭게 화전한 지점을 매년 주위에서 점점 침간하고 앞 1촌을 모르는 재빠르고 능숙함은 말로 표현할 수 없다. 영림창의 쿠니카타國方 기수는 이에 대해 이렇게 말한다.

지금 보호기관도 점점 널리 설치되어 경무警務관헌과 함께 그 단속을 엄중히 하고 있는데, 교통이 불편하고 순찰 구역이 너무 넓어서 충분한 단속은 가능하지 않다. 매년 이 화전민 때문에 어느 정도 국유지가 침간되고, 이것 때문에 삼림 화재나 임목의 손상이 어느 정도인지 알 수 없을 정도이다. 보호구원이 주재하는 곳에 단 1명의 삼림주사를 배치하고 수만 정보의 면적을 관리하고 있는 현재의 상황에서는 효과가 크게 없다. … 수년 동안 기어들어온 화전민에 의하여 침간이 된 임지는 엄청나다. 많은 곳은 수 백십 호의 큰 부락도 있다. 이미 큰 부락이 되고 있는 곳도 많은 곳을 목격한다.(북조선 화전민의 생활상태)

나는 이전에 조선의 총수에서 보면 유농 화전민보다도 정착 화전민이 많은 점을 기술했는데, 쿠니카타 기수에 의하여 일군의 유농 화전민에 의한 침간으로도 얼마나 넓은 삼림을 잃었는가를 절실히 느끼게 된다. 더욱이 쿠니카타 기수는 화전민의 일상생활을 조사하고 이를 기반으로 하여 화전민 생활의 개선방법을 제창하고 있다.

갑산군甲山郡 장평면長平面 동흥리東興里의 중산계급의 화전민 가족은 부부에 자식 두 사람(한 명은 유아) 모두 4명이다. 경지는 7일경耕(1일경은 약 4반보)인데 그 중 4일경 즉 1정 6반보는 귀리, 나머지 3일경, 즉 1정 2반보에 겉보리를 재배한다. 수확고는 귀리겨가 붙은 12석(1일경 3석의 비율), 겉보리겨가 붙은 15석(1일경 5석 비율)이다. 이것을 조제하면 귀리 4석 8두, 겉보리 9석을 얻는다. 그 가격은 귀리가 57원 60전(1승 12전), 겉보리 54원(1승 6전)이다. 이 외에 닭과 계란 값으로 연수 3원 정도의 잡수입이 있다. 그 결과 114원 60전의 총 수입으로 1가족 4명이 살아간다. 그 다음 지출의 총계는 32원 50전(식염 4두에 6원 50전, 염어 2원, 세금 4원, 의류 15원, 잡비 5원)을 제외하면 나머지 81원 10전이 식료이다. 이외에 생활에 필요한 된장, 간장, 연초, 신발 등은 모두 자가 공급한다. 주인은 마을의 구장으로 연 수당이 12원이다. 그것으로 1년간 술값과 교제비로 사용한다. 의외의 지출이 있기도 하면 새롭게 경지를 넓힐 필요가 생긴다. 그러므로 화전민의 생활안정의 제1 요건은 집약적 경작에 의한 작물 수확을 늘리는 것이다. 이것이야말로 화전 침간 단속의 목적을 달성할 수 있는 것이기도 하다.

집안의 재산표

| | 가옥1동 (부지 포함) | 논 | 도구일체 | 솥 | 물통 | 밥상 | 찻그릇 | 수저 | 선반 | 젓가락 | 도끼 | 모자 | 옷 |
|---|---|---|---|---|---|---|---|---|---|---|---|---|---|
| 개수 | 1 | 7경 | | 1 | 1 | 2 | 5 | 3 | 1 | 1 | 1 | 1 | |
| 가격 | 15 | 21 | 54 | 8 | 15 | 1.4 | 2.0 | 0.9 | 7.0 | 0.4 | 0.8 | 2.0 | 겨울 19.0<br>여름 9.0 |

영림창에서 요존예정임야 내 화전상황(1923년말 현재)에 의하면 소관하는 화전이 있는 곳은 956개소, 그 예정 총면적은 3,794정보이다. 그 곳에 거주하는 화전민은 3,616호로 20,716명이다. 그러나 이러한 임야에서 띄엄띄엄 살고 있는 화전민의 실정에서 보면 그 처리를 참작할 필요가 있다. 예를 들면 함경남도 갑산군에 있는 지구의 화전민에 대해서는 도지사로부터 영림창장에 대해 화전민 거주지 제외 방식에 관하여 아래(원문 : 왼쪽-역자)와 같이 신고한다(1923. 10).

> 소관 하에 있는 갑산군에서 귀 영림장이 소관하는 요존림 내 별도(계) 3개소의 화전민이 다수 거주하고 있어 조사한 바는 대개 귀 영림창의 요존림으로서 결정한 후 무단 이주한 사람에게는 어떠한 토지권 취득의 증거가 없다. 각각 정리를 하고 요존림 밖으로 이전하게 할 목적으로 그 수용예정지를 검토하였으나, 적당한 곳이 없어 그 거주지 부근 일대가 평지 또는 완만한 경사지로 땅이 비옥함으로 경작에 적당하고 더욱이 그 생활상태를 보니 수초를 따라 전전 유랑하는 일반 화전민과는 다르고 영구적으로 그 지역에 거주하면서 경작을 계속 할 수 있는 것으로 인정된다. 이에 그 참에 그 지역을 요존림에서 제외하고 각각 미개간지 이용법에 의하여 신청의 절차를 받도록 하여 생활의 안정을 시도하는 것이 좋은 조치로 인정된다. 특별한 논의로 그 지역을 요존림에서 제외하는 방안을 승인하여 별지조사 및 도면을 함께 첨부하니 조회바란다.

이상은 1923년 11월, 내가 영림창을 찾았을 때에는 이것을 어떻게 해결해야 할 것인가를 아직 결정하지 않았다. 이 같은 문제도 요존림의 설정에 따라 당연 일어나는 하나였다.

내가 실사한 신남면新南面 서흥리의 화전 정리에 대해 영림창에 질의하자 구분 조사 후에는 반드시 불요존 임야에 편입될 만한 토지라고 말했다. 이를 요약하면 서흥리와 같은 상태에 있는 화전, 즉 미등록지 및 휴한지(도판 제31)는 앞으로 불요존임야로 편입하여 그곳에 거주해 온 화전민의 생활을 보장하게 될 것이다.

화전민 소유별

| | | | |
|---|---|---|---|
| 국유림 내 | 33호 | 207명 | 55정(町) |
| 국유림 밖 | 370호 | ? | 75정(町) |

함흥으로부터 서흥리에 이르는 도중의 황초령(도판 제29) 및 부근의 국유림 내 화전정리에 관해서도 이와 유사한 사례가 있다. 즉 국유림 내 화전 면적은 130정보이고 그 경작자는 약 400호, 이를 화전민의 거주지에 의하여 구분하면 아래(원문 : 상기-역자)와 같다. 화전정리의 내용은 경작 및 거주의 지역적 금지를 주된 것으로 하지만 그 행위를 하는 것은 사람이기에 화전 정리는 힘 있는 화전민의 처분이 되지 않을 수 없다. 게다가 화전민은 여러 번 앞서 언급했듯이 항산恒產이 없는 생활에 쫓기는 세민細民이기에 화전 정리에 따른 그들의 처분은 인도적 입장에서 그것을 진행할 필요가 있다. 즉 정리 시 앞으로의 생업에 대한 그들의 희망에 비추어 대부분은 농업에 종사하는 것이고 행선지는 30호 가운데 현 거주지를 희망하는 사람은 19호로 모두 황초령 국유림 안에 집단부락을 구성하고 있다. 이전이 승인되어도 수용할 만한 미개척지가 없을 때에는 새롭게 보통 노동에 종사할 만한 계획을 세울 필요가 있다. 보통노동에 종사하려고 하면 국유림 밖으로 이전하는 것에 한하고 1호(평균 8명)에 대해 10원 정도를 지급할 필요가 있다. (성천城川삼림보호구 주사主事의 의견서 참고)

## 결언

조선에서 역사적 산물인 약 2백만 화전민의 처리는 국토의 보안, 삼림의 보호에서 절실한 문제이다. 오늘날 그 소관이 행정상 총독부 및 각 도인데 이 모두가 임업 업무 및 경무의 소속으로 되어 있다. 내가 본 것에 의하면

1. 원시적 농업을 계속 하고 있는 많은 화전민은 병들어 있는 조선사회가 낳은 하나의 현상이다. 그들이 일차적인 지역 출신 외에 이차적으로 생활 낙오자인 이상 그 해결은 단순하게 임업 업무나 경무警務만의 문제가 아니라, 농정과 사회에서 고려할 만한 중요한 문제이다. 즉 조선총독부는 물론 각도에서도 화전민의 해결을 위해서는 더욱이 농정과 사회행정이라는 두 가지 측면에서도 협정 고려할 만하다.
2. 정착한 화전민을 해결하는 데 일정한 지역으로 이전시키는 시책이 그렇게 성공하지 않았던 이유는 인간의 향토 관념을 고려하지 않은 결과이다. 일단 정착한 그들을 또 떠돌게 할 우려가 있다. 즉 그들은 조선총독부가 그 토지를 국유임야로 결정하기 이전에 이미 전통적으로 무의식적으로 정착하게 된 주민이기에 이렇게 정착한 사람은 가능하면 현 거주지에 두어야 할 것이다.
3. 북조선의 접경지대가 되는 개마고원의 화전민은 떠돈 결과 늘 만주 및 간도로 떠나는 경향이 많다.
4. 떠도는 유농 생활자와 정착적인 영농자에 대해서는 각각 특이한 시책을 근본적으로 연구할 필요가 있다.

이것을 요약하면 긴 역사의 산물인 이 사회현상을 해결하기 위해서는 상당히 긴 시간을 기다릴 만한 것이고 국부적인 행정상의 문제가 아니라 넓은 입장에서 연구할 만한 조선의 문명과 관련한 중요 문제이다.

# 내주지나인來住支那人

## 서언緖言

중국인이 경제적 흐름을 타고 그들 지역에서 국외로 나아가 대륙 혹은 바다를 건너 세계 각지로 퍼져 나가는 것은 민족적 발전이었고 분명히 세계적으로 놀라운 일이다. 그러나 종래 백인종의 세계적 팽창에 대해서는 과학적인 연구로 중요한 성과가 발표되었는데 황인종의 세계적 팽창에 대해서는 편견적인 고찰밖에 없다.[1] 중국인 자신에게도 이러한 연구가 적은 이유는 종래 중국의 독서인이 이러한 문제를 연구 시야에 설정하지 않았던 점과 이주자 그 자신이 연구 능력이 없었기 때문이다.[2] 오늘날 중국의 세계적 분포는 중국과 접하는 아시아 대륙의 여러 지역, 즉 북쪽으로는 시베리아에서 남으로는 프랑스령 인도지나, 태국 해협 식민지 미얀마 및 인도에 미치고 더 나아가 남양 제도를 거쳐 호주에 달하며 태평양에서는 북미에서 남미, 인도양의 서안은 멀리 아프리카에 이르고 있다. 이들 중국인은 지식인, 상인 및 노동자의 세 계급인데 숫자로 말하면 노동자는 전체 수의 8할 5분을 차지하고 있다.[3] 그 숫자는 변하기 쉽기에 정확한 숫자를 확보하는 것은 곤란한데 마크네

1) [원주] H. F. MacNair, Chinese Emigration, *The Chinese Social and Political Science Review*, April, 1923.
2) [원주] 북경대학 교수 陳啓修, 「신지나시문」(1921. 7. 28. 부터 8일 동안).
3) [원주] 小山淸次, 『支那勞動者硏究』, 東亞實進社, 1919.

아[4] 씨는 8백만에서 9백만을 타당한 것으로 보고 있다.[5] 더욱이 이 큰 수가 국외로 이주할 때에는 유럽 여러 국민의 이주와 달리 정치적으로 특전이 없고 국가적으로 보호가 없다. 더욱이 매년 많은 중국인이 해외로 나가는 이유는 그들 사회에 발달한 조합제도[6]가 그것을 뒷받침하고 있기 때문이다. 중국인의 세계적 이주는 정치적인 식민이 아니라 경제적 이민이다. 이민 특히 노동자가 국외로 이주하는 주된 원인은 국내적으로는 인구가 과잉한 지방으로부터의 유출, 청나라의 악정, 노동계급에 대한 사회적 압박이고 국제적으로는 노동의 세계적 결핍을 채우는 것으로 귀결될 만한 것이다. 특히 유럽에서 세계대전의 결과 발생한 노동력의 격감이 그것을 그렇게 만들었다.[7] 조선으로 중국인이 와서 사는 것도 그 대세의 하나에 지나지 않는다.

오늘날 조선을 여행하는 사람이 경성, 인천을 시작으로 북으로는 신의주, 평양, 진남포, 원산, 청진, 남으로는 대구, 부산 등 주요 도시를 찾을 때 눈에 띄는 것은 중국인이 상인으로서 채소 재배자로서 또 노동자로서 활발히 활동하고 있는 것이다. 그러나 조선을 여행한 사람은 그들의 활동이 결코 주요 도시만 아니라 군청이 있는 소위 읍내에서도 반드시 많게는 수 십호, 적게는 3, 4호의 상인이 잡화점이나 요리점을 경영하고 있는 것을 본다. 특히 그들이 그들의 도읍을 근거지로 하여 마치 물 밑에 있는 것처럼 먼 부락들의 시장에서 포목 그 외의 것을 토대로 상업을 하기도 하고 산록이나 길가 도로를 따라 작은 민가에서 메밀집을 경영하고 있다. 부락 조사 중 이르는 곳마다 그것을 본 나는 경제적 조류로서의 중국인이 조선으로 들어온 것은 조선인에 대해서도, 일본인에 대해서도 경멸할 수 없는 세력이라는 것을 간취하였다. 중국에 대해 종래 해 온 조사를 알아보려고 하였는데 숫자적 자료 외에는 정리된 자료가 없다. 이 조사를 통하여 조선에서 중국인의 경제적 직능을 밝히는 이유이다(도판 제32 참조).

4) H. F. MacNair(1891~1947) : Univ. of Redlands 대학을 졸업한 후 세인스 존스대학(St. John's Univ.)과 시카고 대학에서 중국의 역사 · 외교 · 정치를 가르쳤다.
5) [원주] H. F. MacNair, Chinese Emigration, *The Chinese Social and Political Science Review*, April, 1923.
6) [원주] 木村増太郎, 『支那の財政と經濟』.
7) [원주] 小山清次, 『支那勞動者硏究』, 東亞實進社, 1919.

주요 도시 거주 중국인 활동 상태 일람표(1923년 말 현재)　　조선총독부조사자료 제7호 「조선에서의 중국인」 참조

| 종별, 도시명 | 내주 연도 | 현 거주 인구 | 주요 직업별 호수(거주자) | 영업 상태(특색있는 곳만 기술) | 중국으로 송금액(엔) |
|---|---|---|---|---|---|
| 경성 | 1882 | 4,107(327) : 남 3,684(302), 여 423(25) | 일본 옷 가게 13, 서양 잡화 22, 약종 11, 양복 만들기 12, 중국 옷 만들기 7, 목공 58, 석공 49, 좌관 16, 이발 31, 농업 19, 야채 26, 노동 25, 요리 및 음식 159, 빵 193 | 중국으로부터는 견포나 삼베 일이 많고 토목건축 청부업자는 외국인의 공사를 독점하고 음식점 및 중국 빵가게는 하급 생활자의 수요를 충족하며 이발업은 일본인도 많이 고객으로 한다. | 3,252,084 |
| 신의주 | 1906 | 3,641(1,423): 남 3,182, 여 459 | 일본 옷 가게 9, 잡화 40, 목수 12, 미장이 7, 음식 28, 노동 332, 농업 6 | 경성, 인천과 같이 유력한 도매상이 없고 주로 소매상 잡화상으로 일본인 잡화상 때문에 압도된다. 또 노동자는 많이 모든 방면에서 조선인을 압도하고 있다. 대체로 공장 노동자가 많다. | ? |
| 인천 | 1884 | 1,774: 남 1,398, 여 376 | 범원 30, 일본 옷 가게 11, 잡화 20, 일용잡화 15, 돈 환업 5, 농업 135, 야채 5, 요리 및 음식 35, 빵 35, 노동 12 | 삼베나 천일염이나 밤을 중국에서 영미의 금건류를 들여온다. 또 중국과 화폐 교환 및 금융을 위해 금융 점포인 화폐 교환 취급업이 있고 중국 배 도매상도 있다. | 6,496,750 |
| 평양 | 1883 | 779(734) : 남 718(601), 여 61(133) | 일본 옷 가게 7, 잡화 15, 농업 114, 요리 및 음식 19, 빵 45, 인부 68, 중국 배 도매 4 | 경성이나 인천을 거쳐 들여온다. 경성, 신의주가 다음으로 공장 노동자가 많다. | 195,256 |
| 청진 | 1908 | 733(16) : 남 686, 여 47 | 일본 옷 가게 7, 일용 잡화 23, 목재 켜기 5, 목수 6 | | 162,024 |
| 원산 | 1885 | 677(120) : 남 546, 여 131 | 일본 옷 가게 18, 잡화 12, 식료품 6, 농업 42, 요리 및 음식 17, 노동자 17 | | 134,614 |
| 진남포 | 1897 | 578 : 남 472, 여 106 | 잡화 21, 기와공 11, 요리 및 음식 14, 농업 46, 빵 8 | 사과[苹果] 재배가 왕성한 곳으로 일본인 및 중국인이 모두 그것을 재배하고 있는데 일본인의 과수원도 모두 중국인을 부리고 있다. | 167,470 |
| 대구 | 1905 | 378(33) : 남 347, 여 31 | 일본 옷 가게 9, 잡화 4, 농업 20, 야채 18, 요리 및 음식 3, 빵 26, 노동 9 | | 30,683 |
| 부산 | 1892 | 333(6) : 남 310, 여 23 | 일본 옷 가게 9, 농업 15, 요리 및 음식 23, 빵 11 | 천일염이나 삼베를 중국에서 들여온다. 중국인 노동자는 점차 증가하는 경향이 있다. | 4,666 |
| 군산 | 1899 | 323(127) : 남 296(111), 여 27(16) | 일본 옷 가게 29, 일용 잡화 45, 농업 4, 요리 및 음식 12, 빵 16 | | 177,619 |
| 목포 | 1893 | 164 : 남 158, 여 6 | 일본 옷 가게 27, 농업 14, 요리 및 음식 12, 빵 3 | | 435 |
| 비고 | 현 거주 중국인의 내주는 40년 간 경성, 평양, 인천이 먼저이다. | 가족은 대개 중국 고향에 있기에 남자 수에 비해 여자가 매우 적다. 아동은 돌아가 중국에서 교육을 받기에 소학교는 경성, 신의주, 인천, 원산, 진남포에 있을 뿐이다. ()는 접속지(接續地)에 거주하는 사람. | 상업에서 큰 부분은 일본 옷 가게와 잡화로 경성과 인천에 많다. 대구, 평양이 그 다음이다. 공업은 최근 작은 솥 주조업이 각 도시에 나타났고 또 공업노동자가 늘었다. 각 도시에 채소 재배자(제3장 참조)와 중국 빵 가게가 많다. | 대구 외에는 모두 자치적 조합이 되는 중화상회가 있고 경성에는 그 외에 같은 목적의 북방(北帮)회관, 광동동향회 및 남방회관이 있다. 또 인천에는 농업공의 회라는 것이 있어 시장을 경영한다(제3장 참조). | 각지의 은행 및 우편국의 통계를 합계한 것이다. |

## 제1장 조선에 들어와 살게 된 과정

| 부산 | 1876년 | 군산 | 1899년 |
|---|---|---|---|
| 원산 | 1880년 | 성진 | 1899년 |
| 인천 | 1883년 | 용암포 | 1906년 |
| 목포 | 1897년 | 청진 | 1908년 |
| 진남포 | 1897년 | 신의주 | 1910년 |

중국인이 조선으로 와서 사는 것을 역사적으로 말하면 문헌상 한나라 시대의 낙랑, 임둔, 현토, 진번 4군의 배치가 그 증거이다. 그러나 현대 생활의 인식을 목적으로 하는 우리들은 현재 거주하는 중국인의 과정을 거슬러 올라가는 것만으로 만족한다. 즉 한국의 개항 전에는 절대로 외국인의 입국을 금지하였으나 중국인에 대해서만은 압록강변에서 농경을 위해서는 1리 이내의 지역에까지 와서 사는 것을 허락하였다. 두만강변에서는 회령, 경원에서 소위「청시淸市」라는 것이 열렸다. 그러나 이 시장은 매년 한 번 열렸기 때문에 그 때만 상인이 와서 모이는 것에 불과하였다. 최근에 중국인이 와서 사는 것은 각 개항장의 개항을 그 출발점으로 삼을 만하다. 1876년 2월, 강화부에서 한일수교조약을 체결하고 경기, 충청, 전라, 경상, 함경 5도의 연해에서 통상에 편리한 2개항 즉 부산, 원산을 개항하게 되었던 것이 그 시초이다. 오늘날 각 항구의 개항 연도를 보면 위와 같다. 실험적으로 오늘날 가장 중국인이 많은 인천부에 대해 중국인이 와서 살게 된 과정을 보도록 한다. 개항 후 8년이 지난 1891년에 발간된 노부오信夫씨의『한반도』에는 “인천의 무역은 대체로 수출권은 우리 손(일본-역자)에 있고 수입권은 청국의 상인에게 있다”[8]라 하여 중국 상인이 일본 상인보다 우월한 원인을 열거하여 그것을 자세히 설명하고 있다. 이렇게 인천은 산동반도와 지리적 관계가 가까워 일찍부터 중국 상인의 근거지가 되어 있는 만큼 거기에 따라서 농업 종사자도 와서 살게 되었던 것은 도판 제33이 보여주는 것과 같다. 오늘날 인천부에서 채소재배의 주체가 되어 있는 왕승탑王承諹씨가 지금부터 20여 년 전에 이주해 온 점에 비추어도 상인 및 노동자가 와서 살면서 집단화한 다음에 거기에 공급할 만한 채소의 재배자 농민이

8) [원주] 信夫淳平,『韓半島』, 조선총독부 조사자료「朝鮮の於ける支那人」총론.

이주하여 살게 된 내주 과정을 밝힐 수 있다.

| | 중국인 직업별 비율(1922년말 현재) | 일본인 직업별 비율(1922년말 현재) |
|---|---|---|
| 상업 및 교통업 | 51.8% | 30.6% |
| 농업 · 목축업 · 임업 | 17.2% | 10.5%(어업 포함) |
| 공업 · 광업 | 11.% | 16.3% |
| 공무 및 자유업 | 1.9% | 35.5% |
| 어업 · 제염 | 0.1% | — |
| 그 외 직업소유자 | 15.3% | 4.6% |
| 무직 및 직업 미신고자 | 2.7% | 0.1% |
| 계 | 100% | 100% |

조선에 와서 사는 중국인이 어떻게 매년 증가하였는가. 이를 명치 초년부터 추적할 수 있는 자료를 얻을 수 없는 것은 유감이다. 아래의 연차표에서 알 수 있듯이 1911년 말부터 1922년 말까지 12년 동안 1만 9천의 증가실수, 약 2배의 증가율을 볼 수 있다. 이 총수는 일본인의 그것에 비하면 3만 1천으로 겨우 12분의 1에 지나지 않는다. 이를 본질적으로 보면 그들의 과반은 상인이고 농업이나 공업 종사자가 그 다음이기에 그들의 사명은 경제적 활동에 있다는 것을 보여주고 남는다. 이에 반해 일본인은 공무 및 자유업이 가장 많고 상업, 공업, 농업 등이 그 다음이기에 의미가 크게 다르다. 일본인과 중국인과는 단지 비율에서 다를 뿐만 아니라 맨손으로 차근차근 그 지평을 넓혀 가는 경제적 활동의 방식에서도 크게 다르다. 이것은 일본인 및 조선인이 크게 지각하지 않으면 안 되는 점이다. 조선인이 경영하는 『동아일보』는 "중국인의 특장"이라는 제목으로 그들의 근검과 노동력이 가져오는 교훈에 대해서 다음과 같이 말한다. (요약 번역)

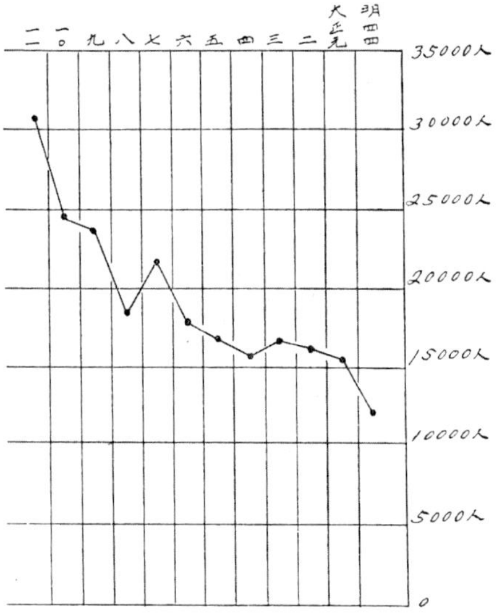


중국인 내주연차표

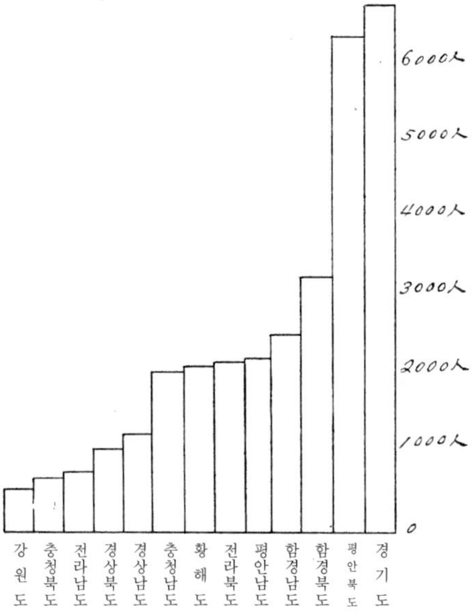


내주 중국인 도별 비교표(1922년 말 현재)

1. 국가적으로 취약해도 사회적으로 굳세고 강한 것은 중국인이다. --- 그런데 그 원인이 무엇인가 하면 우리들은 유일하게 그들 고유의 문화보다도 가장 원인이 되는 국민적 근검의 노동력이 배태한 것이라고 말하지 않을 수 없다.
2. 보라, 오직 이 근검한 노동력이 있기에 정치상의 주축을 상실할 때가 있어도 경제상의 실리는 늘 향유되었고 국가는 망해도 사회는 이전과 같이 확립되는 것이다. 만약 현재의 조선과 같이 정치 주권을 헛되이 보냄과 함께 경제 실리까지 아울러 넘겨주기라도 하면 국가가 침체함에 따라 사회의 파멸을 피할 수 없는 것은 당연한 이치이다. 어찌 오늘날까지 이른 바 중국인이 보존되었을 것인가. 그러니까 정치적으로 침체한 국가는 부흥할 기회가 있지만 경제적으로 파멸한 사회는 소생할 여지가 없다. 대개 국가정치도 그 실상은 사회경제 위에 성립할 수 있기에 사회조차 존재하면 오히려 이스라엘과 같이 수 천년 전의 망국이라도 부흥하는 실례가 있지만, 사회가 파멸하면 지반 없는 공허한 국가를 건설할 수 있으나 절대적으로 불가능하다는 것은 설명을 필요로 하지 않

는다. 중국인의 국가가 아무리 취약하지만 오늘날까지 유구하게 존속해 오는 것은 결코 우연이 아니다. 그것은 분명히 그 민중의 근검한 노동력에 의하여 사회의 경제적 토대가 견고하게 되었기 때문이다. 중국인이 위대한 것은 실로 그 근검한 노동력에 있다.

3. 조선인이 중국인에게 배울 것은 수 천년 이래 그 문명의 본질이 되는 실리주의를 너무 망각하였기에 실무역행을 신조로 하는 같은 유교를 가지고 있으면서 그것이 중국인에게는 자공子貢의 중상주의가 되어 사회적 부력을 증진한 것에 반해, 조선인에게는 안연顔淵의 청빈주의가 되어 그것을 그대로 사회생활에 실현한 결과 오늘날 민족적 거지가 되어 굶어 죽는 참혹한 상황에 빠져 있다. 청빈의 중독은 실로 무서운 것이다. 이러한 경제가 파산하고 사회가 해체하여 민중이 날마다 흩어져 큰 참화를 접하면서도 여전히 아주 작은 집에 흐린 등불 밑에서 만사태평하게 자신의 청빈을 타인에게 자랑할 정도로 무감각한 것은 언어도단이라고 형용할 수밖에 없다. 게다가 사람은 경우에 따라 변한다. 현재 절박한 사정이 우리들로 하여금 오늘날까지 받들어온 청빈종淸貧宗을 포기하고 실리종實利宗으로 돌아가지 않으면 안 된다. 이것은 조선인 각자가 종래의 잘못된 생각을 확 바꾸고 절실한 생활 욕구를 사회에 체현할 만한 마지막 시간에 이르렀다.

4. 때문에 조선인은 민족주의자인 사회주의자 또는 종교가인 문예가와 관계없이 모두에게 마찬가지로 긴급한 선결 과제는 의식衣食이기에 역시 각자가 생산적 노동자가 됨으로써 근근이 살아가야 하고 동시에 전 사회를 생산적 노동화함으로써 겨우 생명을 유지해 갈 만하다. 이 점에서 모범을 멀리 문명국민(유럽문명 국민)에서 구하지 말고 가깝게 중국인에게 취할 것이 많다. 매우 작은 이익을 얻고자 한다면 사람으로서 감내할 수 없는 노동을 잘 이겨내는 중국인이 땀을 흘리며 얼굴에 때가 낄 정도로 사회적으로 견고한 최대 원인을 표현하는 것을 자세하게 살피라. 그들이 외딴 곳에서 홀로 오로지 노동력을 자본으로 함으로써 천하에 횡행할 정도의 문명국의 저명한 예술가나 과학자보다도 조선인에게 한층 의미있는 살아 있는 교훈을 주는 것이 아닌가. 슬프다. 조선인이 진리로 배워야 하는 것은 사회적으로 굳고 강한 중국의 근검한 노동력이다.

중국인의 이러한 경제적 우월은 단지 조선 사람들의 살아있는 교훈만이 아니다. 나는 여기에 와서 사는 중국인 상인, 채소 재배자 및 노동자에 대해 그 특징을 서술하여 이를 음미해 보고자 한다.

## 제2장 상인으로서

상인으로서의 중국인은 교통업자를 합해 1만 6천 명에 가깝고 중국인 총수의 반이 넘는다. 이들 상인은 가장 일찍이 와서 사는 것이 허용된 개항장과 각 도의 주요 도시를 그 집단의 지점으로 하고 있다. 이것은 중국인이 사는 곳이 많은 주요 도시(아래 표)에 의해 유추할 수가 있다. 중국 상인이 주요도시에서 어떻게 상업을 경영하고 나아가 지방의 소도읍에서 시장을 대상으로 어떻게 그것을 이끌어갔는가. 나는 우선 그 특징을 간단히 기술하고 더 나아가 표식적인 도시에 대해 그것을 증명해 보이고자 한다.

주요도시 거주 중국인(1922년 말) (명)

| 경성 | 신의주 | 인천 | 평양 | 청진 | 원산 | 진남포 | 대구 | 겸이포 | 용암포 | 회령 | 부산 | 의주 |
|---|---|---|---|---|---|---|---|---|---|---|---|---|
| 3,407 | 2,958 | 1,786 | 698 | 586 | 567 | 539 | 480 | 316 | 299 | 274 | 257 | 245 |

중국 상인이 우월한 요인은 자본이 풍부하고 계약을 중시하며 또 금융기관이 발달하고 있는 데에 있고 상점이 많은 것은 합자 조직에 의한 것이다. 주된 직물 또는 잡화상은 2,3개 혹은 4,5개 합자로 그 자본주 즉 재동財東은 많은 경우 본국에 있고 조선의 상점은 지배인과 사용인으로 구성된다. 이 상점의 거래 대상은 주로 조선인이다. 금융기관에 있어서는 신용거래에 의한 위탁판매와 매매성립상 화물 수송에 의한 것이기에 상하이나 홍콩 등의 개항장에서 물건을 수입해도 그 대금은 연 2회 아니면 3회의 정산 시기에 그것을 송부하면 되기 때문에 하루아침 불경기가 와도 하루하루 고리에 시달리는 곤궁한 환경에 빠지는 일은 없다.

이렇게 그들은 싸게 사들여 싸게 판매하며 그 이익을 영원히 거두는 것을 물건 판매의

원칙으로 한다. 주요 도시에서 상업을 경영하는 것뿐만 아니다. 일본의 행상을 하는 사람이라도 조선 전체의 주요 요충에 해당하는 읍내 예를 들면 경기도의 개성, 황해도의 수안, 사리원, 충청남도의 예산, 강경, 안성 등에 중국 상인이 상주하여 토지나 가옥을 소유하는 것도 적지 않고, 그 사이에 일종의 자치적인 조합이 있어 지방 간 연락을 가지고 있다. 이것은 일본인의 행상이 휴대하는 적은 물품을 팔아서는 중앙의 도읍으로 돌아와 또 근소한 물품을 사들여 다시 행상을 나가는 것과는 전혀 그 의미가 다르다.[9)]

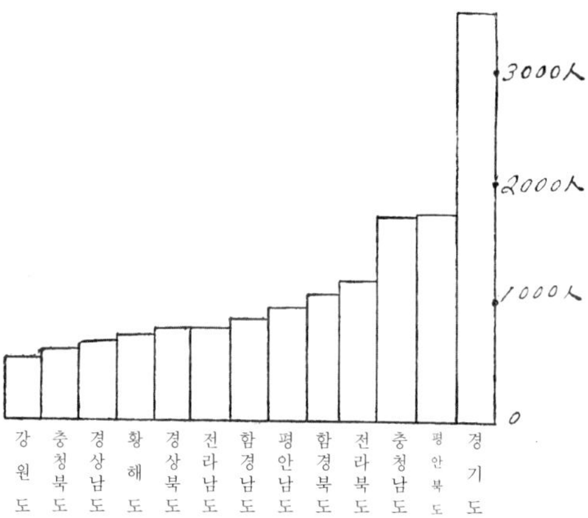


상인 도별 비교표

중국 상인의 상업경영의 특징은 대략 이상과 같은 것인데 그 발생적 과정에 대해서는 특히 한 마디가 필요하다. 예를 들면 지방의 행상이든 도시의 행상이든 이것을 처음 할 때는 그 재산의 일부는 반드시 상업자금 외로 보류해 둔다. 이것은 일본인의 행상 등과는 다른 점으로 상업의 불황을 만나도 그 때문에 생활의 곤궁이 없다. 이렇게 그 진전이 두드러진 것은 그들의 우월성을 증명하는 것이다. 처음 마을 뒷구석이나 좁은 가게에서 국수나

9) [원주] 信夫淳平, 『韓半島』, 조선총독부 조사자료 「朝鮮の於ける支那人」 총론.

솜이나 잡화나 식료품 등을 팔고 있던 것이 어느 때인가 중국식의 점포로 바뀌는 것을 자주 본다. 또 행상자가 처음 싼 국수나 조악한 조선 요리에 버티면서 하루하루 지방 거래의 개척에 노력하고 얼마 안 되어 행상 지역의 중추인 읍내 등에 그 근거가 되는 행상을 여는 등 이것은 일본인이나 조선인의 경영에 비교하면 기초적이고 확실성을 보여주는 것이다.

실지조사한 경성, 신의주, 인천, 평양, 진남포, 원산의 일부 등은 가옥 구조에서 언뜻 중국인의 상가 지역인 것처럼 보인다. 그 가운데 신의주는 그 이름에서 알 수 있듯이 새로운 시가로 1904년, 1905년의 러일전쟁 시 경의철도가 시급하여 임시철도부 출장소가 설치됨과 동시에 압록강구 왼쪽 기슭의 모래밭에 소수의 일본인이 와서 살게 된 것이 처음이다. 이어서 우편국, 세관, 이사청, 영림창 등이 설치되었고 일본인의 신시가지가 생겼으며, 동시에 조선인, 중국인도 와서 살게 되었다. 지리적 위치가 만주와 아주 가까웠기 때문에 중국인의 내주도 경성 다음으로 전 조선 가운데 제2위를 차지하였고 총 인구 7만 9천 가운데 조선인이 9할, 중국인과 일본인이 각각 5분을 차지하였다. 나는 이 도시를 중국 상업 거주의 표지적標識的 지역으로서 고찰하려고 한다.

그들의 상업경영상 가장 특징이라고 할 만한 자치적 조합제도와 점원양성부터 기술하기로 한다. 1907년에 처음으로 중국 상인이 내주하였다. 1909년에는 수십호의 상인으로 공의회公議會 즉 상인 조합의 조직이 나타났는데 당시는 조선에 체재하는 영사의 승인을 거친 것에 불과하였다. 이것을 그 후 상무총회商務總會라 고치고 지금은 중화상회中華商會라 하고 중화민국의 상무총회령商務總會令에 의거하게 되었다. 신의주의 일본인 사이에 아직 상업회의소가 설치되지 않았는데 그들 사이에는 이러한 자치적 조합단체가 생긴 것은 그 상업경영에 대한 단결력이 자발적이고 조직적이라는 점을 보여주는 것이다. 오늘날 124호를 회원으로 하고 그 사업으로서는 초등학교의 경영, 가옥 및 거주인의 조사, 상업쟁의의 조정 및 재판, 회원의 의뢰에 의한 재산의 정리, 상업 발전 상의 편의 및 기획, 이주 및 생사의 사무, 진휼, 영사관으로부터의 통달고시 등을 관리하게 되어 있고 회원을 특등부터 8등까지로 나누어 특등 12원, 8등은 1원씩 회비로 매월 징수하고 8등 이하는 적당히 회비를 할당하게 되어 있다. 이 상회가 1915년경부터 상하이 지방과의 상품 수급 관계의 조사를 시작함과 함께 신의주 외에는 의주, 초산, 강계, 정주에 그 분分사무소를 두고 많게는 44호 적게라도 8호의 회원을 가지고 있는 것은 그들의 상업조직이 정연하다는 점을 보여준다. 이러한 상회총회는 신의주 외 주요 도시(경성, 인천, 평양, 원산, 진남포, 부산, 군산 등)에 두고 있다.

이것을 점원양성에서 보면 많게는 그 향리郷里부터 고용한다. 즉 15,6세까지는 견습생 즉 장사를 배우는 데 무급을 원칙으로 한다. 연한은 3년이 보통으로 그 기간에 손님 접대시의 언어, 태도에서부터 상품의 감정 · 매상, 매매 · 거래처리 등 일체의 실습을 쌓고 또 조선어나 일본어도 학습한다. 이렇게 하여 유급이 되는데 16세 정도에 월 6원, 24,5세에 18원, 필요한 비용 외에 이것을 반드시 점주가 저축하는 것을 상례로 한다. 점원은 보통 상점의 한 모퉁이에서 공동으로 먹고 자며 점주는 가족과 함께 따로 생활을 하기 때문에 야간 등에는 가게를 점원 책임자에게 맡기게 된다. 나는 신의주에서 가장 큰 잡화상점(도판 제24하)에서 그것을 보고 들었는데 점주가 사는 집(도판 제24 중)은 가게에서 2,3정 떨어진 곳에 있고 가게에는 3명인가의 점원을 고용하여 영업하고 점원은 모두 일본어를 구사하며 적은 주문품도 흔쾌히 응하며 갖다 주기 위해 노력한다. 모든 가격이 정말 저렴하기에 일본인의 상점은 그 단골손님을 잃어버리게 될 것이 분명했다.

상점의 종류는 조선인을 상대로 포목(마포, 목면)상이 많고 일본인을 상대로는 잡화나 식료품을 파는 사람이 많다. 그러나 중국인의 민중생활과 떨어지기 어려운 3종의 상점은 음식점과 이발소와 차관茶館 및 반관飯館이다. 음식점은 중국인 외 일본인과 조선인을 고객으로 하고 이발소도 일본인과 조선인을 고객으로 한다. 일본인의 이발소에 비하여 예의바르기에 점차 그 쪽이 번창하고 있다. 차관과 반관은 특히 설명이 필요하다. 하나는 차를 파는 곳, 하나는 빵이나 그 외 간단한 음식점인데 노동자가 많은 신의주 등에는 그것이 번창한다. 중국인은 일체 물을 마시지 않기 때문에 하루에 3회는 반드시 차를 마시며 동시에 간단하게 식사하는 반관은 간단한 생활을 신조로 하는 그들에게 없어서는 안 되는 필수적인 시설이며 일본인과 조선인의 노동자들도 자주 이것을 이용한다.

## 제3장 채소 재배자로서

농업에 종사하고 있는 중국인은 숫자상으로는 전 조선에서 4천 5백명도 안 된다. 이는 상업자나 노동자에 비교하면 매우 적다. 그렇지만 대다수는 대도시의 근교에 정주하고 도시거주자에게 채소의 공급자이고 근면한 집약적인 영농자들이다. 그 경영의 모습은 조선의 농업자가 크게 미칠 수 없는 것일 뿐만 아니라, 일본인의 농업자조차 한 수 뒤지는 정도이다. 오늘날 조선의 주요도시는 일본인의 이주나 철도의 개통이나 상공업의 발달에 따라서 근세 도시적 인구집중의 경향을 보여왔고, 동시에 거기에 공급할 만한 채소의 수요는 매년 증가하고 있다. 이렇게 중국의 농업자 즉 채소재배자는 조선의 주요도시의 발달과 밀접한 관계를 가지게 된다. 아래의 중국 농업자 내주 연도표는 최근 13년 간의 증가를 보여주는 것이다. 1911년과 1914년의 저하를 제외하면 매년 증가 추세가 뚜렷하고 1911년에 비하면 거의 4배 반에 가까운 숫자로 올라가고 있다. 그러니까 조선에서 중국인의 채소재배자는 주요 도시의 발달에 따라 10년, 12년 후에는 상당한 숫자로 올라갈 것으로 추정할 만한 필연성을 가지고 있다. 이 같은 실정에서 이것을 보여주는 통계 자체가 없는데 어

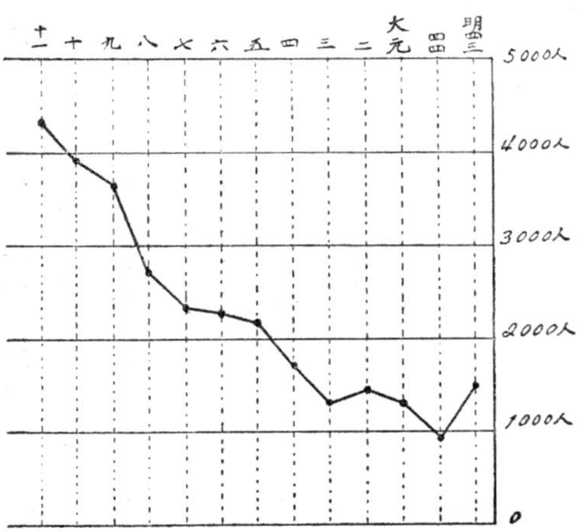


농업자 내주 연도표

| | 조사 호수 | 전체 경지 면적 | 1호당 평균 면적 | 가족 1인당 면적 |
|---|---|---|---|---|
| 문학면 | 100호 | 8정 7반 | 6.8반 7묘 | 0.2반 2묘 |
| 남동면 | 5호 | 1정 5반 | 0.3반 1묘 | 0.3반 7묘 |
| 다주면 | 83호 | 4정 6반 | 0.5반 5묘 | 0.1반 1묘 |

떠한 도라도 대도시의 근교에 정주 영농하는 사람이 많다. 경성, 평양 등의 근교에서는 두드러지게 그 색채를 보이고 있으며 인천 부근에서의 상태는 도판 제33에서 분명하다. 나는 지금부터 채소농으로서 그들의 특색을 농업생산의 각 요소의 조성에 비추어 고찰하고자 한다.

우선 토지의 이용을 보자. 예를 들면 경기도 부천군에서는 상기와 같이 1호당 평균 경지 면적은 매우 적고 이것은 전 조선 평균 1호당 평균 경지 면적의 1정 6반(4800평-역자)에 비하면 거의 반에 가깝다. 물론 그것으로써 중국인의 채소재배의 전반을 추정할 수 없지만 유추할 만한 자료라고 볼 수 있다. 현재 실지 조사할 때에는 가족 세 사람에 노동자 두 사람을 고용하면서 겨우 3반보(900평-역자)를 경작하여 생활에 지장이 없다는 사례조차 보았기 때문에 얼마나 그들 농업경영이 집약적인가를 알 수가 있을 것이다. 물론 중국인의 생활 정도가 매우 낮은 점도 따로 생각하지 않으면 안 된다(제5장 생활표준). 이 작은 면적에 어떠

중경

| 봄 채소 | 시금치, 파, 미나리, 봄채 |
|---|---|
| 여름 채소 | 가지, 오이, 참외, 토마토, 여름 무우, 파, 고구마, 감자 |
| 가을 · 겨울 채소 | 무우, 백채, 순무, 인삼, 우엉, 양파, 마, 토란 |

한 작물을 재배하는가를 보면 주로 일본인의 수요를 충족시킬 목적의 것들이 많다. 그들은 아래의 야채를 재배하기 위해서는 경지를 구분하여 각각 배열하고 봄 채소부터 여름 채소, 그리고 가을 · 겨울 채소로 윤작을 한다. 윤작을 하기 위해 한 밭을 연중 여러 번 사용하기 때문에 결국 넓은 면적을 경작하는 것과 같은 결과가 되고 경지 그 자체에서 보면 일정 면적을 잘 이용하기 위해서 투자되는 자본과 노동력이 매우 크게 된다. 조사 중에 인천 부근의 농업자가 파를 연화軟化재배하는 것을 보았는데 그것은 주택의 침실에 해당하는 일부에 흙을 돋아 그 곳을 연화재배로도 사용하고 또 감자의 양묘로도 사용하고 있었다. 그들은 또 경지 구석의 손바닥만 한 토지도 이용하여 강낭콩, 완두, 땅 두릅 등을 재배하고 있었다. 이러한 채소 재배는 결코 과학적 농업으로 이루어지는 것이 아니라, 조상 대대의 전통적인 경험을 진보 개량한 것에 지나지 않는다. 이들 농업경영에는 두드러진 특징이 있다. 경영에 대한 배려와 같은 것도 조선인이 크게 미치지 않는 것으로 채소를 재배하기 위해서도 수요와 공급의 관계를 정밀하게 연구하고 있다. 예를 들어 겨울 채소의 가격의 등귀騰貴를 예측하여 배추, 큰 무, 우엉, 토란 등을 밭의 한 구석에 구멍을 파서(도판 제20 하), 그것을 저장하고 그 다음 해 1월경에 그것을 꺼내서 시장에 내다 파는 것을 상례로 하고 있다.

비료와 농기구에 대해서도 그들 경영의 집약성을 살펴보면 비료의 종류는 인분, 돼지분, 퇴비 등으로 퇴비는 여름의 수확 후 남은 것을 퇴적하여 그것을 가을에 1회, 봄의 해빙기에 1회 뒤집어서 사용한다. 양돈(도판 제20)은 그들의 영농상 주요한 가축인데 사육 목적의 하나는 비료의 공급에 있다. 인분은 조선인의 농업에서는 그렇게 이용하지는 않고 있는데 중국인은 인간과 흙 사이의 물질순환을 잘 이해하고 있을 정도로 그것을 잘 이용한다. 인천 부근에서는 인천부내의 인분료를 유상 또는 무상으로 받고 또 그 농작물을 집마다 판매하며 갈 때 그것을 기부해서 받는 약속을 하는 일이 많고 경지(도판 제18)의 부근에는 큰 비료를 담아두는 곳을 두고 있는 것을 보았다. 그들은 식사에 초대를 받았을 때는 비료의 얼마를 기부하여 식사를 마치고 돌아가는 것을 실례로 여기지 않는다. 농기구와 같은 종류(도판 제22)는 매우 적고 더욱이 간단한데 논을 일굴 때 사용하는 호미의 모양은 조선인의 그것과 비교하여 크고 튼튼하다. 이것은 깊이 갈기 때문이고 그들이 내주할 때에 그 일부를 그들이 살던 지역에서 가지고 온 것인데 인천 부근에서는 이미 중국인이 농기구 제조를 하고 있는 것을 보았다.

경지에 대한 그들의 노동 근성은 도저히 일본인과 조선인이 상상할 수 없는 것이다. 가족 전원은 해가 뜨면서 기상하여 해가 지기까지 야외 작업을 한다. 특히 내주 중국인은 노동을 견디기 힘든 노인이나 어린 아이를 사정이 허락하는 한 고국에 두고 양친과 떨어질 수 없는 어린 아이 외에는 노동이 가능한 사람인만큼 그 능률도 두드러진다. 혹시 그들 노동 시간과 노동 상태에 관하여 정확한 자료를 얻을 수 있다면 농업 노동의 연구에 크게 도움이 될 것이다. 따라서 노동의 부족은 일시적인 고용으로 보완되는 것이 보통이다. 그들은 스스로 노동자임과 동시에 지휘자이다. 이것을 조선에 있는 일본인 농업 종사자와 비교하면 실로 차이가 심하고 일본인은 스스로 노동하지 않고 노동자를 고용하기에 그 생산물의 가격은 높을 수밖에 없다. 이러한 근면의 정도가 금융 상태에도 잘 나타나고 있다. 즉 고용 노동자로부터 독립 영농자가 된 것은 저축을 통해 자본을 만들고 처음부터 스스로 농업경

중국 채소 재배자의 공동시장

영을 하는 것은 살던 고향에서 가지고 온 돈을 종자돈으로 하여 비료는 무료 혹은 염가로 지불하도록 한다. 그 가운데에는 자신의 경지를 빌릴 때 보증인 또는 지주의 중국인으로부터 일시 융통하는 경우도 있고 또 중국인의 식료잡화상과 물품으로 대신 치룬다는 약속으로 융통하는 경우도 있다. 그들 소작료는 평수가 적은 경우는 6전, 많은 경우는 10전이다. 이것은 금납으로 소작이 부여될 때에 사전 계약으로 소액, 수확 후에 반을 거두는 관습이므로 종자돈과 소작료의 일부와 그 외 다소의 준비가 될 만한 금액은 그들이 소작농(도판 제21)으로서 조선에 이주하는 제 1조건이다. 이렇게 그들은 작은 자본으로 작은 경영의 농업을 가능할 만큼의 노력으로 경영한다. 채소 재배의 본질에서 보아도 외부의 사정에서 보아도 넓은 토지의 경영이 불가능하기에 농사의 개량으로서는 토지에 투자하는 자본, 즉 비료나 농기구 그 외의 개량 진보가 앞으로 이루어져야 할 것이다.

채소 재배 이외에 양돈은 그 주된 것이기에 소작농이라도 반드시 그것을 사육한다. 이것은 영세한 시간을 이용하는 것이고 비료의 공급이며 자본의 순환이다. 종류상으로도 요크셔, 바크셔 등 재래종과 비교하여 사육이 곤란하지만 이를 잘 하여 큰 수익을 얻고 있다. 양계는 일부 농가에서는 하고 있으나, 채소 재배자에게는 경지가 황폐하게 되는 관계로 일반화되어 있지 않다. 택지 주변에서 닭의 벼슬 모양이나 삼라의 우주 모양 등으로 양계를 취미로도 하고 종이로 잘라 만드는 일은 조선인 사이에서는 볼 수 없는 것이다.

농작물의 판매에 대해서도 재배에서와 같이 매우 열심이다. 일본인과 조선인의 동업자가 그들의 생산품을 판매할 때에는 선뜻 저렴한 가격으로 팔고 그렇지 않을 때에는 이익을 독점하려고 흥정한다. 인천부와 같은 곳은 수요의 채소 중 7할은 중국인이 공급하고 그것이 거의 그들 공동경영에 의한 시장에서 행해진다. 시장은 128 즉 부근의 농업자(조합원)의 수만큼 구획이 되어 한 구획의 사용료는 1원 20전으로 수도료, 전기료 그 외를 포함하여 모두 자치적으로 운영되고 있다. 시장의 매상은 5월부터 10월이 가장 높고 1일 평균 2백원 내외이다. 그들의 연 수입은 경영 면적, 심은 농작물 그 외에서 일정하지는 않으나 경기도 부천군富川郡 다주면多朱面에 거주하는 왕청량王清亮에 의하면 1정 3반을 경영하고 가족 6명과 고용 두 사람이 사는데 고용 임금 160원(1인 10개월 8원으로 1개월 두 사람)과 소작료 230원을 지불하고 그 외 농업생산비 및 생활비 등 일체를 지출하며 3년에 2백원을 저축하고

중국 채소 재배자의 소학교

다음 2년에는 또 250원을 저축하였다고 한다. 나는 일본인 · 조선인 농부의 생활과 비교할 만한 그들 생활에 관한 상세한 통계가 없는 것을 유감으로 생각하나 지금까지 기술한 구체적인 사실만으로도 우리들의 자료가 될 수 있기에는 충분하다고 생각한다.

도판 제33에 보여주듯이 나는 표지적 지구역으로서 인천부 근교에 분포한 채소 재배자를 조사하였는데 조선인의 것은 소수이기도 하고 경영 방법도 유치하여 대비할 만한 것은 아니다. 이전부터의 채소 재배를 경영하여 오로지 인천부에 거주한 일본인의 수요에 대응하고 있던 일본인조차도 중국인이 들어오면

경작지에서 시장으로 가는 길

서 그 사업을 그만두지 않을 수 없다. 현재 인천부 부근에서 한 집은 8년, 한 집은 10년 계속해서 채소 재배를 경영하고 있는 사람이 최근 함께 전업하지 않을 수 없었다. 이러한 사례는 인천부 이외에서도 때때로 듣고 있다. 그들이 부지런히 소경영의 집약적 경영으로 근로하는 것은 상인으로서 또 노동자로서의 우월함과 같은 것이다. 나는 인천부 교외에서 그들이 아동을 위해서 작은 주택과 같은 교사를 짓고 한 사람의 젊은 중국인을 교사로 초빙해 교육을 맡기고 있는 것 등 모두 자치적인 시설에서 그들의 특색을 보았다.

## 제4장 노동자로서

노동자로서의 중국인을 생각할 때, 사람은 누구라도 「고력苦力」을 떠올린다. 그러나 고력은 노동자의 자칭이 아니고 그 총칭도 아니다. 고력은 인도어의 Kuli 즉 일용日傭에서 나온 것으로 이것을 영국인 쿨리Coolie가 중국의 노동자에게도 바꾸어 칭하게 된 것이 음역된 것이다. 그러나 중국인은 고력의 문자를 좋게 생각하지 않기 때문에 종래 노동자에 해당하는 말로 주공자做工者, 역작자力作者(이상 문어), 주공적做工的 · 역작적力作的 · 매력적賣力的 · 매력기적賣力氣的(이상 속어), 공인工人, 소공小工, 고인苦人(문속 공통) 등이 있다.[10)]

중국인 노동자의 분포가 세계적으로 되어 있는 만큼 그 연구도 세계적인 것이 되었다. 예를 들면 미국에서는 1909년에 쿨리지Coolidge의 『중국인의 이주*Chinese Immigration*』가 발간되었고 영국에선 1923년에 캠펠Campell의 『중국 노동력의 이주*Chinese Coolie emigration*』가 출간되었으며 모두 자국의 입장에서 중국 노동자의 득실을 논하고 있다. 우리에게는 1909년에 고야마 기요츠기小山清次의 『중국노동자연구』가 발간되었고 남만주철도주식회사에서는 이 연구를 게을리 하지 않는다. 북경대학 교수 진계수陳啓修도 그것을 연구하였다. (신문 「신지나新支那」 게재) 그의 연구에 의하면 중국의 전체 인구 3억 5천만

10) [원주] 小山, 『支那勞動者硏究』.

가운데 노동자는 농업노동자 7천만, 수공노동자 7백만, 기계노동자 100만, 고력노동자 2천 8백만, 합쳐서 1억 6백만으로 추산하고 있다. 단 그는 이를 (1) 노예적 노동 (2) 자유적 노동(농업노동과 수공업노동으로 나누고 농업노동에 소공, 세호(소작인), 고력을 포함하고 있다) (3) 기계공업 (4) 고력노동(고력두苦力頭와 보통고력普通苦力으로 나누고 있다)으로 나누고 있다. 고야마는 이를 크게 정련노동자와 비정련노동자로 나눈다. 정련노동자로서는 농업노동에 종사하는 소농과 전호田戶(소작인)와 수공업 노동에 종사하는 사람, 즉 수공업이나 가내공업이나 기계공업에 종사하는 사람을 들고 비정련 노동자로서는 농업, 공업, 광업, 도회업都會業 및 수상근업水上勤業 등에 종사하는 고력을 들고 있다.

지금 조선에서 중국인 노동자를 보면 그 숫자는 1만 5천 8백여명으로 상인(교통업자를 포함)의 숫자와 대략 같다. 원래 노동자의 종류는 기술에 대해 상당한 숙련을 필요로 하는 것과 그렇지 않은 것으로 숙련노동자와 비숙련노동자로 나눌 만하다. 조선에서의 중국인 노동자도 이렇게 나눌 수 있지만 엄밀히 이것을 구별하는 것은 곤란하여 대체적인 표준을 세워 전자에 속하는 것을 상급노동자로, 후자에 속하는 것을 하급노동자로 구분하였다(별표 참조).

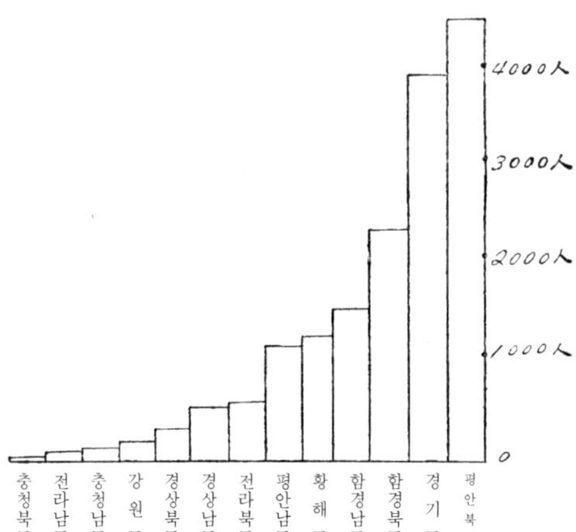


노동자 도별 비교도(1992년 말)

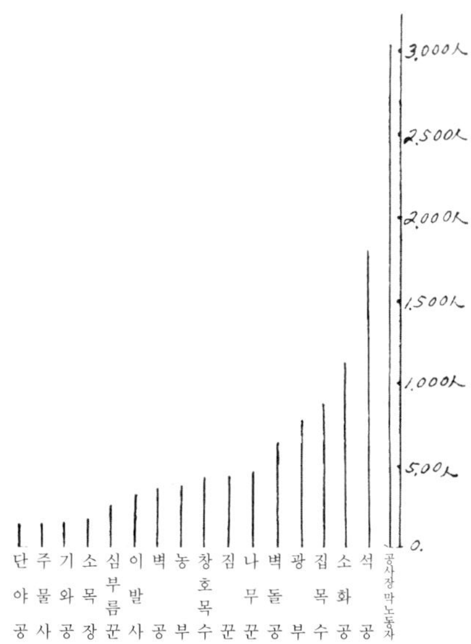


주요 노동자 비교도

이를 분포상(중국인 노동자 도별 비교표 참조) 보면 평북과 경기도의 2개 도가 가장 많고 함경남북도, 황해도, 평남의 4개 도가 그 다음이고 이 6개 도를 합치면 전체 수의 9할을 차지한다. 6개 도 가운데 경기도를 제외하면 북조선의 5개 도가 전체 수의 약 7할을 차지하고 있다. 즉 북조선은 중국인 노동자의 분포가 가장 많은 만큼 그 지방의 조선인 노동자에게는 중국인 노동자가 힘든 경쟁자가 될 것이다. 경기도에 대해 그 종류의 비율을 보면 상급 노동자의 수는 하급 노동자의 수보다도 훨씬 많고 게다가 노동자의 대다수는 건축에 관한 목수, 벽공, 석공石工, 벽돌공, 벽돌공煉瓦工이다. 이발직이 많은 점과 함께 경성, 인천과 같은 대도시에서 이런 노동자가 일본인이나 조선인의 그것에 대해 만만치 않은 상대라는 것을 보여주고 있다. 함경남북, 평안북도, 황해도의 4개 도에서는 이와는 반대로 모두 하급노동자가 상급노동자의 수보다도 많고 종류에서는 공사장 막노동자[土方]가 눈에 띄게 많다. 각 도를 통해서 하급 노동자 중 공사장 막노동자, 운반짐 · 건축에 종사하는 인족人足은 8할을 차지하고 있고 상급노동자 중 목수, 벽공, 석공, 벽돌공, 기와공, 지붕을 이는 사람[家屋葺]은 약 3할을 차지하고 있다. 즉 우리들은 이 수량적 관찰에서 조선에서 중국인 노동자의 분포가 지방적 특이성을 띠고 있다는 것을 알 수 있었다.

그러나 노동자로서의 중국인에 대한 고찰은 이러한 수량적 측면뿐만 아니라 질적 측면에서 우월한 이유를 검토하지 않으면 안 된다. 우선 하급노동자에 대해 보면 그들은 중국인으로서의 통성通性이라고 할 만한 근검성을 가지고 있을 뿐만 아니라 그들 사이에는 상인을 서술한 부분에서 언급한 것과 마찬가지로 방幇과 같은 자치 조합이 조직되어 있다. 이를 고력방이라고 한다. 이것은 주로 동업 또는 동향 관계에서 조직되어 있는데 조선에서는 동향 관계의 것이 점차 증가하는 경향이 있는 것은 상호 친밀이 한 층 방의 목적을 달성하는 데 유리하기 때문이다. 특히 언어와 습속을 달리하는 조선에서 그것을 잘 모르는 그들은 어느 정도 그 방의 혜택을 받고 있을까. 즉 그들은 한 사람의 두목 즉 고력두 밑에 수십명 내지 10명이 일정한 질서로 노동을 하도록 되어 있다. 신의주에서는 고력두는 50명 정도라고 이야기하기에 하나의 고력방에 20명씩의 고력이 있다고 한다면 신의주에는 천명의 고력이 있는 셈이다. 나는 신의주에서 가장 평판이 좋은 고력두(도판 제23)를 만났는데 그는 부하를 잘 통솔하고 아끼기에 건너편 안동현으로부터 오는 고력은 그를 연고로 하여 오는 사람이 적지 않다고 한다. 고력은 방에 들어가면 고력두의 명령을 따를 뿐만 아니라 엄격한 방의 규약을 지키지 않으면 안 된다. 고력이 고력두의 조치에 불만을 표시하면 그 방을 떠나 다른 방으로 들어가게 되는 것이 허용되어 있으나 하나의 고력방에 가입한 이상 다른 고력방의 일을 겸하는 것은 가능하지 않다. 고력들은 그 방의 비용을 하나하나 분담하는 번거로움을 피하기 위하여 임금의 일부를 고력두에 납부하고 고력두는 이로써 방의 비용에 충당함과 함께 고력두의 생계를 세우는 것이 관례로 되어 있다. 고력두는 방을 대표하여 기업가, 기업가의 단체와 노동 계약을 체결함과 함께 그 방은 늘 일정하게 독점적인 세력범위를 가지고 있다.[11] 이러한 방의 단체적 훈련은 이를 형성하는 한 사람 한 사람의 근면함을 한층 강화하는 것이고 이로써 일본인이나 조선인의 노동력보다도 우월하게 되는 것이다. 현재 신의주에서 조선인 노동자의 조합을 하고 있는 조선인은 "조선인 노동자가 중국인 노동자보다 떨어지고 있는 주된 원인은 개인적인 소질에도 있으나 단체적 훈련이 결여되어 있는 것이 그 주된 요인이다"라고 말하고 있다.

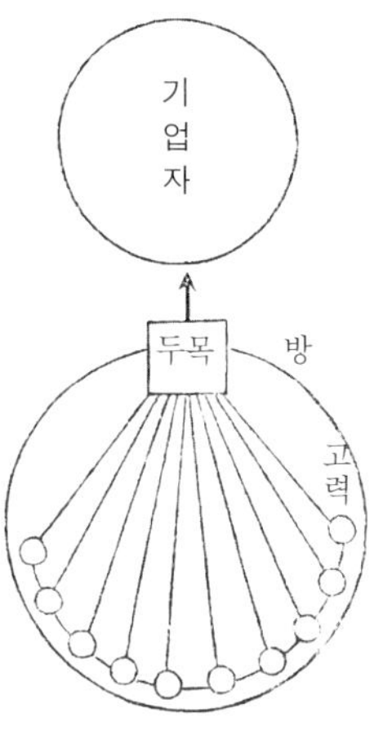

고야마(小山)씨,
『중국노동자 연구』에 의함

고력은 고력두의 조치에 불만을 보일 때에는 바로 다른 방으로 옮길 수 있는 것은 그 노동이 비숙련이기 때문이다. 그들은 "역작자力作者"이고 "매력적賣力的"인 근육노동자이다. 따라서 그 사상은 실제 단순하다. 다카하시高橋가 조사한 「중국 고력의 사상」(만철독서회 『독서회잡지』)에 의하면 그들이 힘든 것은 출력出力이고, 그들이 두려워하는 것은 홍수와 화재와 죽음이며 소중히 여기는 것은 생명과 금전과 음식이다. 그러나 그들 가운데에는 유럽전쟁 후 노동자로서 한 번은 유럽에 갔다 온 사람도 있는지 모른다. 우리들의 그들에 대한 태도는 가장 신중을 요한다. 그것에 관해서 나가오永尾는 「외국행 고력의 오늘과 옛날」(만철독서회 『독서회잡지』)에서 말하기를,

11) [원주] 小山氏, 『支那勞動者硏究』.

고력이 배에 탄 모습은 나도 실지로 본 것인데 제남濟南(산동성 소재: 여가) 주재 영국영사도 모집 지휘관인 대좌大佐도 어쨌든 모든 계급의 사람이 모두 나와 그리고 위엄 있는 제복 등은 일체 입지 않고 신사복 그대로 스스로 고력을 접하고 화물을 받아서 배에 실은 일까지 하고 있는 것을 보고 그 철저한 방식에 놀랐다. 나는 중국 노동자에 대한 조사의 명령을 받고 잠깐 여행을 한 것인데 만철滿鉄 연선의 높은 사람들은 중국 노동자에 관한 것 등은 그들이 알 바 아니라는 태도를 많이 보여주었다. … 그들이 혹시 유럽에서 돌아와 만주로 돈을 벌기 위해 온다고 가정하고 그 때 일본인 측에서 그들에 대한 태도가 이전 그대로 자각하지 않은 것이었다고 하면 그들의 반反일본인 사상은 친親유럽인 사상과는 역으로 상당한 속도로 전개될 것이다.

나는 나가오의 말을 옮겨 이를 조선의 일본인에게 경고하고자 한다. 조선에서의 중국 고력에 대해 우리 관민이 과연 얼마나 신중함으로써 그 생활을 응시하고 있을까. 그들에 대해서는 이를 단속하기 전에 인간으로서의 그들을 이해해 둘 필요가 있다.

하급 노동자인 고력에 고력방이 있는 것처럼 상급 노동자인 수공업자 사이에도 오로지 동업 관계에서 수공방手工幇이 조직되어 있다. 즉 고력방은 근대적인 노동조합의 성질을 띠고 있는데 수공방은 12세기부터 18세기에 이르기까지 유럽에 있던 직업조합(길드, Guild)과 같은 조직을 가지고 전자의 고력두는 임금 그 외 노동조건에 대한 권한을 가지고 있으나 후자의 사부師傅, 즉 친방親方은 그것에 대해 어떠한 권한도 없다.[12] 조선에서는 이주 대상인 만큼 고력이 반드시 고력두에 속하지 않고 일본인의 노동, 기업자 즉 청부업자인 목수, 석공 등의 직인두職人頭에 종속하는 사람도 있고 고용주에 고용되어 함께 사는 사람도 있다. 수공업에 종사하는 노동자도 고력과 마찬가지로 반드시 수공방에만 속하지 않고 일본인의 고용주 밑에서 일을 하는 사람도 적지는 않다. 그러나 방에 속하지 않은 사람이라도 일단 그 일에 종사하면 감독자가 없어도 정규 시간에 노동하는 것이 그들의 특색이다.

12) [원주] 小山氏, 『支那勞動者硏究』.

중국인 노동자 도별 비교표(1922년 말 현재)

| | | 경기도 | 충북 | 충남 | 전북 | 전남 | 경북 | 경남 | 황해도 | 평남 | 평북 | 강원도 | 함남 | 함북 | 합계 |
|---|---|---|---|---|---|---|---|---|---|---|---|---|---|---|---|
| 상급 노동자 | 집장이 | 289 | 2 | | 46 | 3 | 16 | 9 | 47 | 205 | 178 | 5 | 32 | 58 | 890 |
| | 소목장이 | 42 | | | 5 | 1 | 1 | | 3 | 25 | 92 | 4 | 6 | 12 | 191 |
| | 창호장이 | 185 | | 8 | 50 | | 1 | | 17 | 16 | 96 | 9 | 5 | 45 | 432 |
| | 조선장이 | | | | | | | | | 3 | 13 | | 6 | | 22 |
| | 미장이 | 179 | 2 | | | | | | 2 | 41 | 92 | | 28 | 4 | 348 |
| | 석공 | 543 | | 22 | 267 | 31 | 51 | 8 | 85 | 77 | 683 | 23 | 52 | 35 | 1877 |
| | 벽돌장이 | 321 | | | 43 | 8 | 34 | 7 | 4 | 35 | 79 | 10 | 9 | 62 | 612 |
| | 기와공 | 166 | | | | | | | | | | | | | 166 |
| | 지붕이기 | 20 | | | | | | | | | 30 | | | 11 | 61 |
| | 나무켜기 | 100 | 1 | | | 4 | 12 | | | 33 | 184 | | 16 | 115 | 465 |
| | 페인트칠 | 48 | | | | | | | | | 8 | | | | 56 |
| | 표구사 | | | | | | | | | 2 | 9 | | | | 11 |
| | 나무통 만들기 | | | | | | | | | | 20 | | 3 | | 23 |
| | 구루마(車) 제조 | | | | | | | | | 4 | 17 | | 3 | | 24 |
| | 대장장이 | 70 | | | | 1 | | | 5 | 49 | 9 | 2 | | 12 | 148 |
| | 양철장이 | 57 | | | | | | | 2 | 8 | 18 | | | 2 | 87 |
| | 주물장이 | 1 | 1 | | 2 | | | | 8 | 113 | 18 | | 1 | 10 | 154 |
| | 세탁장이 | 23 | | | 3 | | | | | 13 | 23 | | | | 62 |
| | 일본 옷 재봉 | | | | 2 | | | | | | | | | | 2 |
| | 조선 옷/재봉 | | | 8 | 9 | | | | | | | | | | 17 |
| | 구두장이 | | | | 3 | | | | | 6 | 15 | | | | 24 |
| | 활자식자/장이 | 20 | | | | | | | | | 4 | | | | 24 |
| | 이발장이 | 258 | | | | | | | | 15 | 21 | | 5 | 5 | 304 |
| | 주조장이 | | | | | | | | | | 41 | | | | 41 |
| | 토기장이 | 17 | | | | | | | | | | | | | 17 |
| | 간장제조 | | | | | | | | | | 4 | | | | 4 |
| | 계 | 2339 | 6 | 38 | 430 | 48 | | 24 | 173 | 645 | 1354 | 53 | 166 | 371 | 6153 |

| | | | | | | | | | | | | | | | |
|---|---|---|---|---|---|---|---|---|---|---|---|---|---|---|---|
| 하급노동자 | 일용농작부 | 38 | | 5 | | 4 | | | | | | | | 19 | 66 |
| | 연고용 농작부 | 5 | | 10 | 8 | | | | 98 | 109 | 58 | 14 | 4 | 60 | 366 |
| | 어부 | | | | | | | | 18 | | 6 | | | | 24 |
| | 광부 | | | 3 | | | | | 135 | 184 | 350 | 22 | 45 | 19 | 758 |
| | 우마차부 | | | | | | | | | | 13 | | | | 13 |
| | 인력거부 | | | | | | | | | | 81 | | | | 81 |
| | 짐꾼 | | | | | | | | | | 435 | | | | 435 |
| | 짐 나르기 | | | | | | | | | 5 | 40 | | | | 45 |
| | 막일꾼 | 1223 | | 16 | 15 | | 141 | 299 | 544 | 50 | 1374 | | 1260 | 1544 | 6466 |
| | 인부 | 210 | | | | | | 91 | 67 | 7 | 466 | 3 | 25 | 265 | 1134 |
| | 담쟁이 인부 | 30 | | | | | | | | | 10 | | | 9 | 49 |
| | 도정업 | | | | | | | | | | 10 | | | | 10 |
| | 하인(남) | 57 | | 1 | | 6 | | | | 2 | 68 | 14 | | 83 | 231 |
| | 하녀 | | | | | | | | | | | | | 2 | 2 |
| | 계(計) | 1563 | | 35 | 23 | 10 | 141 | 390 | 862 | 357 | 2911 | 53 | 1334 | 2001 | 9680 |
| | 미츠비시 직공 | | | | | | | | 91 | | | | | | |
| | 총계 | 3902 | 6 | 73 | 453 | 58 | 256 | 414 | 1126 | 1002 | 4565 | 106 | 1500 | 2372 | 15833 |

중국의 석공이 경성 부근에서 최근 눈에 띄게 증가한 실례는 그것을 잘 보여준다.

노동시간에 관해서는 일정하지 않으나 그들은 과격한 노동을 견디고 끈질기게 장시간의 노동을 버티는 것이 보통으로 10시간 내지 15시간의 노동근무를 하는 사람조차 있다. 따라서 과로한 결과 건강을 해치는 예도 적지 않다. 「산동 고력의 노동상태」(다카모리高森씨 보고 「青島新報」 게재, 1922)에 의하면,

1. 소농 및 소작인

보통 일출에서 일몰까지 일을 하고 중식에 30분 내지 1시간을 보낸다. 여름은 낮 여러 시간을 쉰다. 노동시간은 13시간 내지 15시간

2. 가정 공업자

노동을 싫어하지 않고 총 수입의 증가를 도모하고자 체력이 허용하는 한 노동한다. 노동 시간은 14시간 내지 17시간

3. 청도(관영)에 종사하는 고력

계절에 따라 길고 짧음이 있는데 8시간 내지 12시간

**일본 · 조선 · 중국 노동임금 비교표(단위 : 엔)**

| | | | 공업 및 광업 | 토목건축업 | 농업 및 목축 | 수산업 | 통신운수 | 잡업 | 합계평균 |
|---|---|---|---|---|---|---|---|---|---|
| 경기 | 평균임금 | 일본 | 1.95 | | | 1.80 | | | 1.87 |
| | | 조선 | 1.06 | | | .80 | | | .93 |
| | | 중국 | 1.26 | | | | | | 1.26 |
| 충북 | | 일본 | | | | | | | |
| | | 조선 | | | | | | | |
| | | 중국 | | | | | | | |
| 충남 | | 일본 | 2.36 | | | | 2.20 | | 2.28 |
| | | 조선 | .97 | | | | 1.10 | | 1.03 |
| | | 중국 | .67 | | | | | | .67 |
| 전북 | | 일본 | 2.05 | | | | 2.50 | | 2.27 |
| | | 조선 | .83 | | | | 1.30 | | 1.06 |
| | | 중국 | | | | | | | |
| 전남 | | 일본 | 2.03 | 2.00 | | | | | 2.01 |
| | | 조선 | 1.03 | 1.00 | | | | | 1.01 |
| | | 중국 | | | | | | | |
| 경북 | | 일본 | 1.75 | 2.93 | 2.00 | | 2.60 | 2.00 | 2.25 |
| | | 조선 | .89 | 1.11 | .67 | | 1.60 | .67 | .99 |
| | | 중국 | .50 | 1.60 | | | | | 1.05 |
| 경남 | | 일본 | 1.90 | 1.85 | | 1.39 | 1.67 | | 1.70 |

| | | | | | | | | | |
|---|---|---|---|---|---|---|---|---|---|
| | | 조선 | .76 | 1.35 | | 1.09 | 1.19 | | 1.10 |
| | | 중국 | 1.70 | | | | | | 1.70 |
| 황해 | | 일본 | 2.08 | | | | | | 2.08 |
| | | 조선 | 1.09 | 2.00 | | | | | 1.54 |
| | | 중국 | 1.52 | | | | | | 1.52 |
| 평남 | | 일본 | 2.51 | 2.50 | | | | | 3.00 |
| | | 조선 | 1.35 | 1.60 | | | | | 1.47 |
| | | 중국 | 1.28 | 2.80 | | | | | 2.04 |
| 평북 | | 일본 | 2.09 | 2.35 | | | 2.40 | | 2.28 |
| | | 조선 | .89 | .67 | | | 1.75 | | 1.10 |
| | | 중국 | .80 | .85 | | | | | .82 |
| 강원 | | 일본 | 1.40 | 2.50 | | .97 | | | 1.62 |
| | | 조선 | .93 | 1.00 | .83 | .63 | | | .85 |
| | | 중국 | 1.30 | | .07 | | | | 1.00 |
| 함남 | | 일본 | 2.19 | 2.30 | | | 2.50 | | 2.33 |
| | | 조선 | 1.01 | 1.50 | | | .85 | | 1.12 |
| | | 중국 | | | | | | | |
| 함북 | | 일본 | 2.19 | 2.30 | | 1.53 | 2.36 | | 2.09 |
| | | 조선 | 1.23 | 1.31 | | .88 | 1.28 | | 1.18 |
| | | 중국 | 1.13 | 1.12 | | | | | 1.12 |
| 평균 | | 일본 | 2.04 | 2.46 | 2.00 | 1.64 | 2.32 | 2.00 | 2.15 |
| | | 조선 | 1.00 | 1.28 | .75 | .85 | 1.43 | .67 | 1.12 |
| | | 중국 | 1.13 | 1.59 | .70 | | | | 1.24 |

나는 신의주에서 중국인과 조선인의 인력거 인부의 작업을 비교하였는데, 중국인은 민첩할 뿐만 아니라 명절(5월 5일)이나 중추절(8월 15일)과 같은 휴일조차도 쉬지 않고 오히려 법외 임금을 받으려고 일을 하고 있는 것을 보았다. 임금은 일본인보다 크게 낮은데 조선인보다는 낮은 경우도 높은 경우도 있다(앞의 표 참조).

임금의 고저는 이를 고용하는 중요한 하나의 조건이지만 오히려 그 효율 여하가 중요한 현안이 된다. 이를 조선인과 비교하면 짧은 일정한 기간에서는 그 우열을 판단하기 어렵다. 조선인은 태만하기 쉽고 더욱이 훈련이 충분하지 않은 탓인지 중도에 쉬기도 하고 계속하지 못하기도 하기에 대략 능률이 중국인보다도 낮다. 그것은 노동자로서의 중국인이 조선에서도 차근차근 그 세력을 키워 조선인 일반 노동자는 물론 일본인의 특수한 수공업자에 대해 하나의 큰 위협이 되는 이유이다.

중국인 노동자에 대한 시책이 상당히 고려되고 있었던 것은 1910년 8월의 통감부령 「조약에 의거 거주의 자유를 가지지 못하는 외국인에 관한 건」에 「조약에 의거하여 거주의 자유를 가지지 못하는 외국인으로 노동에 종사하는 사람은 특히 지방장관의 허가를 받지 않으면 종전의 거류지 이외에 거주 또는 그 업무를 수행할 수 없다」라고 규정하고 있는 데에서 분명하다. 아래 거류지에 대해서는 1916년 10월에 아래와 같이 명시되었다. 이른 바

1. 인천, 군산, 목포, 마산, 성진 및 진남포에서의 각국 거류 지역
2. 인천, 부산 및 원산에서의 구舊 중국거류 지역
3. 구舊 한성부 5서 내 지역, 구 평양 외 지역 내 지역, 구舊 성진토지규칙 제2조에서 정하는 지역 및 현재의 신의주부 지역

이것은 그야말로 중국인 노동자에 대한 시책으로 외국인 노동자를 농업, 어업, 광업, 토목, 건축, 제조, 운반, 수레꾼, 짐꾼 그 외 잡역에 관한 노동에 종사하는 사람이라고 적고 후에는 구두수리 및 땜장이를 업으로 하는 중국인도 거기에 포함하기로 했다. 이러한 방침에 기반하여 각 도는 내주 중국인의 조사를 게을리 하지 않았는데, 평남 도청에 가서 평양 및 진남포(1922년 7월 조사) 및 그 부근의 것을 보니 아래와 같다.

| | 불요허가 지역 내 | 요허가 지역 내 |
|---|---|---|
| 노동자 | 960명 | 372명 |
| 비노동자 | 679명 | 189명 |

불요허가 지역 내의 직업은 노동자의 종별이 적고 농업, 제조, 토목, 건축, 운반, 잡역으로 나뉘고 잡역(364명) 농업(338명) 제조(233명)에 종사하는 것이 대부분이고 등분으로 이것을 합치면 9할 7분이 된다. 비노동자는 그에 반해 15종으로 구분되고 100명 이상의 것은 음식점, 잡화점, 요리점뿐이다. 나는 유감스럽지만 조선에서 중국인 노동자의 증가율을 연차적으로 명시하는 자료를 가지고 있지 않은데 총독부의 이상의 시책은 그들의 격증을 반증하는 것이다. 혹시 이 사용 제한이 없었다면 조선에서 중국인 노동자 수는 현재보다 몇 배가 되었을 것이다.

그러니까 장래 이상의 시책으로 조선에서 그들의 내주를 저지해야 하는가. 나는 그것에 대해 세 가지 큰 곤란 즉 (1) 노동 공급지와의 지리적 근접성 (2) 조선의 산업 및 도시의 발달에 따른 노동자의 필요 (3) 조선인 노동자의 능률이 그들보다 낮아 일본인 노동자의 생활정도가 그들보다 높으며 노동자로서의 경쟁에는 견디기 힘든 점이다. 나는 노동자에 관한 기술을 마치면서 그들 고향과 조선이 지리적으로 가깝다는 점과 그들의 내주 경로를 밝히고자 한다.

중국에서 많은 노동자가 해외로 나간 곳은 북중국에서는 산동, 하북의 두 성이고 남중국에서는 복건, 광동의 두 성이다. 산동, 하북의 두 성의 과잉 인구는 명나라부터 만주의 개간에 따라 특히 산동성은 산동 고력의 이름으로 매년 밖으로 돈을 벌기 위해 나가는 사람이 30만 내지 35만, 그 가운데 농업노동 및 잡역에 종사하는 사람이 약 25만으로 이야기된다. 이들 노동자는 대부분 만몽으로 가는 것인데 매년 조선으로 들어오는 노동자도 그들의 일군이 육로 만주를 거쳐 안동에서 신의주로 혹은 해로로 바로 인천에 상륙하는 것이다. 게다가 그들 고향에 상당한 재산이 있고 외부로 돈을 벌기 위해 나가자, 자치적 단체가 되는 방의 조직으로 그 생활이나 역행 그 자체이고 검소 그 자체이며 「산동의 노동」(청도군정서 「산동연구자료」)에서 이를 설파하여 다음과 같이 말한다.

> 장자壯者는 노동자가 되어 멀리 돈을 벌기 위해 나가고 집에 남은 노인과 아이는 우뚝 솟은 험한 고개를 기어올라서는 비료를 나르고 경작과 수확을 하며 조금이라도 그 노동을 싫어하지 않으면 노력을 꾸준히 한 결과는 나타난다. …… 고력의 여정이 시작되면 비눈의

어려움은 견디고 바람과 서리를 이겨내며 헤지고 남루한 옷을 조금도 개의치 않고 큰 베 주머니를 어깨에 메고 스스로 만든 10일분의 만두를 그 안에 넣어 식사를 할 때에는 길 옆이나 우물가에서 쉬며 물을 마시고 만두를 먹는다. 그들에게 유일한 반찬은 동화 1전으로 사는 생파로 거기에 된장을 넣어 부식물로 한다. 밤이 되어도 그들은 창고로 들어가지 않고 인가의 처마 밑에서 옆으로 누워 자는 것이 보통이다. 일단 노동을 하게 되면 결코 어려움은 버티고 그것을 말하지 않는다.

조선에는 이러한 노동자의 공급지가 있고 조선의 산업발달과 도시 성장은 하루하루 능률 있는 노동자의 수요를 높이고 있다. 이러한 발생은 장래 조선에서 중국인 노동자의 문제가 된다.

## 제5장 생활표준

중국인이 상인으로서 채소 재배자로서 또 노동자로서 차근차근 그 지평을 계속 쌓아온 것은 강건한 체력과 근면한 습성과 자치적인 조합제도가 복합적으로 주된 요인이 되었다. 그러나 그들의 생활표준이 높았다면 신속하게 팔아 치우는 상품도 농작물도 또 노동임금도 이 때문에 가격이 높아지게 되어 오늘날과 같이 경제적 우월을 유지할 수 없었을 것이다. 즉 생활의 3대 양식이 되는 주거 · 음식 · 의복에 대해 그들은 재물을 늘리기 위해서는 음식을 절제하고 소유를 금욕하며 주거와 같은 것은 비나 이슬을 견딜 정도로 만족하여 그 직업에 노력한다.

지금 가장 작은 한도로 그들의 생활표준을 보니 주거에서는 하층 노동자와 같은 경우 특히 간단하고 가장 하급의 생활을 하는 사람은 곳곳에 손쉽게 산 모양의 작은 집을 짓고 그 옆에 취사장을 만들어 일시적인 생활을 하고 필요에 따라 전전하며 이동한다. 철도공사가 자주 보이는데 나도 신의주에서 봉천을 거쳐 북만주로 향하는 차 안에서 여러 곳에서도 그것을 보았다. 실험적으로 신의주의 노동자 중 감독노동자 밑에 있는 그들의 주거(도판 제25)를 보아도 그것은 겨우 한 사람이 드러누울 수 있는 넓이뿐이고 그 소지품은 한 장의 이불에 불과하다. 이렇게 여름은 널판의 마루에, 겨울은 온돌이 있는 구들에서 지낸다. 채소 재배에 종사하는 소작농의 가옥도 높은 소작료를 지불하는 경지의 일부에 그 가옥을 짓기 때문에 가족의 수에 따라 최소의 것으로 한다(도판 제21). 즉 그들이 식사하는 곳의 좌우에 각각 8,9척 네모난 온돌이 있는 것에 지나지 않는다. 그들의 중국 고향에서는 가옥 외곽에 흙벽을 둘러싸는 것이 보통인데 조선에서는 이것을 거의 볼 수 없다. 이상과 같이 가옥의 형식은 그들에게 고유한 것으로 상인 및 노동자 상층의 가옥(도판 제24)에서도 그것을 볼 수 있다. 모두 채광을 위한 창은 구들 벽에만 붙이고 벽에는 조악하지만 채색한 중국의 연극이나 역사적 인물의 그림을 붙였다. 이것은 조선의 민가에서는 절대로 볼 수 없는 것이다. 가구와 같은 도판에서 볼 수 있듯이 매우 간단한 것인데 시계를 붙여 놓은 것이 적지 않은 것은 조선인과 다른 점이다. 의복은 모두 감색의 솜옷으로 홑옷과 겉옷과 솜을 넣은 것이 있어 그 조합도 가볍게 가능하다. 음식물은 이것을 볼 수 없었는데, 신의주의 공업노동에 종사하는 사람은 아침과 점심에는 수수나 옥수수 가루로 만든 빵, 저녁에는 밤밥을 늘 먹고 인천 부근의 소작농 등은 밤에 쌀 또는 보리를 섞은 것을 주식으로 한다.

이렇게 거친 식사로 보이는데 부식물에 두부나 부추나 특히 생파를 사시사철 된장에 무쳐 먹는 등 스스로 그 정력을 키우는 데 도움이 된다. 그 식물이 얼마나 영양가를 가지고 있는가는 크게 연구할 만한다고 생각한다.

| | 일급 30문 | 일급 40문 |
|---|---|---|
| 주식물 | 13문 43%강 | 21문 52.2% |
| 부식물 | 2문 9%강 | 3문 7.5% |
| 의복비 | 2문 3.6%강 | 3문 7.5% |
| 잡비 | 11문 36%강 | 11문 27.5% |
| 저금 | 2문 6%강 | 2문 5% |

| | 독신 노동자 | 처가 있는 노동자(아이 1명) |
|---|---|---|
| 식료 | 50% | 57% |
| 의복 | 2.5% | 7.5% |
| 집세 | 2.5% | 7.5% |
| 잡비 | 35% | 22.5% |
| 저금 | 10% | 5% |

이렇게 간단한 생활을 하면서도 저축은 반드시 월마다 한다. 다카모리高森씨의 보고(산동 노동자의 생활상태, 「청도신보青島新報」)에 의하면 하급 노동자의 경우 아래와 같이 생활비와 저축을 볼 수 있다. 이들 배우자를 구할 때는 주로 구매혼인제도이기 때문에 하급의 노동자라도 결혼하려면 이러한 몸값을 내지 않으면 안 된다. 이것이 저축을 장려하는 이유로 하급자라도 50원을 필요로 한다. 지금 1일 2전을 저축하려 하면 쉬지 않고 노동을 계속해도 50원의 결혼자금을 벌려면 7년의 세월이 걸리게 된다. 신의주에서는 노동자의 식비는 월 9원 정도가 필요하고 합숙소에서는 6,7원에 지나지 않는다. 1일 80전의 임금을 버는 흙벽을 바르는 일에 종사하는 사람이 1개월 25일 노동한다고 하면 월 수입 20원이고 그 안에서 생활비 즉 식비 8원과 그 외 3원을 제외하면 9원이 남는다. 이에 1년 중 10개월 동안 일을 하면 90원을 저축할 수 있다.

마찬가지로 신의주 조사에서는 그들 오락은 안동에 가서 연극을 보거나 휴가나 야간 휴양 때 활을 당기면서 노래를 부르는 것, 몇 전의 돈이나 아주 적은 담배나 술을 걸고 일종의 도박을 하는 것으로 음주를 하더라도 조선인과 같이 주접이 될 때까지 하지는 않는다. 생활 정도가 낮은 사람은 목욕비가 저렴하지 않기 때문에 쉽게 목욕탕에 들어가기 힘든데 이 목욕탕(도판 제27)은 확실히 하루 노동의 피로를 풀어주기에 충분하다. 목욕탕에서는 이발도 가능하며 차를 마시고 담배를 피울 수 있는 시설도 있다. 그러나 그들의 소위 극단능률極端能率은 어떠한 심정갱신Recreation으로 길러지는 것인가, 이것은 근로가 뛰어난 이들 민족을 연구하는 데 가장 필요한 것이다. 이것은 더 나아가 조직적인 조사방법과 상당한 시일이 걸려 하지 않으면 충분한 성과를 올릴 수가 없다.

## 결언

중국 민족이 조선에 끼친 정치적 · 사상적 · 예술적 영향, 그것이 조선을 통해서 우리 섬나라(일본-역자)의 문화 발달에 어떠한 영향이 있었는가는 종래 일본의 사학자 · 고고학자 및 사상가 등에 의하여 연구되고 있다. 그러나 중국 민족은 현재 조선에서 경제적으로도 사회적으로도 하나의 큰 힘으로서 다면적으로 일본인의 생활과 접촉해 오고 있는 것은 여러 측면에서 고려되어야 하는 문제임에도 불구하고 종래 정리된 조사도 연구도 없다. 내가 이것을 기술하는 것도 채 1개월이 안 된 답사에 토대한 것이기 때문에 그들 활동의 한 측면을 엿본 것에 지나지 않는다. 특히 나의 입장은 상인도 아니고 채소를 재배하는 사람도 아니고 노동자도 아니기에 이 기술은 그야말로 개략적인 관찰Bird's eye view에 지나지 않는다. 나는 조선인이나 일본인의 상인 · 영농자 · 기업가가 스스로 나아가 각자의 입장에서 중국인을 고찰하는 것이 필요하고 그 경제적인 우월을 밝힘과 동시에 더 나아가 이른 바 적극 능률을 올릴 수 있는 그들의 심신상태 특히 도덕 상태 및 영양 상태를 아는 것이 가장 필요하기 때문에 나의 조사는 겨우 그 전제에 그친 것이다.

미국 오리곤주의 일본인과 중국인의 노동 및 생활 정도의 비교(1913년 포트랜드 이다井田제국영사보고 「통상공보通商公報」에 게재된 것)에 의하면 일본인의 1개월 생활비가 9불 75전인데 비해 중국인은 7불 65전, 일본인은 생활비의 8할 9분을 미국 물품에 소비하는 데 중국인은 미국 물품에 4할을 소비하는 것 외에는 자국 국가의 물품을 이용하고 있다. 이렇게 중국인의 자주적 지지를 과시하는 것으로 실제로 그들에게서 배울 만한 부분이다. 이렇게 조선에서의 중국인의 연구 및 조사는 조선 그 자체의 문제로서는 물론 앞으로 일본의 문제로서의 입장에서도 미리 착수할 만한 것이라고 나는 생각한다.

조선부락조사 제1책 마침

# 도판 圖版

후치령에서 바라본 북동쪽의 원경

후치령 중간에서 바라본 상직동

흰 부분은 경작 화전 검은 부분은 휴경지(후치령 북쪽)

화전(후치령 북쪽)

해마다 농사짓는 숙전(북청군 덕성면)

화전민의 부락(황초령 북쪽 서흥리)

황초령 남쪽 기슭의 화전민 부락

명당덕에서 바라본 북쪽의 후치령

화전(황초령 북쪽)

독립된 화전민가

화전민 부락(후치령 중간의 명당덕)

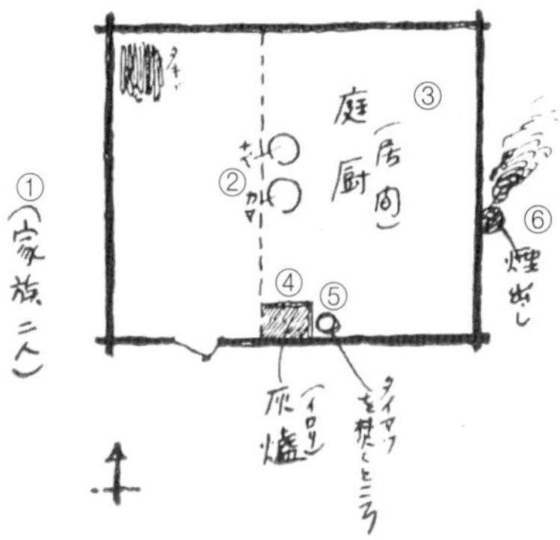


평면도 ①가족 2명 ②솥 ③거실 ④화로
⑤횃불을 태우는 곳 ⑥연통

가장 간단한 화전민가

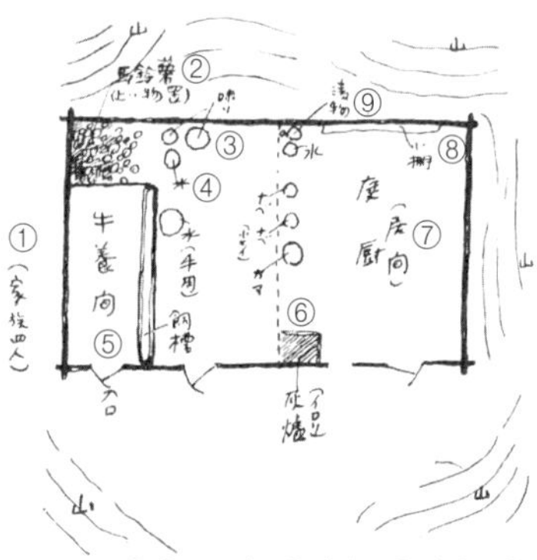


평면도 ①가족 4명 ②감자 ③된장 ④물
⑤외양간 ⑥화로 ⑦거실
⑧작은 선반 ⑨절인 것

간단한 화전민가

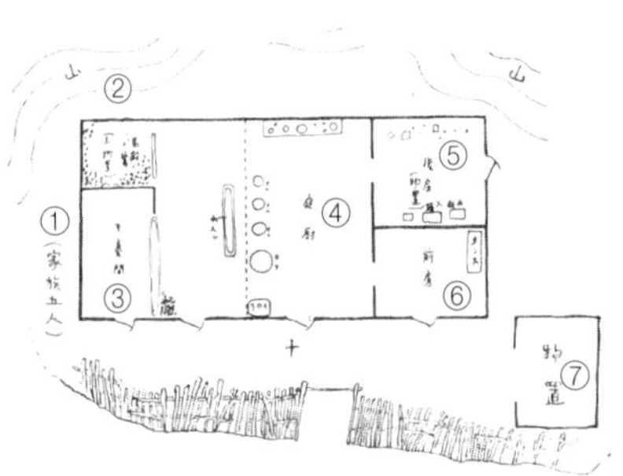

평면도 ①가족 5명 ②감자 ③외양간
④거실 ⑤뒷방 ⑥앞방 ⑦광

정착적인 화전민가

제1기

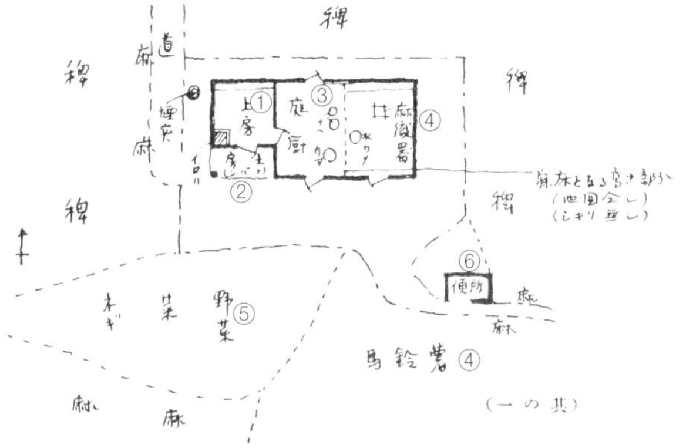


①윗방
②토방
③거실
④감자
⑤야채
⑥변소

제2기

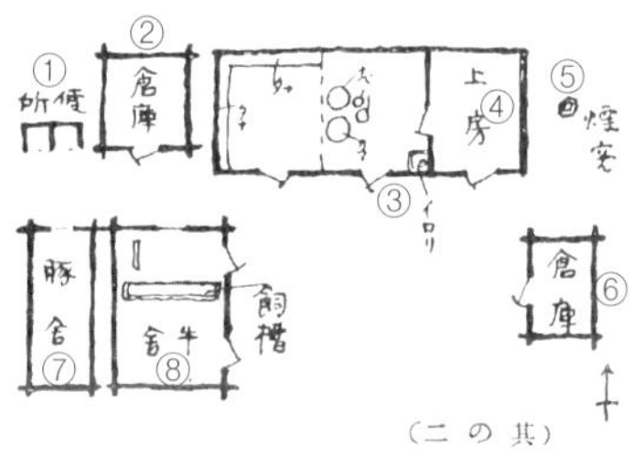


①변소
②창고
③화로
④윗방
⑤연통
⑥창고
⑦돼지 우리
⑧소양간

제3기

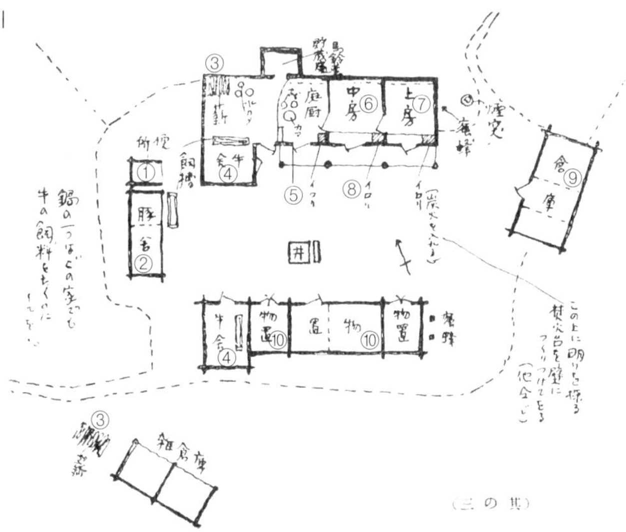


①변소
②돼지 우리
③섶
④소양간
⑤거실
⑥가운데방
⑦윗방
⑧화로
⑨창고
⑩광

정착적인 화전민가의 발달과정

도판 제7

제4기

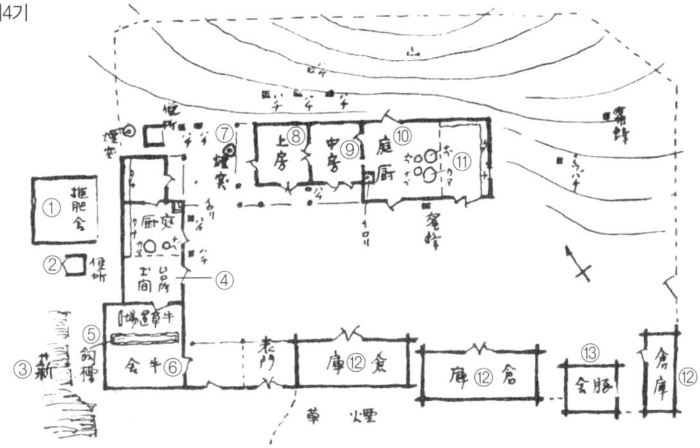

①퇴비장
②변소
③섶
④부엌
⑤먹이통
⑥소양간
⑦연통
⑧윗방
⑨가운데방
⑩거실
⑪솥
⑫창고
⑬돼지우리

(四 の 其)

제5기

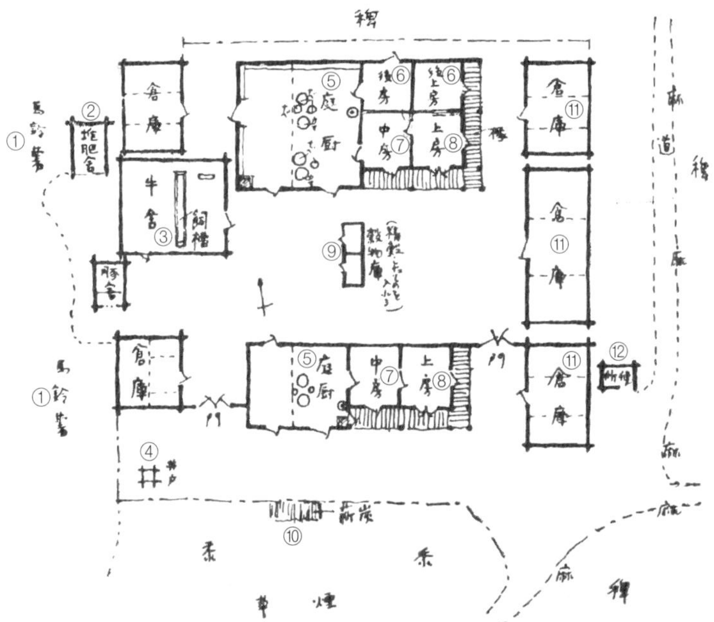

①감자
②퇴비장
③소양간
④우물
⑤거실
⑥뒷방
⑦가운데방
⑧윗방
⑨곡물창고
⑩땔감
⑪창고
⑫변소

(五 の 其)

정착적인 화전민가의 발달과정

화전민의 거실과 피복 및 가구

화전민의 부엌 · 광 및 소양간

도판 제9

화전민의 가족

화전민의 가족

화전민

화전민의 악기

화전민의 가족

흥리의 화전민가

화전민 마을

서흥리의 화전민가

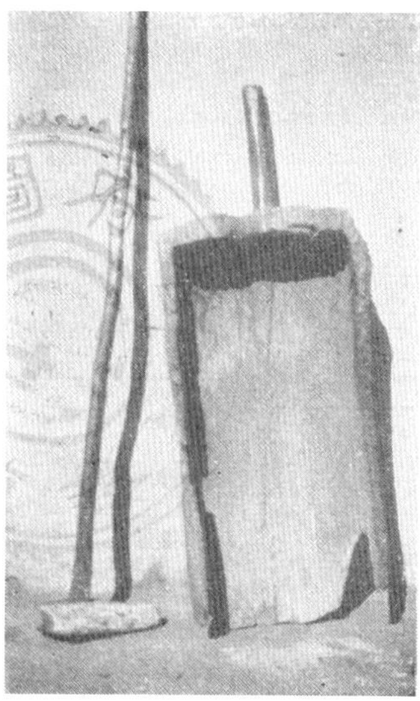

부삽과 부지깽이

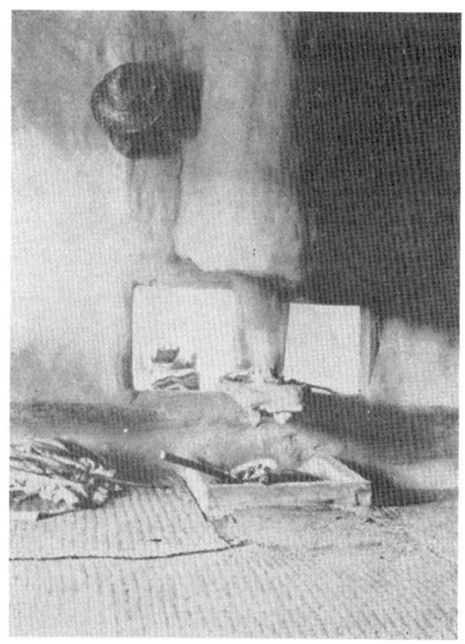

거실

도판 제11

안뜰

지붕

문

밀봉

돼지우리

물다듬잇돌

창고

소양간

ㄴ

개집

우물

화전민 · 우경

정착 화전민의 집과 경작지

화전민의 운반도구

(오른쪽부터) 소화공, 집목수

감자밭

새끼 꼬기

화전민의 수공예품

화전민의 농구

화전민의 마직

다리

부락에서 시장가는 길

통나무배

운반 도구의 제조

통나무배

운반거

산간의 숙박역(장진군 신남면 하갈우리)

산록의 숙박역(북청군 니곡면 직동)

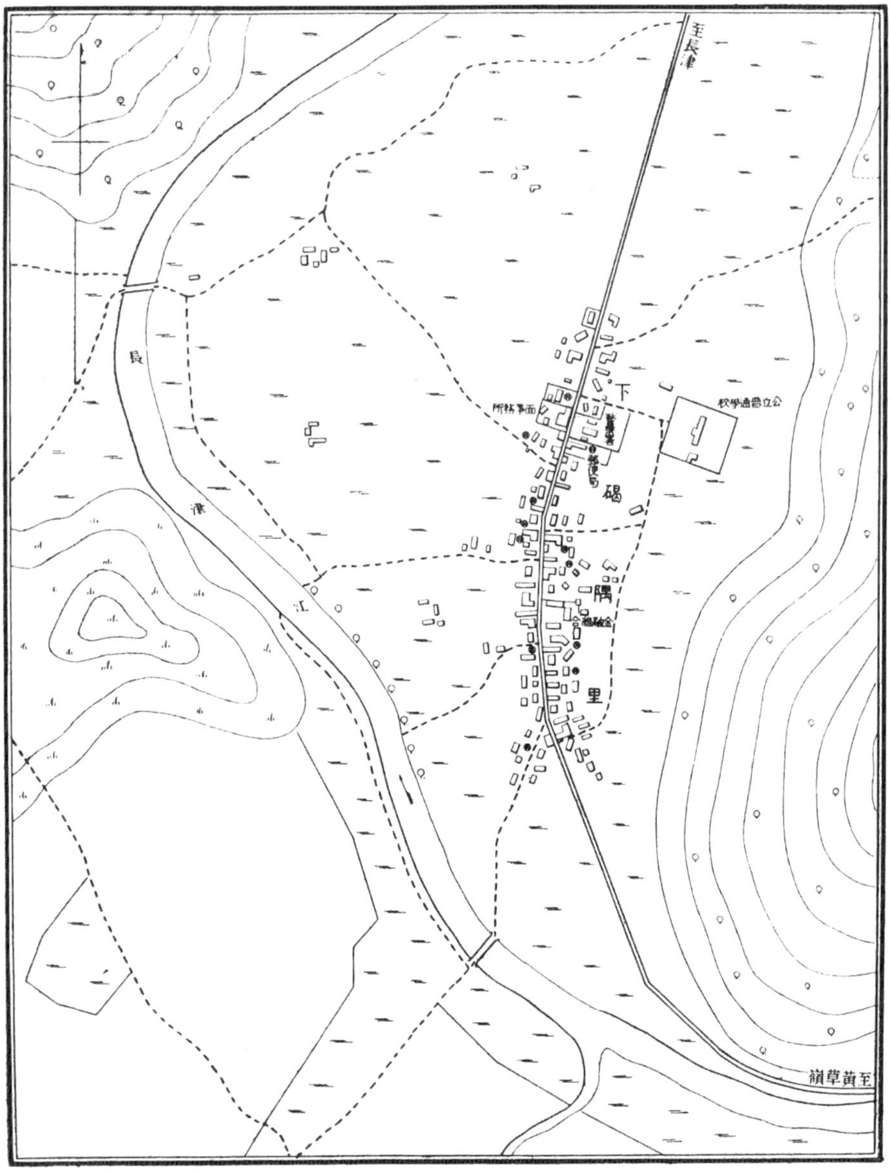


범례

우물 가옥 등록 경지 미등록 경지 미등록 휴한지 수목지

장진군 신남면 하갈우리 부근 조감도

중국 농부의 경작지(인천부 부근)

비료 운반

겨울 야채의 수확

중국 농부의 가옥

흙벽돌의 건조

흙벽돌 벽

가옥과 돼지우리

돼지우리

광

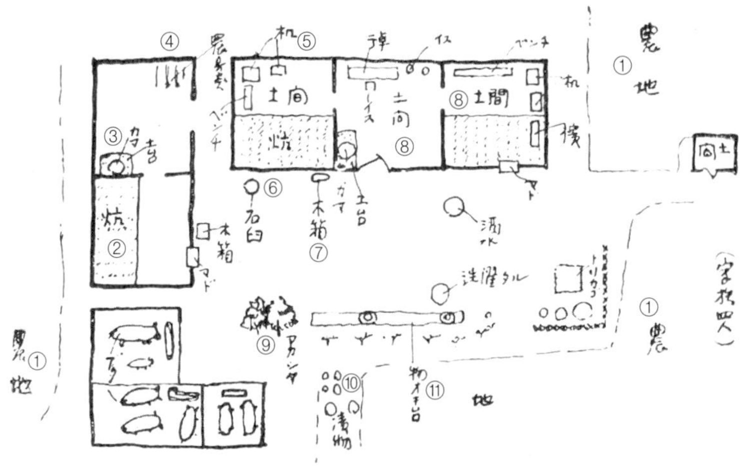

①농지
②갱
③솥
④농기구
⑤책상
⑥돌절구
⑦나무상자
⑧토방
⑨아카시아
⑩절인 채소
⑪광

중국 자작농의 가옥
(가족 4명)

부엌 가마

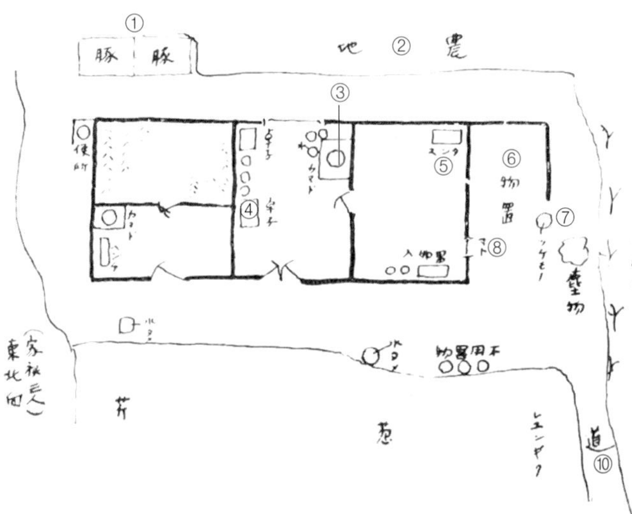

①돼지
②농지
③부뚜막
④타짜
⑤옷장
⑥광
⑦절인 채소
⑧창
⑨아카시아
⑩길

중국 소작농의 가옥
동북면(가족 3명)

농기구

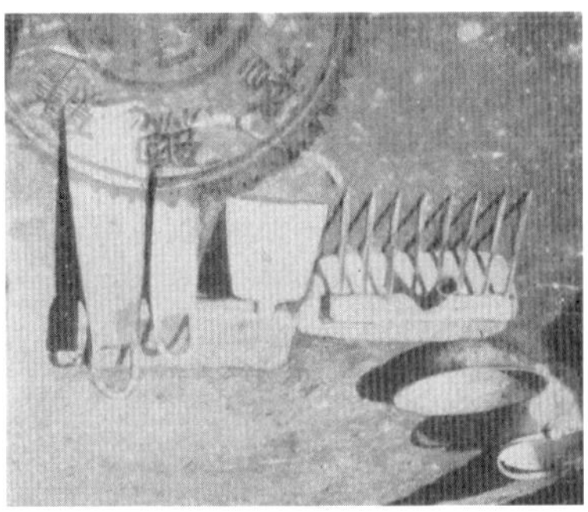

농기구 제조

운반 도구

농부

도판 제23

탁자

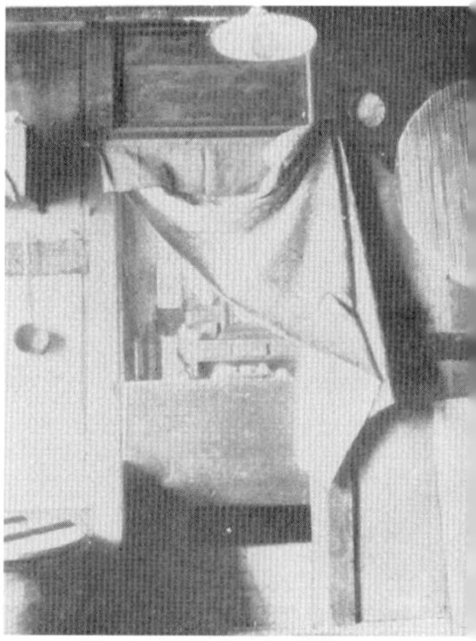

침실

고역두와 가옥

식사 공간

옹기와 부뚜막

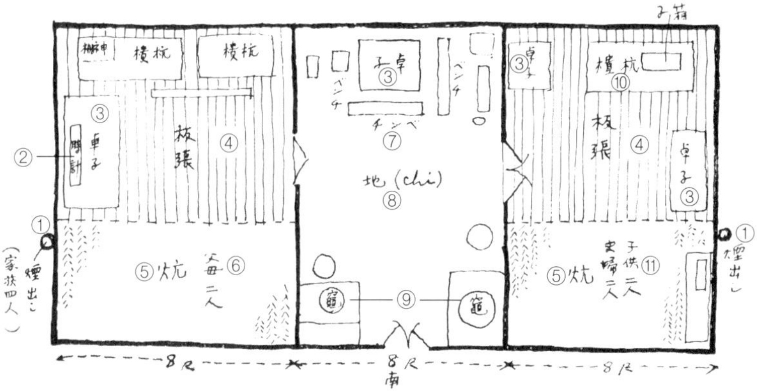


①연통
②시계
③탁자
④장판
⑤불
⑥부모 2명
⑦의자
⑧땅
⑨부뚜막
⑩이불장
⑪아이 2명

고역두의 가옥(신의주)(가족 4명)

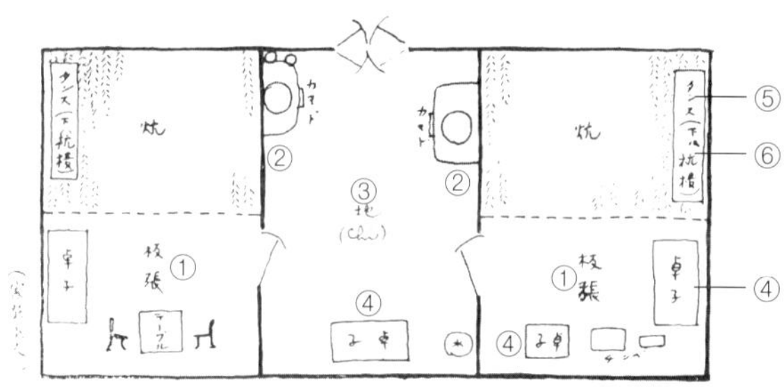

①장판
②부뚜막
③땅
④탁자
⑤옷장
⑥이불장

잡화상의 가옥(신의주)(가족 5명)

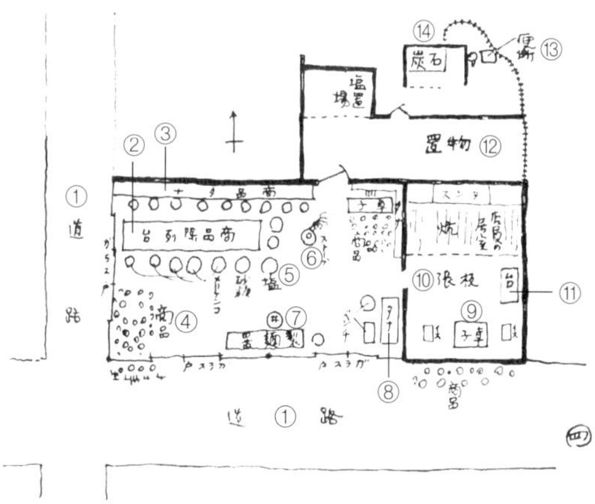

①도로
②상품 진열대
③상품 선반
④상품
⑤소금
⑥난로
⑦제면기
⑧선반
⑨탁자
⑩장판
⑪대
⑫광
⑬변소
⑭식탁

잡화상점(신의주)

하층 노동자의 합숙

하층 노동자의 긴 집

잡화상점

①하층 노동자 관리자 ②변소
③마루(장판) ④온돌 ⑤광
⑥하층 노동자(190명) ⑦책상 ⑧침실
⑨의자 ⑩화분 ⑪선반

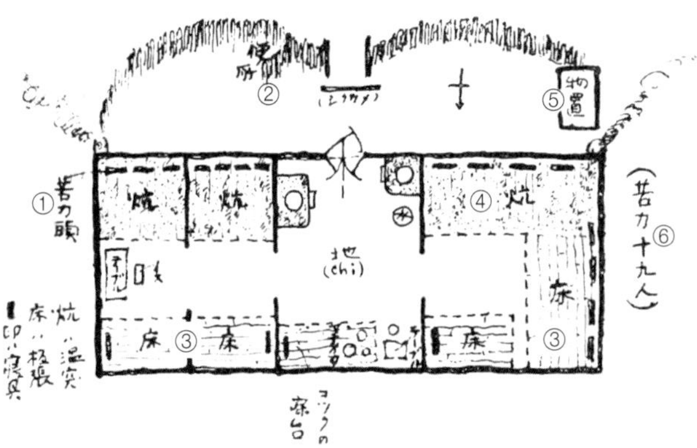


하층 노동자의 긴 합숙집

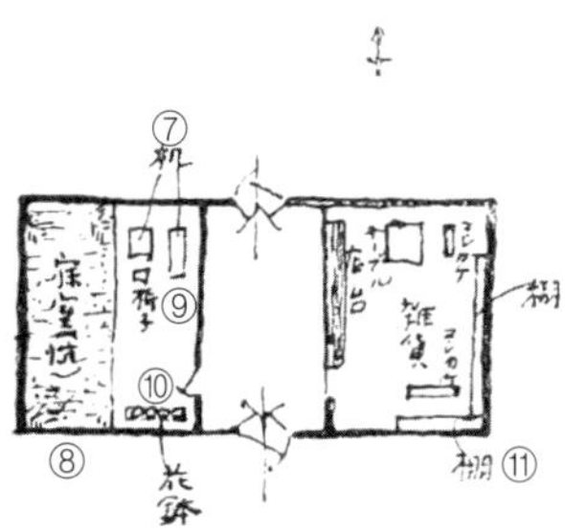

평면도

갈 제조

쐐기를 쳐서 이음새 고정

목재 운반

가루 당기기

두부 제조

중국 상인 시가(신의주)

중국인의 양금업

중국인의 목욕실

중국 상인 시가(인천)

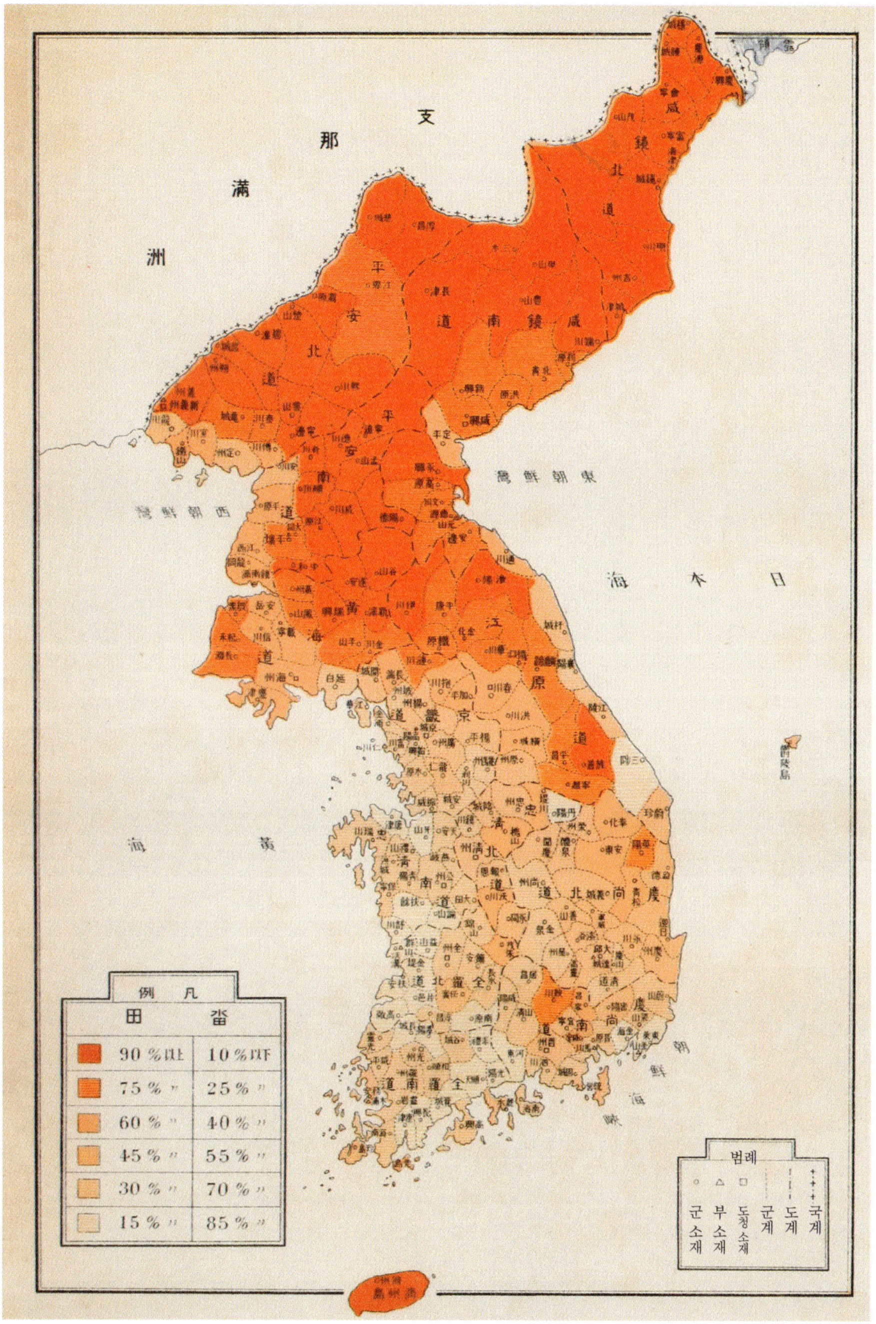
凡例
田 畓
90 %以上 10 %以下
75 % 〃 25 % 〃
60 % 〃 40 % 〃
45 % 〃 55 % 〃
30 % 〃 70 % 〃
15 % 〃 85 % 〃
범례
군소재
부소재
도청소재
군계
도계
국계
東朝鮮灣
西朝鮮灣
日本海
黃海

군별 경지면적 비교도

도판 제29

개마고원 부근 지형도

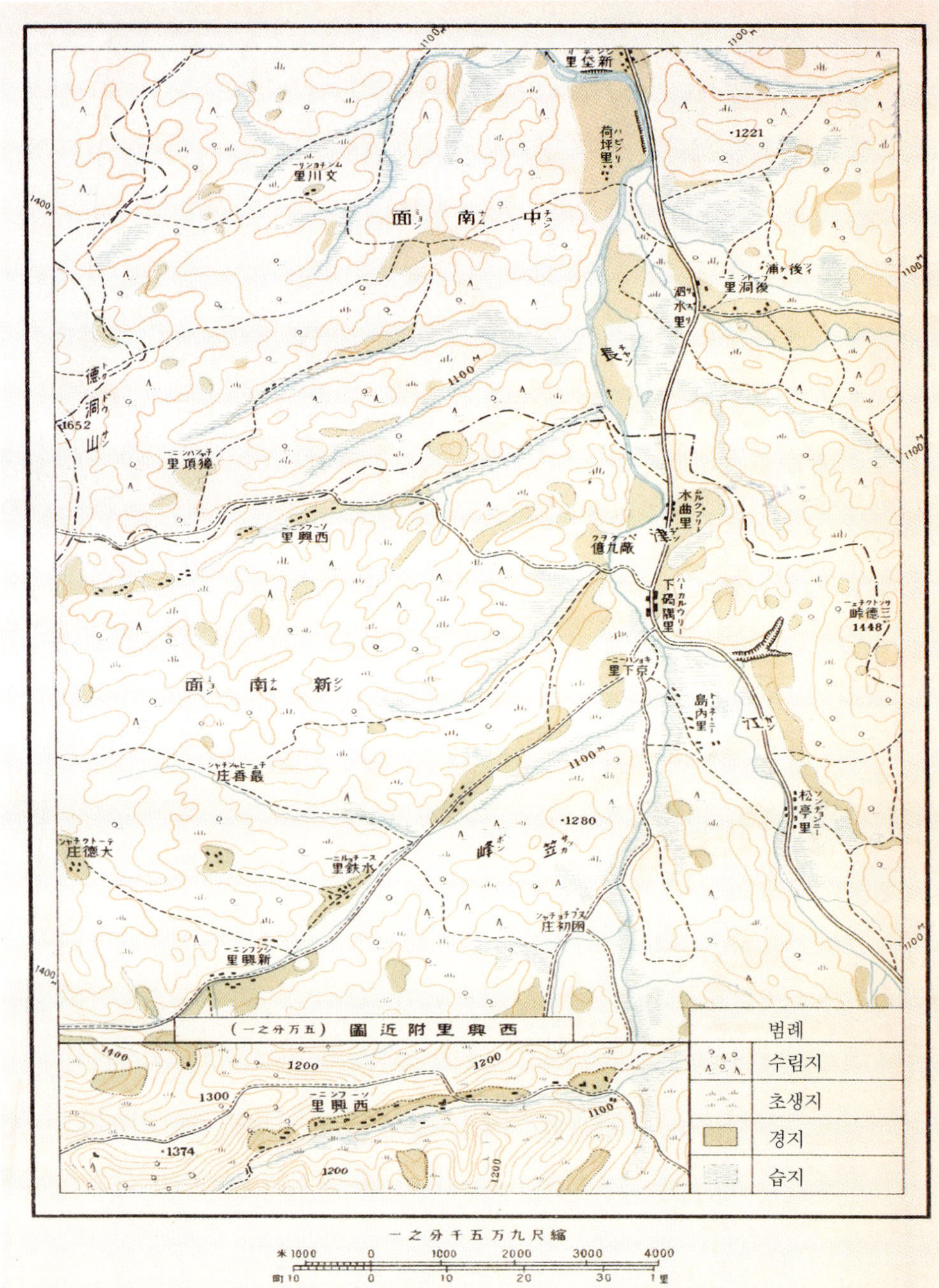


황초령 북쪽 경작지 분포도

도판 제 30-2

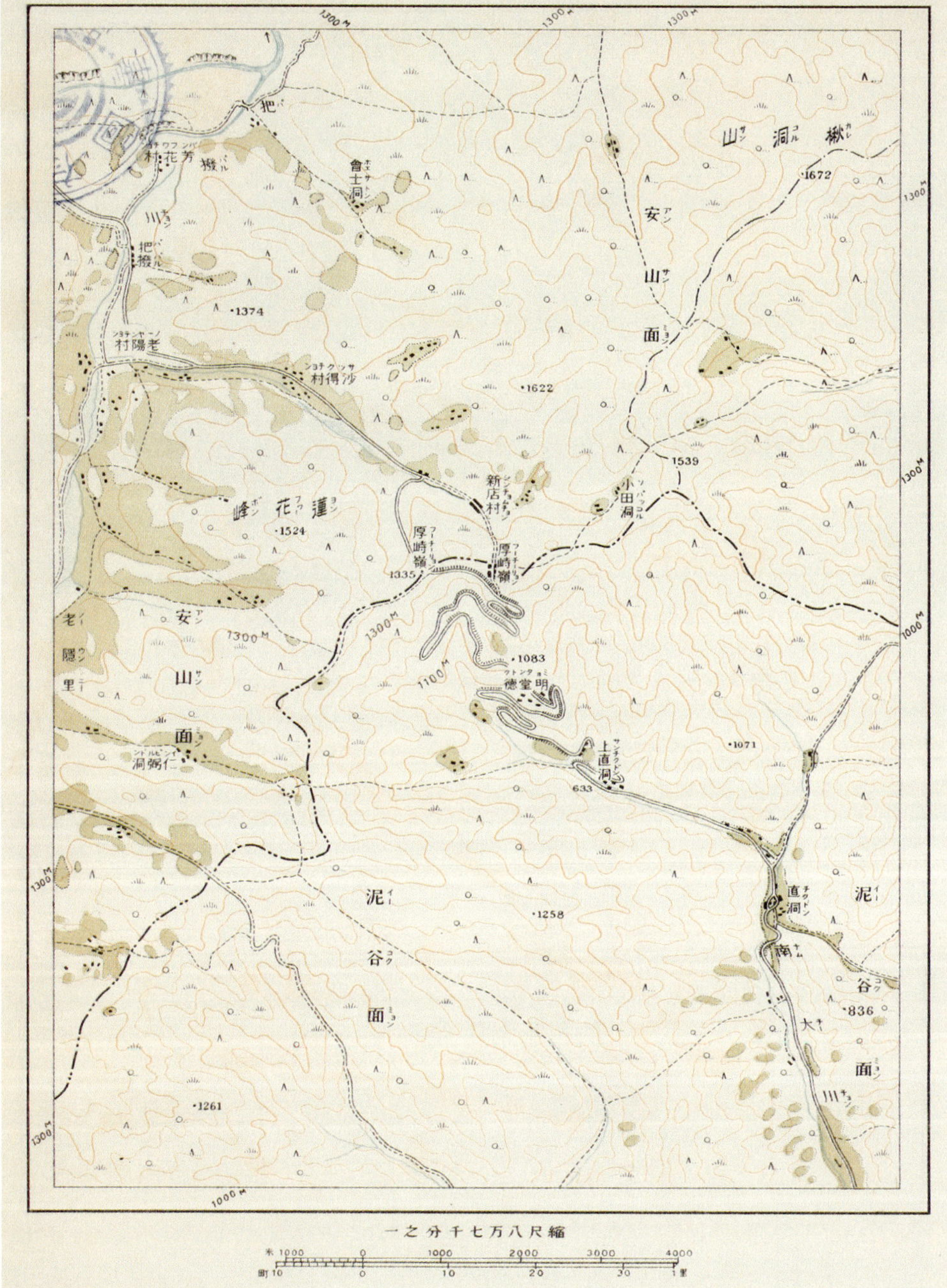


후치령 부근 경작지 분포도

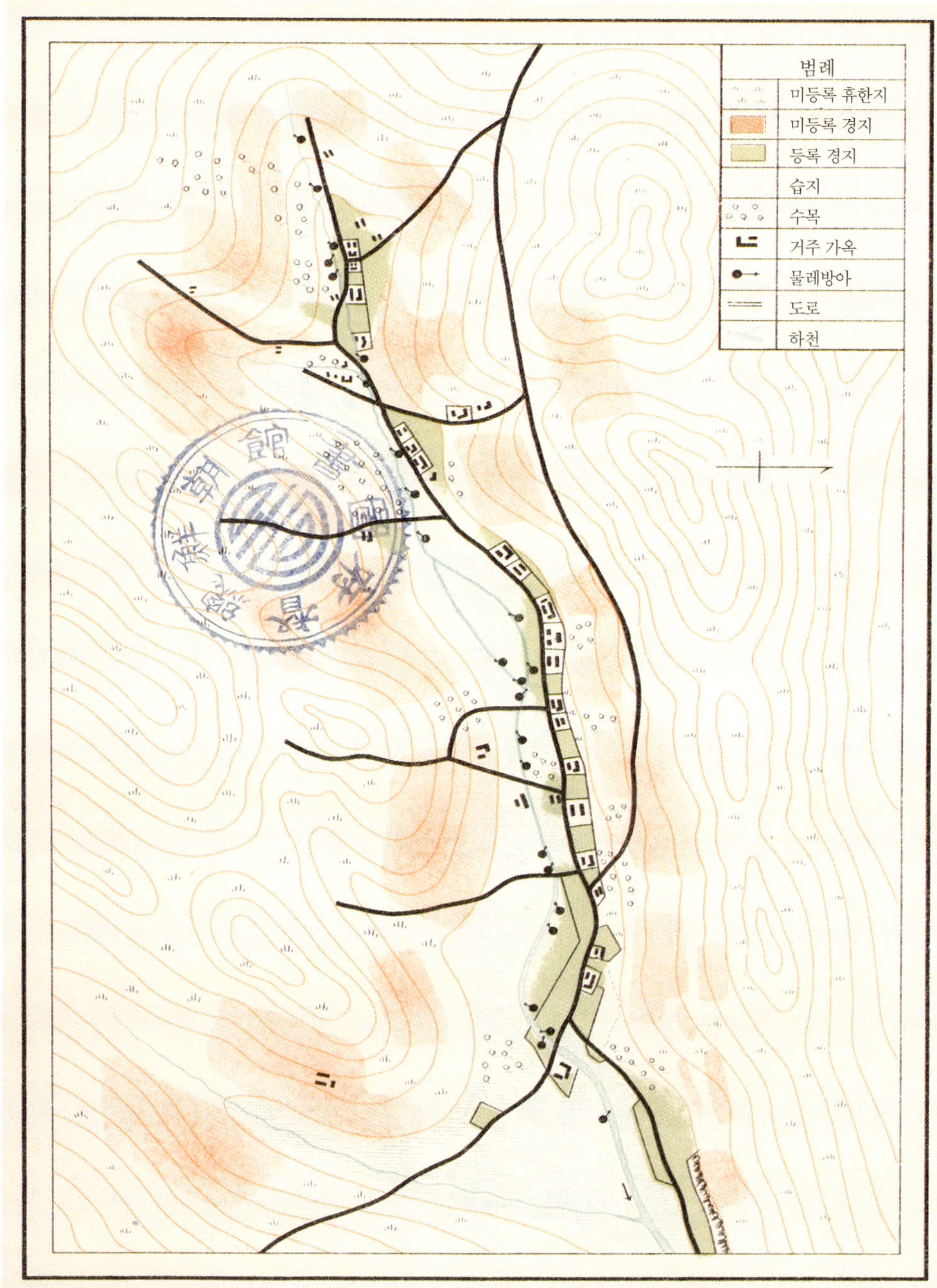


신남면 서흥리 부근 조감도

왕래 중국인 분포도

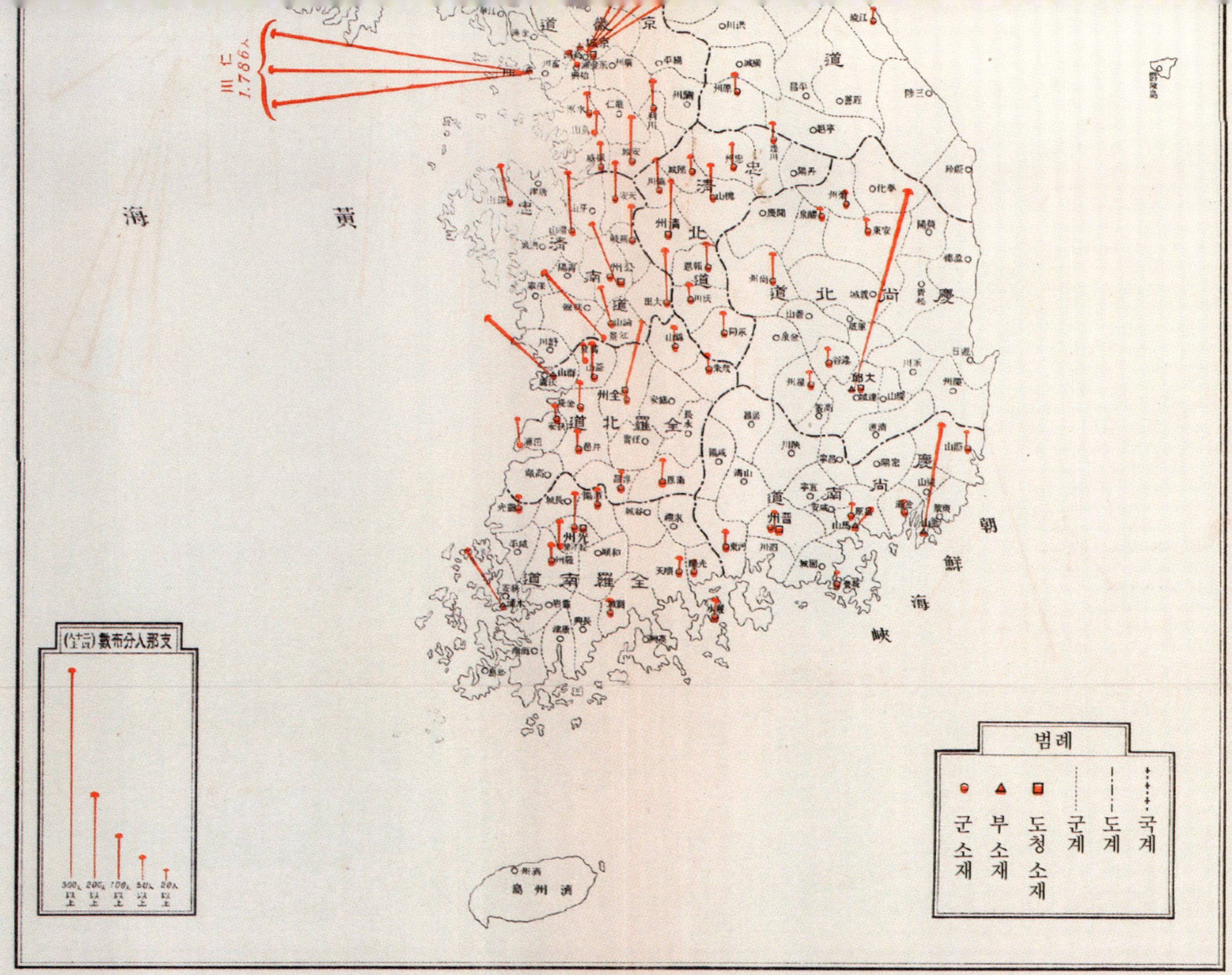

支那人分布數(十三)
500人以上
200人以上
100人以上
50人以上
20人以上
仁川 1,786人
黃海
朝鮮海峽
범례
군소재
부소재
도청소재
군계
도계
국계

도판 제33

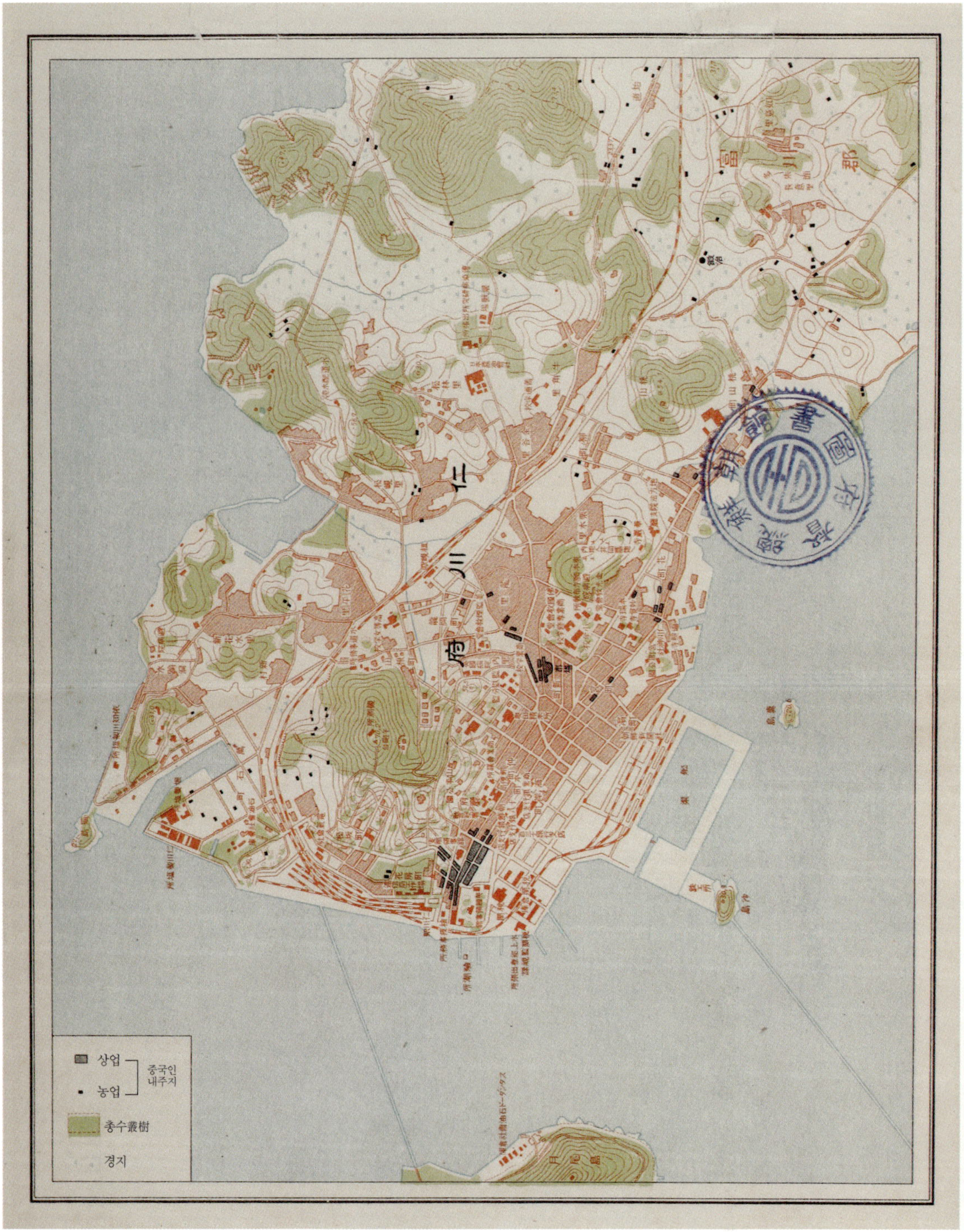


인천부 부근 왕래 중국인 분포도

大正十三年三月二十日印刷
大正十三年三月二十五日發行

朝鮮總督府

（東京市神田區連雀町十八番地
半七寫眞製版所 田中松太郎印行）

인 쇄 1924년 3월 20일
발 행 1924년 3월 25일

발행처 조선총독부

인쇄소 한시치(半七)사진제작소
인쇄인 다나카 마츠타로(田中松太郎)
주 소 도쿄시(東京) 간다구(神田區) 렌자쿠쵸(連雀町) 18번지

**한시치(半七)사진제작소** 창시자 다나카 마츠타로(田中松太郎)는 1863년에 도야마현(富山縣)의 하급 무사의 집에서 태어나 18세 때 교토로, 20세 때 동경으로 나와 오쿠보 토시미치(大久保利通)의 태정관(太政官)을 하고 있던 쿠사카베 메이카쿠(日下部鳴鶴, 1838~1922)의 서생이 되었다. 메이카쿠에게는 마츠타로와 나이가 같은 아들 다나카 미요지(田中美代二, 1861~1887)가 있었는데 마츠타로는 신진의 사진가였던 그에게 사진을 배웠고, 미요지가 참가하고 있던 「12회(공부미술학교의 동창생들이 만든 서양화 연구를 위한 동호회)」의 회원들과 친교를 하였다. 미요지가 26세 때 갑자기 세상을 뜨게 되자 그의 처와 결혼하여 다나카(田中)라는 성을 얻었다. 미요지의 사진점을 이어받은 마츠타로는 1900년에 파리에서 열린 세계박람회의 일본사무소 사무원으로 참석하였다. 박람회가 끝난 후 그는 화가가 되고자 하였으나 화가보다는 사진을 공부하여 제판기술을 배우는 것이 좋다는 권유를 받고 오스트리아 빈의 왕립사진학교에 입학하여 삼색판 인쇄 기술을 배워 1909년에 귀국하였다. 여러 인쇄회사에서 근무하다가 1915년에 「다나카한시치제판소(田中半七製版所)」를 창업하여 일본에 삼색 인쇄를 도입하였고, 이 분야에서 일본 제1의 명성을 얻었다. 화가로서도 이름이 있었던 마츠타로는 「목요회(木曜會)」, 「빵(パン)회」, 「노장회(老莊會)」의 모임 활동을 통해 당시 예술가들과 넓고 깊게 친교를 하였다.

# 朝鮮部落調査報告

# 부록

조선부락조사 과정

(小田內通敏, 『東洋』 25-4, 1922)

조선의 지방주가

(「朝鮮之地方住家」, 조선총독부, 1922.4.)

# 조선부락조사 과정

오다우치 미치토시小田內通敏, 『東洋』 25-4, 1922

## 실생활에 대한 학술 연구

우리들이 공존공영의 사명을 짊어진 조선에 대한 출발점은 우선 따뜻한 마음으로 정당하게 조선을 이해하려는 태도에 있다. 따뜻한 마음으로 정당하게 조선을 이해하기 위해서는 우리들은 우선 일본인과 조선인 간 차별하는 관점을 떠나 인간이라는 평등적인 시각에서 연구의 제일보를 나아가지 않으면 안 된다. 우리들은 역사 연구도 예술 감상도 그것이 탄생한 조선을 통해서 생각하고자 한다. 지금의 조선인의 생활을 배경으로 생각하고자 한다. 우리들은 면별로 그 생활을 접하고 그 의식주의 현상을 관찰하면서 그 풍토이며 그 종교이며 제도며 구관이 어떻게 오늘날의 조선인을 지배하고 더욱이 영향을 끼쳤으며 그것이 그 정신 생활 내지 경제 생활과 어떻게 밀접한 관계에 있는가를 밝히고자 한다. 교양이 있는 조선의 청년이 이 실생활에 대해 오늘날 어떻게 자각하고 있는가를 알고자 한다. 조선 각지의 일본인이 어떻게 조선인을 접촉하고 그것이 어떻게 서로의 생활에 반응하고 있는가. 경제적 능력이 풍부한 중국인은 어떻게 조선에서 활동하고 있으며 그것이 어떻게 조선인의 생활에 영향을 끼치고 있는가. 숫자적으로 그 영향이 큰 서구인의 사업은 어떻게 조선인의 생활과 관계가 있는가.

민족적 조류가 지금도 이전과 같이 이루어지고 있는 조선의 실생활을 우리들은 학술적으로 조직적으로 조사하고 연구하며 그것에 의하여 살아온 조선을 이해하고자 한다. 이러한 조선인의 실생활의 조사 및 연구는 현재 조선의 관민 일본인의 시설 및 사업에 참고가 되는 것일 뿐만 아니라, 종래 비교적 조선의 사정에 어두운 정치가 · 실업가 등에게도 큰 참고자료가 될 것으로 믿는다. 자신은 이 의미에서 조선총독부의 촉탁이 되어 그 실생활 조사를 할 만한 「부락조사」에 종사했는데, 이러한 다방면의 조사는 한 사람이나 두 사람으로 도저히 할 수 있는 것이 아니고 각 전문의 여러 사람들이 각각 분담하여 상당한 기간 안에 완성될 만한 것이라고 믿는다. 그러므로 여기에서 자신이 조사에 막 착수한 미완성의 과정을 여러분에게 보고하고 그 지도며 도움으로 이러한 조사의 완성을 기대하고자 생각한다.

## 부락은 실생활 연구의 핵심

실생활 조사의 대상은 어떻게 설정해야 하는가. 복잡한 생활상태에 대해 가능한 적확한 자료를 수집하고 근본적인 조사의 기준을 만들기 위해서는 조사할 만한 단위를 합리적인 것으로서 삼지 않으면 안 된다. 즉 그 단위는 일본의 촌에 해당하는 면을 취하기보다도 촌의 오오아자大字에 비교할 만한 동洞 또는 리里로 하는 것이 합리적이기도 하고 학술적이기도 하다. 우리들은 일본의 촌에서 실견한 것인데 오늘날의 촌은 메이지시대가 되어 도쿠가와德川시대의 촌(오오아자)들을 여럿 합병한 것으로 지방의 실생활과 밀접한 관계가 있는 지리적 조건 내지 역사적 사정은 행정상의 단위가 되는 촌에서보다도 그 일부인 오오아자에 잘 나타나 있다. 조선에서도 면적의 넓이보다도 그 일부가 되는 동이나 리 쪽 혹은 산록 혹은 하천을 따라 집단으로 거주하는 부락의 자연적 조건 내지 역사적 사정이 동일한 만큼 그 실생활도 특색이 있고 통일성을 가지고 있다. 그러므로 조선의 실생활의 연구 단위는 동 혹은 리를 취함으로써 가장 적확한 재료를 얻을 수 있다. 이것은 조선 각지의 실생활의 조사단위로서 부락을 취하게 된 이유이다.

## 부락의 종류

그러면 조사할 만한 부락의 종류는 무엇인가. 우리들은 (1) 조선 고유의 것 (2) 일본인과 관계가 있는 것 (3) 외국인과 관계(중국인, 서구인)가 있는 것으로 3구분하고자 한다.

(1) 조선 고유의 부락은 조사 사항의 경중에 의하여 다음과 같이 5종류로 대별한다.

○ 경제상 종류

- 보통 농업(곡적. 穀菽), 특수 농업(양잠, 연초, 면화, 목축, 인삼 등), 부업(농산제조, 목수, 직물, 제지, 제사, 금속공업, 요업, 양조업 그 외 수공업)을 하는 부락
- 임업, 어업, 광업, 공업, 개간, 관개, 수해, 시장, 도시 그 외 교통기관의 영향을 받는 부락
- 가장 부유한 부락, 가장 빈한한 부락

○ 사회상 종류

- 양반 · 토반과 같은 계급 부락, 성이 단순하거나 복잡한 부락, 백정과 같이 천민이 많은 부락, 지주 및 소작 관계가 원만하지 않은 부락

○ 교화상 분류

- 유교 · 불교 · 기독교 · 천도교 · 시천교 · 무복 기타 특수 신앙이 풍부한 부락

○ 내치상 분류

- 규약을 잘 지키는 부락, 분쟁이 끊이지 않는 부락, 교화가 특히 낮은 부락, 음주도박 등 풍기가 좋지 않은 부락

○ 역사상 분류

- 개발 연대가 특히 오래되었거나 새로운 부락
- 성 · 사찰 · 종묘 · 병영 그 외 사적의 존재가 부락의 구성 및 현상과 밀접한 관계에 있는 부락

(2) 일본인과 관계가 있는 부락은 다음과 같이 두 종류로 대별된다.

- 거주 연대가 오래된 부락
- 거주 연대가 새로운 부락(일본인만의 부락, 조선인과 잡거하는 부락)

(3) 외국인과 관계가 있는 부락은 다음과 같이 두 종류로 대별된다.

- 중국인이 거주하는 곳으로 경제 · 사회상 일본인에게 영향이 큰 부락
- 서구인이 거주하는 곳으로 경제 · 사회상 일본인에게 영향이 큰 부락

단, 조선인이 간도 및 만주로 이주하는 부락과 같이 역사상 일본에서 조선 관계 부락과 같은 것도 조사할 만한 것이다.

이상은 촌락의 조사단위로서 부락의 종류를 기술하였는데 촌락에 대해 경제 · 사회상 늘 상대적인 관계를 가지는 도시의 실생활에 대해서도 촌락과의 비교연구상 조사할 필요가 있으나 이것은 후일로 미루기로 한다.

## 관찰한 부락의 개요

나는 이상과 같은 종류에 토대하여 조사를 진행하고자 예정하였는데 아직 충분한 설비와 시일을 통하여 상세한 조사를 할 운이 되어 있지 않아 지난 여름 및 지난 가을을 통해서 조선인 고유의 부락에 대해 하루 내지 이틀 동안 예찰을 시도한 부락의 수는 16개에 불과하다. 기간 관계상 경제생활과 사회생활의 대요를 조사하는 데 그치고 조사 사항 이외 적확한 재료로서 부락의 형상을 분명히 보여줄 만한 사진을 찍고, 생활상태를 아는 데 충분한 민가의 가옥 구도를 작성하는 일에 힘을 기울였다. 예찰한 부락의 경제생활과 사회생활의 상황과 부락형상의 사진과 민가 가옥 구도는 조만간 『예찰보고』로 출간하기에 여기에서는 주

요 부락의 개요를 서술하는 데 그친다. (민간 가옥 구도의 일부는 「조선지지방주가朝鮮之地方住家」라는 제목으로 4월 상순부터 약 3주 동안 평화기념 동경박람회 내 조선관 접대실에 진열하기로 하였다.)

### 1) 사회상 양반이 많은 부락

#### (1) 경상북도 안동군 풍남면 하회동

풍남면 하회동은 낙동강 왼쪽 하안에 접하고 일찍이 하회의 유씨柳氏로 유명한 양반이 많은 부락으로 알려져 있다. 호수 270호, 유씨 일족은 150호, 그 하인은 약 50호이다. 유씨 종족은 유시만柳時萬씨이고 지족의 주요한 사람은 유승우柳承佑씨이며 유시만씨의 조상은 유겸암柳兼庵, 그 동생 유서애柳西厓는 유승우씨의 조부이다. 유서애는 임진왜란 당시 영의정(총리대신)이었던 사람으로 지금 여전히 그 유서 · 유묵 등이 보존되고 있고 양가를 비롯하여 장대한 기와집이 많고 부락 안에 기와집 70호가 있는 것만으로도 보통의 부락과 다른 점을 알 수 있다. 유교의 영향은 지금도 여전하고 한문으로 편지를 쓸 수 있는 사람이 345명이나 있다. 따라서 신교육을 하고 있는 공립보통학교의 설립을 반기지 않았기 때문에 그 학교가 생긴 것은 1919년 여름으로 다른 순수 농업 부락보다 6,7년이나 늦다. 그러나 최근 부락의 청년은 점점 진보하여 종래 한 사람의 신자도 없던 기독교가 최근 1920년 10월 이래 40여 명의 신자를 얻고 게다가 그 대부분이 청년회원이라는 것은 주목할 만한 현상이다. 그런데 공립보통학교에는 양반 자제 이외는 두 사람을 빼고는 통학을 허용하지 않고 따라서 하인 자제는 불완전한 야학을 다니는 등은 믿을 수 없는 것과 같은 사실이다. 유씨 일족에는 문중계門中契 · 돈의계敦義契 등이 있다.

#### (2) 전라북도 김제군 금구면 상신리

전라북도 도청 소재지 전주와 서남쪽으로 약 4리가 떨어져 있고, 호수는 242호이다. 그 가운데 장씨張氏가 70호에 지나지 않지만 지주가 많고 소작 쌀 백석 내지 3천석을 가진 15호가 있으며 경제상 중요한 지위를 차지하고 있을 뿐만 아니라 장씨 종가인 장현중張弦重씨는 유교 외곬의 노인으로 일족이 신교육을 받는 것을 꺼려하여 그 자손이 경성 또는 동경에

가 있는 사람을 중도에 불러들인 일이 적지 않다. 따라서 일족 중에는 면의 공립보통학교에 통학하는 사람이 매우 적었는데 작년 이래 청년 사이에 신교육에 대한 갈망이 크고 공립보통학교의 증축 공사비 기부 예정 금액 7천엔 중 이 부락에서만 6천 9백 84엔을 기부하게 된 것은 주목할 만한 현상이다. 장씨 일족에 문중계 · 위친계爲親契가 있고 특히 문중계의 돈은 풍부하기에 일족의 경제상의 위치를 안정되고 공고하게 한다.

(3) 전라남도 영암군 영암면 망호리

영암면 망호리는 영암군 읍내에서 수십 정 떨어진 곳에 있고 제주도와 함께 전국으로 팔려 나가는 빗의 생산지로 알려져 있다. 호수는 88호이고 거의 이씨이다. 그 종가 이주남李柱南씨는 약 3백년 전에 경기도에서 이주한 유학자로 일족 모두 빗의 제조에 종사하고 있는데 그 유래는 분명하지 않다. 전업으로 하는 61호에 대해, 겸업은 27호이다. 하루 한 사람의 생산은 보통 20개, 상등품은 10개로 그 매출은 영암읍내의 시장에서 이루어지고 1년 간 거래는 60만개, 즉 6만원 내외인데 그 이익의 대부분은 거간꾼에게 돌아가기 때문에 생산자는 딱한 상태에 있다. 이를 해결하기 위해서 최근 산업조합이 결성되었다. 이와 같은 유망한 수공업을 하는 것이 이 부락의 자랑인데 양반이 이러한 직업에 종사한다는 것을 감추려는 풍조가 있다. 빗을 제조하는 작은 도구들이 많은 것은 놀라울 정도이다. 계는 문중계 · 동계 · 서당계 · 혼인계 등이 잘 이루어지고 있다.

(4) 충청북도 충주군 가금면 누암리

충주읍내에서 남서쪽으로 약 1리 반에 있는 곳으로 한강을 따라 있는 형승지다. 약 2백년 전 영의정이 된 정호鄭浩가 만년에 노양老養하고자 이곳으로 거처를 옮겼고 거택 및 부지는 당시 국왕으로부터 하사를 받았다. 이렇게 일족이 번영하여 100여 호에 이르렀고 누암리에는 약 50호가 있었는데 26년 전 의병의 난 때 일본군이 전부 이 부락을 불태워 그 후 다른 곳에 거주하는 사람이 많았고 오늘날에는 정씨가 거주하는 호가 6호에 지나지 않는다. 따라서 지금은 당시 정씨의 하인이었던 사람이 소작 상태로 거주하는 것이 많기에 전 호수 20호 가운데 2명의 지주를 제외하고는 매우 빈한한 부락이 되었다.

(5) 충청남도 공주군 신상면 유구리

충청남도 도청 소재지 공주에서 북서쪽으로 7리 떨어진 산록의 부락으로 호수는 106호, 이李, 한韓, 오吳의 3성을 비롯하여 양반이 많고 따라서 가옥은 경성풍의 것이 많다. 소작이 50호에 대해 지주가 40호 있는 것으로 이 부락의 민도를 알 수 있다. 다만 성이 많기에 부락의 통일성이 매우 곤란하고 따라서 시설상 모두 원활하게 의견의 일치를 볼 수 없는 것은 아쉽다.

2) 교화상 - 유교, 시천교- 부락

(1) 경기도 이천군 백사면 도립리

이천군 읍내와 동북쪽으로 약 1리 반 떨어진 곳으로 원적산圓積山의 산록 수목이 번창한 부락이다. 도립리에서 조사한 것은 상촌 32호인데 부락의 창시자 엄씨 일족이 가장 많은 16호이다. 창시자 엄용순嚴用順은 평생 처사로서 육영에 힘쓴 사람으로 그 서당 육괴정六槐亭은 지금도 남아 있고 옛 괴나무 5본과 함께 그 융성함을 생각하게 한다. 엄용순의 직계 엄인섭嚴寅燮은 이 부락에 현재 살고 있고 같은 일족 엄기응嚴基應은 자산도 있고 교양이 풍부하며 특히 그의 부친 엄리섭嚴理燮은 한학에 능통하고 인격이 높으며 부락의 중심인물로서 존경을 받고 있다. 이 부락의 사교도 매우 우아하다. 현재 이왕직사무관 엄주일嚴柱日을 비롯하여 공직에 종사하고 있는 사람이 많은 것으로도 이 부락의 교화를 추진할 수 있다.

(2) 충청남도 논산군 두마면 부남리

부남리는 이른 바 「신도안新都內」 내 한 부락으로 호남선 두계역豆溪驛에서 약 1리 반에 있다. 조선왕조가 멸망한 이후 정씨가 새로운 수도가 될 만한 토지라는 전설이 있는 곳으로 특히 1919년 3.1운동 이래 한층 그 망설을 믿고 현재 신도안으로 이주한 사람은 4백호의 1천 7백여 명(1921. 3)에 이르렀다. 부남리는 신도안의 여러 부락 가운데 새로운 이주자가 가장 많은 부락이다. 1918년 전에는 이주자가 20호였는데 지금은 새롭게 이주한 사람이 142호에 이르고 종래 거주했던 95호보다도 훨씬 많으며 현재 매일 다수가 이주해 오고 있다. 이곳에는 시천교가 가장 성행하고 교주 김인국金寅局의 저택은 그야말로 궁전과 같다. 조선인의 신앙 및 미신을 연구할 만한 부락으로서는 가장 적당한 곳이다. 자신이 실지로 조사한 소작농은 황해도에서 이주해 왔으나 상당히 빈곤에 빠져 있었다.

### 3) 경제상 - 농업, 어업 - 부락

#### (1) 경기도 이천군 신둔면 장동리

이천군 읍내로부터 동북쪽으로 약 2리 떨어진 곳에 있고 천덕산天德山을 북에 두고 있는 산촌이다. 따라서 그 사이를 흐르는 계곡은 "건천乾川"이라고 이야기될 정도로 평상시에 물의 양이 적다. 부락민은 모두 농업으로 소유관계 및 노동력 관계는 자급자족으로 그야말로 산촌의 평온한 경제생활을 보여주고 있다. 농구와 같은 것도 재래의 것만 사용하고 개량농구는 수도水稻 정조식기正條植器[1] 몇 개, 도급기稻扱器[2] 몇 개에 불과하다. 개량풍구改良唐箕와 연직기莚織器는 각각 1대 있을 뿐이고 퇴비와 같은 것은 창고의 일부를 이용하지만 많은 경우 노지퇴비이다. 교화 정도도 아직 낮고 일본어를 읽는 사람은 겨우 7명으로 반리 밖에 떨어져 있지 않은 앞서 언급한 도립리와는 현저한 차이가 있다.

#### (2) 경상남도 통영군 거제면 죽림포

죽림포는 통영군 읍내에서 기선으로 3시간 정도 가는 어촌으로 호수 42호, 농업의 자작 2호, 자각 겸 소작 10호, 소작 10호에 대해 어업을 전업으로 하는 20호가 있다. 생활의 상태는 일반 농촌과 큰 차이는 없으나 일본인의 어부와 접촉하여 그 어선이나 어구가 매우 유리한 점으로 보아 거의 전부 구식의 것을 사용하지 않는 것은 주목할 만한 점이다.

---

1) 못줄을 쳐서 세로와 가로의 줄을 맞추어 모를 일정한 간격으로 심는 기구. 기는 '機'의 오기.
2) 벼의 이삭을 훑어 내는 농기구. 기는 '機'의 오기.

#### 4) 역사상 부락

##### (1) 경기도 개성군 중서면 여릉리

개성군 읍내에서 서쪽으로 약 1리 반쯤에 있는 곳으로 전해지는 바에 의하면 부락의 구가舊家 왕기조王基祚는 고려 태조의 자손으로 호수 37호 중 2호 외는 모두 왕성王姓이다. 따라서 그 사이의 사교도 원만하고 특히 조선에서는 부인 간 적은 교제가 이루어지는 것도 동족관계 때문이다. 개성의 주민과 결혼시키는 것은 스스로 왕성의 후예라는 것을 믿기 때문이다.

##### (2) 함경남도 함흥군 운전면 궁서리

궁서리는 함흥군 읍내에서 3리 8분쯤에 있는 본궁역本宮驛 부근에 있다. 이태조를 제사지내는 본궁이 있는 곳이기 때문에 본래 본궁의 부역(야경, 제초, 부설)에 종사하기에 면조免租되었을 뿐 아니라 부근 하해의 어업권을 가지고 범죄도 어느 정도 심하지 않으면 처벌되지 않을 정도로 특별 보호가 있던 곳이다. 그만큼 본래는 어느 정도 풍부한 부락이었는데 국유지에 편입되면서부터 특별한 보호도 없고 따라서 최근 34호가 줄고 지금은 호수 70호가 거의 국유지의 소작인뿐인 부락이 되었다.

### 살아온 조선을 이해하는 열쇠

이상은 아주 작은 상황을 언급한 것에 지나지 않으나 이러한 부락을 예찰한 결과, 조선 고유의 부락으로서는 가장 먼저 조사에 착수할 만한 것은 사회조직이나 가족제도와 결부된 부락, 예를 들면 양반부락과 같이 하나의 성이 한 부락의 중심을 이루는 부락이다. 이러한 부락은 한편으로 말하면 현대 조선의 축도縮圖라고도 말할 수 있기 때문에 이러한 부락의 실생활을 잘 관찰하면 조선을 이해하는 열쇠를 쥘 수 있다. 그 다음으로는 어느 종교의 영향을 받은 부락, 미신이 풍미한 부락을 조사하면 조선인의 정신생활을 이해할 수 있다고 믿는다. 이것은 부락 조사의 입장에서만 말하는 것이 아니다. 일본인에게 그야말로 조선을 이해하려고 생각하는 사람은 부산보다 경성에, 경성보다 평양이나 원산으로 이른 바 기차여행만 하지 말고 이러한 부락 하나라도 관찰하기를 바란다. 총독부에서도 일본에서 관광으로 오는 정치가, 실업가, 교육가에게는 단지 도회지나 명승만을 안내하지 말고 그야말로 조선의 실생활을 이해할 수 있는 곳을 보여주는 것이 좋다. 일반적으로 조선의 생활상태를 알게 해 주는 서적이 없다는 것은 아쉽다. 매년 총독부에서 발행되는 『조선사정요람』이나 남만주철도주식회사에서 나오는 『조선철도여행안내』에서는 조선이나 조선인의 생활을 알 수 없다. 말을 바꾸면 우리들은 조선에 친근감을 느끼게 하는 것과 같은 서적을 접하고자 한다. 생활뿐만 아니라 풍경과 같은 것도 전혀 소개되어 있지 않다. 일본의 예술가로 조선에 건너온 사람들도 많은 경우 도회지만을 둘러보고 그야말로 조선 기분이 넘치는 시골의 풍취를 접하는 사람이 매우 적은 것은 아쉽다. 자신은 최소한 모제Moose씨의 『조선의 촌락생활Village life in Korea』과 무라카미村上唯吉씨의 『조선인의 의식주』에 의존한다.

우선 조선 고유의 생활을 이해하고 그로부터 일본인 관계, 더 나아가 외국인 관계로 생기는 생활현상을 밝히고자 하는 것이 우리들의 목적이고 또 일본인에게 이렇게 살아온 조선을 이해하는 열쇠를 쥐어주고 싶은 것이 우리들의 희망이기도 하다.

## 조선 청년의 이해

자신이 착수하고 있는 「조선부락조사」는 앞서 언급한 것과 같은 태도로 진행하고자 한다. 따라서 조사 항목과 같은 부문도 조사사업 그 자체가 구체적으로 되면 분담적 작업을 하지 않으면 안 되지만 그렇다고 하더라도 조선인을 접하는 마음과 태도의 따스함이 모든 방면에서 조사에 착수한다고 하더라고 중요하다고 생각하고 있다. 그렇다면 이러한 조사는 일본인만으로 착수하기보다도 조선인과의 공동작업에 의하여 가장 이상적으로도 이루어진다면 조선의 여러 사람들이 생활 그 자체를 반성하는 기회가 되기도 할 것으로 생각한다. 이것은 지난 여름 및 가을 조사 때 동행하면서 통역의 수고를 해 준 조선 사람들이 이 조사를 이해하고 흥미를 가지게 되었던 것으로 알 수 있을 뿐만 아니라 작년 12월에 조선총독부 제2회의실에서 자신이 수집한 자료를 진열하여 〈조선지방생활연구자료〉 전람회를 시도하였을 때 『동아일보』의 주필 장덕수張德秀씨는 그것을 열심히 열람하고 이러한 조사가 필요하다는 것을 그 신문에 논하여 아래와 같이 이야기하고 있다(1921년 12월 26일 동아일보 논문 사설 번역).

> 우리들은 이 시험을 심대한 흥미로써 관찰하였을 뿐만 아니라, 조선인의 정치적 경제적 발달을 도모하는 데 이러한 과학적 조사와 그 조사를 기초로 하는 과학적 개량에 매우 필요한 것을 얻을 수 있는 것을 기뻐하게 되었다. 이번 전람회에 대해서 느낀 한두 개를 적어보면,
>
> (1) 지방호족의 생활상태에 대해서는 특히 그 가옥구조와 촌락에 대한 영향 등을 조사한 것이 그것이다. 호족의 가옥구조는 한편으로는 그 생활을 구체적으로 나타내고 있을 뿐만 아니라 다른 한편으로는 그 사상도 구체적으로 나타내고 있는 것이 된다. 이로써 조선의 상류계급이 가정에 대해 어떠한 관념을 가졌는가를 알 수 있고 또 그 생활에 대한 취미와 실용을 위해 얼마나 준비하였는가를 추측할 수 있을 뿐만 아니라 장래 조선인의 생활을 실제로 개량하려고 하면 어떠한 생활의 기초에 의하여 할 만한가를 잘 추출할 수 있다. 재래 가옥구조의 단점은 다른 문명 여러 국가의 그것과 비교하여 그 장점을 취하여 보완하고 또 그 장점은 어디까지나 발달시켜서 한편으로는 조선고유의 미풍을 보존하고 다른 한편으로는 현대문명의 장점을 잘 섭취할 수 있게 된다. 이와 같이 하는 것은 실로 우리들의 생활을 개조하는 것이 된다. 바꾸어 호족생활의 촌락에 대한 영향을 관찰하면 명문거족이 거주하여 생활의 근거지를 이룬 곳에는 그 모든 부락을 불문하고 문화는 상당히 발달하고 생활의 흥미가 상당히 풍부(현재에 물론 쇠퇴하여 오히려 완고하게 되기도 하고 오히려 퇴보하는데)하게 되는데 순전히 농민만 생활하는 부락은 실로 취할 만한 것이 없게 된다. 그 가옥의 구조와 촌락의 형태에서 교화기관의 존부와 생활의 향락에서 실로 차이가 크다고 할 만하다. 남북의 구별이 현저한 것을 사진과 도면으로 한층 절실하게

깨달을 수 있다. 유교와 양반이 왕성한 남한의 생활은 그렇지 못한 북한의 생활에 비하여 그 규모가 장대 화려하여 일종의 문명을 형성한 것에 반하여 북한에서는 볼 만한 것이 없는 것은 사실이다. 그 때문에 그것을 보면 우리들은 출현한 용이 밭에 있고 천하의 문명이 된다는 것을 깊이 느끼고, 한 지방에서 태어난 선각자 또는 위인걸사가 그 지방에 큰 행복을 가져다 준다는 것을 절실히 느끼게 된다. 동시에 시대와 함께 추이하는 것을 모르는 것은 결국 시대에 뒤떨어지는 것이고 전자는 뒤지고 후자는 나아간다는 진리를 새삼스럽게 깊이 느끼게 된다.

(2) 지방의 특산물로 직업을 달리하는 것을 조사한 것이 이것이다. 순전한 농촌과 어촌 또는 죽세공 등의 부업을 크게 하는 특수촌을 제시한 점, 촌락의 위치가 대체로 산을 배경으로 하고 물을 앞에 두고 형성한 것이 이것이다. 이것은 인생 생활의 기초는 경제에 있고 경제의 편의로 그 삶을 창조한 것을 보여주는 것이 된다. 즉 농산물이 풍부한 곳에는 스스로 농부 생활을 하고 해산물이 풍부한 곳에서는 스스로 어촌을 이루어 어부 생활을 하며 그 외 특산물이 있는 곳에서는 그 특산물을 이용하여 생활을 함과 동시에 생활에는 물과 불을 가장 필요로 하는 것으로 하여 물과 불을 구하기 위해서는 스스로 산과 강을 필요로 하는 것이 된다. 그렇다면 산을 배경으로 하고 물을 접하여 살고 있는 것은 반드시 풍광을 중히 여기지 않는다는 것은 알 만하다. 여기에서 우리들의 향상의 진리가 어디에 있는가를 알아야 하는데 즉 천연적 은혜의 두꺼움과 얇음에 있다는 것을 알게 된다. 농민이라고 해도 호족과 같은 고등의 생활을 원하지 않는 것도 아니나 그 빈궁한 생활에 만족하는 것은 그 경제적 방편이 충분하지 않기 때문이고, 생활을 향상하는 기회를 얻지 못하는 이유는 그 생활이 매우 빈궁하게 되었기 때문이다. 우리들은 특히 이 점에 유의해야 한다. 요컨대 조선의 지방생활에 관한 이와 같은 구체적 과학적 조사는 매우 필요하고 그 조사에 기반을 한 구체적 · 실제적 · 과학적 개량안이 필요한 것을 우리들은 통절하게 느끼게 된다. 이와 같은 시도는 일본인 측의 노력에만 맡기지 말고 조선인도 노력해야 되나 특히 청년회는 이 사업에 대해 노력을 아끼지 않으려는 것을 희망하여 여기에 한 마디 해 둔다.

자신이 조선 각도를 답사하였을 때 일본이나 경성에 유학한 조선의 청년들이 학업을 마치고 고향으로 돌아와 비교적 한산한 나날을 보내고 있다는 사람이 많다는 이야기를 듣고 절실히 지방생활의 개선을 위해 가까이서 노력을 할 수 있기를 바라는 정에 감당할 수 없었으나 장씨의 주장을 듣고 한층 뜻을 다지게 된다.

## 동아 여러 민족생활에 대한 비교연구의 필요

우리들은 멋대로 자유롭지 못한 여행객처럼 불완전한 연구법으로 조선의 실생활 조사 여행을 떠나려는 때에 이러한 필요를 제창하는 것은 "발밑의 확실하지 않은 버릇에 끌려 이 외의 것까지 신경을 쓴다"라는 나무람을 피하지 못하는가 모르겠으나 대만이 되든, 만선滿鮮이 되든, 중국 본부가 되든 이들 각 지방의 실생활에 대해 학술적인 연구를 시작했으면 한다는 절실한 희망이 있다. 아니 전문가들이 이미 각각 조사 연구하고 있는 것이라고 믿는다. 이들 연구에 대해 종래 발표된 것이 비교적 적은 것은 일본 학계에서 실생활의 연구가 어떻든 순수 학술적인 것으로 인정받지 않게 되는 경향이 많기 때문이 아닌가. 그러나 시세는 이러한 조사나 연구의 필요를 강요하고 있다. 이때 무엇인가 조직적인 기관에 의하여 이들에 대해 학술적 연구의 표현을 용이하게 하는 것은 동아문화 신흥의 선구가 되는 일본에서 가장 중요한 것이라고 믿는다. 이것에 대해서는 특히 같이 느끼는 여러 인사들의 깊은 생각을 듣고 싶다.

# 조선의 지방주가*

## 「朝鮮之地方住家」, 조선총독부, 1922. 4.

### 서언序言

「朝鮮之地方住家」의 재료는 조선총독부 촉탁 와세다대학 강사 오다우치 미치토시씨가 부락 조사(별책 「조선부락조사의 과정」 참조) 때에 수집한 것으로 그 보고는 얼마 안 있어 『조선부락조사예찰보고』로서 발간될 예정으로 되어 있는데 조선 고유의 가옥 구조나 택지의 상황은 조선인의 생활상태를 구명하는 데 좋은 자료일 뿐만 아니라 종래 거의 일본에 알려지지 않았기 때문에 특히 전시회에 도움이 되도록 하였다. 단, 조선인이 종래의 가옥에 개조를 시도한, 일본인이 내선절충內鮮折衷의 가옥을 만든 실제의 예는 하나 둘에 불과하지만 특히 주목할 만한 가치가 있다.

또 조선 군별인구밀도도는 부락 조사의 참고상 작성한 것인데 인문발달의 추세를 고찰하는 데 편리하여 진열하게 되었다. 가옥의 구조는 와세다대학 교수 콘 와지로今和次郎, 밀도도의 작성에는 아키다 겐기치秋田兼吉에게 부탁했고, 해설은 오다우치씨가 맡았다. 「조선지지방주가」의 제자題字는 사이토 마코토齋藤實 조선총독의 휘호이다.

1922년 4월

조선총독부

* 이것은 1921년 12월에 조선총독부 제2 회의실에서 열었던 "조선지방생활연구자료" 전시회의 설명자료(이른바 팜플릿)이다.

중농 주거 가옥의 안방과 부엌(전북 김제군 상신리)

중농 주거 가옥의 부엌과 온돌(함남 함흥군 부민리)

충남 논산군 노성면 아이노시마(相島) 교장 주거 가옥

충남 논산군 채운면 제내리 송병직씨 주거 가옥

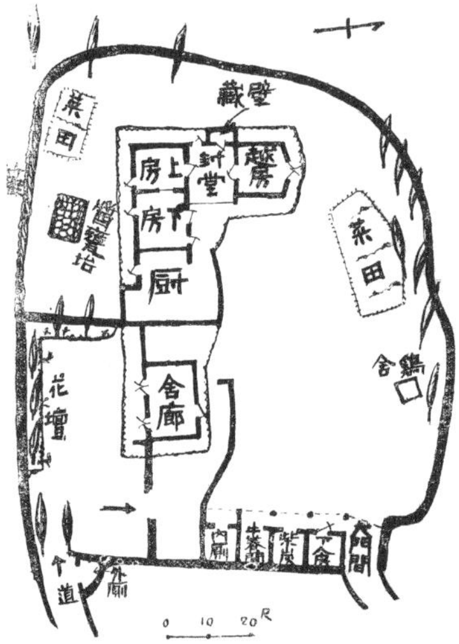

제1도. 경기도 이천군 신둔면 주거 가옥

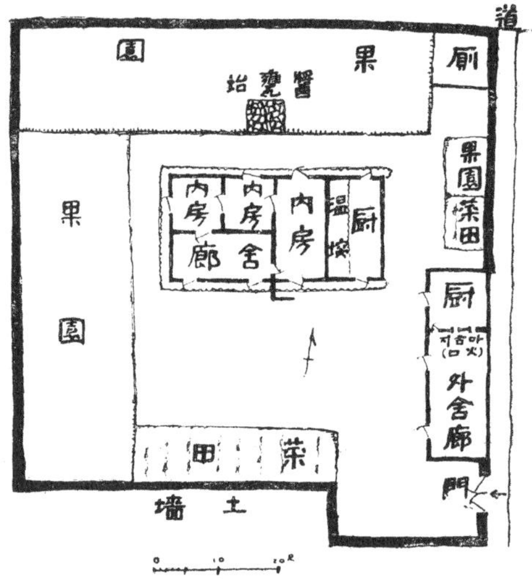

제2도. 함남 함흥면 운전면 주거 가옥

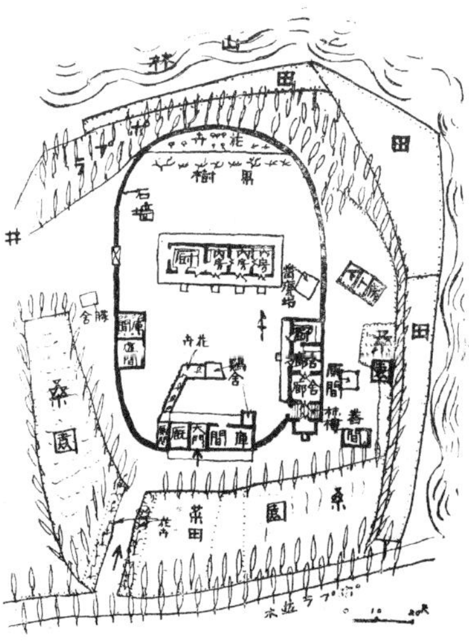

제3도. 평남 안주군 운학리 이인창씨 주거 가옥

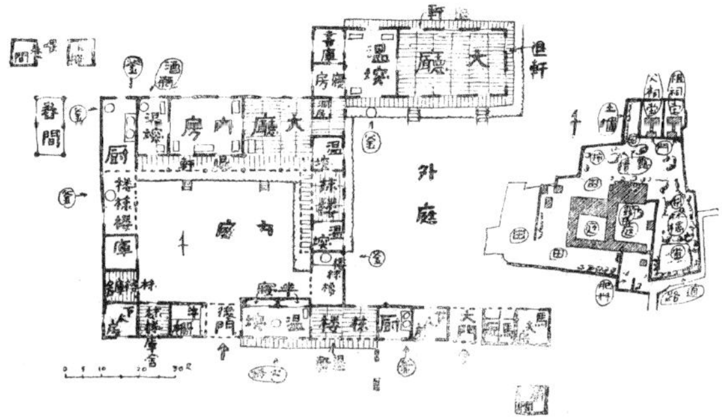

제4도. 경북 안동군 하회동 양반 유시만씨 주거 가옥

## 일반 가옥구조와 택지

조선의 가옥 구조는 일반적으로 낮고 작으며 2층 가옥은 거의 없는데 양반이나 호농의 가옥은 삽화에서와 같이 장대하다. 일반 가옥은 지상에 5,6촌의 땅을 쌓아 짓고 목재를 뼈대로 하며 그 사이에 벽을 바르고 벽 안쪽에는 종이를 바른다. 벽에는 열고 닫는 문의 방식으로 창문을 내고 출입도 그 곳으로 하고 창문이 작기에 방안이 어둡다. 마루는 돌로 쌓아 그 위에 흙을 바르고 표면에는 기름종이를 발라 습기를 막으려고 한다. 마루 밑으로는 화기의 통로를 만들어 취사를 함과 동시에 연기가 마루의 통로를 지나 그 화기로 방안을 따뜻하게 하도록 되어 있다. 이것이 이른 바 온돌로 조선 고유의 채온법採溫法이다. 일반 가옥 구조는 온돌의 2, 3개의 방과 부엌으로 되어 있는데, 집 주인 부부와 자식의 방을 안방이라 하고 안방으로부터 같은 높이의 토간(봉당)을 사이에 두고 떨어졌다고 하는 건넛방이 있다. 부인은 거의 손님을 맞이하지 않기 때문에 집 주인이 손님을 맞이하는 방은 사랑방이라고 하여 문에서 가까운 곳에 별도의 온돌방이 있다. 온돌방과 온돌방 사이를 널빤지로 깐 넓은 곳이 대청이라고 하기도 하고 마루[抹樓]라고도 하는데, 복도와 같은 곳은 툇마루[退軒]라고 한다. 여름 용도의 침실에 만들어진 널판은 마루방이라고 한다. 곳간은 출입구가 있는 창고나 헛간, 헛간은 출입구가 없는 토방의 공간, 봄 동안에는 곡물을 빻은 봉당, 외양간은 소를 기르는 봉당의 의미이다. 어떠한 집이라도 간장이나 된장을 저장해 둔 장독을 놓은 약간 높게 흙을 북돋은 장독대라는 것이 있다. 택지에는 다소의 채소밭이 있는데, 꽃을 심는 것은 보통의 민가에서는 볼 수 없다. 택지 주변의 담장은 돌담, 흙 담, 보리 잎, 소나무 가지 등으로 다양하다.

단, 구체적인 것은 실측한 가옥 구조와 다음의 해설을 대조하고자 한다.

## 실측한 가옥 구조

### 보통의 가옥 구조

#### 경기도 이천군의 가옥 구조

이천읍내로부터 약 2리쯤에 한적한 산촌 신돈면 장동리에 있는 오래된 가옥 구조로 민가의 대표적인 것이다. 이른 바 안방은 상하 두 개로 밖으로 봉당과 건넛방이 있고 부엌의 남쪽에는 별채의 사랑방이 있다. 문은 두 개 있는데 손님은 늘 사랑방에 가까운 문을 출입한다. 문과 문 사이에 긴 집의 구조의 한 채가 있고 그곳에는 하인이 거주하는 온돌방이나 우사나 섶을 쌓아 놓은 작은 공간이나 변소가 있다(삽화 참조). 이 부락에서는 그 가운데를 흐르는 (건천)의 물을 음료로 하고 있는데 우물이 없다.

#### 경기도 개성 부근 중농中農 가옥

이 집은 개성읍내에서 약 1리 반쯤 떨어진 중서면, 고려 태조의 능이 있는 여릉리로 그 후예로 이야기되는 지주 왕기조王基祚씨의 가옥으로 북으로 구릉을 배경으로 하고 남쪽으로는 경사진 부락 가운데 좋은 위치에 있다. 장동리의 민가와 비교하면 모든 것이 정돈되어 있다. 장동리에서는 토간(봉당)으로 되어 있던 곳이 이 집에서는 대청이 되어 있고 그 곳에서 식사 등 여러 가지 일이 가능하고 구석에서는 쌀통이나 면병綿瓶이 나란히 있는 것을 보았다. 절인 음식을 많이 저장하고 있는 헛간(창고)이 있고 밤을 넣은 병을 나란히 놓은 헛간 외, 택지의 한 구석에 곳간이 있어 소도 돼지도 키우고 비료를 놓은 곳도 정돈되어 있다. 장독대 옆에 여러 그루의 계두화鷄頭花가 눈에 띄었다. 가옥 가까운 곳에 가뭄에도 물이 마르는 일이 없는 오래된 우물이 있다.

#### 평안북도 선천군의 농가

선천읍내로부터 1리 반쯤 떨어진 심천면, 구불구불한 구릉 밑에 있는 인두동 인곡리의 지주 전도식田道植의 가옥으로 집도 왕기조의 것보다 크고 택지도 넓은데 모든 것이 휑하게 비어 있고 곳간 안에 있는 물건도 적다. 가옥 구조는 크게 변함이 없으나 대문 지붕 만 기와로 양측의 곳간이나 온돌방의 지붕이 초가인 것이 언뜻 눈에 띄었다. 문 앞에는 옥수수를 쌓아 둔 것도 이 주변이 아니면 볼 수 없는 것이다. 문을 들어가니 집 내부가 보이지 않게 ㅇㅇ을 사용하고 있다. 우물은 문 앞 수십 칸 쪽에 있다.

함경남도 함흥군 순농純農의 가옥

함흥읍내와 가까운 조선 왕조 태조를 제사지내고 있는 본궁이 있는 운전면 궁서리, 자작농 박명석朴明錫씨의 가옥이다. 가옥 구조가 안방과 사랑방으로 이중으로 되어 있는 것은 남조선에서 볼 수 없는 것으로 부엌과 안방 사이에 탁 터놓은 온돌이 있는 것도 북조선의 한 특징으로 볼 수 있다. 집은 넓지는 않은데 부엌도 택지 안도 온전히 청결한 것은 둘러본 여러 부락의 농가에서는 제일로 택지 안에는 사과나 포도를 심었고 변소도 택지 한 구석에 사람의 눈에 띄지 않는 곳에 있다. 후에 박명석씨가 기독교도로 면의 작은 교회의 목사를 하고 가까운 함흥읍내에서는 때때로 외국의 선교사도 찾아온다는 것을 듣고 역시라고 수긍하였다. 이 주변의 집들의 울타리는 거의 수수 잎이다.

강원도 춘천 부근 순농純農의 가옥

춘천읍내에서 약 1리 반, 서하면 금산리라는 산촌의 자작 겸 소작 정우영鄭禹永씨의 가옥이다. 산록 경사지에 개척한 촌으로 집 주변의 밭에는 밤이나 누에의 큰 나무가 여기저기에 있고 오엽송이 곳곳에 보이는 것도 정취가 있다. 가옥 구조는 대체로 이천군 장동리의 것과 닮아 있는데 그것보다는 조악하고 작으며 부엌 입구에 가까운 벽에 작은 구멍이 있고 그곳에 소나무 토막을 태워서 등으로 하는 설비 등 매우 원시적으로 보였다. 집 뒤 경사지에는 섶으로 사용하기 위해 밤나무의 큰 토막이 흩어져 있고 택지 주변의 울타리가 소나무의 큰 가지인 데에서도 산촌의 분위기가 물씬 풍긴다.

전라남도 영암 부근 가옥

북조선에서 남조선으로 들어와 특히 전라도에 들어와 푸른 대나무 숲이 부락의 풍경을 이루고 있는 것을 보니 그야말로 일본과 같은 분위기이다. 영암군 영암면 부근은 대나무 숲이 많고 면 내의 대나무 숲은 50여 정보에 걸쳐 있다. 이 곳은 조선 전체로 내다파는 빗을 생산하는 곳으로 망호리望湖里가 그 중심이다. 이 가옥은 망호리의 이용우李龍雨씨의 가옥으로 지금까지 본 굽은 집과는 다르나 대체로 같은 정도의 장방형의 구조로 되어 있다. 이 집에서는 건넛방을 작업장으로 하고 가옥에 가까운 남향의 택지 일부를 대나무의 건조장으로 사용하고 있다.

#### 경상남도 거제도의 가옥

경상남도 통영군은 조선 전체에서 유명한 어업이 성행하는 곳으로 그 관내에서도 유명한 어촌 거제도 죽림포竹林浦을 보았는데 가옥 구조는 그렇게 농촌과 다른 면이 없고 영암의 가옥 구조와 마찬가지로 두 구조로 되어 있다.

#### 충청남도 논산군 신도안 내 이주 농가

신도안은 논산 대전 두 군에 걸쳐 있는 지구(약 1만리)의 속칭으로 호남선 두계역에서 1리 반, 미신상 각 도에서 이 지구로 이주하는 사람이 점점 많아 1919년 3월 이후 2천명 가깝게 되고 있다. 이들 이주자들의 가옥 구조는 모두 막사식이라고도 할 만한 간단한 것이다. 실측한 자작농 종서宗瑞씨는 황해도에서 지난 봄에 이주해 온 사람으로 산림은 친척에게 맡기고 논밭을 팔아 2천 여원을 가지고 온 만큼 이 곳에 머물 생각인데 소작농 이춘영李春英씨는 지난 봄에 가옥 터를 막 팔고 온 사람으로 온돌과 헛간 외에는 없는 집에는 매우 곤궁한 상황이다.

### 복잡한 가옥 구조

#### 충청남도 공주군 양반의 가옥

공주군 신상면 유구리는 공주읍내에서 7리 반쯤 떨어진 곳으로 양반이 많은 것으로 알려져 있고 따라서 가옥 구조도 경성식의 것이 많다. 이 집은 그 가운데에서도 유명한 한창

수韓彰洙씨의 가옥으로 칸수는 많다는 정도는 아니지만 방도 넓고 설비도 정돈되어 있다. 남향의 복도 툇마루 북쪽의 온돌방은 주인의 객실 겸 서재로 그 우측에는 삽입한 선반(헛간의 장)이 있고 마루의 북쪽 온돌방은 아이의 공부방, 안방에 이어져 있는 잠자는 방은 안방의 보조가 될 만한 헛간으로 침구나 식물食物 등을 넣어둔다. 대청의 오른쪽 건넛방은 고용인의 방이다. 택지의 북동쪽 구석에는 장미를 많이 심은 화단이 있고 택지 주변의 울타리 담을 따라서 포플러가 나란히 심하여 정취를 자아낸다.

평안남도 안주군 운학리의 가옥

안주읍내에 반리 여쯤에 신안주면 운학리 이인창李寅彰씨의 가옥은 수년 전에 종가에서 분가하였을 때에 신축한 것으로 그는 와세다대학을 졸업하고 지금은 도평의원道評議員이다. 방의 구조는 종래 조선의 가옥과는 그렇게 다르지 않지만 모든 배치에는 고민한 흔적이 보인다. 특히 된장이나 간장을 넣은 장독의 한 두 개를 장독대에서 부엌과 가까운 처마 밑으로 이동한 것이나 돼지우리를 문 밖에 둔 것이나 택지 내외에 화초를 심은 것은 다른 데에서 볼 수 없는 것으로 뒤뜰에는 사과 그 외 과일이나 딸기밭까지 있다(삽화 참조).

경기도 이천군 순농 가옥

이천읍내에서 1리 반쯤 백사면 도립리 엄기응嚴基應씨의 가옥은 점차 증축한 복잡한 가옥으로 보통의 가옥을 세 네 개 합친 정도이다. 온돌방이 10개, 곳간도 헛간도 그릇 넣은 공간도 있고 소도 말도 키우고 있다. 그는 상당한 지주뿐 아니라 그 부친 엄리섭嚴理燮씨는 한학에 조예가 깊고 인격이 높아 부락의 중심인물이 되어 있다. 이 가옥의 서쪽 이웃은 부락을 개척한 처사 엄용순嚴用順이 평생 육영을 즐긴 육괴정六槐亭(서당)으로 오래된 회화나무가 높이 솟아 여전히 여름의 시원함을 느끼게 한다. 부락 전체도 수목이 무성한 느낌이 좋은 촌이다.

충청북도 충주 부근 양반 가옥

충주군 가금면 누암리는 충주읍내에서 1리 반, 약 2백년 전에 영의정(총리대신) 정호鄭浩

가 한강에 접하는 이 곳의 풍광을 사랑하여 은거한 곳으로 그 후에 정상원鄭尙源씨에게 그 모습을 볼 수 있다. 그의 가옥은 구년 전에 새롭게 건축한 것이기 때문에 사랑방의 밖은 방에서 방으로 출입하기 쉽도록 온돌방 10개와 그것에 부속한 대청, 마루, 마루방 부엌 등 장방형의 한 채로 된 구조로 되어 있다. 앞에서 언급한 도립리의 가옥 구조와는 정반대이다. 택지에 복숭아나 은행나무 등을 심고 벌통 3개도 있는 등 눈에 띄었다.

### 황해도 해주 부근의 호가豪家

해주읍내에서 3리쯤 떨어진 석동면席洞面 연근리蓮根里 구석동龜石洞 오국동吳國東씨는 도평의원으로 지방의 호가이다. 그의 가옥은 조선에서 호화스러운 가옥 ▯형의 것으로 주위의 동에는 온돌방이나 잠자는 방이나 곳간이 나란히 있다. 사랑방 3개는 격자로 구분되고 널리 이용되도록 하였고 그 한 구석에는 따로 침실로 사용되는 한 방이 있다. 곳간이 매우 많고 창고, 농작물 두는 곳, 절음 음식 두는 곳 등이 따로 따로 되어 있고 소도 말도 키우고 있다. 조상을 제사지내는 사당은 물론 제기실祭器室까지 갖추고 있다.

### 전라북도 김제군 금구면 상신리 장중현張重弦씨 가옥

전주로부터 꼭 3리 거리에 있는 이 부락은 장씨 일족이 정신상 경제상 우월한 세력을 가지고 있기에 유명한데 지금 그 종가 장중현씨의 가옥을 보고 한층 그것을 실감하고 있다. 입구 양쪽에는 하인의 방이 있고 특히 문을 열고 들어가면 오른쪽에 있는 집주인의 가옥은 온돌방 5개실 외에 마루가 2개, 그 하나는 여름을 위한 침실로 만들어졌고 그 앞은 넓은 뜰로 그 맞은편은 채소밭이다. 특히 문을 닫으면 왼쪽에는 난간이 있는 손님을 맞이하는 공간이 있고 그 뜰에 과수나무를 심고 오른쪽에는 안방이 있고 뜰을 사이에 두고 그곳에도 여름을 위한 넓은 마루방이 있다. 곳간이 많고 장독대 등은 크고 흙담으로 둘러싸여 있고 흙담은 택지 주변 전부를 둘러싸고 있는데 택지 안에도 몇 군데는 둘러싸고 있다. 특히 사당은 대문이 있는 흙담으로 둘러싸고 현액에는 "嗜酒者勿參"[4]라는 문구가 걸려 있다.

---

4) 술을 즐기는 사람은 참석하지 말라.

경상북도 안동군 풍남면 하회동 유시만柳時萬씨 가옥

하회동은 낙동강 중류 좌안을 따라 안동읍내에서 약 4리쯤 있는 부락이다. 이 부락의 유씨는 조선 전체에서 유명한 양반으로 종가 유시만씨의 가옥을 보면 일족의 생활사를 말하는 것과 같은 기분이 든다. 대문을 들어서면 넓은 대청이 우선 놀라게 하는데, 대청을 비롯하여 각 방이 모두 지상 7척의 돌담 위에 지어져 있다. 대청은 여름을 위한 객실로 양진당養眞堂이라는 현판을 걸고 한 구석에는 하회 16경景의 문장을 써놓은 편액이 있다. 그 왼쪽 옆이 유시만씨의 객실 겸 주거 공간(온돌방)으로 그 옆에 서고와 침실이 이어져 있다. 그 다음 방형(삽화 참조)으로 지어진 가옥 구조를 보면 툇마루에는 부인용 대청(여름용 객실), 안방(부인 객실), 잠자는 방(주부 거실)이 이어져 있고 양측에는 마주보고 여름용 침실로 되어 있는 2층의 마루 누각이 2개 있다. 앞의 누각에는 자식의 주거 및 객실(온돌방)이 있고 그 옆에는 자식을 위한 여름용 거실 및 객실(마루방)이 있다. 그 외 하인방은 두 개가 있다. 사당에는 조상 유겸암柳謙庵과 그 조부, 부친을 제사지내는 곳이 두 개로 나누어져 있고 모두 택지 둘레와 같이 기와 담장으로 에워싸고 있다. 택지 안에는 전답이 있고 배, 사과나무도 많이 심어져 있다. 우리들은 이 가옥 구조를 우러러 보고 실로 역사적 감흥을 금할 수 없었다. 유겸암의 동생 유서애柳西厓는 임진왜란 당시 영의정을 지낸 사람인데 그 후예 유승우柳承佑씨는 유저遺著 유묵遺墨을 소장하고 있어 그것을 볼 수 있었다. 서애 선생의 서재 연자루燕子樓는 지금도 여전히 보존되고 있다(삽화 참조).

## 새로운 가옥 구조

충청남도 논산군 노성면 아이지마相島 교장 가옥

아이지마 히라이치相島平一씨는 사가번사佐賀藩士로 1911년에 조선으로 건너온 이래 교직에 종사하고 있고 지금은 노성면의 교장인데 전통적인 조선 가옥을 절충하여 살기 좋은 가옥을 세웠다. 객실(6조疊)과 옆방(5조)에는 다다미를 깔고 차 마시는 방(4조반)을 온돌로 하고 있다. 객실에는 천황폐하와 선조의 사진을 걸어놓고 있다. 객실과 그 옆방의 창은 조선 재래의 것보다 길이도 폭도 넓어 객실 안은 매우 밝다. 욕실이나 화장실은 그야말로 일본식이다. 그는 논 가운데에 100원으로 지형을 만들고 건축비로 700원을 투자하였는데 일본인의 이주 가옥으로서는 참고할 만한 것으로 생각한다. 단 그는 밭 10두락을 소작하고 있다.

충청남도 논산군 이주민 거주지방의 개량 가옥

충청남도 논산군은 이주민이 많은 곳인 만큼 지방 군민은 그 좋은 영향을 받아 농사 경영에 혹은 가옥에 착착 실현되는 측면이 적지 않다.

호남선 연산역에서 10여 정丁의 연산면 송정리의 소농 정우용鄭禹鎔씨는 신농법에 악착한 독지가로 특히 양잠업에 뜻을 두었으며 가옥의 온돌 수를 가능한 한 적게 하고 양잠에 사용하는 방을 많이 확보하려고 고심하고 있다. 마찬가지로 호남선 강경역에서 약 1리 떨어진 채운면彩雲面 제내리堤內里의 송병직宋秉直씨는 상당한 지주로 잠종 제조업이나 과수원, 뽕나무밭을 비롯하여 일반 영농상의 개량을 시도하고 조선에 종래 없었던 소작인으로 하여금 신용조합을 조직할 정도의 독지가이다. 그 가옥을 보아도 재래의 것과 비교하면 행랑이나 복도를 신설하여 실내에는 다다미를 이용하고 각 방의 간격은 벽 대신에 두꺼운 헝겊이나 종이를 바른 나무문을 사용하여 연회 집회 시에 편의를 도모하고 농기구를 놓은 창고나 헛간에 대한 구조나 화장실의 위치 등도 고민하고 있다. 특히 다다미에 대해서는 본인의 이야기에 의하면 연료의 절약은 물론 옷의 더러움을 피하고 게다가 겨울에 살기가 좋기에 가까운 장래에는 온돌 전체를 없애겠다는 계획이라고 한다.

조선에서는 벽화 또는 영화靈畵라 하여 사랑방이나 건넛방의 벽 위에 장수를 비는 의미에서 닭이나 거북이나 사슴이 불노초를 먹고 놀고 있는 곳에 소나무나 신성한 나무 등을 심어 놓고 그림을 붙인다. 또 대문 옆 벽에는 호랑이의 그림을 붙이기도 하고 안방의 입구 벽 위에 사자 그림을 붙이는 것은 "벽사辟邪"의 의미이다.

朝 鮮 部 落

# 논고

김태웅 일제강점기 오다우치 미치토시小田內通敏의 조선통치 인식과 '조선부락조사朝鮮部落調査'

최석영 콘 와지로今和次郎의 조선 민가 조사배경과 방법, 그 인식

調 査 報 告

# 朝鮮部落調査報告

# 일제강점기 오다우치 미치토시小田內通敏의 조선통치 인식과 '조선부락조사朝鮮部落調査'

**김태웅** 서울대 사범대 역사교육과 교수

## Ⅰ. 서언

일제는 1905년 을사늑약乙巳勒約을 전후하여 대한제국을 무력으로써 강점하려는 가운데 자국민의 대규모적인 식민殖民을 도모하였다. 또한 한국인 통치에 필요한 민·형사령 및 부속 법령을 제정하기 위해 한국 사회의 관습과 제도 등을 조사하기 시작하였다.[1] 이후 1910년 일제가 대한제국을 강점하자 이른바 구관제도조사사업舊慣制度調査事業을 대대적으로 벌였다.[2] 이러한 사업의 목표는 한국인의 완전한 일본인화에 중점을 두었으되 그 실현 방식은 일본의 법제를 조선에까지 연장하여 적용하는 '내지연장주의內地延長主義' 방식이 아니라 한국인을 점진적으로 일본인으로 바꾸는 '점진적 동화주의同化主義' 방식이었다.

이후 이러한 구관제도조사사업이 법제 제정에 주안을 두고 진행되는 가운데 3·1운동이 발발하자 일제는 동화정책을 본격적으로 시행하기 위해 구관제도에 한정하지 않고 조

1) 尹大成, 「日帝의 韓國慣習調査事業과 民事慣習法」, 『昌原大學校 論文集』 31-1, 1991; 鄭肯植, 「日帝의 植民政策과 植民地 朝鮮의 法制」, 『법제연구』 14, 1998.

2) 朴賢洙, 「日帝의 朝鮮調査에 관한 硏究」 서울大學校 大學院 博士學位論文, 1993; 金泰雄, 「1910년대 前半 朝鮮總督府의 取調局·參事官室과 '舊慣制度調査事業'」, 『奎章閣』 16, 1993; 朴賢洙, 「日帝의 식민지 調査機構와 調査者」, 『정신문화연구』 21-3, 1997; 최석영, 「일제의 구관(舊慣)조사와 식민정책」, 『비교민속학』 14, 1997.

선의 역사, 사회, 경제, 문화 등에 걸쳐 광범한 조사 작업에 돌입하였다. 이 중 '사회사정조사社會事情調査'와 함께 실시된 '조선부락조사'는 1920~30년대 대표적인 조사였다. 일제는 제도적, 정치군사적 및 경제적 지배 못지않게 이를 받쳐주는 문화지식의 구축이 중요하다고 판단하였기 때문이다. 그 결과 조선총독부에서는 다양한 조사 자료를 생산하였다.

그러나 학계의 '조선부락조사'에 관한 연구는 주로 일제의 조사 의도와 내용 결과에만 관심을 기울였다. 이러한 경향은 이 시기 여타 사회 조사 작업의 경우도 마찬가지였다. 물론 최근에 들어와 일제의 의도와 그러한 의도의 성취 여부를 구별하면서 조사 목표와 조사 결과의 괴리에도 주목해야 한다는 주장이 제기되었다.[3] 이는 기존의 연구가 일제의 일반적인 조사 의도에만 중점을 준 나머지 조사사업과 조사자료에 대한 객관적이고 구체적인 이해로 나아가는 못하는 한계를 극복하려는 노력이라 하겠다.

주지하다시피 일제는 1920년을 전후하여 조사 대상을 확대하여 풍속, 역사 등을 조사하는 가운데 조선총독부에 장기간 근무했던 총독부 관리나 법조계 출신, 중추원 인사들에게만 조사를 맡기지 않았다. 즉 일제는 일본 본국에서 학술 조사를 벌이며 연구 활동을 수행하였던 해당 분야의 전문 학자들을 촉탁으로 고용하여 이들이 조사 작업을 추진하도록 지원하고 독려하였다. 물론 여기에 참여하는 학자들의 조사 작업이 조선총독부의 정책 목표에서 벗어나지 않았다. 그러나 조선총독부가 이들 학자의 조사 작업에 필요한 방법론을 일일이 제공하거나 심지어 학문적 기반을 조성해 주는 단계로 나아가지 못했다. 오히려 조선총독부는 본국 학계에서 이들 학자가 거둔 학문적 성과라든가 활용했던 조사방법론을 염두에 두고 이들을 적극적으로 끌어들였다는 점에 유념할 필요가 있다. 한편, 이들 학자는 조사 작업 과정에서 그들의 학문적 배경과 학파, 방법론 등을 적극적으로 활용하였을 뿐더러 조사 작업 이후에는 일본 본국의 학술 활동과 연계시키려는 노력을 전개하였다.

그러므로 조선총독부의 의도 및 사업 목표와 함께 조사 계획을 구체적으로 입안하고 사업을 추진하였던 학자들이 조사 작업에 임하는 태도, 이들 학자의 조선 통치에 관한 인식,

3) 허영란, 「식민지 구관조사의 목적과 실태 - '시장조사'를 중심으로」, 『史學硏究』 86, 2007.

그리고 이들 학자의 학문적 배경과 조사방법론 등을 상호 연계하여 검토할 필요가 있다. 나아가 이러한 조사 결과는 단지 조사 자체로 끝나지 않고 원래 목표대로 일제의 정책 사업에 직간접으로 반영되는 동시에 사회적 파급력이 적지 않았다는 점에서 이러한 조사의 사회적 성격을 궁구할 필요가 있다. 끝으로 조사 성과의 일부가 학자 개인의 학문적 자산을 넘어서서 후속 학자와 실무자들에게 영향을 미친다는 점에서 학문상에서 지니는 문화적 파급력과 함께 이에 따른 일제하 조선에 대한 이미지의 형성 문제를 구명할 필요가 있다. 요컨대 일제 당국의 조사 목표와 조사 대상을 실질적으로 매개하는 가운데 필요한 정보를 수집하고 지식 담론을 생산하는 조사 주체자의 주·객관적 여건과 그들 자신의 변화를 시야에 넣고 조사 사업의 방향과 역사적 성격을 고찰해야 한다.

이 점에서 이 시기에 활동하였던 조사자들 중에서 1920년대 전반 조선부락조사를 담당하였던 오다우치 미치토시(1875~1954)를 주목할 필요가 있다.[4] 우선 그는 1920년대 전반기 부락 조사 사업을 실질적으로 추진하면서 기존의 지리학조사방법론에서 벗어나 경제학, 사회학, 인류학, 민속학, 역사학, 건축학, 농학 등의 조사방법론을 적용하고자 하였다. 또한 그는 당시 자연지리학 위주의 일본 지리학계에서 비주류 학자이지만 인문지리학을 본 궤도에 올려 놓을 당사자로 촉망을 받았고 이후 취락지리학聚落地理學을 학문으로 체계화한 지리학자였다. 따라서 1920년대 조선부락조사의 방향과 실제, 그리고 그 성과의 의미와 한계 등을 전후 맥락상에서 이해하고 타 부문과 연결하여 체계적으로 파악하기 위해서는 조사 주체였던 오다우치의 학문적 배경과 조선통치 인식, 일본 본국에서의 활동과 학맥 그리고 조사방법론을 검토하는 한편, 조사 작업 과정에서 보여준 그의 역점 사항, 세부적인 작업 과정과 함께 조사 결과에 대한 그의 해석과 사회·문화적 파급력 등을 면밀하게 검토할 필요가 있다. 이 점에서 본고는 1910년대 말에서 1920년대 후반으로 넘어가는

---

4) 小田內通敏의 부락 조사는 韓相權이 일찍이 일제의 초창기 향촌사회 기초조사로서 간략하나마 언급하였다. 그 밖에 기존의 관련 연구 성과를 개설적으로 정리한 임경택의 글에 소개되어 있다. 韓相權, 「조선후기 향촌사회와 향촌사회조직 연구현황」, 『韓國中世社會 解體期의 諸問題(下)-朝鮮後期史 연구의 현황과 과제-』(근대사연구회 편), 한울, 1987, 195쪽; 임경택, 「일제 식민통치와 조선총독부 조사사업」, 『제국 일본이 그린 조선민속』(주영하 외), 한국학중앙연구원, 2006, 297~298쪽 참조.

과도기에 구관제도조사사업 그 자체가 차지하는 역사적 위치는 물론 일제 통치상에서 지니는 정치 · 사회적 의미를 해명하는 작업의 일환이라 하겠다.

## Ⅱ. 도선渡鮮 전후 시기 오다우치의 학술활동과 조선통치 인식

### 1. 이력과 학술 활동

오다우치는 1875년 아끼타秋田 출신으로 1897년 가정형편상 신설된 도쿄고등사범학교東京高等師範學校 지리역사전수과地理歷史專修科에 입학하였다.[5] 여기서 그는 도쿄고등사범학교東京師範學校의 지리교육이 단편적이라는 이유로 지리학보다는 역사학에 관심을 기울였다. 또한 국가사회에 대한 관심으로 사회학社會學에도 흥미를 느꼈다.

그러나 그는 역사학과 사회학에 관심을 두었음에도 대학에 진학하지 않고 와세다중학교早稻田中學校에 근무하였기 때문에 그의 관심은 담당과목인 지리地理로 옮아갔다.[6] 당시 그에게 지리학은 미개척의 학문 분야로 여기고 매일 교재 수집에 나서는 가운데 지리역사학회地理歷史學會를 조직하고 1900년에 월간지 『지리와 역사地理と歷史』를 창간하였다. 지리와 역사를 하나의 잡지에서 취급한 것은 "역사는 과거의 지리이고 지리는 현금의 역사"라고 여겼기 때문이다.[7] 나아가 그는 땅과 인간의 관계를 지리교육의 주 내용으로 파악하고, 자연조건自然條件으로부터 인문사상人文事象을 본다는 관점에 서 있었다.

이러한 자세는 니토베 이나조新渡戶稻造의 『농업본론農業本論』(1898)의 영향에서 비롯되

5) 학력과 이력, 저술 등에 관해서는 주로 岡田俊裕, 『日本地理學史論 : 個人史的硏究』, 東京: 古今書院, 2001, 139~193쪽; 김일권 · 최석영 · 정숭교 공편, 『한국 근현대 100년과 민속학자』, 한국한국중앙연구원출판부, 2014, 175~176쪽; 山崎準二, 「小田內通敏の經歷と著作 · 關係文獻目錄: 文獻調査及び聞き取り調査結果の第一次整理」, 『靜岡大學學術リポジトリ』, 靜岡: 靜岡大學, 2015에 의거하여 서술하였다.

6) 木本力, 「小田內通敏の人文地理學思想の形成過程 - 鄕土敎育運動にかかわるまで」, 『人文學部紀要』 14, 東京: 和光大學, 1980, 21쪽.

7) 地理歷史學會, 『地理と歷史』 發刊之辭, 1900; 이와 관련하여 岡田俊裕, 앞의 책, 2001, 143쪽 참조.

었다.[8] 즉 농업을 매개로 하여 자연과 인간의 관계를 통찰하고자 하였다. 한편, 이 책은 독일 지리학계의 연구 성과를 소개하면서 집락형태集落形態와 촌락발달에 관심을 기울이는 계기가 되었다.[9] 그의 이러한 관심은 당시 일본 지리학계를 주도하였던 자연지리학自然地理學에 대한 비주류非主流의 도전이었다.[10]

이후 그는 1902년 경 니토베新渡戸를 방문하면서 양자의 교분이 두터워졌다.[11] 이후 이들 사이의 교류가 잦아지면서 니토베를 자주 방문하였던 야나기타 쿠니오柳田國男 등과 연결되었으며[12] 드디어 1910년 12월 니토베의 집에서 오다우치가 자연스럽게 이 문제를 발의하였고 여타 방문객들이 동의하면서 향토회鄕土會가 조직되었다.[13] 그 목적은 지리학에 국한하지 않고 다양한 처지에서 토지와 생활의 교섭을 해명하는 데 있었다. 여기에는 니토베를 중심으로 훗날 각각 민속학, 고고인류학의 대표적인 학자로 활동할 야나기타 쿠니오, 도리이 류조鳥居龍藏 등이 적극 참가하였다.[14] 특히 이 모임에서 고노 다케오小野武夫, 나스 시로시那須皓, 오다우치 미치토시小田內通敏 등 3인이 촌락조사양식을 정리하여 배열하였다.[15] 이는 훗날 오다우치의 조사 활동에 기초 조사 항목으로 제공되었다. 우선 지도 4매

---

8) 小田內通敏, 『聚落と地理』, 序(新渡戸稻造), 東京: 古今書院, 1928, 1쪽.

9) 岡田俊裕, 앞의 책, 2001, 146쪽.

10) 小田內가 초창기에 활동했던 1910년대 당시 일본의 지리학계는 1889년 『地學雜誌』가 창간된 이래, 地質學을 바탕으로 한 자연지리학이 주류를 형성하였다. 즉 小藤文次郎(1856~1935)를 시작으로 그의 제자가 山崎直方(1870~1941), 小川琢治(1870~1941)에 의해 계승되었다. 이에 관해서는 岡田俊裕, 『地理學史 : 人物と論爭』, 東京: 古今書院, 2002, 34쪽 참조.

11) 小田內通敏, 『聚落と地理』, 序(新渡戸稻造), 古今書院, 1928, 1쪽. 小田內와 新渡戸의 교류에 관해서는 岡田俊裕, 앞의 책, 2001, 145~146쪽 참조.

12) 양자의 관계에 관해서는 野澤秀樹, 「柳田國男と小田內通敏-『鄕土硏究』をめぐって」, 『放送大學硏究年報』 26, 2008, 128~130쪽 참조.

13) 위와 같음; 關戸明子, 「昭和初期までの村落地理學硏究の系譜 - 小田內通敏の業績を中心に」, 『奈良女子大學地理學硏究報告』 Ⅳ, 1992, 168~170쪽; 야마구치 마사오(山口昌男), 『敗者の精神史』(오정환 옮김, 『패자의 정신사』, 한길사, 2005), 1995, 273~274쪽.

14) 鳥居龍藏의 경우, 이미 臺灣의 舊慣 調査와 조선의 학술 조사에 참가하던 터였다. 이에 관해서는 짱룽쯔(김병준 번역), 「'구관'에서 '민속'으로 : 일본 제국주의와 식민지 대만의 문화정치」, 『아시아문화』 2, 2006, 133쪽; 정상우, 「1910~1945년 조선총독부 촉탁(囑託)의 학술 활동」, 『역사와 현실』 68, 2008, 243~244쪽 참조.

15) 小野武夫, 『農村硏究講話』 附錄 鄕土會考案村落調査樣式, 1925, 25쪽. 이와 관련하여 關戸明子, 앞의 논문, 1992, 170쪽 참조.

를 제작하는 일이 필수였다. 즉 ① 교통로, 고저 및 부락의 위치를 선으로 표시 ② 토지이용을 색분色分으로 표시하여 자계字界를 명확히 함 ③ 토지 약도, 다만 토성土性은 토지의 속칭에 따라 기입 ④ 택지가옥의 배치도 순이었다.

이어서 향토회가 고안한 조사 항목은 다음과 같다.

> ① 연혁과 주민(촌 개발의 연혁 등) ② 풍토(촌의 명칭과 크기 등) ③ 토지(소유면적 등) ④ 교통(촌과 주요한 도로, 수로, 철도와의 거리 등) ⑤ 농업과 기타 생업(대 · 중 · 소농의 수와 비율, 지주, 자작, 소작의 호수 비율 등) ⑥ 의식주(택지면적의 표준과 변천 등) ⑦ 사회생활(촌의 조직제도 또는 규약) ⑧ 위생(출생과 사망의 상황) ⑨ 교화(촌민교육의 상황 등) ⑩ 신앙(신사 등) ⑪ 속전俗傳(농업에 관한 의식, 금기 등)

이러한 조사 방법과 항목은 이후 향토회의 조사 활동에 그대로 적용되었다.[16] 나아가 여기에 입각한 향토회의 조사 활동은 대외관찰, 청취聽取, 고문서의 독해, 지형도, 지적도의 이용이라는 시도로 발전하여 촌락의 종합적인 조사방법으로서도 상당한 수준에 도달하는 계기가 되었다. 이는 일본에서의 근대적 촌락연구가 본격화되었음을 의미한다.

한편, 오다우치는 향토회의 이러한 활동을 통해 지리학을 "특정의 인구 집단과 친화적인 관계에 있는 특정 지역"으로서의 향토鄕土로 끌어들이면서면서 민속학, 사회학, 경제학, 역사학 등의 연구방법론을 적극 활용할 수 있게 되었다.[17] 특히 그가 1909년 도호쿠東北 6개 현을 답사할 수 있었던 것은 니토베의 원조도 작용하였거니와 향토회에서 활동한 경험과 조사방법론에 힘입은 바가 크다.[18]

이후 그는 동북 6개 현의 답사에 기초하여 1913년에 『우리 국토我が國土』를 출간하였다.[19] 그가 범례에서 밝힌 대로 일본국토와 국민생활의 관계를 해명하는 데 목적을 두었

16) 小田内는 향토회에서 정리한 조사양식에 의거하여 今和次郎, 柳田國男 등과 더불어 神奈川縣 津久井郡 内鄕村을 대상으로 조사하였다. 이에 관해서는 關戶明子, 앞의 논문, 1992, 173~177쪽 참조.

17) 小田内通敏, 「鄕土地理」, 『地理學』, 東京: 岩波書店, 1932, 8쪽.

18) 小田内通敏, 앞의 책, 序(新渡戶稻造), 1928, 2쪽.

다. 여기서는 기존의 지리학이 자연현상과 인문현상에 관한 개개의 사실을 나열하였다고 비판하면서 자신의 지리학은 특징 있는 지역의 자연현상과 인문현상을 알고 그것에 따라 지인상관地人相關의 이치를 구명하는 것이라고 규정하였다.[20] 이른바 '지인상관地人相關의 귀추歸趨'를 추적하는 것이며 이것이 지리학의 본령本領이라고 강조하였다. 그 결과 여기에는 현지조사의 성과가 곳곳에 담겨져 있었다. 또한 지인관계를 보여주기 위해 본인이 직접 촬영한 사진과 함께 다수의 지도를 수록하였다. 이를 통해 관찰의 습관을 양성하고 농촌 인구의 소밀疏密과 그 자연적 · 경제적 원인을 논할 수 있게 되었다. 그리하여 그는 여기에 힘입어 향토지리, 지방지리의 연구를 제창하면서 대도시 근교의 농촌 · 농민 · 농업에 깊은 관심을 기울였다.[21] 그러나 당시 일본의 지리학계는 자연지리학이 주류였기 때문에 반향이 나오지 않았고 집락集落과 주거住居에 관해서는 거의 관심을 기울이지 않았다.

오다우치는 1916년 중학교 교사직을 그만둔 뒤 오쿠라 이시자와大倉石澤의 지원으로 오쿠라연구소大倉研究所에서 재직하면서[22] 도쿄 서쪽 근교 촌락의 도시화를 정치精緻하게 조사하였다. 그는 이 때 조사한 결과들을 정리하여 1918년에 『제도와 근교帝都と近郊』를 출간하였다.[23] 그의 이러한 경험은 훗날 지리학적 고찰에 적확한 기초를 제공하였다. 즉 그는 도쿄 근교의 농촌을 면밀하게 현지조사하면서 자연적 환경, 주민과 그 거주, 토지와 그 이용, 농업, 공업, 교통기관, 강호江湖의 도시적 발달 등을 상호 연계하여 정리할 수 있었다. 특히 이전 지리학자들과 달리 현지 연구를 직접 수행하였다는 점이 주목되었다. 여기에도 사진, 스케치뿐더러 실측도를 포함한 대축적지도를 사용하여 기술함으로써 실증성을 제고하였다. 이는 실증적인 현지연구를 중시하는 프랑스와 독일의 학풍에서 영향을 받았다.[24] 따라서 이 책은 집락지리학集落地理學의 본격적인 연구일뿐더러 농업지리학, 공업지

---

19) 小田內通敏, 『我が國土』, 東京: 長風社, 1913.

20) 小田內通敏, 위의 책, 1913, 3~4쪽; 이와 관련하여 石井清輝, 「戰前期日本における國民國家と「鄕土」: 小田內通敏人文地理研究論をめぐって」, 『三田社會學』, 三田社會學會, 2005, 82~83쪽 참조.

21) 岡田俊裕, 앞의 책, 2001, 148~149쪽.

22) 大倉研究所는 大倉發身이 사재를 투입하여 설립한 촌락연구소이다. 山崎直方의 추천에 의해 小田內가 들어갔다. 이에 관해서는 岡田俊裕, 앞의 책, 2001, 149쪽 참조.

23) 小田內通敏, 『帝都と近郊』, 東京: 大倉研究所, 1918.

리학 등 경제지리학을 포괄함으로써 인문지리학 연구의 대표적인 성과로 인정되었다.[25] 일본의 대표적인 지리학자 시모다 레이스케下田禮佐의 경우, 이 책을 집락지리학에 관한 업적으로 간주하여 교외지역을 대상으로 하여 일본에서 최초로 정리한 연구로 자리매김하였고 사진과 스케치가 우수한 것을 높이 평가하였다.[26] 한편 후대의 평가이지만 특정 지역의 지리적 특질과 산업구조, 거주양식 등의 사회적 특질의 관계를, 역사적 변천을 따라 해명하고자 했던 것으로 이해할 수 있었다.[27] 이후 오쿠라연구소는 오쿠라 개인의 사정으로 폐쇄되었지만,[28] 오다우치의 저서가 농상무성農商務省을 비롯한 각급 행정기관에게 주목을 받음으로써 그는 각종기관의 촉탁으로 고빙되어 도시 및 농촌 등을 현지조사하였다.[29] 이처럼 오다우치에게 연구 과제를 맡기거나 맡기려 했던 기관 중에는 조선총독부도 포함되었다.

## 2. 조선통치 인식의 기조

오다우치는 조선부락조사 작업에 임하면서 일제의 조선 통치를 어떻게 보았을까. 그의 이런 인식을 볼 수 있는 자료는 매우 적다. 그러나 그가 벌인 작업의 골격과 성격을 이해하기 위해서는 그의 조선통치 인식을 산견되는 자료나마 꼼꼼하게 검토하고 그가 매우 존경했던 스승이자 향토회의 정신적 지주였던 니토베의 조선통치 인식을 주목할 필요가 있다.[30]

우선 그에게 지대한 영향을 끼쳤던 니토베의 조선통치 인식을 살펴보자. 니토베는 타이완총독부에서 당무국장糖務局長 등의 고위 관료를 지냈으며 대학에서는 최초로 식민정책을 강의한 장본인이었다.[31] 또한 식민정책의 대표 학자였던 야나이하라 다다오矢內原忠雄

24) 岡田俊裕, 앞의 책, 2001, 150~151쪽.
25) 岡田俊裕, 위의 책, 2001, 149쪽.
26) 岡田俊裕, 위의 책, 2001, 152쪽.
27) 木本力, 「小田内通敏の鄕土地理教育」, 『鄕土教育 別卷2』, 東京: 名著編纂會, 1989.
28) 岡田俊裕, 『日本地理學史論 : 個人史的研究』, 古今書院, 2001, 153쪽.
29) 小田内通敏, 앞의 책, 序(新渡戶稻造), 1928, 3쪽.
30) 木本力, 앞의 논문, 1979, 24쪽 ; 木本力, 「小田内通敏の年譜及び著作目錄」, 『人文學部紀要』 15, 1980, 20쪽.

가 그의 제자였다.[32]

니토베에게 식민지란 '신영토新領土'를 의미하여, 식민이란 고국에서 신영토로 이주하는 것이었다. 또한 '식민은 문명의 전파'이며 팽창의 궁극 목적을 문명화에 두었다. 따라서 그의 식민 정책은 일본의 지배를 정당화하는 근거였다. 다만 그는 주류와 달리 식민의 목적이 문명화에 있기 때문에 식민지를 유지하기에 급급하거나 자치권을 주지 않는 것은 옳지 않다고 보았다.[33] 그러나 '문명화'란 표현에서 볼 수 있듯이 본국인과 원주민을 우등과 열등으로 구분하였다. 이는 조선의 경우에도 그대로 적용되었다. 그는 한국농민을 유사有史 이전 시대에 속하는 사람으로 인식한다든가, 민족적 생활의 기한이 끝났다고 보고 조선의 발전을 위해 일본의 농민을 이식해야 한다고 역설하였다. 따라서 그는 일제의 군사적인 탄압정책을 반대하면서도 일제의 조선통치를 당연시하였다. 니토베의 이런 조선 인식은 그의 제자인 야나이하라 다다오과 함께 오다우치에게도 크게 영향을 끼쳤다.

오다우치는『우리나라 국토我が國土』에서 구영토인 일본 본국과 대비하여 조선을 홋카이도北海道, 사할린樺太, 류큐琉球, 타이완과 함께 '신영토'로 인식하였다. 이는 그의 스승인 니토베의 개념을 그대로 수용한 것이다. 나아가 조선과 만주를 하나로 묶어 파악하면서 만선滿鮮의 장래는 일본 자본의 주입과 이민의 장려에 달려 있음을 분명히 하였다.[34] 즉 조선은 만주와 함께 일본인의 척식拓植 대상이므로 부원富源의 개발과 식산殖產의 발달에 노력해야 하는 곳이다. 이 점에서 일본 당국 및 여느 일본인 자본가의 견해를 대변하면서 홋카이도 등 여타 지역과 마찬가지로 조선도 '신영토'라는 일반적 성격을 부여하고 있는 셈이다.

한편, 그의 이러한 인식에는 여타 '신영토'와 달리 접근하는 조선관朝鮮觀이 깔려 있었다. 우선 일본 관학자들의 임나일본부설任那日本府說에 입각하여 타율성론의 하나인 일선동조

31) 배춘희,「新渡戶稻造의 朝鮮觀」,『漢陽日本學』7, 1999; 원지연,「니토베 이나조(新渡戶稻造)와 오리엔탈리즘」,『東亞文化』40, 2002.

32) 李圭洙,「야나이하라 타다오(矢內原忠雄)의 식민정책론과 조선인식」,『大東文化研究』46, 2004.

33) 배춘희, 앞의 논문, 1999, 32쪽.

34) 小田內通敏, 앞의 책, 1913, 135쪽.

론日鮮同祖論을 적극 피력하였다.[35)]

> 神功皇后의 삼한정벌과 豊臣秀吉의 조선정벌 등으로 옛날부터 우리 국민의 耳目에 친한 조선도 明治 43년 8월에 이르러 우리 나라에 병합되었다. 역사상으로부터 보면 우리 神代와 上古에는 조선은 우리 국토의 일부였다고 보는 데 지장이 없을 만큼 친밀한 관계가 있었기 때문에 지금의 병합은 모두 日鮮同域의 古態로 돌아간 순서이다.[36)]

조선이 이처럼 고대 시기에 일본의 일부였으므로 그에게는 일제의 대한제국 강점이 '일선동역日鮮同域의 고태古態'로 복귀하는 것을 의미했다.

아울러 그 역시 조선이 홋카이도나 타이완과 달라 통치하는 데 여러 가지 곤란이 따르고 있음도 인정하고 있다. 그 이유를 다음과 같이 들고 있다.

> 어쨌든 일본에서 떨어져 나가 수백 년 독립하여 支那에 事大하고 있는 시기가 길었기 때문에 조선인에게는 特種의 社會組織과 特有의 風習이 있다. 이것이 이 반도가 北海道라든가 臺灣보다도 통치상 심히 곤란한 과정이다.[37)]

그는 이처럼 타율성에 입각하여 조선을 인식하되 일본과 다른 특종의 사회조직과 특유의 풍습이 있음을 강조하고 있다. 여기서 오다우치가 조선의 사회조직과 풍습을 조사해야 하는 이유를 도출할 수 있겠다. 이는 후일 그가 '조선부락조사'에 적극적으로 참여하는 동기로 작용했을 것이다.

또한 그는 조선인의 사대습벽事大習癖과 양반, 중인 등 통치 계급의 악정과 평민의 비굴의식, 기복신앙, 귀신신앙, 남존여비 의식 등을 지적하는 가운데[38)] 귀족, 양반과 중인이

---

35) 1910년대 日鮮同祖論에 관해서는 정상우, 「1910년대 일제의 지배논리와 지식인층의 인식 -'日鮮同祖論'과 '文明化論'을 중심으로」, 『韓國史論』 46, 서울大學校 國史學科, 2001 참조.

36) 小田內通敏, 앞의 책, 1913, 136쪽.

37) 小田內通敏, 위의 책, 1913, 136~137쪽.

38) 小田內通敏, 위의 책, 1913, 134, 138쪽.

갑오개혁 이후에도 정치상, 사교상 여전히 세력을 지니고 있다고 보고 '종래 국민의 중견中堅'이었던 이들을 매개로 '동화同化'를 추진해야 한다고 주장하였다.[39] 그의 이러한 주장은 후술하는 바와 같이 '조선촌락조사'의 과정에서 이른바 동성족同姓族 부락의 양반 지주에 주목하며 이들을 앞세워 지방행정을 수행할 것을 주문하는 내용으로 발전할 것이었다. 아울러 향촌자치의 발달을 조선 역사의 장점으로 파악하면서 일제 당국이 제정할 교육법에서 그것을 어떻게 녹여낼 것인가가 가장 주목할 문제라고 판단하였다. 이러한 그의 판단은 그의 스승 니토베의 자치론 주장과 맥이 닿는다.

이처럼 오다우치는 당시 일본 지리학계의 주류와 달리 자연현상 위주의 연구 방식에서 벗어나 자연현상과 인문현상을 종합하여 일원적으로 지표에서 지인상관地人相關의 법칙을 찾으려 하였다. 특히 그는 니토베의 영향을 받는 가운데 향토회 활동을 통해 인문지리학의 근대적 조사방법론을 체득하고 인문지리학을 체계화할 수 있는 기반을 조성할 수 있었다. 그러나 그 역시 여느 일본인 식자층과도 마찬가지로 일제의 척식사업을 적극 지지하고 이를 문명화文明化의 과정으로 인식하였다. 이는 조선의 경우에도 마찬가지였다. 특히 과거에 일본의 고토였던 조선이 사대事大와 악정의 굴레에서 벗어나 다시 일본으로 돌아왔기 때문에 그에게 조선에서의 부락 조사 작업은 일제의 통치 정책과 척식사업을 이론적으로 실증적으로 뒷받침하는 기여로 나아갈 것이었다.

## Ⅲ. '조선부락조사'의 사업 계획

### 1. 조사의 배경과 경위

조선총독부는 1919년 조선인들이 일으킨 3 · 1운동에 충격을 받았다. 특히 대부분의 시

39) 小田內通敏, 위의 책, 1913, 138쪽.

위 운동이 면사무소나 주재소를 공격 대상으로 하고 있는 데다가 구장區長들이 촌락의 대표자로서 민의 동원에 중요한 구실을 수행했다는 사실은 그들의 촌락정책이 실패했음을 여실히 보여주었다.[40] 특히 일제의 회유 · 포섭정책에도 불구하고 지주로서 촌락을 장악했던 양반들 중에서 독립운동에 가담하거나 자금을 마련하기 위해 토지를 매각하는 경우도 왕왕 일어남으로써 일제는 촌락 내 중류계급을 친일파로 육성할 필요성을 절감하였다.[41]

이에 일제는 촌락을 직접적으로 포섭하기 위해 촌락의 생활상태를 조사하는 한편 조선인을 점진적 동화주의에 입각하여 이전부터 추진해 왔던 구관제도조사사업舊慣制度調査事業을 촌락조사와 관련하여 확대 · 강화하고자 하였다. 이는 조선의 촌락사정을 좀 더 상세하게 파악함으로써 통치 방식을 정교화하고 궁극적으로는 내지연장주의內地延長主義로 나아갈 수 있는 기반을 구축하고자 하는 저의에서 비롯되었다.[42]

한편, 일제는 3 · 1운동이 내지법 연장의 반발이라는 점도 있다고 판단하고 외면상으로는 구관존중舊慣尊重을 내세워 내지연장주의를 완화시킨다고 선전할 필요가 있었다.[43] 이른바 "악폐惡弊를 고침과 동시에 좋은 습관을 존중하여 조선의 정치를 조선인의 실생활에 적응시키는" 데 노력하고 있음을 강조하는 데서 알 수 있듯이 이러한 구관제도조사사업을 그들의 통치기반을 강화하는 정치 선전으로 활용하고자 하였다.[44] 또한 오다우치 역시 후일 언급한 바와 같이 "조선의 정치에 정력을 기울이기에 앞서 조선의 지방생활 특히 경제생활의 개선에 힘을 기울여야 하지 않을까"라는 의견과 상통한다.[45] 아울러 오다우치 자

---

40) 윤해동, 「일제의 지배정책과 촌락재편」, 『역사비평』 28, 1995, 348쪽.

41) 姜東陳, 『日帝의 韓國侵略政策史硏究』, 한길사, 1980, 165~168쪽; 金建泰, 「독립 · 사회운동이 傳統 同姓村落에 미친 영향 - 1910년대 경상도 안동 천전리 사례」, 『大東文化硏究』 54, 2006.

42) 1919년 4월 일본 내각의 수상인 原敬는 "요컨대 내지와 조선은 모두 제국의 영토로서 차이가 있을 아무런 근본적 이유가 없으므로 점차 내지와 똑같은 상태에 이르게 하는 것이 조선에 대한 궁극적인 목적이다"라고 하여 내지연장주의 정책을 강조하였다(大野謙一, 『朝鮮教育問題管見』, 1936, 94~95쪽). 이후 政務總監으로 부임한 水野錬太郎는 原敬의 이러한 의지를 실현하고자 하였다. 이에 관해서는 李炯植, 「「文化統治」初期における朝鮮總督府官僚の統治構想」, 『史學雜誌』 115-5, 2006, 78쪽 참조.

43) 矢内原忠雄, 『植民及植民政策』, 東京: 有斐閣, 1926, 395~396쪽.

44) 能勢岩吉, 『朝鮮統治秘話』, 京城: 帝國地方行政學會朝鮮本府, 1937, 162쪽.

신도 경제적으로 매우 궁핍한 상황에 처해 있었기 때문에 조선총독부의 제안은 매우 반가웠을 것이다.[46] 그리하여 구관과 제도를 조사하는 외에 사회사정과 풍속을 조사하는 한편 1918년에 기설된 구관심사위원회舊慣審査委員會를 개편하여 구관 및 제도조사위원회舊慣及制度調査委員會를 설치하고자 하였다.[47]

우선 구관과 제도에 그치지 않고 풍속을 파악하고자 하였다. 물론 구관제도조사사업에서도 풍속조사는 수반되었다. 그러나 그것은 어디까지나 민사, 상사商事, 제도의 참고사항으로서 조사하는 데 지나지 않았다.[48] 아울러 이른바 제2차 실지 조사를 통해 각도마다 도내의 각군各郡을 참작하여 3~4개의 구역을 정하고 순차적으로 작업에 착수하고자 하였다.[49] 그러나 조선총독부는 기존의 사업을 대폭 보완하는 방향으로 선회하면서 일단 조사한 사항을 정리하는 가운데 새로운 구상에 들어갔다. 즉 조선의 구시舊時와 현재의 사회제반의 사정을 조사하거나 조선사의 연구에 의해 정치상의 이해득실을 명확하게 할 필요성을 절감하였다.[50] 이에 1919년 7월 조선사회사정조사에 착수하였다.[51] 이에 이를 위해 사회학 전공의 무라야마 지준村山智順을 촉탁으로 임명하여 5개년 조사계획을 수립시켰다. 조사항목은 기초조사(토지, 생물, 인종, 외관), 사회생활(협동생활, 경제생활, 사상생활, 일상생활, 위생, 치죄治罪), 사회문제로 되어 있었다.[52] 아울러 1920년 8월 조선풍속의 예비조사를

45) 小田内通敏, 앞의 책, 1928, 210~211쪽.

46) 당시 小田内는 早稻田大學과 府立五中에 출강하여 생계를 이어갈 정도였다. 이에 관해서는 木本力, 「小田内通敏の年譜及び著作目錄」, 『人文學部紀要』 15, 東京: 和光大學, 1980, 20쪽 참조.

47) 朝鮮總督府 中樞院, 『朝鮮舊慣制度調査事業概要』, 1938, 61쪽.

48) 朝鮮總督府 中樞院, 위의 책, 1938, 118~119쪽.

49) 일제는 도청 소재지와 특히 두드러지는 지역에 한정하여 구관제도 실지 조사에 착수하였다. 그러나 예산을 이유로 구관 조사 여비가 대폭 삭감되고 구관심의위원회의 회의 준비로 말미암아 예정대로 조사를 수행하지 못하고 1919년 말에 대체 조사로 만족하고 마무리하였다. 이른바 1차 실지 조사였다. 이어서 1920년부터 제2차 조사를 위해 각도 구역마다 조사하였다. 中樞院, 『中樞院調査資料』, 風俗調査計劃, 1926.

50) 朝鮮總督府 中樞院, 앞의 책, 1938, 132쪽.

51) 朝鮮總督府 中樞院, 앞의 책, 1938, 61, 199쪽.

52) 朝鮮總督府 中樞院, 앞의 책, 1938, 132~133쪽. 이와 관련하여 박현수, 앞의 논문, 1998, 75쪽; 金希英, 「무라야마 지준(村山智順)의 조선인식 - 조선총독부 조사 자료를 중심으로」, 『일본문화학보』 43, 2009, 326~327쪽 참조.

맡기기 위해 오다우치를 초빙하였다.[53)]

한편, 조선총독부의 이러한 방침은 1921년 별도 신계획의 수립에 반영되어 풍속 조사가 구관·제도 조사에서 분리되어 독자적으로 추진할 수 있는 제도적 기반이 마련되었다. 풍속조사는 현재 및 기왕에 걸쳐 그 연혁과 변천을 구명함을 목적으로 하면서도 우선 시급한 현재의 풍속을 조사하도록 하였다.[54)] 조사 항목은 처음에는 15개 항목에서 계속 수정과정을 거쳐, 1923년에는 17개 항목, 그리고 1925년에는 25개 항목으로 늘어났다. 25개 항목은 다음과 같다.

> 복장, 음식, 주거, 車·輿·船, 출생, 관혼상제, 예속, 직업, 학문, 俚諺, 예의, 가정의 일상, 종교, 미신, 節行, 의약, 미술, 樂·歌·舞, 오락과 유희, 농업과 어업, 巫卜과 術客, 성명, 연중행사, 잡(厄日, 전설, 동요, 각지산물, 기타 야담)[55)]

이를 위해 일본에서 현지조사를 통해 많은 성과를 거둔 오다우치를 주임으로 삼아 풍속조사의 부속사업으로서 부락 조사를 개시하였다.[56)] 즉 1920년 8월 조선총독부가 오다우치를 중추원 촉탁으로 임용함으로써 그는 이른바 조선부락조사에 적극적으로 참여하게 되었다.[57)] 즉 부락의 실태를 조사하여 주민의 경제상태 및 사회상태를 잘 파악함으로써 통치에 참고하고자 하였다. 오다우치 자신도 다음과 같이 그의 참여 의도를 밝히고 있다.

> 조선인의 실생활의 조사와 연구는 현재 조선에서 관민일본인의 시설 및 사업에 참고가 될뿐더러 종래 비교적 조선의 사정에 어두운 內地의 政治家 實業家 教育家 등에게도 다대의 參考資料를 제공하는 일이라고 믿는다.[58)]

---

53) 朝鮮總督府,『朝鮮部落調査豫察報告』제1책 序言, 1923.
54) 朝鮮總督府 中樞院, 앞의 책, 1938, 119쪽; 中樞院, 앞의 책, 風俗調査計劃, 1926.
55) 朝鮮總督府 中樞院, 앞의 책, 1938, 119~127쪽.
56) 朝鮮總督府 中樞院, 앞의 책, 1938, 133쪽.
57) 朝鮮總督府, 앞의 책, 1923, 2쪽.

오다우치는 이처럼 조선총독부의 촉탁을 받아 실생활의 조사할 부락 조사에 종사하였다.

이와 같이 구관 및 제도 외에 풍속 조사에 관심을 기울이는 가운데 기존의 구관심사의원회를 대체할 수 있는 구관 및 제도조사위원회(이하 조사위원회로 줄임)를 구성하고자 하였다.[59] 즉 기존의 구관심사위원회가 단지 외부인들이 조선 관습에 대한 포괄적 심의를 하는 기구였던 반면에 전문가가 참여하는 조사위원회는 심의할뿐만 아니라 조사사업을 직접 추진하는 기구였다. 일제 스스로가 언급한 바대로 1921년 4월 조사위원회가 설치되면서 임시적인 필요에 따라 조사하던 방식에서 벗어나 법령에 입각하여 계통적인 조사를 기획할 수 있게 된 것이다.[60] 1921년 4월 구관 및 제도조사위원회규정舊慣及制度調査委員會規定 제1조와 제2조에 따르면 조사위원회의 임무와 구성원의 자격을 다음과 같이 규정하고 있다.

> 제1조 朝鮮總督府에 舊慣及制度調査委員會를 둔다. 舊慣及制度調査委員會는 조선에서 구관과 제도에 관한 사항을 조사한다.
>
> 제2조 舊慣及制度調査委員會는 위원장 1인, 부위원장 1인, 위원 약간인으로써 조직한다. 위원장은 조선총독부 정무총감, 부위원장은 조선총독부 중추원 서기장관으로써 충원한다. 위원은 조선총독부, 동 부속관서의 高等官 및 학식 경험이 있는 자 중에서 조선총독이 명하거나 촉탁한다.

제1조에서 규정하고 있듯이 조사위원회는 심사 기구에 그치지 않고 관련 사항을 직접 조사하는 기구이다. 그리하여 본격적인 부락 조사를 시작하기 전에 제1회 구관조사제도위원회가 1921년 8월 8일에 개최되었다.[61] 여기에는 위원장 1명, 부위원장 1명, 위원 약

58) 小田内通敏, 「朝鮮部落調査の過程」, 『東洋』 25(4), 1922, 1~2쪽.

59) 구관심사위원회의 설립과 활동에 관해서는 이승일, 『조선총독부 법제 정책 - 일제의 식민통치와 조선민사령』, 역사비평사, 2008, 130~131쪽 참조.

60) 中樞院, 앞의 책, 風俗調査計劃, 1926; 朝鮮總督府 中樞院, 앞의 책, 1938, 61쪽; 『時代日報』 1924. 12. 24.

61) 朝鮮總督府 中樞院, 앞의 책, 1938, 61, 200쪽. 다만 『동아일보』 1921년 8월 7일자 기사에서는 구관조사제도위원회 회의가 8월 6일 개최된 것으로 보도하고 있다.

간 명으로 조직되어 있었다. 아울러 제2조에서 규정하고 있듯이 일부는 학식 경험이 있는 자 중에서 임명하거나 촉탁하였다는 점에서 이전의 심사위원과 달랐다. 심사위원회의 경우, 대다수의 일본인 총독부 관리와 극소수의 조선인 한학자들로 구성된 반면에[62] 조사위원회의 경우, 조선총독부 관리가 대다수인 가운데 학계 전문가가 극소수이지만 학식 경험이 있는 인사를 참여케 하고자 하였다. 이 때 조선총독부는 본국의 부락 조사에서 성과를 거두고 있었던 오다우치를 중추원 촉탁이자 구관 및 제도조사위원舊慣及制度調査委員으로 임명하고자 하였다. 그리하여 1922년 오다우치는 위원 중에서 학식 경험이 있는 유일한 인사로서 위원회에 참여하게 되었다. <표 1>은 오다우치가 구관제도조사위원회의 위원으로 재직하는 시기에 구관 및 제도조사위원회의 구성 내용이다.

〈표 1〉 1922~1924년 구관 및 제도조사위원회 구성원

| | 1922 | 1923 | 1924 |
|---|---|---|---|
| 위원장 | 水野鍊太郎 | 有吉忠一 | <u>有吉忠一</u> |
| 부위원장 | 松永武吉 | 長野幹 | <u>長野幹</u> |
| 위원 | 小田省吾, 金顯洙, 小田幹治郎(幹事), 渡邊豊日子, 兪星濬, 安武直夫, 伊藤武彦, 篠原英太郎, 原正鼎, 守屋榮夫, 水野正之丞, 吾孫子勝, 劉猛, 大原利武(委員囑託), 金敦熙, 小田內通敏, 今井彦三郎, 朴宗烈, 金漢睦, 朴彛陽, 金東準, 萩原彦三 | <u>金顯洙</u>, <u>渡邊豊日子</u>, <u>兪星濬</u>, <u>原正鼎</u>, <u>水野正之丞</u>, <u>吾孫子勝</u>, <u>劉猛</u>, <u>大原利武</u>, <u>金敦熙</u>, <u>小田內通敏</u>, <u>今井彦三郎</u>, <u>朴宗烈</u>, <u>金漢睦</u>, <u>朴彛陽</u>, <u>金東準</u>(幹事), <u>萩原彦三</u>, 倉橋鈺, 松村松盛, 南宮營, 石黑英彦, 大西一郎, 中村寅之助, 稻葉岩吉 | *金顯洙*,, <u>渡邊豊日子</u>, *兪星濬* , <u>原正鼎</u>, <u>水野正之丞</u>, <u>吾孫子勝</u>, *劉猛*, *大原利武*, *金敦熙*, *小田內通敏*, *今井彦三郎*, *朴宗烈*, *金漢睦*, <u>朴彛陽</u>, <u>金東準</u>, *萩原彦三*, <u>倉橋鈺</u>, <u>松村松盛</u>, <u>南宮營</u>, 石黑英彦, <u>大西一郎</u>, <u>中村寅之助</u>, <u>稻葉岩吉</u>/ 深川傳次郎(幹事), 陶山武二郎, 朴熙陽, 宮本元 |

출전 : 朝鮮總督府, 『朝鮮總督府及所屬官署職員錄』, 1922 · 1923 · 1924년판
비고 : 밑줄이 있는 인물은 2번 연임, 이탤릭체로 표시되어 있는 인물을 3번 연임

62) 심사위원의 경우, 魚允迪과 金漢睦은 조선인 한학자이며 나머지는 일본인 관료들이다. 이에 관해서는 中樞院, 『中樞院調査資料』, 舊慣審査委員會, 1918 참조.

위원장과 부위원장은 정무총감과 중추원 서기원장이 각각 맡고 있다. 그리고 위원들의 대부분은 관료나 법조계 출신, 중추원 소속 인사들이다. 다만 조선인 중에는 취조국取調局 당시부터 한학자로서 참여한 인물로 김한목, 어윤적, 김돈희 같은 인물들이 참의參議로 참여하고 있다.[63] 그 밖에 유맹, 김현수, 박이양, 박종렬 같은 인물은 중추원 참의이기도 하였다.[64] 아울러 학계 전문가는 오다우치가 유일하다. 그래서 그는 실지 조사를 위해 중추원의 촉탁이라는 직급이 부여되었다.[65] 특히 풍속 조사에는 촉屬 1명, 촉탁囑託 약간 명이 전담하도록 하였는데[66] 오다우치는 조사위원회의 위원이면서 중추원 촉탁으로 조사 사업에 관여한 셈이다. 이 즈음 언론에서는 조선총독부가 구관 및 제도조사의 일부로 이 방면 전문가에게 의뢰하여 1921년부터 6개년을 1기로 하는 계획을 세우고 조선부락에 관한 조사를 8월 중순 경부터 실시할 예정이라고 보도하였다.[67] 여기서 일컫는 전문가는 오다우치를 지칭하였다. 또한 대우 역시 다른 위원들과 달라 오다우치는 당시 1922년 현재 조사위원회의 위원 겸 중추원 편집과의 촉탁으로 근무하면서 월수당 250엔으로 연수당 3,000엔을 지급받았다.[68] 이러한 금액은 1,200~1,400엔을 받는 조선인 촉탁은 물론 외국인 촉탁이 받는 1,860엔과 비교하여도 훨씬 높았으며 주임관의 봉급연액에 육박하는 금액이었다.[69] 아울러 이듬해에는 육군대학교 동양사 강사 출신으로서 이미 1921년 10월 중추원中樞院 임시구관조사사무 촉탁으로 고용된 이나바 이와기치稻葉岩吉가 조사위원으로 임명되었다. 그는 위원으로 임명되기 이전에 의화단 사건과 러일전쟁에 참여한 데 이어 만철 만주역사지리부에 근무하면서 '만주사'를 담당하면서 『만주역사지리滿洲歷史地理』를 비롯한

---

63) 김태웅, 앞의 논문, 『奎章閣』 16, 1993, 110~111쪽.

64) 김윤정, 「조선총독부 중추원 연구」, 숙명여자대학교 대학원 박사학위논문, 2009, 47쪽. 특히 김한목의 경우, 1911년에 취조국 위원으로서 구관조사사업을 보완하는 작업의 일환으로 경상남북도 일대를 현지조사한 뒤 『慶尙南道 · 慶尙北道管內 契 · 親族關係 · 財産相續의 現況報告』를 제출하였다. 이에 관해서는 이용기, 「일제의 洞契 조사와 식민주의적 시선」, 『史林』 31, 2009, 222~225쪽 참조.

65) 中樞院, 『中樞院 調査資料』, 風俗調査計劃, 1926.

66) 中樞院, 위의 책, 風俗調査計劃, 1926.

67) 『朝鮮日報』 1921.6.26.; 『東亞日報』 1921.6.26.; 1921.7.14.

68) 朝鮮總督府, 『朝鮮總督府及所屬官署職員錄』 1922년판.

69) 朝鮮總督府, 『朝鮮總督府及所屬官署職員錄』 1923년판; 朝鮮總督府, 『朝鮮總督府統計年報 1921年度』, 1922.

역사 관련 저술을 상당수 발표한 상태였다.[70] 후일 만선사관滿鮮史觀에 입각하여 한국사의 타율성론을 주장했던 관학자였다.[71]

이처럼 조사위원회에는 대다수가 관료와 법조계 인사들로 구성되어 있는 가운데 극소수이지만 오다우치와 이나바 같은 학계 출신 인물들이 점차 관여하기 시작한 셈이었다. 물론 조선총독부가 학자를 촉탁으로 임명하여 학술 사업을 추진한 것은 이 경우가 처음은 아니었다. 도리이 류조와 세끼노 타다시關野貞, 이마니시 류今西龍 같은 학자들이 학무국이나 지방국에 촉탁으로서 고적조사사업에 참여하였다.[72] 그러나 이들 촉탁은 구관제도조사사업과 직접적으로 관계되지 않았다. 이 점에서 조사위원회에 이들 학자가 참여하게 되는 경위는 매우 주목할 만하다. 그리하여 이는 구관제도조사사업이 기존과 같이 구관제도를 조사하는 데 중점을 두면서도 지리와 역사 등 분야의 전문가를 영입함으로써 그들의 사업을 학술적으로 뒷받침하고자 했음을 알 수 있다. 다만 오다우치는 1923년과 1924년에는 조사과 촉탁으로 근무하면서 연수당 2,400엔을 받았다.[73] 이전 해에 비해 600엔이 감액된 셈이다. 그 이유를 현재 알 수 없지만 그 만큼 그의 위상이 약화되거나 조선총독부의 재정 악화에 따른 결과가 아닌가 추정된다.

당시 조선총독부가 이처럼 오다우치의 현지조사 활동을 지원하는 데 재정이 허락하는 범위 안에서 노력하는 가운데 그는 도지사와 예하 관리들의 자문이나 보고를 받았으며 기차와 자동차를 타고 해당 조사 지역으로 이동하였다.[74] 조선총독부로서는 3 · 1운동 이후 조선통치방식을 조정하는 가운데 법령 제정을 주안을 두고 추진했던 구관제도조사사업의 조사 범위를 확대하면서 촌락의 연혁과 변천을 조사하고자 하였기 때문이다. 즉 이러한 조사는 통상의 집락조사集落調査가 아니라 풍토, 종교, 제도, 구관 등이 어떻게 오늘날 조선

70) 이에 관해서는 사쿠라자와 아이(櫻澤亞伊), 「이나바 이와키치의 '만선불가분론'」, 『일제시기 만주사 · 조선사 인식』(조인성 외, 동북아역사재단), 2009 참조.

71) 金容燮, 「日帝官學者들의 韓國史觀 - 日本人은 韓國을 어떻게 보아 왔는가?」, 『思想界』 1963년 2월호, 34쪽.

72) 이에 관해서는 정상우, 「1910~1915년 조선총독부 촉탁(囑託)의 학술조사사업」, 『역사와 현실』 68, 2008 참조.

73) 朝鮮總督府, 『朝鮮總督府及所屬官署職員錄』 1923년, 1924년판.

74) 小田內는 조선총독부를 비롯하여 도청, 군청으로부터 기차, 자동차 등 온갖 편의를 지원받았다. 朝鮮總督府, 『朝鮮部落調査豫察報告』 제1책, 1923.

인을 지배하고 영향을 미치며 정신생활 또는 경제생활과 연계되는가를 조사함으로써 조선통치와 지방행정의 참고자료로 활용하고자 했던 일이었다.

### 2. 조사 계획의 입안과 사업 개요

조선총독부는 1921년 4월 구관제도조사위원회가 출범하기 이전부터 풍속 조사 사업에 착수하였고 1920년 8월 그 예비조사를 오다우치에게 맡기면서 부락 조사 사업을 본격화하였다.[75] 이에 오다우치는 조사를 위해 두 단계로 구분하여 추진하였다. 크게 현지조사에 착수하기 이전인 1단계와 착수하기 이후인 2단계였다.

우선 1단계는 다시 2차례로 나누어 진행되었다. 1차 작업은 1920년 8월 1개월 기간에 이루어졌다.[76] 2차 작업은 본격 조사를 위한 입안 작업으로서 그가 1921년 3월에서 4월 사이 한달 동안 경성에 머물면서 이루어졌다. 입안의 큰 방향은 우선 부락을 유별하여 조선인 고유의 부락, 일본인 관련 부락, 외국인 관련 부락이었다.[77]

이어서 2단계 작업은 1921년 10월부터 12월에 걸쳐 3개월 동안 전국 16개의 부락을 대상으로 이루어졌다. 이 때 그는 특정 도만 방문하지 않고 함경북도를 제외한 전국 각도의 대표 부락을 방문하였다.

#### 1) 1단계 1차 작업(1920년 8월, 1개월 간)

우선 그는 1단계 1차 작업으로 1920년 8월 도쿄와 조선을 왕복하면서 1개월의 일정으로 풍토, 산업, 생활이 상이한 북부 조선과 남부 조선을 비교할 수 있는 부락을 선택하여 조사

---

75) 朝鮮總督府, 앞의 책, 1923, 2쪽.

76) 위와 같음.

77) '部落'이라는 명칭은 주로 여진족, 만주족과 관련된 함경도 북부 지역의 마을을 가리키는 용어이다(『朝鮮王朝實錄』 참조). 또한 이 명칭은 일본 전근대 시기에는 아이누족, 오키나와 주민과 함께 차별받았던 소수자(마이너리티)인 부락민을 연상시키는 용어이다. 반면에 촌락은 城邑과 대비되는 명칭으로 삼국 시대까지 소급된다. 다만 小田內가 쓰는 바와 같이 일반 촌락을 가리키는 명칭으로 '部落'이라는 용어를 표기한 것은 1905년 전후 일본인이 통상적으로 쓴 데서 비롯되었다. 따라서 본고에서는 용어의 통일을 위해 편의상 '部落'으로 표기하였다.

에 착수하였다.[78] 그런데 조사 단위를 일본의 행정촌에 해당하는 면보다도 번정촌藩政村에 비유될 동洞이나 리里로 설정하되 십수 호 내지 수십 호의 부락에 국한하였다. 이것은 지세地勢, 기후氣候 등 토지의 자연적 조건과 함께 성계상姓系上, 경제상, 사회상 관계 및 종교·교화敎化의 성부盛否 등을 포함한 역사적 발달을 기조로 하는 표식이라 판단했기 때문이다.[79] 또한 조선고유의 부락으로부터 나아가 일본인 농민의 이주부락의 조사에도 미침으로써 접촉의 실상을 밝히고자 하였다.

그리하여 1단계 1차 조사에서는 예비 조사로서 생활양식이 가장 간단한 부락을 조사하였다. 그것은 조선부락의 개념을 얻을 수 있는 가장 좋은 첩경이라고 판단했기 때문이다. 이어서 오다우치小田內는 대표적인 부락을 선정하였다. 하나는 산록에 자리하는 경기도 이천군利川郡 신둔면新屯面 장동리長洞里이고[80] 또 하나는 수목이 마을을 울창하게 둘러싼 같은 군 백사면栢沙面 도립리道立里였다.[81] 이 마을에 대한 조사가 끝난 뒤 경성으로 돌아와 다시 출장길에 나섰다. 이번 길은 강원도 지역을 거쳐 함경남도 함흥咸興 부근의 궁서리宮西里를 향했다. 이 노정에서 함흥의 읍내 장시를 들려 부녀자들이 장시에 출입하는 광경을 목격하였다.[82] 이러한 광경은 이천의 읍내 장시와 매우 달라 그는 놀라움을 금치 못하였다. 그로서는 남부 조선과 북부 조선의 차이점을 인지할 수  있는 첫 계기였던 것이다. 이어서 그의 애초 목적지였던 궁서리를 방문 조사하였다. 이곳은 태조 이성계의 사당 본궁의 부역에 동원되는 마을로 호수의 규모, 생활 수준 등에 유의하면서 다른 마을과의 차이를 관심을 두었다.

2) 1단계 2차 작업(1921.3~1921.4, 1개월간)

그는 1단계 1차 작업이라 할 예비 조사를 마치고 도쿄로 돌아간 뒤 1920년 3월에 경성에

78) 朝鮮總督府, 앞의 책, 1923, 2쪽.
79) 朝鮮總督府, 앞의 책, 1923, 1쪽.
80) 朝鮮總督府, 앞의 책, 1923, 2쪽.
81) 위와 같음.
82) 朝鮮總督府, 앞의 책, 1923, 2~3쪽.

돌아왔다. 그것은 부락 조사 계획을 입안하고자 했기 때문이다. 그리하여 그는 4월까지 머물면서 입안하였다. 우선 민족별로 구분하여 각각 부락을 〈표 2〉와 같이 유별하였다.

〈표 2〉 오다우치의 부락 종류별 입안

| 민족별 | 부문 | 항목 |
|---|---|---|
| 조선인 고유의 부락 | 경제상의 유별 | 보통농업(곡서), 특수농업(양잠, 연초, 면화, 목축, 인삼 등), 부업(농산제조, 목공, 철물, 제지, 제사, 금속공업, 요업, 양조업 기타 수공업)을 행하는 부락, 임업, 어업, 공업, 개간, 관개, 수해, 시장, 도시 기타 교통기관의 영향을 받는 부락, 가장 부유한 부락, 가장 가난한 부락 |
| | 사회상의 유별 | 양반과 토반이 많은 계급부락, 성이 단순 또는 복잡한 부락, 지주와 소작인 관계가 원만하지 않은 부락 |
| | 교화상의 유별 | 유교, 불교, 기독교, 천도교, 시천교, 巫卜 기타 특수신앙이 성한 부락 |
| | 내치상의 유별 | 규약이 잘 행해지는 부락, 분쟁이 끊이지 않는 부락, 교화가 특히 낮은 부락, 음주, 도박 등 풍기가 바르지 않은 부락 |
| | 역사상의 유별 | 개발연대가 특히 오래거나 새로운 부락, 城, 祠, 종묘, 병영 기타 사적의 존재가 부락의 구성 및 현상과 밀접한 관계가 있는 부락 |
| 내지인 관계의 부락 | | 거주연대가 오래된 부락, 거주연대가 새로운 부락(일본인만의 부락, 조선인과 잡거하는 부락) |
| 외국인 관계의 부락 | | 지나인이 거주하는 바로 경제상 사회상 내선인(일본인과 조선인)에게 영향이 큰 부락, 구미인이 거주하는 바로 경제상, 사회상 내선인에게 영향이 큰 부락 |

출전 : 朝鮮總督府, 1923, 『朝鮮部落調査豫察報告』 제1책, 3~4쪽.

이러한 분류 방식과 조사 항목은 기본적으로 일본 본국에서 향토회의 활동과 각 지역 조사 경험에 바탕을 두고 입안한 것으로 보인다. 다만 본국과 달리 조사 대상이 조선인에게만 국한되지 않고 일본인, 중국인 등이 포함되어 있기 때문에 민족별로 구분하여 항목을 선정한 것으로 보인다.

오다우치는 이처럼 입안을 수립하는 가운데 각 도청에 다음과 같은 조사 항목을 통보하여 회답을 구하고자 하였다.

> 稅納의 성적이 양호한 부락과 양호하지 않은 부락 / 농업과 상업이 발달한 부락과 발달하지 않은 부락 / 역사상의 대표부락 / 內地人의 잡거(오래거나 새로운) 부락[83]

그의 이러한 요청은 조사 일정을 단축시킬뿐더러 조사의 기초 자료로 활용하고자 했기 때문이다. 따라서 그는 해당 도의 부락 조사에 임하기 전에 먼저 도청에 들려 도세道勢를 확인하고 해당 부락의 실태를 대략적이나마 파악하였다.

3) 2단계 작업(1921.10~1921.12, 3개월간)

오다우치는 1단계 작업을 통해 예비조사와 입안이 끝나자 본격적인 조사에 돌입하였다. 애초의 조사 대상 부락은 12개였으나 대상이 늘어나 16개에 이르렀다. 이 기간에 함경북도를 제외한 전국 각지를 돌아다녔다. 〈표 3〉은 이 기간에 오다우치가 부락을 조사하기 위해 이동한 일정표이며 〈그림 1〉은 1단계 작업과 2단계 작업 기간에 기차와 자동차로 이동한 코스이다.

〈표 3〉 2단계 작업 시기(1921.9.7~12.19) 小田內의 방문지 일정

| 일시 | 방문지 | 비고 |
| --- | --- | --- |
| 10월 | 경기 수원(도청, 7일), 개성, 인천, 시흥 | 인천관측소 방문, 시흥 경찰서 방문, 연안의 화교 상인들 목격 |
| | 평북 신의주(도청), 선천 | |
| | 평남 안주, 평양(도청) | 평양 부벽루 관광 |
| | 황해 해주(도청), 해주 석동면, 연안 | |
| 11월 | 강원 춘천(도청, 3일), 춘천, 철원 | 화천 → 철원 화전민 住家 목격 |
| | 함남 원산, 함흥(도청), 함흥 북면 | 함흥 읍내 장시 방문 |
| | 충북 조치원, 청주(도청), 충주 | |
| | 충남 공주(도청), 공주 신상면, 논산 | |

83) 朝鮮總督府, 앞의 책, 1923, 4쪽.

| | | |
|---|---|---|
| 12월 | 전북 전주(도청), 금구 | |
| | 전남 광주(도청) | |
| | 전남 영암(1일), | |
| | 경북 김천(3일), 대구(도청), 안동, 예안, 대구(도청), 경주, 울산 | 김천 시장 방문, 경주 관광 |
| | 경남 동래, 부산, 마산, 함안, 진주(도청), 통영, 진주, 마산, 경성(19일) | |

출전 : 朝鮮總督府, 1923, 『朝鮮部落調査豫察報告』 제1책
비고 : 조사 항목 이외 특별하게 방문하거나 목격한 내용을 소개

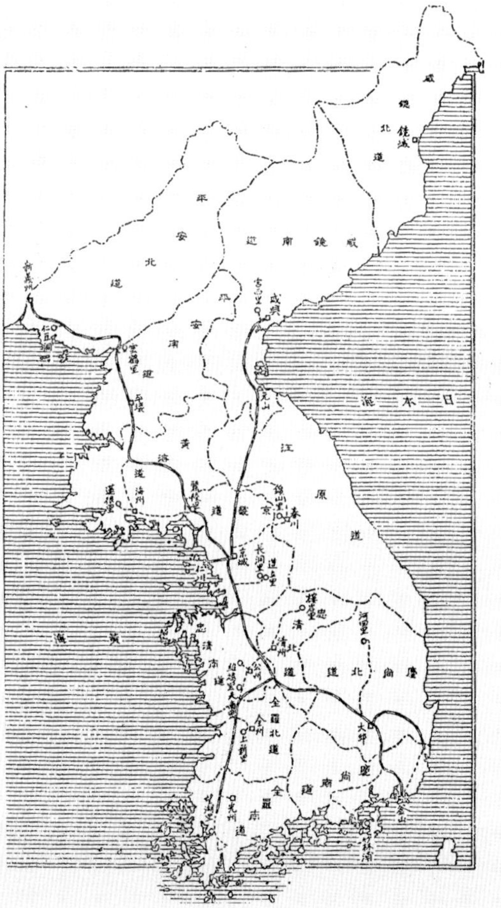


〈그림 1〉 小田內通敏의 부락조사도
출전 : 小田內通敏, 1928, 『聚落と地理』, 東京 : 古今書院, 217쪽
비고 : 파선은 자동차 이동로

#### 4) 3단계 작업(1922.9~1922.10, 1개월간)

오다우치는 2단계 작업을 마치자 시장 조사에 들어갔다. 그가 조사한 바에 따르면 시장은 부락 경제의 수급 기관需給 機關으로서 그 비중이 작지 않다고 판단했기 때문이다.[84] 그러나 조사를 수행하였음에도 불구하고 예고와 달리 결과 보고서를 출간하지 않은 까닭에 그 내용을 확인할 수 없다.[85] 다만 그가 조선부락을 조사하면서 중점 항목으로 선정하였으며 이후 그의 저술에서 조선의 시장에 관한 서술이 여기저기 보인다는 점에서 그는 시장 조사에 열의를 가지고 임했음을 알 수 있다. 또한 중추원이 1920년 2월 26일자로 전국의 각 군에게 군내 개설 시장의 실태를 조회했다는 점, 그리고 각군이 질문상황에 대한 응답을 기록하여 중추원으로 회신했다는 점, 그 자신이 '시장분포도'를 작성하였다는 점[86] 그리고 1924년 11월에 촉탁 젠쇼 에이스케善生永助가 조선총독부 자료총서 제8집을 간행한 점으로 미루어 보아 오다우치小田內의 조사 결과가 관제 개편에도 불구하고 젠쇼 에이스케에게 계승될 가능성이 높다.[87]

#### 5) 4단계 작업(1923.10~1923.12, 3개월 간)

이 시기에 오다우치는 조선총독부의 요구에 따라 조선인 화전민과 재조선 화교華僑들을 조사하였다. 이 작업은 실지 조사보다는 각도 도청과 군청에 설문지를 돌리거나 기존의 통계를 활용하여 작성한 것으로 보인다. 물론 이 중에는 본인이 직접 해당 지역을 방문하여 조사한 내용과 촬영한 사진이 수록되었다. 그리고 조사가 종료된 뒤 1924년 3월에 화전민과 화교를 조사한 결과를 『조선부락조사보고朝鮮部落調査報告 제1책 화전민火田民, 재래지나인在來支那人』으로 발표하였다. 이와 동시에 오다우치小田內의 권고로 이 조사 작업에 참

---

84) 朝鮮總督府, 앞의 책, 1923, 31쪽.

85) 小田內는 부락 조사 계획에 시장 조사 결과 보고를 1923년에 『朝鮮部落豫察報告書』 제2책으로 출간하고자 하였다(朝鮮總督府, 앞의 책, 1923, 31쪽). 그러나 이후 그가 촉탁을 그만두면서 이 보고서가 공개되지 않은 것으로 추정된다.

86) 小田內通敏, 「朝鮮の人文地理學的諸問題」, 『朝鮮』 124, 1925. 9, 123쪽.

87) 이에 관해서는 國史編纂委員會에서 소장하고 있는 中樞院調査資料(www.history.go.kr)와 허영란, 앞의 논문, 2007, 235쪽 참조.

여했던 콘 와지로今和次郎도 『조선부락조사특별보고朝鮮部落調査特別報告 제1책 민가民家』를 발표하였다.[88)]

### 6) 후속 작업의 구상

이후 오다우치는 중추원의 촉탁으로 활동하면서 그가 목표했던 조선부락에 대한 전면적인 조사를 희망하였다. 그 기간은 경비를 단서로 달기는 하였지만 5년을 1기로 설정한 점으로 보아 5년 단위로 조사를 수행하고자 했던 것으로 보인다. 크게 두 가지 조사 방향이 었다. 하나는 일반조사一般調査이고 다른 하나는 특수조사特別調査였다.[89)]

일반조사는 조선 전역을 걸쳐 지세, 기후, 산업 등에서 표식적標式的 지역의 부락과 역사상 · 사회상 특수한 의의를 가진 부락을 각 도청과 협력하여 시도하는 것이다.[90)] 그리하여 부락생활의 기초, 빈부 및 문화의 정도와 존립의 경향을 연구하여 부락구성의 요소인 농민의 생활 상태를 해명할 수 있다고 기대하였다. 이점에서 2단계 작업은 그 자신이 정의한 대로 예찰적 성격이 강한 조사인 반면에 4단계 작업은 2단계 작업에 바탕하여 자연 현상과 인문 현상을 상호 연계시키려는 그의 방법론을 본격적으로 적용하려 한 작업이었음을 추론할 수 있다.

반면에 특수조사는 각 전문가에게 위촉하여 조선의 지방생활의 유래를 해명해야 할 사회제도 · 경제조직 · 토속 · 민가 · 보건 · 촌락 공업 등 기타 조사를 염두에 두었다.[91)] 나아가 그는 도청이나 군청이 있는 이른바 읍내의 도회 생활자를 통해서만 조선을 아는 데 머물지 말고 니토베의 영향 아래 늘 관심의 대상이었던 전원 생활자인 농민을 통해 조선의 실상을 궁구하는 일이 필요함을 역설하였다. 그의 이러한 주장은 일본 본국에서 취했던 취락지리학의 본령이거니와 조선이라는 신영토에서도 드러나고 있다. 왜냐하면 전원 생

88) 今和次郎에 관해서는 박현수, 앞의 논문, 1998, 82~84쪽; 최석영, 「일제 하 콘 와지로(今和次郎)의 조선 민가(民家) 조사방법과 인식」, 『사림』 35, 2010 참조.

89) 朝鮮總督府, 앞의 책, 1923, 31쪽.

90) 위와 같음.

91) 위와 같음.

활자는 그 수가 다수일뿐더러 그 생활 속에서 확실히 뽑히지 않는 민속을 지키고 있으므로 그것을 구명하는 일은 도회 생활자의 강력한 배경을 이해하는 이유이기 때문이다. 그러나 이러한 주장 역시 일제의 통치 행정을 보완한다는 전제를 깔고 있다는 점에서 그 한계를 이미 안고 있었다.

## Ⅳ. 조사내용의 특징과 사회·문화적 파급

### 1. 조사 내용의 특징

오다우치는 1920년 8월 예비 조사와 1921년 3월 입안에 이어 1921년 10월부터 12월까지 3개월에 걸쳐 각도의 지방생활을 개관하고 도내 12개 부락의 예찰을 시도하였다. 이 때 구관제도조사위원회가 설치된 이후여서 그의 이러한 작업은 탄력을 받기 시작하였다.

그는 우선 경기도청을 방문한 뒤, 강화도, 수원, 개성 등지를 방문하였다.[92] 이 때는 직접 현지를 방문하거나 관리, 외국인 신부 등을 방문하여 그의 입안 항목을 문의하고 확인하였다. 또한 원래 항목에 없는 기후의 지역별 특색을 인천관측소 직원에게 문의하기도 하였다. 그리고 시흥경찰서를 방문하여 부근의 범죄상태를 문의하였다.

이처럼 부근 지역을 방문하여 예비 조사를 마친 뒤 조선 전국 부락 조사 작업에 착수하였다. 총 16개의 부락으로 애초 계획한 부락의 개수인 12개보다 4개가 늘어났다.[93] 그러나 일정상 경제생활과 사회생활의 대요를 조사하는 데 그친 까닭에 조사사항 이외 적확한 재료로서 부락의 형상을 명확하게 보여주는 사진과 생활 상태를 아는 데 필요한 민가의 가구도家構圖를 그리는 일에 골몰하였다.[94] 조사의 순로順路는 평안북도, 평안남도, 황해도, 강

92) 朝鮮總督府, 앞의 책, 1923, 4~6쪽.
93) 朝鮮總督府, 앞의 책, 1923, 4쪽.
94) 특히 사진의 경우, 小田內 역시 향토회의 구성원이었던 鳥居龍藏과 마찬가지로 투명하고 객관적 실체로서 파악하면서 실증적이고 객관적이며 움직일 수 없는 시대적 증거로서 기능한다고 믿지 않았나 한다. 鳥居龍藏에

원도, 함경남도, 충청북도, 충청남도, 전라북도, 전라남도, 경상북도, 경상남도 순이었다. 그가 방문한 부락을 입안의 기준대로 분류하면 <표 4>와 같다.

〈표 4〉 오다우치의 부락 유별과 조사 내역

| 기준 | 유별 | 첨부 내역 | 비고 |
|---|---|---|---|
| 사회상-양반이 많은 부락 | 慶北 安東郡 豊南面 河回里 | 개별 지주의 소유 면적 | |
| | 全北 金堤郡 金溝面 上新里 | 취학연령아동수 | |
| | 全南 靈巖郡 靈巖面 望湖里 | 櫛의 발송액 | |
| | 忠北 忠州郡 可金面 樓岩里 | | |
| | 忠南 公州郡 新上面 維鳩里 | | |
| 교화상-유교, 시천교 부락 | 京畿 利川郡 栢沙面 道立里 | | 1단계 |
| | 忠南 論山郡 豆磨面 富南里 | | |
| 경제상-농업, 어법 부락 | 京畿 利川郡 新屯面 長洞里 | | 1단계 |
| | 慶南 統營郡 巨濟面 竹林浦 | | |
| 역사상의 부락 | 京畿 開城郡 中西面 麗陵里 | | |
| | 咸南 咸興郡 雲田面 宮西里 | 戶別割稅 | 1단계 |
| 기타 | 江原 春川郡 西下面 錦山里 | 계급 구성 | |
| | 平北 宣川郡 深川面 仁豆洞 | | |
| | 平南 安州郡 新安州面 雲鶴里 | 개별 농가의 농지 규모와 가족 구성 | |
| | 黃海 海州郡 席洞面 蓮根里 | | |

출전 : 小田內通敏, 「朝鮮部落調査の過程」, 『東洋』 25(4), 1922, 1~2쪽; 朝鮮總督府, 『朝鮮部落調査豫察報告』 제1책, 1923.

오다우치가 16개 부락을 조사하면서 늘 유의하였던 점은 그가 애초에 입안하였던 유별 항목들이었다. 이는 유별에 깔린 방침이기도 하였다.

관해서는 이경민, 『제국의 렌즈』, 산책자, 2010, 112~1149쪽 참조.

첫째, 그는 남부 조선과 북부 조선의 차이를 염두에 두었다. 남부 조선의 경우, 양반이 많은 데 반해 북부 조선北部 朝鮮의 경우, 천도교 신자와 기독교 신자가 많다고 지적하였다. 예컨대 2단계 시기에 경상북도 안동군 풍남면 하회동을 비롯한 동성족 부락들을 방문하여 양반의 역할에 주목한 반면에 평안남북도를 방문하여 천도교 신자, 기독교 신자의 분포에 관심을 기울였다. 특히 기독교 신자가 매우 많은 선천군 심천면 인두동을 방문하여 기독교 신자의 증가 원인을 미국 선교사의 산업 장려 노력에서 찾기도 하였다.[95] 또한 북부 조선에 위치한 함흥의 읍내 장시와 남부 조선에 위치한 여러 장시를 둘러보고 부녀자들이 전자의 경우는 출입이 활발한 반면에 후자의 경우는 별로 그렇지 않음을 언급하고 있다. 아울러 강원도 여러 지역을 방문한 뒤 강원도 지역은 남부 조선과 북부 조선이 교차하는 지역이라고 규정하면서 원주는 양반이 많은 데 반해 철원은 평안남북도 출신이 다수 거주하고 있음을 지적하고 있다.

둘째, 그는 각 지역 부락을 방문하면서 양반의 위상, 지주소작 관계, 시장, 화전민, 일본 이주민, 화교, 사당祠堂, 계契 등의 조사에 중점을 두었다. 이는 그 자신이 입안 계획을 수립하였거니와 해당 도청과 군청을 통해 각 지역의 특성을 먼저 파악하고 실지 조사에 들어갔기 때문이다. 그리하여 지역별로 각 특징을 살려 통계표를 제시하였다. 예컨대 각도 화전 면적, 충청북도 거주 양반의 군별 인구,[96] 전라남도 사음舍音의 군별 인구[97] 등의 통계표가 그것이다. 아울러 개별 부락을 방문하여 일본인 이주 실태, 농촌의 계급 구성, 호별세戶別割稅, 개별 농가의 농지 규모와 가족 구성, 취학연령 아동수, 개별 지주의 소유 면적, 즐櫛의 발송액 등을 조사한 내역이 그것이다.[98]

한편, 오다우치는 조사 과정에서 아쉬움도 적지 않았다. 특정 부락을 제외하고는 개별

95) 小田內의 이러한 의도가 단지 부락의 교화 문제를 다루는 데 있는가 대해서는 논란이 있을 수 있다. 즉 이 시점이 3 · 1운동이 발발한 지 1년이 갓 지나간 때라서 천도교와 기독교에 대한 경계에서 비롯될 수도 있다. 이에 관해서는 姜德相 編, 「長谷川總督の事後引繼意見書」(1919. 6.) 『現代史資料25』, 東京: みすず書房, 1965; 최석영, 『일제하 무속론과 식민지권력』, 서경문화사, 1999, 177쪽 참조.

96) 朝鮮總督府, 앞의 책, 1923, 17쪽.

97) 朝鮮總督府, 앞의 책, 1923, 23쪽.

98) 朝鮮總督府, 앞의 책, 1923, 17, 48~49, 50, 57, 64, 69쪽.

부락 조사를 단지 1~2일에 끝내야 하기 때문이다. 특히 그는 향토회의 활동 이래로 도면圖面의 제작과 사진의 촬영 등에 힘을 기울였기 때문에 부락 조사는 대단히 촉박하게 진행되었던 셈이다. 예컨대 그는 경북 안동군 풍남면 하회동을 조사하면서 동성족 집단인 대부락을 1일 안에 조사하는 일은 매우 무모하다고 지적하고 있다.[99] 또한 경비와 일정 문제로 대표적인 부락으로 가지 못하고 도청 소재지와 근접한 부락을 방문하여 조사하는 일도 부지기수였다.

오다우치는 부락 조사를 일단락 마치면서 어떤 의미를 부여하였을까. 그는 일본에서 이미 설파한 바와 같이 촌락의 자연적 조건과 촌락민 생활의 상관 관계를 매우 중시하였다. 그의 말대로 주민의 생업은 지방적으로 특수화되었다고 하겠다. 아울러 성계상姓系上, 경제상, 사회상의 관계 및 종교 교화의 성부盛否 등에 따라 문화의 정도를 달리하고 부의 분배에 적지 않은 차이를 발생한다고 인식하였기 때문이다. 아울러 조사 대상 부락에 관해서는 소정의 조사항목에 기초하여 그 생활 상태를 상세히 기술하였을 뿐더러 가구家構를 다수 제도製圖하고 대대적으로 촬영하여 다수의 사진을 첨부하였다.

또한 그는 보고서 결어에서 16개 부락의 특상을 파악한 위에서 작업의 방향과 내용을 제안하였다.[100] 그것은 조선에서 가족제도가 부락의 구성에 밀접한 관계를 가지고 있다는 전제 아래 동성족 부락을 표식標式으로 선정하고 조사를 해야만 여기서 얻어진 자료가 지방행정상의 참고로 활용될 수 있다는 것이다. 아울러 조선의 농민들은 명찰한 이지가 없는 결과 유언비어에 움직이는 일이 많기 때문에 미신이 부락 생활에 미치는 영향도 조사해야 한다고 주장하였다.

끝으로 그는 조선부락을 조사하는 과정에서 일제가 벌인 '지방개량사업地方改良事業'의 필요성을 강조하였다. 비록 조사 보고서 형태이지만 보고서에 포함시키지 않아도 될 소회所懷를 중간 중간에 피력하면서 지방개량사업의 전망을 낙관하였다. 예컨대 1921년 11월 10일 함경남도 도청에서는 함흥 군내 부인들이 일제가 유도하고자 했던 강습회라든가 부

99) 朝鮮總督府, 앞의 책, 1923, 23쪽.
100) 朝鮮總督府, 앞의 책, 1923, 82쪽.

인청년연구회婦人青年研究會에 열심히 참여하는 것을 목격하고 일제의 지방개량운동의 목표가 반드시 실현될 것임을 의심하지 않는다고 확신하였다.[101]

한편, 오다우치는 200만 조선인 화전민의 처리는 국토의 보안상, 삼림의 보호상 절실한 대문제라는 문제 의식 아래 조선인 화전민의 증가 원인과 실태를 조사하기 위해 문헌조사를 하였으며 화전 경작의 과정을 면밀히 검토하였다.[102] 아울러 개마고원蓋馬高原에서 화전을 경작하는 화전민의 실태를 조사하여 상세하게 정리하였다. 나아가 화전민 대책으로 조선총독부가 취해 왔던 이주정책의 실패 원인을 인간의 향토관념에 대한 고려가 결여된 데서 찾으면서 현지 거주 지역에서 살되 보통 노동으로 생계를 영위하도록 지원할 것을 제안하였다.[103] 또한 개마고원에 거주하는 화전민은 표동漂動의 결과 늘 만주 및 간도로 유출할 경향이 많다고 경고하고 있다. 아울러 표동적漂動的 유농생활자遊農生活者와 정착적定着的 영농적營農的 생활자를 구분하면서 각각 다른 시책을 근본적으로 연구할 것을 주문하고 있다. 그러나 그는 화전민 증가의 원인을 높고 험한 산이 여러 지역에 걸쳐 퍼져 있다는 지형적 특색과 함께 오랜 세월 동안 조선 지배층의 악정에 기인한 경제적 기능의 정도 특히 농정農政·임정林政의 부진에서 찾았다. 따라서 그가 비록 화전민의 해결에 대해서 농정과 사회행정상의 두 방면에서 협정 고려해야 한다고 주장하지만 화전 증가의 구조적 원인을 조선총독부의 농림 정책을 비롯한 지주소작제의 문제와 연계하지 않고 있다. 특히 일제하 화전민을 조선 시대 화전민의 연속상에 놓고 조선 시대의 산물로 간주하고 있다는 점에서 그의 이러한 인식과 제안은 당시 현실과 동떨어진 내용이었다. 즉 화전민의 증가 원인은 자연재해와 재민災民 대책의 실패에서 비롯되는 측면도 있지만 근본적으로는 소작농민의 급증과 소작조건의 악화로 인하여 농촌의 파산자가 속출하고 그들이 갈 곳이 화전지대일 수밖에 없다는 점이다.[104]

---

101) 朝鮮總督府, 앞의 책, 1923, 15쪽.
102) 朝鮮總督府, 『朝鮮部落調査報告書』 제2책, 1924.
103) 朝鮮總督府, 위의 책, 1924, 34쪽.
104) 姜萬吉, 『日帝時代 貧民生活史 硏究』, 創作과批評社, 1987, 138~144쪽; 곽건홍, 「일제하의 빈민 : 토막민·화전민」, 『역사비평』 46, 1999, 167쪽.

또한 그는 재조선 화교들의 실태를 조사하였다 이는 당시 화교들이 타지역과 마찬가지로 1920년대에 조선에 다수 입국하여 큰 세력을 이루면서 조선인과 일본인에게 크게 위기감으로 다가왔기 때문이다. 그래서 조선총독부는 오다우치에게 이 조사를 촉탁하여 그 원인과 실태를 파악함으로써 화교들의 조선에서 차지하는 경제적 직능을 해명하고자 하였다.[105]

우선 오다우치는 화교들의 재주在住 과정을 추적하였다. 이어서 직업별로 상인, 채소재배업자, 노동자들의 실태를 분석하면서 그 고유의 조직을 밝히는 한편 직업별 생활 표준을 파악하고자 하였다. 그 결과 화교들의 장점 즉 경제적 우월성, 능률 위주의 심신 상태와 영양상태를 파악할 필요가 있음을 강조하였다. 예컨대 신의주에서 조선인 인력거부人力車夫와 중국인 인력거부를 비교하면서 중국인은 민첩할뿐더러 명절에도 쉬지 않고 법외의 임금을 받으려고 노력하면서도 임금은 일본인은 물론 조선인보다 훨씬 저렴한 점을 들고 있다.[106] 반면에 조선인은 나태하기 쉽고 훈련이 부족하기 때문에 도중에 쉬거나 장기적으로 지속하지 못하여 중국인 노동자에 비해 능률이 떨어진다고 비판하였다. 나아가 중국인 노동자의 유입을 제한하지 말 것을 주장하였다. 요컨대 그는 화교의 근면검소, 자국산애용 정신, 조직성 등을 높이 평가하면서 조선인이나 일본인이 본받아야 함을 강조하였다.[107]

### 3. 사회 · 문화적 파급

오다우치는 『조선부락예찰보고朝鮮部落豫察報告』를 발표하기 이전에 이미 조선총독부 관리들이 자주 보고 활용하는 『조선朝鮮』지에 보고서의 일부를 발표하였다. 심지어는 조사가 완료되기 이전에도 발표하기도 하였다.[108] 그것은 스스로가 늘 강조했던 대로 관리

105) 朝鮮總督府, 앞의 책, 1924, 35쪽.
106) 朝鮮總督府, 앞의 책, 1924, 57~61쪽.
107) 朝鮮總督府, 앞의 책, 1924, 64~65쪽.
108) 小田內通敏, 「朝鮮部落調査資料 一」, 『朝鮮』 81, 1921.11.

들이 심득해야 할 지방행정지식이라고 여겼기 때문이다.

따라서 그는 부락예찰조사가 종료될 무렵인 1921년 12월에 23 · 24일 양일간에 걸쳐 그가 직접 찍은 사진을 조선총독부 건물 제2회의실에서 '조선지방생활자료朝鮮地方生活研究資料'라는 이름으로 전시하였다.[109] 물론 조선총독부의 전폭적인 지원에 힘입은 바가 크다. 조선총독부로서도 조선부락조사사업의 성과를 대내적으로 공유하는 한편 대외적으로 선전할 필요성이 컸기 때문이다. 그리하여 부락 조사 연구의 내용을 단지 문장으로서 표시하는 데 그치지 않고 촌락의 형태, 주가의 구조, 생활의 상태 등을 사진 또는 도면으로 표시함으로써 연구의 자료가 일반 공중에게 참고가 될 것이라고 선전하였다.[110] 근대적 사회과학 방법론과 근대과학의 총아라 할 사진을 정치 선전의 수단으로 삼으려 했던 것이다. 이에 이러한 전시회는 『동아일보』 등 언론계와 식자층의 관심을 끌었다. 그리하여 당시 『동아일보』 주필 장덕수張德秀는 동지同紙 1921년 12월 26일자 「地方生活의 實地調查 - 小田內氏의 興味잇는 試驗」이라는 제하의 사설에서 다음과 같이 논하고 있다.

> 요컨대 朝鮮地方生活에 대한 如此한 具體的 科學的 調査가 극히 필요하며 그 조사에 기초한 具體的 實地的 科學的 改良案이 필요한 것을 오인은 切痛하노니 此試驗을 日本人側의 努力에만 委하지 말고 朝鮮人이 亦 努力하야써 행하되 특히 青年會가 此事業에 대하야 노력을 勿惜하기를 희망하고 玆에 一言을 發하노라[111]

이처럼 『동아일보』 등의 언론계와 일부 식자층은 오다우치의 부락조사사업을 '구체적 과학적 조사'라고 높이 평가하며 그들의 실력양성론을 뒷받침하는 방편으로 활용하고자 하였다. 특히 장덕수는 사설에서 언급한 바와 같이 청년회青年會를 겨냥하여 정치적 활동보다는 농촌개량, 풍속개량 등에 힘쓸 것을 주문하고 있다. 이는 이 시기 일부 청년회에서

109) 『東亞日報』 1921.12.26.; 朝鮮總督府, 앞의 책, 1923, 30쪽.
110) 小田內通敏, 「朝鮮部落調査の過程」, 『東洋』 25(4), 1922; 『東亞日報』 1921.12.26.
111) 『東亞日報』 1921.12.26.

보이는 민족의식 고취 등의 이른바 불온한 움직임을 경계하면서 청년회가 이른바 지방개량사업에 힘을 기울일 것을 요구함을 의미한다.[112] 그런데 『동아일보』 측의 이러한 주문은 일제의 부락 조사가 조선통치를 좀 더 정교하게 강화하면서 궁극적으로 동화정책을 위해 실시한다는 점을 간과하고 오로지 '과학적 조사'라는 점 그리고 이를 기반으로 농촌생활의 향상을 기할 수 있다는 의미에 중점을 둔 견해라 하겠다. 이처럼 일제의 부락 조사사업은 실력양성론을 주장하는 언론계와 식자층에게 영향을 미치면서 사회운동의 방향을 둘러싼 갈등을 더욱 조장시켰다.

한편, 오다우치는 장덕수의 이런 사설을 보고 고무되어 『동양』(1922. 4)지에 이 사설을 번역하여 수록하면서 자기의 뜻을 일층 강하게 펼칠 수 있었다고 서술하였다.[113] 여기서 그는 일본인들과 조선인 청년들에게 각각 조선부락 이해의 필요성을 강조하고 있다. 전자의 경우, 조선고유의 생활을 이해하고 이로부터 일본인 관계 나아가 외국인 관계에 의해 발생하는 생활 현상을 해명하는 것이 자신의 목적이며 일본인 동포에게 생생하게 이해시키는 관건임을 강조하였다. 후자의 경우, 장덕수의 사설을 빌어 조선 청년들에게 당부하면서 실생활에 대한 자각이 필요함을 강조하였다. 나아가 『조선부락예찰보고』 결어에서도 제언하는 바와 같이 조선 청년들이 부락의 학술적 연구를 시도하여 그것을 기준으로 하여 조선 지방생활의 개선에 노력할 것을 주문하였다.[114] 이는 누누이 언급한 대로 조선 청년들이 일제의 지방개량운동에 동참할 것을 요구하는 주장이라 하겠다.

또한 그는 1924년 3월에 출간된 『조선부락조사보고』 제1편에서 화교 노동자의 근검절약, 높은 능률성을 지적하였는데 이러한 그의 인식은 일본인 자본가가 조선인 노동자가 아니라 화교노동자를 고용하는 근거로 작용하였다.[115] 특히 그는 1924년 8월 3일자 『동

112) 당시 청년연합회나 동아일보측이 생각하고 있던 청년회 운동의 방향과 일제가 유도하고자 했던 청년회 운동의 방향에 관해서는 박찬승, 『한국근대정치사상사연구--민족주의 우파의 실력양성운동론』, 역사비평사, 1992, 171~243쪽; 안건호, 「1920년대 전반기 청년운동의 전개」, 『한국근현대청년운동사』(한국역사연구회근현대청년운동사연구반), 풀빛, 1995, 64~66쪽 참조.

113) 小田内通敏, 앞의 논문, 1922, 10~11쪽.

114) 朝鮮總督府, 앞의 책, 1923, 82쪽.

115) 김태웅, 「1920 · 30년대 한국인 대중의 華僑 認識과 國內 民族主義 系列 知識人의 내면세계」, 『歷史教育』 112,

아일보』의 「중국인의 특장特長 - 근검과 역력勞力이 우리에게 교훈」이라는 사설을 요약 번역하여 『동아일보』 계열의 중국인 노동자관과 일치함을 보여주고 있다.[116] 즉 조선인들은 민족주의자나 사회주의자 또는 종교가나 문예가임을 불구하고 화교의 근검과 노력을 본받아 생산적 노동자가 될 것을 주장하였다. 그런데 이러한 생각은 『동아일보』, 오다우치뿐만 아니라 윤치호 등 실력양성운동을 주장하는 식자층에게 이미 퍼져 있었다.[117] 반대로 오다우치의 이러한 조사는 조선인 자산가층이 조선인 노동자의 비효율성과 나태를 비판하는 근거가 되었을 것이다.

나아가 그는 『조선부락예찰조사』를 비롯하여 시장, 화전민, 화교 조사 결과에 근간하여 체계화하고자 하였다. 우선 오다우치가 가장 중점을 둔 부분으로 이른바 동성족 부락에 관한 인식이다. 즉 그는 조선부락의 핵심은 혈연관계를 주체로 구성된 동성적 부락으로 파악하는 가운데 고정적인 존재로서 "현대 조선의 축도縮圖"이자 "민족적 특질"로 인식하였다.[118] 따라서 그는 동성족 부락 조사를 통해 고유의 민속은 물론 부락 구성의 경제적 · 사회적 요소를 파악할 수 있으며 궁극적으로는 지방행정상의 참고로 활용할 수 있음을 주장하였다.[119] 반면에 이러한 고정적인 존재와 달리 화전민을 표[유]동적인 존재로 병든 조선의 생활낙오자로 인식하였다.[120] 아울러 정기시는 경제조직이 진보할수록 감소해야 할 존재로 인식하면서 정기시의 다수 온존을 후진적인 현상으로 파악하였다.[121] 따라서 그의 이러한 인식과 조사 작업 결과는 조사 방식의 '과학성科學性'과 '실증성實證性'에도 조선총독부 관리와 조사자들이 조선 사회를 혈연성에 입각하여 운영되고 악정으로 점철된 정체停滯사회로 규정할 수 있는 단서를 열어주었다.

---

2009, 104쪽.

116) 『東亞日報』 1924년 8월 3일의 사설을 요약 수록한 점으로 보아 『朝鮮部落調査報告書』의 발간 시기는 판권지와 달리 1924년 3월이 아니라 8월 이후로 보아야 한다. 朝鮮總督府, 앞의 책, 1924, 39~40쪽.

117) 윤치호의 중국인 노동자관에 관해서는 김태웅, 앞의 논문, 2009, 121쪽 참조.

118) 小田內通敏, 앞의 논문, 1922, 9쪽.

119) 朝鮮總督府, 앞의 책, 1923, 82쪽.

120) 小田內通敏, 「朝鮮の人文地理學的諸問題」, 『朝鮮』 124, 1925. 9, 121쪽.

121) 小田內通敏, 위의 논문, 123~124쪽.

한편, 그는 한반도를 민족적 교류지역으로 파악하면서 일본 역사학계가 주장한 조선사 타율성을 여기에 적용하였다.[122] 이곳은 자연적으로도 생물적으로도 이변지역移邊地域의 상태를 보존할뿐더러 인문적으로는 민족적 교류지역이라는 숙명을 짊어지고 있다고 보았다. 그래서 인문지리학에서는 그 인구의 민족적 구성을 기조로 해서 조선민족, 일본민족, 중국민족의 활동을 연구해야 한다는 것이다. 그의 재조선 화교 연구는 이러한 연구의 필요성에 바탕을 두고 있었다. 아울러 북부 조선과 남부 조선을 기후와 지세의 차이로 구분하고 산업과 연계하여 연구할 필요가 있다고 강조하였다. 이는 후술하는 바와 같이 조선부락조사 계획에 그대로 반영되어 남부 조선과 북부 조선을 구별하여 조사하는 기초가 되었다. 조사 방법에서도 그의 인문지리학적 방법론을 조선 통치 참고 자료 구축에 활용하고 있음을 확인할 수 있다.

또한 오다우치는 조서 보고서가 정식으로 출간되기 이전인데도 이 내용을 요약한 뒤 1922년 10월 일반 식자층이 읽는 『매일신보』에 7회에 걸쳐 연재하기도 하였다.[123] 여기서는 일본인과 조선인의 공존공영을 내세워 부락 조사의 필요성을 역설하였다. 이는 조사 보고서가 정식으로 출간되기 이전에 조선총독부 관료와 함께 일본 민간인은 물론 조선인 청년들에게 읽히게 하고 싶었기 때문이다.

그러나 오다우치의 의지에도 불구하고 그의 이런 조사 활동은 1924년 12월 구관 및 제도조사위원회를 비롯한 10개 위원회가 폐지되면서 중지되었다.[124] 당시 일본 경제의 불황으로 일본 본국은 물론 조선총독부가 세입 감축의 위기를 맞으면서 재정 긴축을 위해 행정 및 재정을 정리해야 했기 때문이다. 한편 구관제도조사사업 중 일부가 주무국과主務局課로 옮겨지는 과정에서 부락 조사를 포함한 풍속조사 사업은 조선총독부 총독관방 조사과로 넘어갔다. 이 조사를 계속 맡은 관리는 젠쇼 에이스케와 무라야마 지준으로서 이전의 조사 작업을 이어서 지속적으로 조사작업을 수행하는 한편 일부는 '조선총독부조사자료

122) 小田內通敏, 앞의 논문, 1925, 113~114쪽.
123) 『每日申報』 1922.10.7.; 10.8.; 10.14.; 10.16.; 10.19.
124) 『朝鮮總督府官報』 1924년 12월 19일; 『시대일보』 1924.12.24.

朝鮮總督府調査資料'로 간행하였다.[125] 이처럼 지리, 풍속, 사회, 경제, 역사, 민속 등의 분야를 연계하여 구축한 그의 근대적 인문지리학 방법론은 이후 계승자들에게 행정 정보를 본격적으로 수집함은 물론 제국주의 지식 담론을 생산할 수 있는 기초를 제공하였다.

또한 그의 이러한 인식은 부락 조사 이후로 이어져 더욱 강화되었다. 조선에서의 부락 조사가 끝난 뒤이지만 조선인들이 일제의 조선통치를 비판하자 지방 생활의 조사가 매우 중요함을 역설하면서 다음과 같이 반론을 폈다.

> 오늘날 조선사람들 특히 젊은이들은 열명 중 아홉명까지는 정치문제에 열광하고 있는 듯하지만, 나는 조선민족을 위해 오히려 이를 슬프게 생각한다. 나는 冷靜하고 純然한 학도의 입장에서 특히 그 젊은이들에게 말하고 싶은 일은, 진실로 조선의 장래를 생각한다면 왜 경제적 분야에서 깊은 연구를 하여 어떻게 그들 민족의 활력을 배양할 것인가 하는 것에 대하여 고려하지 않는가 하는 것이다. … 그렇게 조선의 정치에 정력을 기울이기에 앞서 조선의 지방생활 특히 경제생활의 개선에 힘을 기울여야 하지 않을까.[126]

이는 당시 조선인들의 독립 운동을 비판하고 일제의 지방개량운동에 적극 동참하여 조선인과 일본인의 이른바 공존공영을 추구하자는 그의 시국관을 단적으로 드러낸다.

한편, 그는 조선부락조사를 통해 조선총독부의 지방행정에 참고할 만한 정보를 제공한 가운데 그 자신은 이 조사 결과를 학문적 성과로 발전시키고 인문지리학의 도약으로 연결하고자 하였다.

우선 오다우치는 조선에서 전시한 '조선지방생활자료'를 도쿄로 가져와 1922년 4월 '조선지지방주가朝鮮之地方住家'라는 조선 민가의 가구도家構圖를 전시하였다. 이는 그의 조사 작업이 중단되었음에도 불구하고 학문적인 성과를 거두었음을 학계에 알리는 계기가 되

---

125) '조선총독부조사자료'의 간행 실태에 관해서는 朴賢洙, 「日帝의 식민지 調査機構와 調查者」, 『정신문화연구』 72, 1998, 26쪽; 허영란, 앞의 논문, 2007, 227~228쪽.
126) 小田內通敏, 『聚落と地理』, 1927, 210~211쪽.

었다.[127] 이어서 1922년 9월에는 와세다대학 문학부에 '취락지리학聚落地理學'을 선택과목으로 개설케 하였으며 11월에는 집락지리학연구회集落地理學硏究會를 발기하였다.[128] 이는 취락지리학 연구의 전기를 이룸과 동시에 그 연구상의 교류를 확장시켰다.[129]

그는 이와 같이 인문지리학의 기초를 구축하는 가운데 그 자신의 연구 성과를 학회지에 게재하기 시작하였다. 1925년에는 「조선의 인문지리학적제문제朝鮮の人文地理學的諸問題」를 『지리학평론』 1에 게재하였으며,[130] 1926년에는 인문지리학회人文地理學會를 창설하고 「조선의 화전민朝鮮の火田民」을 『인문지리』 1에 게재하였다. 특히 『인문지리』가 일본에서 신지리학운동新地理學運動을 이루고 세계지리학계에 괄목할 만한 문제를 제기했다는 평가가 나올 정도로 그 의미가 컸다.[131] 이 중 「조선의 화전민」은 지리학의 본고장이라고 할 프랑스에서 번역되어 소개되었다. 이어서 1926년에는 동양협회출판부東洋協會出版部를 통해 『東洋講座 7 朝鮮に於ける支那人の經濟的勢力』을 출간하였다. 그리고 이는 1927년에 출간한 『취락과 지리聚落と地理』로 일단락 지었다. 이는 인문지리학에 관한 논문집으로 구미의 문헌을 섭렵하는 가운데 그 자신의 지리학에 관한 관점과 조사방법론의 수립을 단적으로 보여주는 저서이다.[132] 그런데 여기에는 조선부락조사의 성과가 대폭 수록되었다는 점에서 결코 일본 조사 경험과 구미 이론에 대한 천착에서만 비롯된 것은 아니었다. 그의 조선부락조사가 일본의 인문지리학을 성큼 발전시키는 데 이바지하였던 것이다.

그의 조선부락조사 성과는 학술 차원에 머물지 않았다. 1931년에 신광사新光社의 나카마 테루히사仲摩照久가 기획하고 니토베 이나조 등이 편집위원으로 참여한 『일본지리풍속

127) 小田内通敏, 위의 책, 228쪽.

128) 小田内通敏, 앞의 책, 1927, 302~311쪽. 이에 관해서는 岡田俊裕, 『地理學史 : 人物と論爭』, 東京: 古今書院, 34~35쪽, 2002; 關戶明子, 「昭化初期までの村落地理學硏究の小田內通敏の業績を中心に」, 『奈良女子大學地理學硏究報告』 IV, 1992, 168쪽 참조.

129) 木本力, 앞의 논문, 1979, 31쪽.

130) 岡田俊裕, 앞의 책, 2001, 小田內通敏著作年譜 참조.

131) 羽仁五郎, 「新舊地理學」, 『思想』 74(『羽仁五郎歷史論著作集』 수록), 1927. 이와 관련하여 木本力, 앞의 논문, 1979, 32쪽 참조.

132) 木本力, 앞의 논문, 1979, 33쪽.

대계 조선편日本地理風俗大系 朝鮮篇』으로 이어지면서[133] 향토교육운동 차원에서 일반 대중과 가까워지려고 노력하였다.[134] 여기서 그는 조선에서 그의 임무를 이어받아 작업을 수행하였던 젠쇼 에이스케와 같이 '경기도京畿道' 항목을 집필하였으며 '취락聚落', '의와 주衣と住' 항목은 단독 집필하였다.[135] 이 중 '취락'은 그의 부락 조사 경험이 그대로 녹아 들어갔으니 '초가민가藁葺民家', '소중농小中農의 주가住家', '주가의 배치', '농촌시장' '화전부락', '도회都會의 특색', '저명한 읍내' 등등이 포함되었다. 그리고 이 내용들은 그의 조선통치 인식과 조선관이 그대로 배어 있다. 예컨대 화전의 폐해를 언급하면서 화전 정리에 조선총독부가 노력해야 한다고 기술하였다. 또한 고을의 선정비善政碑를 들어 조선시기에 악정이 매우 많았음을 지적하고 있다. 그의 이러한 조선관은 그가 의도하든 의도하지 않든 제국주의 지식 담론으로서 독자들에게 다가갔을 것이며 이후 일본인 관료는 물론 일반 일본인들에게 확대 재생산되었을 것이다.

## V. 결어

1910년대 말 구관제도조사사업은 새로운 전기를 맞고 있었다. 그것은 민 · 형사령 및 부속 법령 제정을 뒷받침하는 차원에서 벗어나 동화주의 정책을 구체적으로 실현할 수 있는 기반을 구축하는 일이었다. 더욱이 3 · 1운동은 일제가 취했던 법률과 제도 위주의 통치방식에서 벗어나 조선인을 좀더 효과적이고 정교하게 통치해야 필요성을 절감케 하는 사건이었다. 이 운동은 단지 몇몇 지식인들의 운동이 아니라 촌락에 사는 많은 거주자들이 대거 참여하였기 때문이다. 그들의 촌락 정책이 실패했음을 단적으로 보여주는 일례라 하

133) 仲摩照久 編,『日本地理風俗大系』16, 17, 東京: 新光社, 1930~1933.

134) 小田内는 1926년 문부성 주최의 각부현 사범학교 농업과 교원회의에 강화를 하면서 점차 향토교육에 깊은 관심을 기울였다. 이에 관해서는 木本力, 앞의 논문, 1979, 33쪽 참조.

135) 仲摩照久 編,『日本地理風俗大系 16 朝鮮篇 上』, 東京: 新光社, 1930, 162~190쪽; 仲摩照久 編,『日本地理風俗大系 17 朝鮮篇 下』, 1930, 238~252, 369~380쪽.

겠다. 따라서 이 시기에는 구관과 제도를 조사함은 물론 새로운 영역으로서 조선의 농촌·농민을 파악하기 위해 사회사정社會事情과 풍속을 조사하는 데 이르렀다. 이는 일제도 서구 제국주의 국가와 마찬가지로 조사와 연구 영역을 정치, 법제, 경제 등의 부문에서 사회 사정, 풍속 그리고 역사 등 문화 부문으로 확대하기 시작했음을 의미한다.[136)]

그런데 이를 효과적이고 실질적으로 추진하기 위해서는 기존의 관리들로는 여의치 않았다. 기존의 구관제도 조사사업에 참여했던 인사들은 대부분 행정이나 법조 관련 관료들이어서 이런 조사 사업을 추진하기에는 역부족이었다. 아울러 이 사업을 지속적이고 체계적으로 추진하기 위해서는 이를 실질적으로 담당할 정식 기구가 필요하였다.

이에 조선총독부는 우선 일본 본국으로부터 전문 학자들을 초빙하여 촉탁으로 활용하고자 하였다. 이 중 당시 일본 지리학계에서 비주류 학자이지만 농촌 조사를 통해 여러 일본 행정기관에 알려진 오다우치 미치토시를 촉탁으로 고용하였다. 그는 자연지리학에 경도된 일본 지리학계를 비판하면서 자연 현상과 인문 현상을 결합하여 인문지리학의 전통을 세우려는 대표적인 학자일뿐더러 그가 활용하는 근대적 조사방법론은 조선 농촌의 풍속, 경제, 사회, 민속, 역사 등을 조사하는 데 유효하다고 판단했기 때문이다. 특히 오다우치는 그의 스승인 니토베 이나조의 영향을 받아 식민지의 자치권에 관심을 지님에도 불구하고 스승과 마찬가지로 기본적으로 신영토를 척식拓植의 근원이라 여기고 일본인의 식민을 강조하였던 학자였으므로 그의 조사 작업은 전체적으로 조선총독부의 기본 목표와 부합되어 있었다. 특히 역사인식을 비롯한 그의 조선관 전반은 일본 관학자들의 타율성론과 정체성론과 크게 다를 게 없었다.

오다우치는 1920년 8월부터 1925년 9월 무렵까지 4단계에 걸쳐 조사 작업을 수행하였다. 매우 짧은 기간이었지만 조선총독부의 지원, 도청과 군청의 아낌없는 협조가 이를 가능케 하였다.

---

136) 서구 제국주의 국가의 식민지 조사와 연구에 관해서는 山路勝彦·田中雅一編著,『植民地主義と人類學』, 제1장 人類學と植民地主義-硏究史を鳥瞰する, 兵庫縣 關西學院大學出版會, 2002; Jürgen Osterhammel, *Kolonialmus: Geschichte, Formen, Folgen*(이유재 역, 2006,『식민주의』, 역사비평사), 2003, 165~174쪽 참조.

1단계 1차 작업(1920. 8, 1개월간)은 사전 조사로서 특정 부락 3개를 잠깐 조사하는 일이었다. 이를 통해 조사 단위로 군이나 면이 아닌 부락을 설정할 수 있었다. 이것은 지세, 기후 등 토지의 자연적 조건과 함께 성계상姓系上, 경제상, 사회상 관계 및 종교 · 교화의 성부盛否 등을 포함한 역사적 발달을 기조로 하는 표식이라 판단했기 때문이다.

1단계 2차 작업(1921. 3~1921. 4, 1개월 간)은 이를 통해 수집된 정보에 바탕하여 조사 전반의 계획을 입안하는 일이었다. 여기서 민족별로 구분한 뒤 다시 경제상, 사회상, 교화상, 내치상, 역사상으로 유별하여 대표적인 부락을 선정하는 일이었다.

2단계 작업(1921. 10~1921. 12, 3개월 간)은 이러한 입안에 입각하여 함경북도를 제외한 모든 도의 특정 부락 16개를 방문하여 조사하는 일이었다. 비록 조선총독부의 지원 및 도청과 군청의 절대적인 협조를 얻어 기초 자료의 확보에는 큰 무리가 따르지 않았으나 조사 기간이 3개월이어서 일정은 대단히 촉박한 데다가 중요 부락은 충분한 조사가 이루어지지 못하였다. 그럼에도 오다우치 자신은 지방 연구의 필요성을 절감한 터라 강행군을 이어나갔다.

3단계 작업(1921. 9~1922. 10, 1개월간)은 당시 일제의 주된 관심 대상이라 할 농촌의 시장을 조사하는 일이었다. 농촌을 이해하기 위해서는 농촌의 배급 기관이라 할 시장 조사가 필수적이었다. 이 작업은 2단계 작업과 달리 각 도청과 군청에서 통보한 설문 답변과 기초 자료에 의거하면서 자신이 직접 목격한 내용들을 참작하여 조사보고서를 작성하였다.

4단계 작업(1923. 10~1923. 12, 3개월 간)은 조선 전국의 화전민과 화교들을 조사하는 일이었다. 이 역시 3단계 작업과 같은 방식으로 진행되었다. 이후 조선총독부가 재정 위기에 봉착하여 행정 · 재정 정리를 단행하면서 구관 및 제도조사위원회舊慣及制度調査委員會를 비롯한 10개 위원회가 1924년 10월 폐지되면서 그 자리에서 물러나야 했다.

그러나 그는 촉탁으로 재직하는 동안에 조사에도 열중하였지만 홍보에도 관심을 기울였다. 그 자신의 의도가 담겨 있음은 물론 조선총독부도 그들의 조사 사업을 대내외적으로 알리고자 했기 때문이다. 특히 이 사업의 목표가 일제의 행정참고자료를 제공함과 함께 지방개량운동을 지원하는 데 있었기 때문에 그는 『조선』, 『매일신보』 등 각종 매체를 통해 조사 사업의 내용과 의미를 홍보하는 가운데 일본인들의 조선에 관한 지식의 함양을 역설하는 동시에 조선 청년들에게 정치적 활동보다는 경제 사회 활동 특히 지방개량사업에 관심을 가지라는 주문을 자주 언급했다. 또한 화전민과 화교 조사를 통해 확보한 정보를 정리하면서 일제 당국의 화전 정리를 정당화시키고 조선인 노동자의 삶을 제국과 자본가의 시선에서 합리화시킬 수 있는 여지를 확대시켰다. 심지어 그가 조사과정에서 촬영한 사진이나 제작한 도면을 조선총독부 건물의 회의실에서 전시함으로써 일본인 관료들의 이목을 집중시켰을 뿐더러 『동아일보』 등의 언론계와 일부 식자층의 관심을 끌어냈다. 이제 조사 결과는 단지 행정 참고 자료에 머물지 않고 일제의 정치 선전을 근대적 학문의 성과와 연계하여 지속시키는 한편 일부 조선인들의 협조를 받아냄으로써 지식 권력으로 성장할 수 있는 토대를 구축할 수 있었다. 아울러 이러한 성과는 이후 조사 사업을 맡은 젠쇼 에이스케와 무라야마 지준과 같은 계승자들에게 정보 수집의 방법론을 전수하고 제국주의 지식 담론을 생산할 수 있는 기틀을 제공하였다.

한편, 오다우치 자신도 조선부락 조사 경험과 성과에 바탕하여 본국에서 인문지리학의 기틀을 확립할뿐더러 취락지리학을 제도권으로 진입시킬 수 있는 여건을 조성할 수 있었다. 특히 그의 연구 성과를 일반 독자들에게 알리는 데 노력함으로써 제국의 시선에 맞추어 조선을 지배할 수 있는 지식 담론의 근거를 만들어 냈다.

요컨대 일본 근대학문의 성장과 조선총독부의 통치 정책이 결코 분리되어 있지 않고 상호 유기적으로 연계된 가운데 일제는 조선을 좀 더 미시적으로 파악하고 정교하게 통치하면서 조선인을 포섭하고 통제할 수 있는 새로운 기제를 구축할 수 있었다.[137] 그리고 그러한 노력의 궁극적인 목표는 조선인의 일본인화에 있었다. 즉 일제의 문화 정책이 지니는 특수성이 여기에 있다. 이 점에서 인문지리학자 오다우치는 1910년대 말~1920년대 전반 구관제도조사사업을 새로운 단계로 진입시키면서 일제의 동화정책을 학문적으로 뒷받침할 수 있는 기반을 구축한 학자이다.

137) 이와 관련한 최근의 논의로 이경민, 앞의 책, 2010, 114~116쪽 참조.

# 콘 와지로今和次郎의 조선 민가 조사배경과 방법, 그 인식*
## : 1922년 9~10월

**최석영** 공주대 강사

> 나는 그들의 많은 집들을 보며 걸었다. 그리고 그들 집 안을 처음 보았을 때에는 실제 깨끗하고 잘 정리되어 있으며 아름답다는 느낌을 받았다. (이 조사가 : 인용자 주) 끝날 때까지 처음 받은 이 인상은 바뀌지 않았다. 다만 놀랍게도 (집의 구조가 : 인용자) 단순하다는 결론을 마지막에 내고 말았다. …(전략 : 인용자 주) 특히 나는 빈민굴을 보았다. 의외로 나는 그것들이 아름답게 보였다. …(중략 : 인용자 주)… 내부가 잘 정리되어 있고 청소가 되어 있다는 것 …(중략 : 인용자)… 일본의 그것과 같은 그러한 더러운 것이 아니었다. …(중략 : 인용자)… 나는 조선에서 앞서 기술한 북부형(북선형)의 방 배치에 대해 일본 민가의 표준이 될 만한 형식과 매우 비슷하고 어느 점에서는 그야말로 거의 같다는 점을 소개할 수 있었다. … (중략 : 인용자)… 이런 순수연구에서는 조선의 주거라는 것을 고찰할 때 기본이 되는 각종 분석을 함으로써 그 자체 그것은 현재 조선 주거에 대한 비평이 되기도 한다.
>
> - 朝鮮總督府, 『朝鮮部落調査特別報告 第1册(民家)』, 1924.

* 이 글은 기존의 졸고 「일제 하 콘 와지로의 조선 민가조사방법과 인식」(『史林』 제35호, 수선사학회, 2010)의 목차를 기본으로 하고 기존의 연구 성과 등을 참조하여 논지를 수정 보완한 것이다.

## Ⅰ. 시작하는 말

동경미술학교에서 디자인을 전공한 후 대학원 진학을 하지 않고 민속학 · 건축학 관련 향토회鄕土會와 백모회百茅會에서 활동하고 회원 간 교유하면서 건축학 사사師事를 받은 배경을 가진 와세다早稻田대학 교수 콘 와지로今和次郎(1888~1973)는 조선총독부의 촉탁을 받고 1922년 9월부터 10월에 걸쳐 1개월 동안 농번기에 있는 조선의 "민가"를 조사했고 그 결과를 조선총독부가 1924년에 『朝鮮部落調査特別報告 第1册(民家)』로 출간했다. 일본 학계에서 콘 와지로는 건축가로서 고고학에 대응하는 고현학考現學(modernology)의 창시자, 최초의 민가民家 연구가로 알려져 있다. 그는 그만큼 "고현학"과 "민가"라는 학술적 용어terminology를 만들어 사용하고 이를 일반화하였을 뿐만 아니라 조선의 민가를 최초로 조사한 사람으로도 자리 매김이 되었다.

필자는 일본 근대의 인류학과 민속학이라는 학지學知의 탄생과 그 전개, 관련 대학 내 조직과 학회가 일본의 대만 및 조선 식민지, 만주와 동남아의 조사 활동에 어떻게 관여하여 식민지 정책에 영향을 끼쳤는가를 탐구하는 과정에서 콘 와지로와 조우하게 되었다. 필자는 1차적으로 조선총독부에서 발간한 일본인 촉탁들에 의한 조사 보고서들에 대한 해제 작업을 진행했고, 일본 국내 대학의 교수들과 전문가, 재조일본인에 의한 조선에서의 조사 가운데 인류학적이고 민속학적이고 고고학적인 활동 전반을 살피고자 하였다. 그 중에서 콘 와지로에 의한 조선 민가 보고서의 서술과 문장은 민족지적 · 문학적이어서 다른 보고서의 '색깔'과는 사뭇 달랐다. 그것은 그의 민속학 · 민족지적 훈련과 배경에서 연유한 것으로 생각한다.

이 글의 목적은 콘 와지로가 조선의 민가를 조사하기 전까지 그의 학적 배경과 함께, 『조선부락조사특별보고 제1책(민가)』을 중심으로 그의 조선 민가에 대한 조사 방법 · 인식을 살피는 데에 있다.

## Ⅱ. 콘 와지로의 민가 조사 · 연구의 학적 토대 : 디자인에서 건축학으로

콘 와지로는 명치유신이 단행된 지 20년이 지난 1888년 7월 10일 히로사키시弘前市 백석정百石町(햐쿠고쿠쵸)에서 부친 콘 나리오今成男와 모친 키요의 차남으로 태어났다. 그의 조부 콘 칸사이今幹齋는 히로사키번의 전의典醫였고 그의 부친도 의사였다. 콘 칸사이의 5남, 즉 콘 와지로에게는 숙부인 콘 유다카今裕는 병리학의 권위자로 대만총독부의학교 조교수를 거쳐 1918년 홋카이도제국대학 농학부 교수, 그 다음 해 의학부 교수를 거쳐 1937년에 총장까지 지낸 인물이다. 콘 와지로는 이렇게 대대로 의사였던 집안에서 태어나 히로사키시립 고등소학교를 졸업한 후 미국인 선교사들에 의한 영어교육에 힘을 기울이고 있던 히로사키립 히로사키중학교 또오의숙東奧義塾에 진학하였으나 성적은 중 이하였고 어떤 생각에서였는지는 모르겠으나 1907년에 동경미술학교 도안과圖按科에 합격 · 입학하게 된다. 콘 와지로는 의대에 진학할 정도로 성적이 우수하지 않아서였는지 "나는 태어나면서 둔재였던 것 같다. …(중략 : 인용자)… 둔재는 사람에게 방해를 주지 않고 사람의 방해도 되지 않으면서 해 나간다."[1]라고 어릴 적 자신을 이렇게 회고한다. 그렇다고 당시 콘 와지로에게 딱히 관심을 불러일으킬 만한 분야가 무엇이었는지에 대해서는 알려져 있지 않다. 1907년 전후로 일가가 동경으로 이사를 하게 되었고 부친은 욧츠야 오반쵸四谷大番町(오늘날 신주쿠新宿 다이쿄쵸大京町)에서 병원을 개업하게 되었다.

당시 동경미술학교의 도안과 교과과정은 크게 장식적 디자인과 건축 디자인으로 구성[2] 되어 있었는데 구체적으로 회화, 조각, 건축, 장식도裝飾圖, 공예, 투시도법, 예술사와 미학, 역사와 고고학 등으로 이루어져 종합적 학과를 지향하였다. 그 지향은 근대일본의 "미술"의 개념과 학적 체제 구축뿐만 아니라 1889년 동경미술학교의 개교에 관여한 오카쿠라 텐신岡倉天心의 영향이 컸다.[3] 그러나 콘 와지로는 동경미술학교 도안과에 그렇게 만족하

1) 今和次郎, 「鈍才先生」(1968), 『今和次郎 : 思い出の品の整理學』, 平凡社, 2019, 9쪽.
2) 藤森照信, 「解説」, 今和次郎, 『日本の民家』, 岩波文庫, 1989.
3) 黑石いずみ, 『「建築外」の思考 - 今和次郎論』, ドメス出版, 2000.

지 않았다. 그는 동경미술학교 재학 중에 아르바이트로 조부의 집에 기숙하면서 인체해부도를 제작하기도 했다. 그는 "공예도안을 배워 허무에 빠졌다. 오히려 소설이나 쓸까도 생각하였다"[4]고 할 정도로 그는 공예도안을 벗어나 문양예술을 지향했으며 제출한 졸업 작품 「장식도안십팔裝飾圖案十八」은 역사적인 장식기법을 해체 · 재구성하여 새로운 디자인을 제기하려는 시도였다.[5] 그는 졸업 후 대학원에는 진학하지 않고 건축 전공의 오카야마 신이치로岡山信一郎의 추천으로 와세다대학 건축학과의 조수로 채용되면서 디자인에서 건축학으로 전공의 폭을 넓히는 계기가 되었다. 당시 건축학과에는 사또 코이치佐藤功一(1878~1941)가 교수로 있었고 콘 와지로는 그에게서 건축학 사사를 받았다. 사또 코이치는 동경제국대학 건축학과 출신으로 와세다대학에 처음으로 건축학과를 설치하고 강사를 거쳐 교수로 재직하면서 와세다대학의 오쿠마大隈강당, 히비야日比谷공회당의 설계자로도 알려져 있다.

콘 와지로는 사또 코이치의 권유로 민가 연구의 길로 들어서게 된다. 그 과정에서 "민가民家"라는 단어가 '탄생'했다. 그 탄생에는 콘 와지로에게 학적으로 영향을 끼쳤고, 그의 안목과 지적 자각을 불러일으킨 향토회鄕土會와 백모회白茅會가 있었다. 콘 와지로는 "내가 민가 연구를 시작한 것은 1917년의 일로 …(중략 : 인용자)… 니토베 이나조新渡戶稻造의 서재에서 가끔 야나기타 쿠니오柳田國男을 만난 것이 그 계기가 되었던 것 같다. 야나기타 선생님은 그 전 해 백모회라는 민가연구회를 막 만들었다. 「너 눈이 좋아. 나와 함께 같이 여행하면서 걷지 않을래?」라는 선생님의 권유를 받은 후 나의 민가 연구의 여행은 시작되었다. 걷는다고 해도 선생님의 걷기는 보통의 걷는 방식이 아니다. 준비된 인력거를 타고 얼마 안 있어 숙소에 도착하면 바로 군장郡長이 옆에 있다"[6]라고 민가 조사 · 연구를 시작한 상황을 기억에 떠올린다.

니토베 이나조(1862~1933)는 삿뽀로농학교札幌農學校를 졸업한 후 동경대학에 진학하였

---

4) 今和次郎, 「思い出」, 『デザイン小史』, 1970 ; 畑中章宏, 『柳田國男と今和次郎』, 平凡社新書, 2011, 133쪽에서 재인용.

5) 畑中章宏, 앞의 책, 2011, 133~134쪽.

6) 今和次郎, 「民家の旅」(『日本の住い』, 大藏屋, 1974), 『今和次郎 : 思い出の品の整理學』, 平凡社, 2019, 81쪽.

으나 중퇴하고 미국 유학을 마치고 돌아와 모교의 조교수로 채용되어 식민학강좌를 담당하였다. 독일에 유학을 하기도 한 그는 1910년에 자신의 집에서 향토회를 결성하였다. 이 회의 목적은 "향토 연구의 취지를 널리 알리고 연구자의 저변을 넓히면서 동시에 연구를 사회에 정착"[7] 시키는 「지방(찌카타)학地方學」 연구의 토대를 구축하는 데 있었다. 콘 와지로는 이 향토회를 통해서 후에 농림성 사무차관과 농림대신을 역임하는 이시쿠로 타다아츠石黑忠篤, 인문지리학을 전공한 오다우치 미치토시小田內通敏와 마키구치 츠네사부로牧口常三郎, 식물학을 전공하고 후에 동경제국대학 교수가 되는 쿠사노 슌스케草野俊助 외에 불교미술사를 전공한 아이즈 야이치會津八一, 민속학을 전공한 오리구치 노부오折口信夫, 고고인류학을 전공한 도리이 류조鳥居龍藏, 민속학을 전공한 야마나카 에무山中笑 등과 학문적으로 교유하였다. 이들 가운데에는 이 후 콘 와지로와 와세다대학의 동료 교원이 된 사람으로 오다우치와 아이즈가 있었다. 오다우치는 콘 와지로와 함께 조선부락조사를 수행하였고 아이즈는 와세다대학 출신으로 모교에서 불교미술사와 동양미술사를 강의하였다.[8] 이와 같이 당시 향토학은 인문지리뿐만 아니라 고고학, 인종학, 민속학, 식물학 등 인문 · 자연과학 전반에 걸친 종합과학적 접근을 지향하고 있었다.

1907년인가 1908년에 야나기타 쿠니오柳田國男는 자택에서 「향토연구회」를 열어 여행에서 돌아오면 여행담을 이야기하였다. 이 연구회를 발전시키는 형태로 발족하게 된 것이 향토회이다.[9] 당시 니토베는 제일고등학교 교장 겸 동경제국대학 법과대학 교수로 식민학을 강의하고 있었고 야나기타는 1910년 8월 일제의 조선 강점 이전에 내각 서기관 기록과장으로 재직하면서 조선 강점의 공을 인정받아 그 다음 해 6월에 명치정부로부터 서훈행상敍勳行償을 받았다. 그야말로 그는 민속 문화 조사 · 연구를 겸한 행정 관료였다. 앞서 콘 와지로가 회상하고 있듯이 그가 지역의 민속 조사를 위해 도착하면 '큰 손님'으로서 협력을 받기 쉬웠다. 후술하는 야나기타 쿠니오가 백모회에서 활동하던 당시에는 그는 귀족원

7) 佐谷真木人, 『民俗学 · 台湾 · 国際連盟 : 柳田国男と新渡戸稲造』, 講談社, 2015, 68쪽.
8) 아이즈에 대해서는 졸저, 『일제의 조선 「식민지고고학」과 식민지 이후』, 서강대출판부, 2015.
9) 佐谷眞木人, 앞의 책, 2015, 67쪽.

서기관장書記官長이었다.[10] 이 향토회에 콘 와지로 외에 야나기타 쿠니오, 콘 와지로에게 조선의 민가 조사를 부탁한 와세다대학 강사 오다우치 미치토시 등이 참석하여 활동하고 있었다. 야나기타 쿠니오가 국제연맹위임통치위원으로 임명되어 미국과 유럽 각지를 돌아보고 귀국 한 그 다음 해 1922년에 다시 유럽으로 떠날 때 찍은 사진은 유명하다. 그 향토회 모임에 콘 와지로와 오다우치 미치토시가 있었다.

또 콘 와지로는 사또 코이치의 권유로 1917년 2월에 야나기타 쿠니오를 중심으로 결성된 백모회(하쿠보우카이)에 참여하여 활동하면서 학적 교유를 했다. 야나기타 쿠니오의 조사에 동행하면서 자신은 각지의 민가를 스케치하였다. 백모회는 1917년에 사이타마埼玉, 가나가와神奈川, 도쿄東京의 다마多摩 지구의 농 · 산촌을 조사하였고 민가의 보존대책 등이 논의되었다. 이 조사 활동에서 콘 와지로는 건축학 교수로서 주로 민가 조사를 담당하였다. 백모회가 발족된 지 1년 여 만에 활동이 중지되었고 유일한 성과로 『민가도집民家圖集』을 1918년에 내놓았다. 그러나 이 책이 사회에 끼친 영향은 미미하여 지식인들 사이에 그쳤다. 「향토회」의 여러 활동 가운데 콘 와지로의 민가조사 방법에 큰 영향을 끼친 것은 우치고촌內鄕村의 공동조사였다. 이것은 「백모회」와 공동으로 1918년 8월 15일부터 25일까지 가나가와현神奈川縣 츠쿠이군津久井郡 우치고촌內鄕村을 대상으로 한 종합적 촌락 구관舊慣조사였다. 조사에 앞서서 연혁 및 주민, 풍토, 토지, 교통, 농업 및 그 외 생업, 의식주, 사회생활, 위생, 교화敎化, 신앙, 속전俗傳 등 10개 항목을 설정하였다. 그러나 조사 참여자에 변화가 생겨서 실제 조사항목은 연혁, 생업, 기후, 식생植生, 교통로, 가옥구조 등으로 축소 조정되었고 조사자도 콘 와지로를 비롯하여 야나기타, 오다우치, 마끼구치 등 9명이 참여하게 되었으며 마을 내 세이가쿠절[正覺寺]에서 숙식 등을 해결하면서 조사가 진행되었다.[11] 콘 와지로는 그 곳의 부지와 가옥에 대해 관찰한 내용을 일반적으로 기술하고, 한 개인가옥에 대해서는 구체적으로 고찰하였으며, 용수, 수차水車 및 그 외 공유물, 묘지

10) 新谷尚紀, 『民俗学とは何か : 柳田 · 折口 · 渋沢に学び直す』, 吉川弘文館, 2011, 52쪽.

11) 川添登, 『今和次郎 : その考現學』, ちくま學藝文庫, 2004 : 102 ; 佐谷真木人, 앞의 책, 2015, 68쪽 ; 畑中章宏, 앞의 책, 2011, 52쪽.

까지 조사하여 그 결과를 그의 『일본의 민가』에 실었다. 야나기타 쿠니오는 이 조사를 통일성이 결여되어 있었고 무엇이든 조사하려는 태도 등을 들어 "실패"한 것으로 평가[12]를 내렸지만 마을에 대한 조사의 근대적 시도로서 학사적 의미를 가지고 있다. 또한 콘 와지로는 「백모회」의 야나기타 쿠니오柳田國男를 따라 1918년까지 농촌생활을 관찰할 수 있는 기회가 있었다. 그 결과는 『민가도집民家圖集 제1집 사이타마현埼玉縣』으로서 남았다.

콘 와지로는 1917년의 우치고촌 조사와 1922년 7월의 무사시쿠니武藏國 치치군秩父郡 우라야마촌浦山村의 농촌조사를 비롯하여 일본 전국의 68개여 농 · 어 · 산촌 조사의 성과를 정리하여 콘 와지로가 조선의 민가조사를 의뢰받은 같은 해 1922년 4월에 "일본에서 농가나 민가에 관한 연구로서 가장 최초의 시도"[13]로서 "고전"[14]이라고도 평가받고 있는 『日本の民家 : 田園生活者の住家』(鈴木書店)를 출간하였다. 이 책은 콘 와지로가 조사 성과를 토대로 동경여자대학 등에서 강의한 내용과 여러 잡지에 투고한 글을 토대로 한 것이다. 이 책에서는 정작 "민가"가 무엇인가에 대한 정의는 내리지 않고 있을 뿐만 아니라, 집필의 목적이나 방법 등에 대한 언급도 보이지 않지만, 일반인들에게 "민가"라는 카테고리의 단어를 유포시키는 데에는 영향을 끼쳤다. 콘 와지로는 아마도 독자에게 민가의 정의, 책의 목적과 방법 등을 자율적으로 생각하도록 맡겼다고 생각한다.

이 책은 전적으로 학술서라기보다는 조사보고서로 볼 수 있다. 콘 와지로에게 민가는 1917년, 18년에 일본 각지에 잔존되어 있는 전통적인 농가農家, 어 · 산촌의 피지배 계층의 가옥이었다고 생각된다. 그 후 그 책은 1927년(岡書店), 1943년 · 54년(相模書房), 1970년(相模書房 증보), 1989년(岩波書店)에 각각 다른 출판사에서 약간의 내용 간 이동異同을 보이면서 출간되었다. 콘 와지로는 주석 없이 초판에서는 시골(농 · 어 · 산촌) 집에 대한 개괄, 구조, 방의 구획으로 구분하여 논하였다가 방 구획의 유래, 채집, 조사를 추가하였다. 이 책은 일본에서 "민가"라는 단어가 폭넓게 일반화되는 데 중요한 역할을 했다.

---

12) 畑中章宏, 위의 책, 2011, 53쪽.
13) 黒石いずみ, 앞의 책, ドメス出版, 2000.
14) 藤森照信, <解説>, 今和次郎, 『日本の民家』, 岩波文庫, 1989.

이렇게 콘 와지로가 "조선 민가" 조사를 하기 이전에 특히 백모회에서 그의 민가 조사 활동과 『일본의 민가日本の民家』는 조선 민가 조사의 기본 틀이 되었음은 당연하다. 다만 양자 간 조사 목적은 달랐다.

한편, 콘 와지로는 당시 일본 재계의 핵심적인 인물 시부사와 에이이치渋沢榮一를 조부로 두고 있던 시부사와 케이조渋沢敬三와 콘 와지로의 교유를 언급해 두고자 한다. 시부사와 에이이치는 일제의 식민지 지배와 대륙 침략과 그 궤를 같이 하여 특히 일제의 조선 강점 전후로 제일국립은행 부산지점, 경인철도와 경부철도 부설, 전기주식회사, 철도주식회사 외에 금광 경영 등에 관여하였다. 참고로 1984년부터 1만 엔의 인물을 지켜오던 일본의 사상가 · 교육가로서 탈아론脫亞論을 주창하여 일본의 식민지 지배와 대륙 진출을 사상적으로 뒷받침했고 갑신정변을 일으킨 급진개혁적인 김옥균 · 박영효 · 유길준 등에게도 사상적으로 영향을 끼쳤으며 게이오慶應대학을 창립하고 『西洋事情』(1866)을 통해 서구의 museum을 "박물관"으로 번역한 후쿠자와 유기치福澤諭吉를 2024년 6월부터 시부사와 에이이치로 변경한 것은 그가 일본 경계 및 정치에 끼친 영향력이 지대했다는 것을 한 마디로 보여준다.

그의 손자가 시부사와 케이조이다. 시부사와 케이조는 자신에 대한 조부의 기대에 부응하여 동경제국대학 법과대학에서 경제학을 전공하게 된다. 그러나 실제는 그가 진정 희망한 전공 영역은 생물학이었다. 중학교 시절에 우연히 야나기타 쿠니오를 열차에서 만난 이후 교류하면서 민속 문화에 관심을 가지게 된다. 콘 와지로는 이렇게 회고한다. "시부사와와는 동경제국대학 정문 앞(아카몬赤門 앞이었나)의 끼사텡喫煙店에서 한 사람의 제국대학 학생 청년이 말을 걸었다. 그것이 사부사와 케이조와 콘 와지로가 처음 만난 것이었다."[15] 이렇게 1918년부터 1921년 사이에 동경제국대학에서 경제학을 전공하고 있던 시부사와 케이조의 집에 초대를 받았다. 시부사와 케이조에게 콘 와지로의 존재를 알려준 사람이 있었는데 그는 동경제국대학을 졸업한 후 농상무성에 들어가 1919년부터 1924년까지 농

15) 丸山泰明, 『渋沢敬三と今和次郎』, 青弓社, 2013, 20쪽.

림국의 농정과장과 소작과장을 지낸 이시쿠로 타다아츠石黑忠篤(1884~1960)였다. 당시 시부사와 케이조는 대학 시절부터 집 안 다락방에 수집한 동식물 표본 등을 소장하여 아틱 뮤지움Attic Museum(다락방박물관)을 만들어 여러 동인同人들이 협동적으로 조사 · 연구하고 수집하는 활동을 통해 상민常民 문화의 연구에 관심이 있었던 한편, 콘 와지로는 정열적으로 각지를 여행하면서 민가 조사를 하고 있었다.

이와 같이 콘 와지로가 1922년 조선 민가조사를 하기 이전 학문적 토대는 건축디자인과 함께 민속학, 인문지리학 등에 있었고 이미 일본 민가 조사의 경험을 가지고 있었다.

## Ⅲ. 기존 연구 성과 검토

1971년과 1972년에 걸쳐『今和次郎集』(도메스출판) 총 9권이 간행되어 콘 와지로가 그간 발표한 고현학考現學 · 민가 · 주거 · 생활 · 가정 · 복장 · 조형 관련 논고와 자료들이 집대성되었다. 고현학은 콘 와지로가 처음 제창한 것이다. 이것은 콘 와지로가 1923년에 일어난 관동대지진關東大地震 이후에 동경 거리에 가설된 천막 숙사를 스케치하면서 시작되었다. 이것은 "modernology"라 하여 고고학에 대하여 현대의 사회현상을 장소 · 시간을 정해 조직적으로 조사 · 연구하여 사회나 풍속을 분석 · 해설하려는 학문이다.『今和次郎集』을 토대로 2000년대에 들어서서 콘 와지로에 대한 연구 단행본이 속속 발간되었다.

콘 와지로에 대한 자료가 간행되면서 그에 관한 연구가 국내외적으로 진행되었다. 한국학계에서는 1980년대부터 건축학 전공자들 사이에서 건축가로서 콘 와지로에 대한 관심과 함께 연구 성과가 나왔다. 아마도 한국에서 민가를 주제로 연구한 것은 장보웅[16]이 처음이 아닐까 생각한다. 그 연구에서는 콘 와지로를 건축학자도 민속학자도 아니라고 보고 그가 조선의 민가를 조사한 목적이 일본 민가의 유래를 구명하는 데 있었다고 보았다.

16) 장보웅,『한국의 민가연구』, 보진재출판사, 1981.

1990년대에 김홍식은 콘 와지로가 조선 민가를 조사한 목적이 식민지통치를 위한 자료조사에 있었다고 보고 일본인들의 민가연구는 관광을 겸한 조사였고 외국인의 특유한 호기심에서 기이한 문화현상에 관심을 가진 탓에 민가의 보편성을 찾기 어렵다고 평가했다.[17) 우동선은 콘 와지로가 그의 조선 민가 보고서『조선부락조사특별조사 제1책(민가)』에서 그의 저서『日本の民家』에서와 마찬가지로 조선의 민가에 대해 구조와 방의 구획에 대해 관심을 보였고 일본문화와의 교류라는 시각에서 접근하고 있으며 조선의 민가를 북선형北鮮型과 서선형西鮮型, 중선형中鮮型, 남선형南鮮型, 경성형京城型 5가지로 분류하고 있던 것으로 파악하였다. 그러한 분류방식이 한국 건축학계에서 1970년대까지 지속되었다고 보았다.[18)]

한편 일본학계에서도 1990년대에 건축학 · 민속학 전공자들이 콘 와지로에 대한 연구 성과들이 발간되었다. 건축학을 전공한 구로이시 이즈미黒石いずみ가 1998년에 제출된 펜실바니아 대학 박사 청구논문 'Kon Wajiro : A Quest for the Architecture as a Container of Everyday Life'을 약간 가필 · 수정하여 2000년에『「建築外」の思考 : 今和次郎論』(도메스 출판)을 내놓았다. 그 책에 의하면 1998년 이전에는 콘 와지로에 관해 고현학이나 민가 중심의 연구 단행본[19)]은 있었으나 그를 종합적으로 연구한 단행본은 출간되지 않았다는 것을 알 수 있다. 이 책은 일본학계에서는 콘 와지로에 관한 단행본으로서는 처음이 아닐까 한다. 이 책의 제3장 6절에 "「조선의 민가 1」(1923)-콘의 민가론의 건축사학에서의 자리매김"을 설정은 해 놓았으나, 정작 콘 와지로의『조선부락조사특별보고 제1책(민가)』에 대해서는 분석 · 고찰은 물론이고 언급조차 없다. 다만, 콘 와지로에 대한 건축사학에서의 비판, 일본 민속학의 '아버지'로 불리는 야나기타 쿠니오 간의 영향 관계, 콘 와지로의 건축과 인간 · 환경 간 상호관계와 창조성의 문제를 고찰하고 있다.

---

17) 김홍식,『한국의 민가』제1권, 한길사, 1992.

18) 禹東善,「植民地時代の韓国における民家や住宅研究の流れと韓国人建築家の住宅改良論」,『第2回アジアの建築交流国際シンポジウム論文集』, 1998년 9월 8일~10일, 일본 고베.

19) 畑中章宏(2011)에 의하면 竹内芳太郎 편,『今和次郎 · 民家見聞野帖』(柏書房, 1986), 藤森照信 편,『考現學入門』(ちくま文庫, 1987)가 있다.

그 후 구로이시는 2001년에 콘 와지로의 조선 민가에 대해 「콘 와지로의 민가연구와 조선조사今和次郎の民家研究と朝鮮調査」의 논제로 『야오야마여자단기대학기요青山女子短期大學紀要』(2001)에 발표하였다. 이 논문에서 콘 와지로가 3회(1922, 1923, 1944)에 걸쳐 조선을 방문 · 조사한 내력을 중심으로 콘 와지로의 활동을 추적하고 있다. 구로이시는 1922년의 조선 민가 조사에 대해 간략하게나마 "민가론에서 주거학으로"라는 부제를 달고 제1장에서 3장에 걸친 콘 와지로의 서술을 요약적으로 소개하고 있다. 다만, 구로이시는 1923년에 콘 와지로가 『建築雜誌』 445호에 투고한 글에 비추어서 중국이나 한국 건축에 대한 일본 건축의 우위성을 주장하기 위한 진화론적 건축사가 일본의 일부 건축학자 사이에서 주장되고 있었던 시기에 조선건축이 일본건축의 "조형祖型"일지도 모른다는 콘 와지로의 의견에 대해 "학회로부터의 소외를 각오한 학자로서는 대단한 행위"[20]였다고 평가했다. 또 콘 와지로는 당시 건축학 연구 경향과는 다르게 "현재 각지에서 볼 수 있는 습관, 풍속, 그 외에서 그 기원을 고찰하고 알려지지 않은 과거를 추측하여 연구"하는 토속학적 방법으로 "건축 연구에서는 생활 현상의 배후에 있는 다양한 관계를 상상력으로 고찰하는 것, 또 공예학적 시점이 필요"[21]한 것을 "주거학"이라고 이름을 붙이고 이 방법을 추구하였다고 평가하였다.

구로이시의 이 글(2001)은 일본학계에서는 처음으로 1922년 콘 와지로의 조선 민가 조사에 대해 간략하게나마 소개한 것이다. 구로이시는 2001년에 발표한 글을 보완하여 「콘 와지로의 시각 민족지학과 1922년 식민지 조선연구Visual ethnology by Kon and his research on Colonial Joseon in 1922」를 『콘 와지로 필드노트』(서울역사박물관, 2016)에 실은 것으로 생각된다. 구로이시는 이 글에서 1922년 콘 와지로의 조선 민가 조사만을 대상으로 고찰한 것은 아니고 1922년 조선 민가 조사의 배경으로서 백모회와 콘 와지로의 활동을 언급하면서 일본 주거의 기원을 한국의 주거가옥에서 찾으려는 추론이나 주장, 에서 활동하는 가운데

20) 黑石いずみ, 「今和次郎の「民家研究」と「朝鮮調査」」, 『青山女子短期大學紀要』 55, 青山女子短期大學, 2001, 98쪽.

21) 黑石いずみ, 위와 같음.

1918년 일본의 가나가와현에서 행한 연구에서 콘 와지로는 지리적인 특성과 사회적 맥락과 조화를 이룬 촌락의 삶을 표현하는 인류학에 대한 공간적 접근법을 제시하였다고 평가했다.

2011년에는 민속학을 전공한 하타나카 아끼히로畑中章宏가 『柳田國男と今和次郎』(平凡社)을 내놓았다. 그런데 이유는 분명하게 알 수 없으나, 이 책에서는 앞서 언급한 구로이시의 단행본은 참고하지 않고 있다. 그러나 구로이시는 앞의 단행본에서 콘 와지로와 야나기타 쿠니오를 취급하면서 콘 와지로는 향토회 등의 활동을 통해서 야나기타 쿠니오의 조사에 동행하여 "언뜻 보면 이질적이고 관계가 없는 것처럼 보이는 것이 실제는 어느 숨겨진 관계를 가지고 그것이 사람들의 의식이나 생활의 기반이 되어 각 지역마다의 특색을 낳고 있다"[22]는 것을 배우게 되었고 "야나기타의 「중출입증법重出立證法」을 구체적인 농가의 형상에 적용하여 특히 조사자의 주관을 중시함으로써 농가의 생활과 그 공간의 관계를 공감적으로 파악하는 「제3의 방법」을 전개하였다"[23]는 점을 피력함으로써 콘 와지로에게 끼친 야나기타 쿠니오의 학적 영향을 지적했다. 구로이시는 "현재의 사상事象에서 인간의 과거와 심리적 배경도 추측하는 「인류학적 · 토속학적 시점」을 건축에 적용함으로써 콘 와지로는 농가 그 자체를 중심으로 한 연구가 아니라 농민생활을 중심으로 한 농가農家를 연구할 수 있었다"[24]고 평가했다. 그러나 구로이시는 두 사람 사이에 시각의 차이가 있었다는 점도 놓치지 않는다. 야나기타는 "집은 인간의 생활을 지배하지 않는다. 인간의 생활양식이 변하여 자연적으로 변화한 것이다. 인간생활이 변화한 요인이 된 것은 사회상황이다"[25]라고 생각한 데서 그는 "인간과 집 사이의 상호 영향이라는 시점視點을 가지고 있지 않았다"[26]고 보았다. 또 야나기타는 콘 와지로가 어휘에 대해 관심이 낮다는 점을 비판[27]

22) 黑石いずみ, 『「建築外」の思考 : 今和次郎論』, ドメス出版, 2000, 114쪽.
23) 黑石いずみ, 위와 같음.
24) 黑石いずみ, 위와 같음.
25) 黑石いずみ, 위의 책, 116쪽.
26) 黑石いずみ, 위의 책, 117쪽.
27) 黑石いずみ, 위와 같음.

한 점도 언급했다. 이렇게 콘 와지로는 야나기타로부터 학적 영향을 받는 가운데 "전혀 새로운 시점에서 현상을 파악하는"[28] 독자적인 방법론으로 농가를 연구했다.

그러면 하타나카는 야나기타 쿠니오와 콘 와지로를 책의 제목으로 하여 각각을 고찰하는 가운데 두 사람의 학적 교점을 살피고 있다. 책의 부제에 비추어서는 마치 두 사람의 교점을 관동대지진 이후 민속학의 움직임에서 찾고 있는 것처럼 보이지만 반드시 그런 것은 아니다.

야나기타는 『遠野物語』(도노 이야기)를 1910년에 출간하면서 그 책 안에 민가의 방 구획도를 그려 넣고 있을 뿐만 아니라, "집이라는 것이 거기에 사는 사람들의 심성에 큰 힘을 미치고 또 「家」의 구조를 깊이 살펴보면 일본인의 생활에 변하지 않는 중요한 무엇인가를 알 수 있다고 생각했다"[29]라고 하타나카는 말한다. 1918년 8월에 백모회는 향토회의 회원과 함께 가나가와현 츠쿠이군津久井郡 우치고촌內鄕村에서 연혁, 천연과 지리, 의식주, 사회생활, 교화 및 위생, 농업 외 생업, 속언, 잠실蠶室, 건축에 걸친 종합조사를 진행했다. 연혁에서는 야나기타 쿠니오, 의식주는 오다우치 미치토시, 건축에서는 사또 코이치와 콘 와지로가 각각 맡았다. 그러나 조사 성과를 보고하는 자리에서 야나기타 쿠니오는 이 조사가 여전히 "적어도 비학문적"이었고 "실패"한 이유를 "문제가 다기에 잃고 순서와 통일성이 없었고 배우려는 것은 무엇이든 배우려는 태도가 나빴다"[30]라고 지적했다. 한 마디로 그 조사는 방법과 목적이 뚜렷하지 않은 잡학적인 것이었다는 것이다.

하타나카는 콘 와지로가 민가 연구를 하는 데 야나기타 쿠니오의 권유가 있었다는 점을 지적하면서도 각 지역의 민속 조사 가운데 민가의 방 배치 등 주거가옥에도 관심을 기울이고 있던 야나기타 쿠니오가 콘 와지로의 민가론에 대해 비판의 목소리를 내고 있었다는 점에도 주목했다. 야나기타는 콘 와지로의 『日本の民家』가 1922년에 이어서 1927년에 오카서점岡書店에서 출판되었을 때 "콘 와지로가 채집한 많은 민가들은 거기에 사는 인간의

28) 黑石いずみ, 위와 같음.
29) 畑中章宏, 『柳田國男と今和次郎』, 平凡社 新書, 2011, 30쪽.
30) 畑中章宏, 위의 책, 2011, 51~52쪽.

배려를 느낄 수 없다"라든가 "콘 와지로군의 책이 여전히 한번 농민의 이의異議와 비교하여 맞추어볼 필요가 있다"든가 "(콘 와지로는 : 인용자) 모처럼 방문해 보아도 사람이 없지 않을까 하는 염려가 있다"31)는 태도를 지적했다. "학문을 사랑하는 사람이라면 언제나 머뭇거리는 염려는 없는 것이다"32)라고 콘 와지로의 학자로서의 태도를 지적했다. 이렇게 콘 와지로는 야나기타 쿠니오로부터 지적과 비판을 받으면서도 그것을 받아들여 자신의 연구에 지침으로 삼고자 노력하여 1944년에 콘 와지로가 "야나기나 구니오 선생님으로부터 받은 「자네가 말한 집의 것은 집 안에서 생활하고 있는 사람이 빠져 있다」라고 말씀하신 것을 기억하여"33)이에 대한 대답으로 내놓은 것이 『생활과 주거暮らしと住居』라고 말한다. 그리고 하타나카는 이렇게 결론을 맺는다. "콘 와지로는「야나기타 쿠니오로부터 파문을 당했다」고 말했다. 야나기타 쿠니오는(와세다대학 건축학과 출신으로 콘 와지로에게 배웠으며 일본 중부中部대학 명예교수를 지낸 : 필자) 다케우치竹内芳太郎(1897~1987)에게 「그런 말을 하지 않았다」고 밝혔다. 그러나(민간신앙 등을 연구하였고 도시민속학을 제창한 : 필자) 미야다 노보루宮田登(1936~2000)가 말하는 「비일상非日常시의 민속학」라는 국면에서 콘 와지로야말로 야나기타 쿠니오의 정통적인 후계자였던 것은 아니었을까."34) 하타나카는 이렇게 두 사람의 학적 교유에 대해 매듭을 지었다. 하타나카는 콘 와지로의 1922년 조선 민가 조사의 의의에 대해 "조선 일반 민가의 구조 및 방 배치는 일본 내지의 가람에서 보는 회랑과 동일 수법"35)이라고 콘 와지로는 해석하여 일본 건축과 조선 건축 간의 영향 관계에 주목했다는 정도로 언급을 멈추었다.

2013년에 마루야마 야스아키丸山泰明는 『渋沢敬三と今和次郎』(青弓社)에서 일본 역사에서 민속박물관 창립의 움직임을 시부사와 케이조의 민구 수집과 연구, 콘 와지로의 민가 연구를 중심으로 살피고 있다. 그 가운데 1922년 콘 와지로의 조선 민가 조사에 대해 1924

31) 畑中章宏, 위의 책, 2011, 161~162쪽.
32) 畑中章宏, 위의 책, 161쪽.
33) 畑中章宏, 위의 책, 225쪽.
34) 畑中章宏, 위의 책, 236~237쪽.
35) 畑中章宏, 위의 책, 144쪽.

년 보고서를 중심으로 비교적 구체적으로 고찰하고 있다. 그 책의 제2장 가운데 "콘 와지로와 조선今和次郎と朝鮮"(122~128쪽)이라는 글은 이 글을 작성하는 데 큰 참고가 되었다.

콘 와지로에 대한 많은 연구 가운데 그의 조선 "민가" 조사와 그 의의에 대해서는 소략하게 취급하거나 아예 기술조차 하지 않는 이유는 무엇일까. 그의 출신 대학 동경미술학교(동경미술학교, 전후 동경예술대학의 전신)와 1914년부터 강사, 조교수, 교수로 1959년까지 재직한 와세다대학, 와세다대학을 정년퇴직한 후 강사로 있던 고가쿠인대학工學院大學에는 그의 자료들이 기증되어 그를 연구할 수 있는 자료들과 정보가 있다. 이 가운데 동경 신쥬쿠新宿에 소재하고 있는 사립 고가쿠인대학에는 "콘 와지로문고"가 있을 정도이다. 그럼에도 불구하고 상대적으로 일본학계에서 각 학문 영역의 연구사[학사]를 서술할 때에는 1945년 이전 그들의 외지外地나 점령지에서 이루어진 일본인들의 조사 · 연구 성과에 대해서는 외면하려는 경향36)이 있다. 이렇게 일본학계에서의 학사 연구는 자국 중심이라고 말할 수 있다. 한편 한국학계에서 콘 와지로에 대한 연구 성과가 많지 않은 이유는 연구방법과 인식에서 비롯된 것이라고 생각한다. 즉 연구사 검토를 생략하거나 검토하더라도 소략하게 다루는 데에서 기인한 것인지 아니면 일제 하 일본인에 의한 보고서 자체를 식민지통치를 위한 참조자료로 생각하고 자료로서 객관성과 신뢰성이 떨어진다고 하여 그에 대한 관심조차 없는 데에서 온 것인지 분명하지 않지만 어찌되었든 콘 와지로에 대한 연구는 많지 않다.

한편, 한국학계에서는 콘 와지로에 대한 연구의 개략적인 상황을 우선 스케치해 보면 다음과 같다. 크게 문학과 건축학, 인류 · 민속학계에서 콘 와지로에 대해 관심의 각도가 다르게 나타나고 있다. 한국문학계에서는 고현학考現學의 창시자로서 콘 와지로에 주목하였다. 건축학계에서는 콘 와지로의 조선 민가 조사의 목적 등 간략한 고찰에 머물러 있다. 민속 · 인류학계에서는 일제 하 부락 조사에 관한 논문에서 후술하게 될 오다우치 미치토시와 함께 부분적으로 언급하고 있다.

---

36) 坂詰秀一, 『太平洋戦争と考古学』, 吉川弘文館, 1997 ; 日本植民地研究会 편, 『日本植民地研究の現状と課題』, アテネ社, 2008.

2010년에 와서 건축학 전공의 박용환은 자신의 저술 제4장에서 "콘 와지로와 조선총독부 민가 · 부락조사"의 제목으로 콘 와지로의 조선 민가 조사를 비교적 상세하게 고찰하고 있다.[37] 그는 기존 및 현행의 연구 성과에서 콘 와지로가 조선에 온 회수가 3회(1922, 1923, 1944)가 아니라 4회라고 주장한다. 즉 콘 와지로는 1922년 이후 1923년에 조선건축회의 초빙강연회, 1924년에는 제국지방행정학회 조선본부 주최 지방생활연구회 강연, 1944년에는 일본제철회사의 노무자 주택조사 이렇게 4회에 걸쳐 조선을 방문했다는 것이다. 그는 이 네 차례에 걸친 콘 와지로의 조선 민가조사 외에 강연과 노무자 주택 조사에 대해 이를 상세 또는 간략하게 소개를 하고 있다. 박용환은 조선 민가 조사 보고서의 제1장에서 제3장에서 콘 와지로의 조사 내용을 요약하여 소개하는 것에 그치고 굳이 비판 또는 비평은 가하지 않고 있다. 콘 와지로가 비교적 상세하게 취급한 온돌에 대해서는 소개하지 않고 있다. 박용환의 소개가 필자가 본론에서 언급하는 부분과 중복되기 때문에서는 여기에서는 박용환의 언급에 대해서는 생략한다.

한국근대문학사에서는 고현학에 주목하여 그것이 끼친 영향을 고찰하려는 경향을 보인다.[38] 고현학은 일본에서 관동대지진을 계기로 붕괴된 도시와 새롭게 건설되는 도시공간 안에서 문화의 변화를 사람들의 행동, 주거와 의복 등에 대한 면밀한 관찰을 통해 탐색하고자 하는 도시의 풍속문화 연구방법의 하나이다. 콘 와지로는 1925년 도쿄의 긴자 풍속을 그 거리를 오가는 사람들의 복장이라든가 몸가짐을 상세하게 기록하여 조사 수집된 자료들을 통계처리하고 그 분포와 특성을 고찰한다.[39] 한국근대문학사에서 고현학적 방법과 시선이 문학에 나타난 예로서 박태원이 거론되고 있다.

도이 마사노리富井正憲는 원래 2000년 6월호 일본『시니카』에 실린 것을 가필한 것으로 콘 와지로의 생애 동안 네 번에 걸친 한반도 조사여행을 소개한 것이다.[40] 이는 그의 조선

---

37) 박용환,『한국근대주거론』, 기문당, 2010.

38) 김려실 역,「고현학이란 무엇인가」,『현대문학의 연구』vol.15, 국학자료원, 2000 ; 류수연,「고현학과 관찰자의 시선」,『민족문학사연구』제23호, 민족문학사학회, 2003.

39) 이노우에 슌 엮음, 최샛별 역,『현대문화론: 문화사회학자가 본 일본의 현대사회』, 이화여대출판부, 2004, 40~41쪽.

민가 연구의 연혁을 알 수 있는 것이다. 박현수는 조선총독부의 구관조사사업의 일환으로서 1920년대 이후 부락 조사에서 오다우치 미치토시와 콘 와지로의 부락조사를 언급하였는데 주로 오다우치에 대한 고찰이다.[41] 필자는「일제 하 콘 와지로의 조선 민가조사방법과 인식」(『史林』 제35호, 수선사학회, 2010)에서 그 동안의 연구 성과를 토대로 콘 와지로의 일본 국내에서의 연구 활동과 조선에서의 민가조사방법과 인식을 그의 보고서의 분석을 통해서 논하였다.

## Ⅳ. 구관조사의 연장선상에서 민가 조사

콘 와지로가 조선에 온 것은 모두 네 번이었다. 1922년에 조선 민가 조사를 위해 조선총독부 촉탁으로 임명을 받고 온 것이고 그 1923년 5월에는 조선건축회의 초빙으로 강연을 하기 위해 왔으며 세 번째는 1924년 11월 19일에 제국지방행정학회 조선본부 주최 지방생활연구회의 강연을 위해 네 번째는 1944년에 일본제철日本製鐵의 조선인 노동자의 주택을 개선할 목적으로 조선 주거를 둘러싼 거주방식이나 풍습 등 주거문화를 조사하기 위해 왔다.[42]

콘 와지로가 1922년 9월부터 10월까지 조선의 민가를 조사하게 된 데에는 1910년 8월 일제의 외지外地로서의 조선에 대한 통치기조와 구관舊慣조사와 무관하지 않았다. 외지라는 단어는 일본 혹은 '일본인'으로 편입된 지역을 가리키는 용어로 일본 본도本島의 별칭으

40) 富井正憲, 지훈상 역,「콘 와지로(今和次郎)의 한반도 여행」,『建築』 Vol. 51 No. 7, 대한건축학회, 2007.

41) 박현수,「조선총독부중추원의 사회문화조사활동」,『한국문화인류학』 12, 한국문화인류학회 :「道也味 마을과 경주: 일제의 촌락조사에 나타난 '內地延長主義'와 '文裝的武備」,『한국 문화인류학의 이론과 실천』, 다산한상복교수정년기념논촌간행위원회, 2000.

42) 丸山泰明,『渋沢敬三と今和次郎 : 博物館的想像力の近代』, 青弓社, 2013. 그러나 마루야마는 세 번째 조선방문에 대해 보고서가 발행된 1924년 9월이라고 주장한다. 콘 와지로는 네 번째 방문으로 1944년 9월에 조선의 경성, 청진, 겸이포 등을 조사한 성과물로서『조선반도의 노무자주택을 보는 여행』을 내놓았다. 富井正憲,「콘 와지로(今和次郎)의 한반도 여행」,『建築』, 대한건축학회 참조.

로서 내지內地에 대응하는 단어로서 사용되었다. 경우에 따라 외지는 내지에 대한 차별어이기도 했다.

일제는 한국통감부 시대에 대한제국 통치를 전제로 일본 국내법의 적용을 위해 작성한 조사항목[43]을 토대로 부동산법조사회不動產法調查會(1906년 설치)와 법전조사국法典調查局(1907년 12월 설치)이 진행한 구관舊慣조사사업을 계승하여, 1910년 9월에 취조국取調局을 설치[44]하여 전과 다른 목적과 규모로 조선 문화와 역사, 식민지정책에 대한 조사사업에 착수하였다. 통감부 시대 부동산법조사회와 법전조사국의 구관조사사업을 주도한 사람은 동경제국대학 법학과 교수 우메 켄지로梅謙次郎였다. 1908년 6월에 기안한 민상법民商法 총 206조에 토대한 조사항목에 따라서 1910년 9월까지 구관조사가 이루어졌다. 1910년 9월 그의 사망에 따라 그 때까지의 조사 성과를 정리하여 1913년에 『慣習調查報告書』가 간행되었다. 우메 켄지로의 조사방법은 일본 국내법에 비추어서 한국의 법적 관습을 조사하는 것이었다.

이와 같이 1910년 8월 이후 조선의 구관조사가 크게 요구되었던 배경에는 일제의 군부세력에 의한 조선통치에서 일본 국내정치의 간섭을 받지 않는 독자적인 통치기조와 직접적인 관련이 있었다. 조선에 대한 제령制令의 제정을 위해 가장 우선적으로 요구되는 것이 조선에 대한 구관舊慣조사였다. 구관조사는 이미 일본의 내지 식민지 오끼나와에서도 실시된 적이 있고, 그들의 외지 식민지 대만에서도 실시되고 있었으나 그것을 담당한 조사자들이 조선의 구관조사에는 관여하지 않은 것으로 보아 그러한 조사경험이 조선의 구관조사에 직접 영향을 끼치지 않았다. 조사를 위한 준비(조사항목의 설정, 조사인원의 확보 등)가 충분하지 않았는지 조사주체가 자주 바뀌었고 기대한 만큼의 조사결과도 거두지 못하였다. 1915년 4월까지 5년 사이에 조사 주체는 취조국取調局(1910. 9~1912. 4) → 총독관방참사관실總督官房參事官室(1912. 4~1915. 4)[45] → 중추원中樞院[46]으로 바뀌었다. 취조국의 조사에서

---

43) 졸저, 『일제의 조선연구와 식민지적 지식생산』, 민속원, 2008; 李英美, 『韓國司法制度と梅謙次郎』, 法政大學出版局(일본), 2005 참조.

44) 「朝鮮總督府取調局官制」(勅令 第356號, 1910년 9월 30일), 『朝鮮總督府官報』 제28호.

45) 勅令 第22號에 의거. 1912년 3월 27일.

는 조선총독부 중추원에서 1938년에 발행한 『朝鮮舊慣制度調査事業』에 의하면 토지, 친족, 면面과 동洞, 종교 및 사원, 서방書房 및 향교, 양반에 관한 제도, 사색四色의 기원연혁 및 정치상 사회상의 세력관계, 사례四禮제도, 상민의 생활상태, 구빈救貧제도, 중요 구舊법전의 번역, 농가경제, 조선통치에 참고가 될 만한 구미 각국의 식민지연구, 구舊법전조사국의 조사사항정리, 지방제도, 관개灌漑에 관한 구관 및 제도, 압록강 및 두만강에 관한 조사, 조선어편찬(이상 18개 항목)에 대한 조사사업을 설정하였다.

1919년 3 · 1운동 이후 기존의 동화同化정책의 문제점이 제기되었을 뿐만 아니라[47] 대만영유領有 이후 내지연장주의內地延長主義를 주장해 오던 하라 다카시原敬가 1918년 수상에 취임하면서 조선통치에 대한 내지연장주의가 주창되었다. 일제의 기존의 동화 정책의 문제점을 비판한 요시노 사쿠죠吉野作造 외에 1920년대 일제의 식민지통치의 문제점을 비판한 후 필화사건에 연루되어 대학 강단에서 쫓겨난 야나이하라 다다오矢內原忠雄는 조선으로 건너와 피신생활을 하며 김교신金敎臣과 교류하였다. 그는 일본 패전 후 일본 동경대학 총장을 역임하였다.

1919년 8월과 1921년 10월의 조선총독부관제개정에 따라서 기존과는 달리 보다 강화되고 체계가 잡힌 구관조사 시스템이 구축되었다. 전자의 관제개정에 따라서 기존에 내무부에 속해 있던 학무국을 총독에게 직속시킴으로써 학무국 내 종교과가 조선총독 직속기구가 되었고, 후자의 관제개정에 의하여 학무국 안에 기존의 종교과 외에 새롭게 고적조사과를 설치하게 되었다는 점이 주목할 만하다. 이뿐만 아니라 1921년 4월 30일에는 「舊慣及制度調査委員會規程」[48]도 제정되었다. 이로써 조선총독부 중추원 외에 종교과와 고적조사과가 조선총독부의 구관조사기구로서 그 체계를 구비하게 되었다.

콘 와지로가 조선부락(민가) 조사에 착수하게 된 것은 이와 같이 조선총독부의 구관조사 체계가 구비된 상황 하에서였다. 중추원은 조선사회사정과 부락 조사에 착수하였다. 이

---

46) 勅令 第62號에 의거. 1915년 4월 30일.
47) 이상에 대해서는 졸저, 『일제의 조선연구와 식민지적 지식생산』, 민속원, 2008 참조.
48) 朝鮮總督府訓令 第25號에 의거. 1921년 4월 30일.

가운데 부락 조사는 1921년 3월 와세다대학 강사 오다우치 미치토시小田内通敏(1875~1954)에게 의뢰하여 우선 각도 1개씩의 촌락을 선정한 예비조사를 맡겼다. 조선부락조사는 한두 사람이 아니라 "분담 작업"[49]에 의하여 완성할 수 있다고 생각한 오다우치는 콘 와지로에게 민가조사를 의뢰하였다. 콘 와지로에게 민가조사를 의뢰한 오다우치는 1920년 8월과 그 다음 해 10월부터 12월까지 표본지역 16개소에 대한 예찰조사를 진행하였다. 그의 조사활동이 끝난 12월에는 수집 자료에 대해 〈조선지방생활연구자료〉라는 제목으로 전시회를 조선총독부 제2회의실에서 열기도 하고 그 다음 해 1922년 4월에는 동경박람회에서 〈조선의 지방주가地方住家〉라는 제목으로 민가의 가구도家構圖를 전시하기도 하였다. 오다우치가 조선에서 행한 부락 조사의 목적은 일본인들의 조선통치에 참고가 되도록 하기 위해서만이 아니라 "종래 비교적 조선의 사정에 어두운 일본의 정치가, 실업가, 교육가 등에게도 많은 참고자료를 제공"[50]하는 데 있었다. 이를 그의 조사는 일정하게 "국익과 직결"되는 조사가 아니었다고 보는 견해[51]도 있지만, 그의 단편적인 기술만을 보고 그렇게 보는 것은 무리다.

조선총독부 중추원으로부터 1921년 3월에 조선의 부락 조사를 의뢰받은 오다우치는 동경고등사범학교에서 지리역사를 전공한 후 와세다중학교에서 지리교사로 근무하던 중 지리역사학회를 조직하고『地理と歴史』라는 기관지를 발간하여 지리학을 역사학과 대등한 학문으로서 자리 매김하였다. 이는 1899년에 창립된 일본역사지리학연구회가 지리학을 역사학의 보조학문으로 인식하고 있던 경향에 대한 반발이기도 하였다. 17년 동안 중학교 교사로 근무한 후 1916년에 오쿠라연구소大倉研究所에 입소하여 동경 근처의 농촌을 연구하였다. 1918년『帝都と近郊』라는 성과를 준비하는 과정에서 콘 와지로는 스케치를 담당하였다. 1918년부터 1920년까지 동경부東京府사적명승천연기념물보존사무를 맡았고 1920년부터 1925년까지는 조선총독부 촉탁으로서 조선 전역에 걸친 부락 조사를 수행하

49) 小田内通敏,「朝鮮部落調査の過程」,『朝鮮』제86호, 조선총독부, 1922년 5월.
50) 小田内通敏, 위와 같음.
51) 岡田俊裕,『日本地理學史論』, 古今書院, 2000.

였다. 또한 1925년과 1927년에는 각각 사할린청樺太廳과 남만주철도주식회사의 촉탁이 되어 만주와 사할린에서 촌락과 도시에 대한 현지조사를 수행하였다. 이와 같이 그는 장기간 일본이 확보한 식민지에서 조사 활동한 이력의 소유자였다.[52]

그러나 콘 와지로는 조선 민가조사를 권유받았으나 조사할 생각은 없었다. 콘 와지로는 "지금까지 6,7년 동안 일본 내지의 시골을 돌아다녔다. 조선에는 이번에 처음이다. 일본 내지의 시골을 돌아보고 지금은 방자한 마음에서 지루함을 느끼기 시작하고 있었다."[53] 1923년에 조선에 두 번째로 와서 콘 와지로는 조선의 민가 조사에 대한 동기 부여가 크지 않았다는 것을 알 수 있다. 그러나 어떠하든 콘 와지로는 조선의 민가를 조사하게 되었다.

## Ⅴ. 콘 와지로의 조선 민가 조사 목적과 방법

콘 와지로의 조선 민가 조사 성과는 1924년 3월에 조선총독부에서 『朝鮮部落調査特別報告 第1冊(民家)』로 발간되었다. 이 보고서는 다음과 같이 구성되어 있다.

서언序言

서언緖言

제1장 구조 및 그에 대한 고찰

제1절 일반구조

제2절 지방적 관찰

제3절 온돌

제2장 방 구획과 그에 대한 고찰

제1절 일반형과 북부형

52) 岡田俊裕, 위의 책, 2000.

53) 丸山泰明, 『渋沢敬三と今和次郎：博物館的想像力の近代』, 青弓社, 2013, 124쪽 재인용.

제2절 개방읍내의 민가

제3절 일본 민가와의 관계

제3장 일본인과 관계를 갖고 있는 민가

제1절 조선 사람들의 개량 거주가옥

제2절 농업이민자의 주거

결언

### 1. 설정할 수 없었던 목적

『朝鮮部落調査特別報告 第1册(民家)』의 구성은 1922년 4월에 발간된 콘 와지로의 『日本の民家』 구성과 서술방식으로부터 일정한 영향을 받았다. 양자를 비교해 보면 우선 서序의 서술 내용이 크게 다른 점이 눈에 띈다. 목적, 접근방법이나 민가에 대한 시각 · 관점 등을 언급하지 않고 있는 것은 비슷하나, 『日本の民家』[54]에서는 자신이 민가 조사를 하게 된 배경을 언급하고 있다. 아마도 이것은 일본 민가 조사의 계기와 조선 민가 조사의 상황과의 차이에서 오는 것이라고 생각한다. 즉 콘 와지로의 『日本の民家』는 그 동안 콘 와지로가 민가에 관심을 가지고 조사한 성과물이다. 즉 콘 와지로는 1917년부터 5년 동안 백모회의 야나기타 쿠니오에게 신세를 많은 졌고, 오다우치 미치토시를 만나 인문지리학을 접하게 되었으며, 1919년 여름부터 농상무성에서 시행하고 있는 농촌 주택 조사에 참여하여 각지를 여행하며 이주가옥 가운데에서도 개량농가 건축을 연구해 왔다.

1922년 발간 당시 『日本の民家』(鈴木書店)의 본론은 Ⅰ. 시골 사람들의 집, Ⅱ. 구조에 대해, Ⅲ. 방 구획에 대하여와 같이 3장으로 구성되어 있고 결론은 없고, 추가적으로 가나

54) 今和次郎, 『日本の民家』, 岩波書店, 1989 참조. 이 책에서 저본은 1970년 相模書房 출판본이다. 이것은 1922년 출간되었을 때의 목차와는 차이가 있다. 즉 일본의 민가, 방 구획의 유래고, 채집, 조사로 구성되어 있다. 언뜻 생각하면 이 책에 조선 민가 조사의 결과가 반영되어 있지 않을까를 하여 특히 방 구획의 유래고를 살폈으나 "나라시대까지의 것은 대륙 문화의 직사(直寫)였을 것이다. 그리고 그것은 일반 서민의 가옥에 어떠한 영향을 주었는가는 여기에서는 문제 외로 한다"(113쪽)고 하여 다루지 않았다.

가와현 神奈川縣 츠쿠이군津久井郡의 우치고촌內鄕村의 산촌 주거에 대한 조사 성과를 싣고 있다. 이것은 한 권의 책으로서 구비할 법한 구성이라고 말하기에는 무엇인가 부족한 느낌을 받는다. 구조에 대한 항목에서는 개간지 이주자의 집, 토지와의 관계, 일본 민가의 특징, 지붕, 일반구조를 살피고 있고 방 구획에 대한 항목에서는 민가의 방 구획의 역사, 농가의 방 구획, 토지 분할과 집과의 관계, 교외 마을의 형성, 처녀 교외 주택지에 대한 동정을 서술하고 있다.

콘 와지로가 『日本の民家』를 집필한 목적은 "가능한 사람들이 흥미를 가지고 시골의 생활이나 주거가옥에 대해 알도록 하기" 위한 데에 있고 구체적으로 "도회지에 사는 사람들에게는 시골 사람들의 것을, 또 시골 사람들에게는 다른 지방의 것을 알도록 하기 위해 도움"을 주기 위함에 있었다. 그래서 그런 것인지 모르겠으나 콘 와지로는 이 책을 주석 없이 일본의 전통 주거문화를 알기 쉽게 민족지적으로 서술함으로써 독자가 자신의 민가 스케치를 통하여 그 모습을 상상하도록 하고 있다. 이 책은 전체적으로 보아 콘 와지로의 '일본 민가론'이다. 향후 기회가 되면 『日本の民家』에 대해 구체적으로 살피고자 한다. 콘 와지로는 이러한 민족지적 서술 방식을 1922년 조선의 민가 조사에서도 그대로 적용하고 있다.

콘 와지로에게 조선 민가를 조사한 목적은 무엇이었을까. 보고서의 서언에 조사의 목적을 피력해 두는 것이 보통이다. 그러나 콘 와지로는 조사목적을 분명하게 기술하지 않았다. 이것은 『日本の民家』에서도 마찬가지이다. 콘 와지로가 조선의 민가를 처음 조사하는 입장에서 사전에 일부 지역을 답사하거나 관련 문헌조사를 하거나 자료와 정보를 입수하여 이를 토대로 사전에 조사계획을 세웠다면 그 계획안에는 실제 조사하는 과정에서 변경이 될지라도 목적이 설정되었을지도 모른다. 그러나 그에게는 그럴 만한 충분한 준비 시간과 여력이 없었던 것 같다. 같은 대학의 오다우치 미치토시는 조선총독부로부터 부락 조사의 의뢰를 받고 별도로 민가 조사는 자신보다는 건축학을 전공하는 콘 와지로에게 의뢰하는 것이 좋다고 판단을 하였던 것 같다. 이러한 경위에 비추어보면 조선의 민가 조사는 예상한 것이 아니라 갑자기 진행하게 되었음을 알 수 있다. 따라서 대상을 구체적으로 조사하지 못하여 알지 못하는 상황에서 조사의 목적을 설정한다는 것 자체가 쉽지 않았을 것이다. 그에게 현지조사가 우선이었을 것이다. 그러나 현지조사마저 충분한 기간이 아니었기에

많은 숫자 · 통계적 자료를 수집할 수 없었고, 상세한 연구를 할 수 없었다는 점을 유감으로 밝히고 있는 데에서 조사에서 예상보다 현실적으로 얻은 성과가 크지 않았을 것으로 생각한다.

또 다른 측면, 즉 민족지학자로서의 콘 와지로의 입장에 비추어보면 조사 목적을 설정하지 않은 이유를 알 수 있다. 언뜻 생각하면 조선의 민가를 조사하기 전에 이미 일본 민가를 조사하고 그것을 책으로 발간한 콘 와지로에게 조선 민가 조사의 큰 목적 가운데 하나는 일본 민가와 조선 민가를 비교하면서 일본 민가의 계통과 기원 등을 고찰하는 데에 관심이 컸을 것이라고 생각하기 쉽다. 그러나 그것에 대한 지면 할애는 많지 않았다. 엄밀하게 말하면 콘 와지로에게 조선 민가 조사의 목적은 설정할 이유가 없었다. 다만 조선 민가의 실태에 대한 현지조사가 전부였다고 말할 수 있다. 그것은 민족지학적 조사의 본연이다. 현실의 상황과 맥락을 중시해야 하는 민족지학자로서 콘 와지로는 목적을 설정한다는 것 자체에 대해 방법상 인정할 수 있는 것이 아니었다. 이 점에서 콘 와지로의 조선 민가 조사의 성과는 그에 대한 '예비'조사였다고 말할 수 있다.

1924년에 조선 민가 조사 보고서가 발간된 이후 콘 와지로는 이 조사를 토대로 고찰할 법한 조선 민가에 관한 논고 또는 글을 발표하지 않았다는 점도 주목할 만한 점이다. 물론 콘 와지로는 1923년과 1924년에 강연을 위해, 1944년에는 일본제철회사의 노무자 주택조사를 위해 조선을 찾았다. 1944년 성과물은 본래 「朝鮮の勞動者住宅を見る旅」라는 제목으로 『働く人の家』(相模書房, 1947)에 수록될 예정이었으나 여러 사정상 그렇게 되지 못하고 미발표 원고로 현재 공학원대학工學院大學 건축학교실의 보관되어 있다. 1986년 11월에 일본생활학회생활론연구회에서 연구 자료로서 회원의 희망자에게 콘 와지로의 「朝鮮半島の勞動者住宅を見る旅」(1944. 9)가 배포되었다.[55]

55) 이 자료를 2016년 12월 8일에 직접 필자가 근무하고 있던 국립극장 공연예술박물관까지 찾아와 전해주신 한양대학교 도미이 마사노리(富井正憲) 교수님에게 감사의 뜻을 전한다. 한국 국내 학계에서는 박용환이 『한국근대주거론』(기문당, 2010)에서 이 자료를 비교적 상세하게 소개하고 있다.

## 2. 접근 방법 : 민족지학적

### 1) 관공서의 협조 : 요시다 마사히로吉田正廣

콘 와지로는 1개월 동안 경성 - 평양 및 그 부근 - 개성 - 함흥 및 그 부근 - 전주 - 김천 - 대구 및 경주에서 "상류, 중류, 하류 및 빈민굴"을 직접 관찰하고 이를 카메라에 담거나 직접 스케치를 하면서 "거기에서 받은 전체로서의 인상을 서술"하였다. 개성에서 오다우치 미치토시의 부락조사팀과 만났을 때에는 그들의 협력을 얻으면서 주거가옥을 계층별이 아니라 직업별로 조사하였다.

콘 와지로는 스스로 밝히고 있듯이 문헌조사를 할 시간적 여유가 없었기 때문에 주로 지역의 관공서로부터 협조를 받지 않을 수 없었다. 관공서로부터는 관련 자료와 지역 정보 등을 얻고 조선인 통역의 도움을 받아 지역의 주거 가옥을 직접 방문하여 관찰 조사하고 통역의 도움을 받아 면접 조사하면서 기록하고 카메라에 담으며 스케치도 하여 조사 자료를 만들었다.

통역을 하던 조선인으로부터 받은 '충격적인 사건'도 하나의 일화로서 남기고 있다. 통역하던 조선인은 콘 와지로가 빈민굴을 통해 조선의 부정적인 이미지를 조사한다고 생각한 나머지 분노에서 "울부짖는 소리"로 "왜 더러운 집만 촬영합니까"라는 힐문을 던졌고 이 사건은 콘 와지로가 조선 민가를 조사하는 내내 하나의 "반성"이 되었다.

관공서로부터 얻은 관련 자료는 많지 않았으나 관공서 직원 가운데 후술하게 될 요시다 마사히로吉田正廣부터는 실질적인 많은 도움을 받았다. 그는 조선 민가에 대해 기존의 조사 성과를 활용하기도 했는데, 다카하시 기시치로高橋喜七郎의 성과와 무라카미 유기치村上唯吉의 「조선의 의식주」(1916. 7)가 그것이다. 다카하시는 1922년 당시 조선총독부 식산국 산림과의 기수技手였다.[56] 다카하시는 일본 센다이시 출신으로 1914년 9월에 조선총독부 기수로 임용된 이래 1922년 8월에 조선총독부 임업시험장 기수였고 그 다음 해 12월에 승

56) 조선총독부, 『朝鮮總督府職員錄』(식산국), 1922.

진하여 조선총독부 도 기사技師로 경기도에 근무하였다.[57] 그는 주로 조선의 온돌에 관한 조사와 연구를 하였다. 또 무라카미는 조선총독부 촉탁이었다. 또 콘 와지로가 보고서를 작성할 시점에서 조선총독부 기사 이와츠키 요시유키岩槻善之(동경제국대학 공학부 건축학과 출신으로 1931년 사망)의 조선 민가의 가구家構에 관한 연구[58]가 발표되었다. 이와츠키는 경성제국대학 교사 공사를 주도하고 경성부청과 충남도청사 설계에도 관여한 사람으로 북선형北鮮型, 서선형西鮮型, 중선형中鮮型, 남선형南鮮型, 경성형京城型으로 구분하였다. 콘 와지로는 조선 민가를 일반형과 북부형으로 구분하면서 그의 성과로부터 많은 도움을 받았다.[59]

콘 와지로가 조선 민가 조사를 위해 사전에 무엇을 준비했는가는 전혀 알 수 없다. 다만 추정컨대 1년 먼저 와서 부락 조사를 하고 있던 오다우치 미치토시 뿐만 아니라 그에게 협력하고 있던 조선총독부의 부장 및 과장, 요시다 마사히로吉田正廣 등 기수技手 등으로부터 얻은 정보를 토대로 1개월 간의 조사 지역과 대상을 선정하지 않았을까. 그러나 조사 지역은 그렇다고 하더라도 구체적인 조사대상을 정할 때에는 지역의 현황을 잘 알고 있는 요시다 마사히로의 역할과 함께 각 지역의 조선인 및 일본인 행정 담당의 협력이 절대 필요하였을 것이다.

콘 와지로는 1922년 조선 민가 조사 당시 많은 도움을 준 요시다 마사히로의 소속이 조선총독부 속이라고 소개하고 있으나 엄밀하게는 그가 1917년에 경기도 제1부 권업과 기수技手로 임용된 이래 1921년 2월 10일에 개정된 조선총독부 지방관 관제에 따라서 경기도 제1부는 경기도 내무부가 되어 1921년부터 1924년까지 경기도 내무부 농무과 산업기수産業技手로 재직하게 되었다.[60] 그 기간 중 특히 1923년에는 조선총독부 서무부 조사과 속을 겸임했다.

---

57) 『朝鮮總督府施政25週年記念表彰者名鑑』, 국사편찬위원회 한국사데이터베이스 참조.
58) 岩槻善之, 「朝鮮民家の家構に就いて」, 『朝鮮と建築』 3-2, 1924.
59) 朝鮮總督府, 『朝鮮部落調査特別報告 第1冊(民家)』 제2장 주3), 1924.
60) 坂根嘉弘, 『朝鮮總督府官吏 · 吉田正廣とその時代』, 清文堂, 2021, 94쪽.

조선인 부락(수원광교박물관 소장)

요시다는 가고시마 출신이다. 이사군伊佐郡 하츠키촌羽月村의 하츠키羽月 심상고등소학교를 거쳐 진학하여 졸업까지는 어렵다는 고등과를 무사히 마쳤다. 1912년 4월에는 가고시마현립 카노야농학교鹿屋農學校 농과에 입학하게 되었고 1915년에 3년 과정을 졸업하였다. 요시다는 졸업 후 1917년 10월에 조선의 경기도 제1부 권업과 기수技手에 취직하기 전까지 어느 학교에서인지는 구체적으로 알 수 없으나 교원생활을 하였다. 요시다는 경기도에 기수로 근무하는 동안 1922년 12월 28일자와 29일자 『경성일보』에 「조선의 부락조직」(상 · 하)에서 행정상 군 · 면보다도 지리적 역사적 사정이 동일한 리里 · 집락이 지방 개량의 철저를 기대할 수 있다고 주장하였다. 구체적으로 그는 동성부락(동족부락)의 특징에 대해 중심인물이 존재하여 풍기가 엄숙하고 노동이나 오락은 공동적이고 상부조적으로 하며 계도 잘 정돈되어 있다는 점을 지적하였고, 동족부락은 지방행정 · 농업정책 · 사회교화의 측면에서 의의가 있다[61]는 점을 강조하였다. 또 그는 징세나 산업 장려는 대개 양호하고 모범부락도 많고 자제의 취학률도 높으며 경제상태도 좋다면서 동족부락은 실로 문화촉진의 핵심이기도 하다[62]는 점을 결론적으로 주장하였다. 이러한 그의 논지는 그 후 조선총독부 촉탁으로서 조선의 부락 조사를 한 오다우치 미치토시나 젠쇼 에이스케善生永助(1885~1971) 등에게 영향을 끼쳤다. 와세다대학 정치경제학부를 졸업한 후 신문 기자로 활동하면서 주로 중국의 경제에 많은 관심을 기울이고 있던 젠쇼 에이스케는 1923년 7월에 조선총독부로부터 "조선사정에 관한 조사 및 소개 업무를 촉탁"받고 1935년까지 조사활동을 하였다. 그 간 그에 의한 1929년 수원군과 제주도를 시작으로 1931년에는 강릉군, 1932년에는 평양부, 1934년에는 경주군의 생활상태 조사보고서가 출간되었고, 1933년, 1935년에 걸쳐서 『조선의 취락』(전 · 중 · 후편)이 발간되었다.[63]

오다우치 미치토시는 1920년 8월 1개월, 1921년 10월부터 12월에 걸쳐 각 부락 조사를 하면서 "경기도 사회사무 촉탁 요시다 마사히로씨는 당초부터 진력을 하였고"[64]라고 서언에서 밝히고 있다. 요시다는 오다우치가 조선에서 부락 조사를 시작할 때부터 그 조사에 협력했다는 것을 알 수 있다. 실제로 1920년 당시 요시다는 경기도 제1부 권업과 기수였고 그 다음 해부터 경기도 내무부 농무과 기수로 1924년까지 근무했다. 오다우치 미치토시는 아마도 자신의 부락 조사에 협조하는 업무를 겸한 요시다를 "사회사무 촉탁"으로 표기한 것으로 생각된다. 앞서 언급했듯이 요시다는 오다우치 미치토시의 권유로 진행된 콘 와지로의 조선 민가 조사에도 적극 협력했다. 요시다의 이러한 협력이 앞서 언급했듯이 그가 조선부락에 관한 조사 · 연구를 하고 있었기 때문이었다고만은 볼 수 없다. 오다우치 미치토시가 조선의 부락 조사를 할 때 조선총독부의 서무부장이 모리야 에이후守屋英夫였고 초대 조사과장은 오니시 이츠로大西一郎였다. 모두 동경제국대학 출신으로 고등시험에 합격하여 관료의 길을 걸었다. 모리야는 비서과장 시절부터 오다우치의 조선부락조사에 관여하였고, 오다우치도 『朝鮮部落調査豫察報告 第1册』의 서언에서 "이 조사의 성장에 노력

61) 坂根嘉弘, 위의 책, 2021, 98쪽.
62) 坂根嘉弘, 위와 같음.
63) 최석영, 『일제의 조선 연구와 식민지적 지식 생산』, 민속원, 2012, 209~217쪽.
64) 조선총독부, 「서언」, 『朝鮮部落調査豫察報告』 제1책, 1923.

하신 서무부장 모리야 에이후守屋英夫씨와 내가 소속되어 있는 중추원 서기관장 오다 미키지로小田幹治郎씨…(중략 : 인용자)…에게 깊은 사의를 표한다"라고 적고 있다. 오다우치의 조선 부락 조사의 필요는 조선총독부의 1920년대 식민지 정책 방향에서 나온 것이다. 1920년대에 동화同化정책을 보다 강하고 합리적으로 실시하기 위하여 지역의 가장 말단의 행정단위로서 리里에 해당하는 "부락"조사를 통해서 식민지 통치를 새롭게 수립하기 위한 자료 조사는 긴요하였다. 모리야는 1919년 8월부터 1924년 9월까지 조선총독부의 비서과장 겸 참사관, 서무부장 사무대행, 서무부장을 지냈다. 그가 일본 내무성에서 조선총독부로 인사이동한 데에는 미즈노 렌타로水野錬太郎(1868~1949) 정무총감의 강한 권유가 있었다.

요시다는 모리야 서무부장의 추진으로 조선부락조사를 맡게 된 오다우치에 협력하게 됨에 따라 모리야 에이후와도 인연을 맺게 된다. 당연히 오다우치의 의뢰를 받은 콘 와지로의 조선 민가 조사에도 요시다는 협력하게 된다. 부락 조사가 끝난 이후 요시다는 일본의 중앙 부처로의 인사를 모리야에게 청탁까지 하게 된다. 요시다의 희망대로 되지 못하고 부산부釜山府의 서기로 자리를 옮겨 『釜山』 홍보지를 편찬하는 업무를 1926년 7월 창간호부터 제2권 9호(1927. 9)까지 담당하였다. 1927년 9월에 요시다는 부산부에서 조선총독부 식산국 농무과 속으로 전임하게 되었다. 1932년 5월에는 관제개혁에 따라 농림국이 신설되면서 농림국 농무과 속으로서 근무하게 되었다. 조선총독부에 의한 소작문제 대책이 1921년부터 1922년에 걸쳐서 나타났다. 그것은 일본 국내에서의 소작입법의 움직임과 연동된 것이었다. 1926년 하반기에 소작입법문제가 다시 등장했고 그것을 위해 소작관행 조사가 시작되었다. 아마도 요시다가 부산부에서 조선총독부의 식산국 농무과로 자리를 옮기게 된 배경에는 이러한 입법과 조사가 작용한 것으로 생각한다. 1930년에는 조선 전국에 걸쳐 일제히 소작관행 전반을 대상으로 통일적 소작관행 조사를 실시했다. 조선총독부는 "농림국 농림과 사무관 시오다 마사히로鹽田正洪, 속 요시다 마사히로에게 조사연구 및 자료 수집을 하도록 하여"[65] 그 성과를 1932년에 『朝鮮ノ小作慣行』(上下)(조선의 소작관행)으로 출간했다. 여기에 나오는 시오다 마사히로는 동경제국대학 법학부를 졸업한 후 충북 내무부 지방과 속으로서 청주에 부임한 이래 1926년에 경찰관강습소교수, 황해도 내무부 학무과, 충북 내무부 지방과를 거쳐 1928년 8월에 조선총독부 식산국 농무과의 농정담당 사무관으로 오면서 요시다와 인연을 맺었다.[66]

이상 조선 사정에 그렇게 밝지 않은 콘 와지로의 조선 민가 조사과정에서 현지의 일본인 전문 관리의 협조는 불가결하였다. 그 협조의 중심에 요시다 마사히로가 있었다.

2) 민가의 계통 분류

콘 와지로는 부지의 이용 상황, 민가 연결 도로 등을 관찰 분석한 것을 스케치하고 신축 중에 있는 민가의 구조와 건립 순서 등을 구체적으로 관찰하였으며 조선의 민가를 방의 구획에 따라서 일반형과 북부형(평안북도, 함경남북도 및 강원도)으로 구분하였다. 일반형은 대체로 부락과 밀접한 관련을 가지는 것으로 한정적인 밀접한 택지에 짓지 않으면 안 되기 때문에 나타난 것이고, 북부형은 대지의 개념이 희박한 지방에서 대지의 개념과는 전혀 관계없이 독립적으로 가옥이 지어진 데에서 나타난 것으로 정의하였다. 그 후 조사자들의 구분 방식[67]과 다르게 콘 와지로가 이렇게 분류한 이유를 조사의 단기간[68]에서 찾고 있다.

또 그는 계층뿐만 아니라 직업에 따른 민가 내부 구성의 차이에도 주목하였다. 그가 개성 조사 중에 오다우치의 부락 조사에 참가하여 오다우치의 조사방법의 영향을 받아 계급별이 아니라 직업별로 민가를 조사하였다. 당시까지는 콘 와지로는 계급별로 조선 민가를 관찰해 왔다.

---

65) 조선총독부, 「緒言」, 『朝鮮ノ小作慣行(上下)』, 1932.

66) 坂根嘉弘, 『朝鮮總督府官吏 · 吉田正廣とその時代』, 淸文堂, 2021, 118~120쪽, 126쪽, 132~135쪽.

67) 그 후 연구자로서는 노무라 다카부미(野村孝文)를 들 수 있는데 그는 북선형, 일반형, 도회형, 제주도형으로 구분하였다. 野村孝文, 「朝鮮住宅の考察」, 『朝鮮と建築』 17-5, 1938 ; 佐々木史郎, 「朝鮮半島の民家型分類をめぐる諸研究と課題」, 『「もの」から見た朝鮮民俗文化』, 新幹社, 2003 재인용.

68) 朝鮮總督府, 「結言」, 『朝鮮部落調査特別報告 第1冊(民家)』, 1924.

경성의 부락(부산광역시립박물관 소장)

북부형의 민가 내부

콘 와지로는 방의 구획 등 구조뿐만 아니라 조선 일반형 민가 내부의 생활용품들까지도 자세하게 관찰하였다. 이와 같은 접근방법에 비추어보면 콘 와지로는 단순히 조선 민가의 외형과 구조에만 주목한 것이 아니라 민가의 방 구획과 생활양식 간 관계에도 주목하였다는 것을 알 수 있고 이것이 콘 와지로의 고현학考現學적 접근이라고 말할 수 있다. 예를 들면 그는 안방의 경대를 통해 조선인들의 청결함을 기술하면서 여성만이 아니라 남자도 거울을 보고 차림에 신경을 쓸 정도라 하여 그들의 생활양식까지도 기술하였다. 그러나 이러한 조사에는 한계가 분명 있었다. 그는 민가 내 생활용품들을 스케치하는 데 그쳤을 뿐 심층적으로 그 민가 거주자들과 심층 면접을 할 수 없었기 때문에 생활용품과 그 거주자들과의 관련성과 생활문화 전반을 기술할 수는 없었다.

콘 와지로는 건축 민족학의 관점에서 세계 건축 분포의 계통을 다음과 같이 가정적으로 분류한다. ① 미국 동북부로부터 시작하여 몽골을 거쳐 만주 끝까지 계속되는 사막지대, ② 일본으로부터 남양 제도에 걸쳐 있는 해양지대, ③ 북쪽의 시베리아부터 알래스카 및 미국 대륙의 최북부, 덴마크령 그린랜드Greenland에 걸친 한대 지대, ④ 세계 각지에 띄엄띄엄 있는 고산지대, ⑤ 메소포타미아 사막선과 교차하여 거기에서 출발하여 한쪽은 페르시아, 인도 그 다음 중국 본토에 걸쳐 있는 구문화舊文化지대, ⑥ 북유럽 일대의 북구北歐문화지대, ⑦ 마지막으로 미국, 남미 그 외 멀리 복잡하고 변화가 큰 제만민諸灣民지대가 그것이다.

콘 와지로는 이 가운데 조선의 민가는 당연히 구舊문화지대에 속하며 일본의 해양지대와는 차이가 있으나 조선의 북부지방의 민가는 고산지대에 속한다는 분석을 한다. "작은 창을 가진 폐쇄된 방들을 만들고 있는 점, 벽체, 특수한 지붕" 등에 비추어 "기둥을 세우고 거기에 지붕을 거쳤을 뿐이고 벽은 매우 조금 이용되며 출입구나 여닫이문이 큰"[69] 일본의 해양지대와는 다르게 조선의 민가는 구문화지대의 가장 동쪽 끝에 해당한다고 하면서도 고산지대에 속하는 가옥도 조선 북부에 존재한다고 주장한다. 다만, 콘 와지로는 일반 고

69) 朝鮮總督府, 위의 책, 1924, 19쪽.

산지대에서는 볼 수 없는 "통나무 집 벽 위에 진흙을 바른 집이 많다"는 점을 들어 "순수 고산지대의 형태로 하지 않고 고산지대의 형태와 한대지대의 형태와 합친 집"[70]으로 본다. 콘 와지로는 "일본에서는 볼 수 없는 특별한 예"는 "일본보다도 기후, 자연 및 생활을 하고 있는 사람들의 기풍 그 외의 것이 보다 대륙적"[71]이기 때문이라고 보았다.

## Ⅵ. 콘 와지로의 조선 민가에 대한 인식

### 1. 온돌 문화에 대한 인식

콘 와지로는 조선 민가 보고서에서 온돌에 많은 지면을 할애하고 있다. 그에게 온돌은 연구해 볼 만한 주제였다. 실제로 조선 거주 가옥의 온돌방을 체험하지 않았지만 온돌방에 들어가 보고 "일종 색다른 기분"[72]과 "공상적인 세계에 있는 것과 같은 기분"[73]이 들었고 "기름종이의 바닥은 보통 걸레로 닦아 청소를 하기 때문에 노란색으로 아름답게 빛이 난다"[74]라고 느꼈다.

콘 와지로는 조선인이 "비굴하고 활기의 결여"되어 있다거나 "이유만 대고 일을 싫어하는 사람"들이라고 이야기되고 있는 것에 대해 "그것은 실로 다방면에 걸친 조사"[75]가 필요한 문제라고 보았다. 콘 와지로는 직접 경성의학전문학교의 위생학 연구실에 가서 온돌과 건강과의 관계를 문의하였다. 경성의학전문학교는 1889년에 대한제국의 경성의학교가 그 출발이다. 그 후 1916년에 조선총독부병원 부속 의학전문학교로 개설되었다. 광복 후

70) 朝鮮總督府, 위의 책, 1924, 20~21쪽.
71) 朝鮮總督府, 위의 책, 25쪽.
72) 朝鮮總督府, 위의 책, 27쪽.
73) 朝鮮總督府, 위의 책, 28쪽.
74) 朝鮮總督府, 위의 책, 27쪽.
75) 朝鮮總督府, 위의 책, 30쪽.

통영 조선인 부락(통영시립박물관 소장)

에는 경성제국대학 의학부와 통합되어 서울대학교 의과대학이 되었다. 콘 와지로는 온돌이 건강에 끼치는 영향에 대해 일본에서 실내를 따뜻하게 하는 탄소 이용과 비교하여 "온돌에서는 순수하게 사람이 토해내는 가스뿐이고 그 가스는 일반적으로 예상할 정도로 인체에 끼치는 영향이 큰 것이 아니다"[76]라는 것을 알게 되었다. 반면에 콘 와지로는 일본의 경우 실내를 따뜻하게 하는 탄화는 그것으로써 만들어지는 "가스체가 인체에서 나오는 몇 배나 되는 유해분자를 포함하고 있기 때문에 인체에 미치는 영향이 대단한 것"[77]으로 추정하였다.

---

76) 朝鮮總督府, 위의 책, 1924, 31쪽.
77) 朝鮮總督府, 위의 책, 30쪽.

온돌의 내부(아이 방)

또 콘 와지로는 앞서 언급한 다카하시 기시치로의 연구를 참고하여 땔감을 언급하고 있다. 콘 와지로는 잡초가 땔감으로 쓰인다는 것에 대해 일본인들은 이상하게 생각할 것이라고 하면서 그것이 산림 자원을 고갈시키는 원인 가운데 하나가 되었다고 분석하고 "조선에서도 침구를 조금 충분히 갖춘다면 땔감의 절약이 가능할 것"[78]으로 보았다.

콘 와지로는 온돌을 둘러싸고 그 기원에 관심을 돌렸다. 앞서 언급한 무라카미 유기치의 "270년 전 조선 숙종"설에 대해 "그것은 궁정 또는 대저택에서 채용한 연대"일 것으로 보고 "아마 일반 민중 사이에서는 그 이전부터 필요에 따라 사용되고 있었다"[79]고 보았다. 콘 와지로는 일본의 다다미와 조선의 온돌을 언급하면서,

78) 朝鮮總督府, 위의 책, 1924, 33쪽.
79) 朝鮮總督府, 위의 책, 34쪽.

일본에서 다다미의 발달과 함께 생각하면 흥미롭다. 일본의 그것은 상류층 저택에서 이루어져 점차로 일반 민중의 집으로 퍼진 것이고, 조선의 온돌은 민중의 집에서 시작하여 어느 시대인가 상류저택에서 받아들인 것이 아닌가 생각한다. 조선에서는 매우 원시적인 집에서도 온돌식으로 되어 있다. 일본에서는 원시적인 집에서는 다다미를 가지고 있지 않다. 일본의 원시적인 집에는 원시적인 집만큼 화로가 중요한 역할을 하고 있다.[80)]

### 2. 방 구획에 대한 인식

콘 와지로는 가옥의 방 구획이 가옥의 집터의 견제를 받아 형성된 것과 그렇지 않고 독립적으로 형성된 것으로 나누고 이 두 가지 유형이 조선뿐만 아니라 일본에서도 나타난다고 보았다. 또 그는 조선의 민가를 일반형과 북부형으로 구분하고 방의 숫자에 의하여 병치되는 터는 집터의 크기에 제한되어 여러 형태의 가옥이 되는데, 일반형은 건넛방과 대청, 안방과 주방이 연결되어 있고, 북부형은 방 구획이 집터 주위가 아니라 집터 중앙에 설정하여 그 차이를 관찰하였다. 북부형에서 안채 방 구획의 일반적인 방식은 온돌방 4개를 배치하고 거기에 큰 온돌방과 토방이 부속되어 있다는 것이다.

콘 와지로는 일본 민가의 기본형의 기원을 조선 안에서도 그가 북부형으로 분류한 방의 구획에서 찾았다. 아마도 콘 와지로가 오다우치의 의뢰를 받아들인 이유 가운데 하나도 그가 일본 민가 기원에 대한 의문을 풀기 위해서였다고 생각된다. 따라서 콘 와지로는 조선 민가의 일반형보다는 북부형에 보다 많은 관심을 가지고 되었을 것이고 아예 도면을 통하여 북부형과 일본 민가의 유사성(아니 동일성)을 보여주고 있다.

콘 와지로는 그 가운데 이 문제의식을 조선 민가의 일반형과 북부형에서의 온돌을 비교하여 합리성과 불합리성이라는 관점에서 접근하고 있다. 그는 북부형의 여러 온돌방이 한꺼번에 따뜻하게 되는 구조로 되어 있지만 일반형 민가의 온돌구조는 그렇지 않은 점, 일반

80) 朝鮮總督府, 위의 책, 1924, 34쪽.

형 민가의 온돌구조에서는 불 지피는 곳을 독립적으로 각각 가지고 있다는 점에서 비경제적인 측면을, 불 지피는 곳이 대개 안마당을 향하고 있기 때문에 그 곳으로 찬 공기의 유입으로 방의 온도를 낮추게 하기 쉽다는 결함을 가지고 있다는 점을 지적한다. 그에 반해서 북부형 민가의 온돌에서는 불을 지피는 곳이 실내 지면에 설치되어 밖의 찬 공기가 들어가지 않아 온도의 보온성이 높다는 점을 강조한다.

이와 같이 생각한 콘 와지로는 일본민가의 기본형이 조선 북부형의 민가와 동일하다고 가정하고 조선의 북부 혹은 당시 조선 북부 거주민들의 조상은 일본과 같이 네모형 방 배치의 가옥을 가지고 있었던 것이 아니었을까 추정하였다.

콘 와지로가 품었던 의문 가운데 하나가 일본의 세토나이카이瀨戸內海에 접한 지방의 현저한 특징으로서 대지를 취하는 방식이나 대지 내 건물배치 방식의 유래에 관한 것이었다. 그 지방에서는 보통 흙 담 벽을 만드는 경우가 많고 대지 외벽에 행랑방을 만들며 중앙에 마당을 만들고 여러 행랑방을 창고나 변소나 헛간 등으로 사용하며 그 지방의 집 전체 건물배치는 조선의 일반형 민가 대지의 구성과 같은 방식을 가지고 있다는 것이다. 일본의 세토나이카이에 접한 지방의 민가들은 조선의 일반형(남선형)과 북부형을 모두 취하고 있다고 생각한 콘 와지로는 세토나이카이에 언젠가 어느 문화가 수입된 흔적을 남기게 된 것이 아닌가라는 의문을 갖게 되었다.[81)]

또한 콘 와지로는 조선 상류의 주택을 조사하면서 부인들의 주거공간인 안방과 일반 외부인을 접대하는 사랑방을 각각 별동에 짓고 있으며 이러한 것들이 회랑 모양의 나가야[長屋]로 둘러싸여 있었다는 점에 주목하였다. 콘 와지로는 이러한 사실에 대해 일본 헤이안[平安] 시대 이전의 주택을 고찰하는 데 중요한 자료가 될 수 있다고 보았다. 그는 헤이안 시대 귀족 저택에서 외부인을 접하는 침전과 조선에서 외부인을 접대하는 사랑방과, 복도로 연결되는 북쪽의 침전 동서로 세운 딴채 등과 조선에서의 안방과, 특히 침전 앞의 중문中門 및 대문과 조선 저택의 대문과의 관계 등을 비교대상으로서 주목하였다.[82)]

81) 朝鮮總督府, 위의 책, 제2장 제2절, 1924, 60쪽.
82) 朝鮮總督府, 위의 책, 제2장 제2절, 1924, 61쪽.

특히 콘 와지로는 일본 아스카[飛鳥]시대 이래 삼한三韓을 통해서 수입된 사찰 건립 방식에 주목하고 조선 일반 민가의 구조 및 방 배치가 일본 사찰에서 볼 수 있는 회랑과 동일한 수법이라고 보았다. 즉 조선 민가의 방 배치방식은 기둥 간격의 하나씩이 방의 단위가 되어 있으며 사찰의 회랑에서도 회랑의 기둥 간 칸막이 벽을 만들어 한 획씩을 한 방으로 한 데에서도 양자의 유사성을 찾아볼 수 있다고 생각했다.[83]

또 일본 나라[奈良]의 사찰에서 당우堂宇의 건축방식이 회랑으로 벽을 붙인 것만의 방식이라는 것을 "하나의 독립된 것으로는 보이지 않고 회랑의 단편과 같이"[84] 생각하고 있던 콘 와지로는 조선의 민가조사를 하면서 조선에서는 그것이 일반 집의 건립방식이었다는 점에 주목하였다.

이상을 통해서 콘 와지로에게 조선 민가 조사는 일본 민가의 본질을 규명하는 데 중요한 비교방법 가운데 하나였다는 것을 알 수 있다

### 3. 조선의 개량 가옥에 주목

콘 와지로는 1920년대 조선사회에서 주거 문화의 변화에 주목하였다. 특히 그는 북부조선의 주거를 조사하는 과정에서 일본풍과 서구풍의 주거 요소가 전통주거를 유지하는 가운데 나타나고 있음을 관찰하였다. 그것은 지식층 사이에서 전래 주거를 개량하려는 경향이었다.

그는 함흥지방에서 지식인들 사이에서 자신들의 재래 주택에 새롭게 일본풍의 네모형 방 구획을 손님과 자식들의 공간을 위해 추가하고 거기에 다다미를 까는 방식을 "선화절충식鮮和折衷式"이라고 명명하였다. 또 전통적인 온돌에다가 객실 상좌 바닥을 한 단계 높게 만든 도코노마, 두 개의 판자를 좌우로 높이가 다르게 매단 장식 선반, 벽장, 일본풍의 욕실, 일본풍의 손님방 앞 연못을 갖춘 일본풍이 절충되고 있었다. 이 또한 조선식과 일본풍의

83) 朝鮮總督府, 위와 같음.
84) 朝鮮總督府, 위의 책, 제2장 제2절, 62쪽.

절충이었다. 또 방 배치를 크게 손님 대접을 위한 방과 주거를 위한 방으로 나누고 응접실은 서양식으로 하고 거기에 접하는 서생방은 온돌로 하며 순수 일본풍의 화장실도 구비한 조선·일본·서양식의 절충형도 등장하고 있었다. 그는 함흥지방을 조선 민가의 북부형과 일반형이 교섭되는 지역으로 보았고 이러한 지역에서의 이러한 변화와 함께 북부조선의 다른 지역의 주택문화 변화상도 관찰하고 싶었으나 그렇게 하지 못하였다.

또 그는 보수성이 짙은 개성에서 주거의 변화를 목격했다. 그가 본 주택의 경우 손님 접대용으로 큰 홀이 의자식으로 되어 있었고 안방도 의자식으로 변하였고 가구들도 조선의 취향을 그대로 살리면서 서양풍으로 변화되고 있었으며 식당을 별도로 두고 있었다. 콘 와지로는 개량되고 있는 부분 가운데 "식당을 별도로 두는 것은 실제로 큰 개량"이며 "이러한 방들의 배치는 재래 전통을 바로 지키면서 정돈하고 개선하는 의미"[85]에서 경탄할 만한 것으로 평하였다.

덧붙여 콘 와지로는 북부와 같은 정도의 개량은 아니지만 남부에서도 주거가옥의 개량이 보였는데, 김천에 있는 주거 가옥에서 지붕의 경우 기와를 사용하고 있고 지붕에 흙을 두껍게 올려 "조선 특유의 반전反轉 모양은 내고 있지 않다"[86]는 것이다.

그는 토속학적 시각에서 재래 주거가옥을 왜 개량하려고 하는가에 대해 기질과 관련이 있는 것으로 생각하였다. 즉 그는 재래 주거 가옥의 개량방식의 차이에서 "북부 사람들의 개량은 천진난만하고, 소박하며, 진취적인 정신에서 오는 것"이고 남부 사람들의 그것은 "세밀하고 진실미"를 가진 것으로 생각하였다. 물론 콘 와지로의 조선사회의 주거변화상은 역사, 사회, 의식 등을 종합적으로 분석·접근한 것이 아니기 때문에 이를 단순화한 측면도 있다. 그러나 부분적이긴 하였지만 그는 일제 식민지 상황 하 1920년대 북부지방 조선 지식인들의 의식변화가 반영된 주거변화에 주목하였다.

---

85) 이상 인용문 朝鮮總督府, 위의 책, 제2장 제2절, 1924 참조.
86) 朝鮮總督府, 위의 책, 70쪽.

## 4. 조선 민가와 일본 민가 간 관련성

콘 와지로는 조선 민가 조사 직전에 같은 해 『日本の民家』를 저술했기 때문에 당연히 일본의 민가에 비추어서 조선의 민가를 고찰하면서 그의 뇌리에는 그 양자의 관계가 무엇일까 하는 의문과 흥미를 가지고 있었다. 그것은 다름 아니라 일본 민가의 '기원'과 관련된 것이었다. 콘 와지로는 "일본 민가 연구에서 가장 큰 문제는 일본에 골고루 걸쳐 있는 거의 기본형이라고 말해 좋은 네모형 방 구획의 기원은 무엇인가, 그것은 일본에서 창의적으로 이루어진 것일까 아니면 외부로부터의 계통을 가지고 있는 것일까"[87]라는 의문을 늘 가지고 있었다. 콘 와지로는 조선의 북부형의 방 구획이 "일본의 민간의 표준이 될 만한 형식과 매우 비슷하고 어느 면에서는 그야말로 거의 같다"[88]고 보았다.

양자 간 형식은 비슷하다고 해도 실제적인 면에서는 차이가 있다. 그 가운데 두드러진 것이 온돌이다. 조선 북부형의 네모형 방 구획에서는 하나의 아궁이를 통한 불기운으로 모든 방을 따뜻하게 하는 구조이다. 콘 와지로는 북부형의 방 구획이 "표준"이 되는 이유는 "4개의 방이 한 가족이 사는 집으로서 가장 표준적인 방의 수"이기 때문이라고도 생각하면서 또 다른 이유로 온돌을 든다. 그러나 그는 조선에서 온돌의 기원에 대해서는 "불분명"[89] 하다는 입장이다. 그러면서도 콘 와지로는 발생한 시기를 고대와 근대로 가정하고 그것이 일본과의 교섭이 있었을 지도 모르는 고대라고 한다면 "왜 일본에는 온돌이 유입되지 않았는가"에 의문을 품고 그렇다면 현재 조선의 북부에 살고 있는 사람들의 조상은 "온돌의 유무와 관계없이 네모형의 방 구획을 지향하는 가옥을 가지고 있었던 것"[90]은 아닌가 하고 추측하는 데 그친다.

콘 와지로는 건축학적으로 나라奈良, 오사카大阪 부근 세토나이카이瀨戶內海 연안지방의 민가에서 볼 수 있는 흙 담이 많고 대지의 외벽에 창고 · 변소 · 농작물 보관 장소의 용도로

87) 朝鮮總督府, 위의 책, 1924, 56쪽.
88) 朝鮮總督府, 위와 같음.
89) 朝鮮總督府, 위와 같음.
90) 朝鮮總督府, 위와 같음.

차양 공간을 설치하며 중앙에 안뜰을 마련하는 방식은 "조선의 일반형 대지 내 구조와 같은 방식"이라고 보고 그것은 "어느 시대인가 대륙문명의 영향을 받아 형성된 것"[91]으로 생각하였다. 따라서 그는 세토나이카이 연안 지방의 민가 구조는 "외형만 보면 조선의 북부형의 방 구획과 일반형(남선형)의 대지를 취하는 방식과 합치하여 형성된 것"[92]으로 결론을 내렸다.

또 콘 와지로는 조선의 상류층 주택에서 따로 존재하는 안방과 사랑방이 "회랑의 나가야長屋로 둘러싸여 있었다"[93]는 데에서 일본 헤이안平安 시대의 저택 방식과 비교를 할 수 있을 것이라고 말하면서도, 다음과 같이 신중한 태도를 취한다.

> 일본의 헤이안 시대에 여자와 남자 간 현격한 구분이 현재 조선의 그것과 같은 것이라고도 생각할 수 없다. 또 현재 조선의 제도로서 남녀 간 엄격한 구분이 과연 언제부터 일반화되었는가도 불분명하기에(현재 나에게는), 이러한 관점에서 엄밀한 비교는 불가능하고 또 절대적인 의미를 가질 수 없다고 생각된다. 외래 손님을 접하는 (일본의 : 인용자) 침전과 조선의 외부 손님을 접하는 사랑방, 복도로 연결된 북측의 딴채 외 조선에서의 안방과 특히 (일본의 : 인용자) 침전 앞의 구조인 중문 · 정문과 조선 저택의 대문과의 관계, 이것들의 비교는 너무 공상적인 나열이지만 일단 생각은 해 둘 필요가 있는 것이라고 생각한다.[94]

콘 와지로는 건축의 양식에 끼친 역사적 사상적 영향에 대해서는 언급하지 않는다. 단지 그는 건축 양식의 비교와 이동異同을 통해서 건축 요소의 기능까지 그것을 이야기하면서 상호 영향관계를 가정 또는 추측하는 방법을 취한다.

또 콘 와지로는 "조선 민가에서 놀랐던 것의 하나는 조선 민가의 구조 및 방 구획은 일본

91) 朝鮮總督府, 위의 책, 1924, 59~60쪽.
92) 朝鮮總督府, 위의 책, 60쪽.
93) 朝鮮總督府, 위와 같음.
94) 朝鮮總督府, 위의 책, 60~61쪽.

의 사찰에서 보는 것과 같은 회랑回廊과 같은 수법"[95]이라고 보았다.

> 조선 민가에서 방들의 취하는 방식은 기둥 간 하나씩이 방의 단위가 되어 있고 도리라든가 대들보라든가 뼈대 구조의 방식도 회랑의 그것과 같다고 말해 좋다. 마침 사찰의 회랑의 기둥 사이 간격 벽의 한 획씩을 한 방으로 하고 있는 것이다. …(중략 : 인용자)… 조선의 상류의 집에서도 일반 민중의 집에서도 이것과 동등한 것을 전혀 실용으로 사용하고 있고 사찰의 회랑과 같이 공허로 하고 있지는 않다.[96]

그러나 이러한 양자 관계에 대해서는 콘 와지로는 폭넓은 고증이 필요하고 일본의 사찰 회랑의 기원 내지 그 수법의 유래에 대해서는 추후 연구를 기다려야 한다는 입장에 있었다.

## Ⅶ. 맺는 말

콘 와지로는 조선 민가 조사에 인문지리학과 민족지적 방법을 적용하였다. 콘 와지로의 조선 민가 조사가 단기간의 "순수연구"였기 때문에 통계자료의 수집은 물론이고 상세한 연구도 할 수 없었다[97]고는 하지만 조선총독부 촉탁으로서 조선총독부의 주거정책 등을 비판할 여지는 없지 않았다고 생각한다. 그러나 그의 보고서 어느 곳에서도 그는 그 점에 대한 비판은 보이지 않았다. 그가 조선 민가에 대한 애착과 호감을 보인 저변에는 어찌 보면 진보적인 근대성과는 거리가 먼 원시성과 소박성, 아름다움이 작용하였다고 생각된다. 그는 당시 조선 문화와 역사를 조사 기술한 다른 조선총독부 촉탁이나 일본 지식인들과는 다르게 1인칭 화자의 입장에서 일화도 포함하여 건축학자로서 느낀 점을 거침없이 기술하

95) 朝鮮總督府, 위의 책, 1924, 61쪽.
96) 朝鮮總督府, 위의 책, 62쪽.
97) 朝鮮總督府, 위의 책, 「結言」, 1924.

려고 노력했다. 심지어 그는 일본인이 조선인보다 불결하다고까지 말한다. 이러한 그의 서술방식에 조선총독부는 달가워하지 않았을 것이다. 그러나 이유는 알 수 없으나 이러한 기술이 삭제되지는 않았다. 콘 와지로는 이 조선 민가 보고서를 낸 후 조선 민가에 관한 논문이나 글은 없었고 주로 고현학 영역의 개척에 보다 많은 시간을 보냈다. 그러다가 1944년 9월에 일본제철회사의 의뢰로 청진, 겸이포 등의 조선 노무자 주택을 약 1개월 동안 조사를 하기 위해 조선에 머물게 된다. 이렇게 콘 와지로는 조선에 관한 주거 조사 성과물을 남기고 일본의 패전을 맞이하였다. 그 후 그에게 조선은 뇌리에서 잊어진 (구)식민지 현지조사지였는지도 모르겠다.

콘 와지로는 조선 민가의 생활양식에까지 주목하고 조선 민가의 구조와 방 구획 등을 상세히 묘사 기술하였다. 또한 집의 재료와 양식의 차이 등 지역적이고 민족적으로 나타나는 문화의 차이를 해당 민족들은 "습관" 또는 "운명"으로 간주하는 경향이 있지만 콘 와지로는 이것을 "지리적 필연"에서 온 것으로 보았다. 그는 이처럼 습관이라는 것은 "모든 새로운 고민의 힘을 없애버리고 마는 경향"[98]이 있다고 생각했듯이 콘 와지로의 문화에 대한 관점은 적어도 문화상대주의적인 것으로 그러한 문화가 형성된 역사지리학적인 측면을 고려한 것이었다.

콘 와지로의 조선 민가 조사는 1920년대 해당 지역의 민가에 대한 부분적 실상과 그 변화상을 보여주는 것이었고 해방 후 일정 기간 한국의 민가연구에 하나의 바로미터를 제공하였다는 점에서 그 학사적 의의를 말할 수 있다.

98) 朝鮮總督府, 위의 책, 1924, 16~17쪽.

# 찾아보기

## 지명

## 인명

## ㅈ



## ㅋ - ㅎ



# 일반용어

## ㄱ

## ㅈ

### ㅊ



### ㅋ - ㅌ



### ㅍ



### ㅎ

### 지은이

## 오다우치 미치토시 小田内通敏 ODAUCHI Michitoshi

1875년 아키타현의 아키타시秋田市 출신으로 고등사범학교(동경교육대학의 교육학부로 편제되었다가 현 츠쿠바대학의 부속 중고등학교의 전신)의 지리역사과 전수과專修科를 졸업하였다. 와세다중학교 교원을 거쳐 1914년에 와세다대학의 강사가 되었다. 오다우치의 학문적 배경에는 당시 일본 국내의 민속학이 있었다.

## 콘 와지로 今和次郎 KON Wajiro

1888년 아오모리현의 히로사키시弘前市 출신으로 1907년 동경미술학교(오늘날 동경예술대학의 전신)의 도안과에 입학하여 1912년 졸업 후 와세다대학의 건축학과 사또 코이찌佐藤功一교수의 조수가 되었고 1915년에는 와세다대학 건축학과의 조교수가 되었다. 콘 와지로의 학문적 배경에는 당시 일본 국내의 민속학이 있었다.

### 옮긴이

## 최석영 崔錫榮 CHOE Seok-yeong

공주사범대학 역사교육과 졸업. 한국학중앙연구원 대학원 한국사 전공 석사수료 후, 일본 쥬부中部대학 대학원 지역연구 전공 석사, 일본 히로시마廣島대학 대학원 국제사회론 전공 학술박사.
문화체육관광부 국립민속박물관 학예연구사(1999. 11~2006. 6), 단국대학교 동양학연구소 연구 조교수(2009. 3~2010. 5)를 거쳐, 문화체육관광부 국립극장 공연예술박물관 관장(2010. 6~2022. 6, 학예연구관)으로 정년 퇴직했다. 현재는 국립 공주대와 경희대(후마니타스)에서 강의하며 후진 양성에 노력하고 있다. 식민지 문화정책, 박물관학, 박물관 역사와 관련하여 연구 성과를 내고 있다.

저서 『일제의 동화이데올로기의 창출』, 『한국 근대의 박람회 박물관』, 『일제의 조선연구와 식민지적 지식 생산』(문화체육부 선정 우수도서), 『일제 하 무속론과 식민지권력』, 『한국박물관 100년 역사 : 진단과 대안』, 『일제의 「식민지고고학」과 식민지 이후』, 『영문법 원리의 비밀캐기』

공저 『문화관광과 박물관』, 『전통의 국가적 창안과 문화변용』, 『한국 근현대 100년과 민속학자』, 『交渉する東アジア』, 『博物館という装置』, 『일제 강점기 안면도와 아소상점』(태안문화원)

역서(영문 및 일문) 『전통의 창출과 날조』, 『민족의식의 역사인류학』, 『사회인류학의 과거, 현재와 미래』, 『일본 근대 국립박물관 탄생의 드라마』, 『인류학자와 일본의 식민지통치』(대한민국학술원 우수도서), 『제국의 시선』, 『일본 근대미술사 노트』, 『근대 일본 미술의 탄생』, 『식민지건축』, 『근대 일본 국가신도의 창출과 그 후』(대한민국학술원 우수도서), 『일본 고고박물관개론』

기타 읽고 쓰는 방식으로 『일본 고고학사와 식민지고고학을 만나다』, 서구 및 일본에서의 박물관학 연구 성과에 대한 『박물관학시리즈』(현재까지 9권 집필)

한국근대 민속 · 인류학 번역총서 17
조선부락조사보고

**초판1쇄 발행** 2025년 10월 20일

**지은이** 오다우치 미치토시 · 콘 와지로
**옮긴이** 최석영

**주간** 조승연
**편집 · 디자인** 오경희 · 조정화 · 오성현
신나래 · 박선주 · 정성희
**관리** 박정대

**펴낸이** 홍종화
**펴낸곳** 민속원
**창업** 홍기원
**출판등록** 제1990-000045호
**주소** 서울 마포구 토정로 25길 41(대흥동 337-25)
**전화** 02) 804-3320, 805-3320, 806-3320(代)
**팩스** 02) 802-3346
**이메일** minsokwon@naver.com
**홈페이지** www.minsokwon.com

ISBN 978-89-285-2156-2
SET 978-89-285-0139-7 94380